KB118979

평생교육방법론 ^{2판}

신용주 저

Methods in Lifelong
Education (2nd ed.)

학지사

✿ 2판 머리말

 2012년 이 책의 초판이 출간된 지 어언 8년이 지났다. 처음에 이『평생교육 방법론』을 집필하게 된 계기는 평생교육 현장에서 교수자 및 실무자들이 수업을 효과적으로 진행하는 데 도움이 되기 위해서였다. 따라서 되도록 다양한 교육 방법을 가능한 한 알기 쉽게, 또 실제로 활용하기에 용이하도록, 구체적으로 소개하려는 목적으로 저술하였다.

 교육 현장에 있는 동안 늘 머리를 떠나지 않는 화두는 역시 '어떻게 하면 잘 가르칠 수 있을까?'였다. 또 '어떻게 즐겁고 의미 있는 학습 경험을 이끌 수 있을까?'였다. 잘 가르친다는 것의 의미에는 단순한 지식 전달이나 기술전수를 넘어서는 복합적인 차원이 포함되어 있다. 가르치는 경험을 통해 교수자도 학습자와 함께 같은 공간에서 상호작용과 다이내믹을 몸소 체험하며 성장하기 때문이다. 이제 평생교육의 교수자와 학습자 간의 다이내믹은 디지털 사회를 맞아 비대면으로, 온라인으로 진화하고 있다. 이 책의 개정판을 출간하기로 계획한 2020년은 신종 코로나바이러스 감염증(코로나19)으로 인해 전 세계에 이동제한 조치가 실시되고 사회적 거리두기가 뉴노멀이 되었다. 코로나 사태로 인해 갑자기 확대된 온라인 교육은 우리 교육의 모습을 완전히 바꿔 버렸다. 전통적으로 대면교육을 특히 중시해 온 평생교육의 방법은 비대면 온라인 교육과의 다양한 접점을 찾으며 새로운 변신을 모색하고 있다.

이 개정판에서는 코로나 사태 이후, 즉 포스트 코로나 시대의 평생교육 방법에 대하여 전망해 보았다. 4차 산업혁명으로 인한 새로운 기술혁신과 성인학습자에게 요구되는 역량 및 테크놀로지가 평생교육 방법에 미치는 영향 등을 알아보았다. 최근 주목받고 있는 개방형 온라인 강의와 평생교육의 잠재력, 비대면 평생교육 방법의 쟁점, 포스트 코로나 시대 평생교육 교수자의 역할 등에 대해 살펴보았다. 또한 온라인 교육의 증가와 함께 가장 많이 실시되고 있는 블렌디드 러닝을 비롯해, 플립드 러닝, 소셜 러닝 및 집단지성 등 융합형 웹 기반 평생교육 방법에 대해 소개하였다.

평생교육이 전달되고 실시되는 방법의 핵심 요소들은 비대면 온라인 교육이 크게 증가하는 교육환경의 변화 속에서도 계속 작동할 것이라고 본다. 그러나 새로운 위기와 변화 속에서 평생교육을 전달하는 방법론도 시대적 요구에 걸맞게 변해야 한다. 이 책이 변화 속에서 새로운 평생교육 방법을 찾는 데 도움이 되었으면 한다. 이 개정판이 나올 수 있도록 아낌없는 지원과 격려를 해 준 사랑하는 나의 가족 구성원들에게 고마움을 전한다. 그리고 학지사 김진환 사장님을 비롯하여 정승철 상무님과 섬세한 편집으로 책을 완성해 주신 정은혜 과장님께도 깊은 감사를 드린다.

2021년 1월
신용주

✿ 1판 머리말

잘 가르친다는 것은 어떤 것이며 어떻게 해야 잘 가르칠 수 있을까? 모든 학문 영역에서, 또 다양한 교육 현장에서 모든 형태의 교육을 담당하는 사람들에게 이 질문은 늘 머리에서 맴도는 화두일 것이다. 어떻게 하면 매 수업에서 학습자들의 흥미와 관심을 유발하며 집중하도록 할 수 있을까? 또 어떤 교육방법으로 접근하면 교육 목표 달성에 가장 효과적일까? 이러한 질문들은 평생교육의 교수자와 실천가들에게는 교육방법과 관련된 새로운 과제를 제시한다.

평생교육의 맥락은 계속 빠르게 변화하고, 더욱 스마트해지는 교육환경을 전개하고 있으며, 학습자 집단 역시 연령이나 특성 면에서 다원화되어 가는 모습을 보이고 있다. 따라서 이들을 대상으로 가장 적절한 교육방법을 익혀 평생교육 현장에 적용하는 것이 더욱 중요해졌다. 평생교육 부문은 지난 십여 년간 우리의 삶과 훨씬 더 가까워졌고 이론적 · 실천적인 진화를 거듭하고 있다. 따라서 평생교육의 발전을 반영하는 새로운 평생교육 방법론과 관련된 지식과 기술을 습득해야 할 필요성은 더욱 증가했다고 할 수 있다.

이 책은 평생교육 현장에서 가장 많이 실시되고 있는 대표적인 교육방법론에 대해 포괄적으로 제시하고 있다. 학교를 비롯한 형식적 교육뿐 아니라, 직장에서, 또 다양한 조직·기관 및 비형식적 상황에서 진행되는 교육에서 활용 가능한 다양한 방법론에 대한 기초적 정보를 담고 있다. 이 책의 특징은 그간 우리나라에서 발간된 대부분의 평생교육 방법론 관련 저서들에서 주로 단편적으로 다루어졌던 다양한 교육방법들에 대하여 보다 구체적인 내용을 담아 심도 있는 지식과 정보를 제공하려고 노력하였다는 점이다. 또한 각 방법론의 장단점 및 실시 절차와 방법에 대해 상세하게 설명함으로써 현장에서 쉽게 적용할 수 있도록 하였다.

이 책은 3부 12개 장으로 구성되어 있다. 제1부에서는 평생교육 방법의 이론적 기초를, 제2부에서는 평생교육 방법의 실제를, 그리고 제3부에서는 평생교육 방법의 선정과 평가에 관한 내용을 다루고 있다. 제1부에서는 평생교육 방법론에 대한 이해를 돕기 위하여 평생교육 방법의 이론적 기초 및 주요 학습 이론을 포함한 이론적 배경을 폭넓게 개관하였다. 제2부는 실제로 평생교육 현장에서 적용되는 다양한 교육방법을 유형별로 분류하여 체계적으로 제시하였다. 즉, 집단 중심·교수자 중심·학습자 중심·체험 중심 교육방법을 비롯하여, 토의법, 이러닝과 모바일 테크놀로지를 이용한 교육방법 등에 대해 각각의 주요 개념 및 특성, 장단점, 진행 방법을 중심으로 알기 쉽게 소개하였다. 끝으로 제3부는 교육 방법 및 교수 매체의 선정 그리고 평가에 대한 내용으로 구성되어 있다.

급속한 교육환경의 변화는 평생교육 영역에서 지금까지 주로 사용되어 오던 교육방법에 있어서도 시대에 적절한 변화를 요구하고 있다. 저자는 평생교육의 전문가들이 지금까지 사용해 오던 방법론에서 한 걸음 더 나아가 새로운 교육방법론을 시도해 보는 데 도움이 되기를 바라는 마음에서 이 책을 집필하였다. 이 책이 다양한 평생교육 방법의 실천을 모색하려는 학자뿐 아니라 평생교육사, 사회복지사 및 교육·훈련을 담당하는 모든 실무자에게 지침서가 되었으면 한다. 끝으로 이 책의 출간을 위해 무더위에도 모든 지원을 아끼지 않은 학지사의 김진환 사장님과 편집 및 출판 과정을 세심하게 이끌어 준 편집부 이지혜 부장님 그리고 따뜻한 격려로 용기를 북돋워 준 사랑하는 가족에게 진심으로 감사드린다.

2012년 8월

신용주

차례

제1부 평생교육 방법의 이론적 기초

제1장 평생교육 방법에 대한 이해   21

제2장 포스트 코로나 시대의 평생교육 방법   41

제2부   평생교육 방법의 실제

제9장 학습자 중심 평생교육 방법   229

제3부   평생교육 방법의 선정과 평가

제13장   교육 방법 및 교수 매체의 선정   355

제1부

평생교육 방법의 이론적 기초

제1장

평생교육 방법에 대한 이해

1. 평생학습 사회 다시보기

학습 사회(learning society)의 기본 전제는 인간은 누구나 평생 동안 학습을 하면서 살아간다는 것이다. Coffield(2000: 22)는 "우리는 누구나 항상 배우고 있다."라고 하였으며, 이처럼 모두가 항상 배우고 있다는 사실은 학습 사회의 가장 중요한 토대가 된다. 학습 사회에서 학습은 인류의 발전 및 인간정신의 자유와 풍요로움을 추구하며, 민주 사회의 삶의 질 향상을 촉진하는 기제다. 대부분의 학자가 가지고 있는 학습 사회에 대한 비전은 민주적이고 평등한 좋은 사회(good society)를 설립하는 것이다. 이렇게 좋은 사회에서 개인은 평생 교육을 받고 학습을 하면서 자신의 잠재력을 실현할 수 있으며, 또 학교교육 단계부터 평생에 걸친 학습을 준비하게 되는 것이다. 지식 기반 사회에서 살아가는 사람들은 매일의 삶에서 생겨나는 배움에 대한 욕구 때문에, 삶의 단계에서 직면하게 되는 위기에 대비하기 위해, 새로운 도약이 필요하다고 느낄 때, 또는 그 밖의 다양한 이유로 학습에 참여한다. 학습에 대한 무한한 가능성이 열려 있는 학습 사회는 평생학습의 잠재력을 실현하는 사회다.

1) 평생학습과 학습자 다시보기

학습이 교실에서만 일어나는 것은 아니다. 또한 교실에서 배우고 학습하는 사람만이 학습자는 아니다. 이러한 논의는 평생교육에 대한 근본적인 개념 및 전제와 관련된다. UNESCO(1985)는 평생학습의 개념에 대하여 다음과 같이 정의하고 있다. 즉, 평생학습은 기존 교육 체제의 재구조화와 교육 체제 외부의 교육 잠재력 개발을 목적으로 하는 전면적인 계획을 추구하며, 이러한 계획 속에서 개인은 사고와 행동의 지속적인 상호작용을 통해 자기 교육의 대행자가 된다. 교육과 학습은 모든 기술과 지식을 포함해야 하고, 평생을 통해 확대되어야 하며, 가능한 모든 수단을 사용하여 모든 사람의 완전한 인성개발이 가능하도록 기회를 제공해야 한다.

평생교육은 인간의 삶의 질을 향상시키는 것을 근본 목적으로 하며, 평생교육의 주 대상은 자신을 개발하여 스스로의 삶을 향상시키려 하는 성인학습자들이다. 따라서 이들의 학습 욕구를 충족시키면서 사회 발전을 이끄는 역할을 하는 것이 평생교육의 주요 기능이 된다. 이러한 평생교육의 개념은 근래 학습의 시대(learning age)를 맞아 더욱 보편화되며 확대되고 있다.

일반적으로 학습자는 교실 안에서 형식적 · 정규적 학습에 참여하는 사람을 지칭하는 것으로 인식되어 왔다. 따라서 교실 밖의 사람들은 학습자로 간주되지 않는 경향이 있으며, 교실 밖에서 이루어지는 학습에 대해서는 의미가 부여되지 않는다는 지적이 있다. 아직도 학습과 교육의 의미는 자주 혼용되지만 학습과 교육은 분명히 다르며, 특히 학습이 공간적 개념인 교실과는 무관하게 독립적으로 일어난다는 점은 중요하다. 대부분의 경우 학습자는 평생교육을 평생학습 기회를 제공받기 위한 구조화된 프로그램으로 연상하게 된다. 그러나 평생교육은 모든 연령층의 사람들에게 개방되어 있으며, 평생학습도 누가 특별히 도와주거나 이끌어 주지 않아도 늘 일어나고 있는 학습이다. 평생학습의 기회 역시 우리가 하는 모든 일이나 우리 주변에 항상 존재한다. 그렇기 때문에 우리는 어디에서 무엇을 하고 있든지 간에 항상 배우고 경험하는 평생학습을 하고 있는 셈이다.

학습은 경험으로부터 비롯되며, 학습자가 속한 사회적·물리적 환경과 긴밀하게 관련된다. 경험이 지속적으로 축적되는 것처럼, 학습 역시 일생을 통해 지속적으로 일어난다. 우리가 하는 모든 일은 학습된 것이며, 또 계속해서 다시 학습될 것이다. 또한 우리는 누구나 자신만의 고유한 경험을 습득해 가므로 학습은 집단적 활동이 아닌 개별적 활동이다. 물론 어느 정도 사회나 다른 집단들이 학습에 영향을 미치기는 하지만 그럼에도 불구하고 학습 활동 자체는 분명히 개인적인 삶의 일부다.

학습은 숨 쉬는 것만큼이나 당연하며 자연스러운 것이다. 학습은 우리 모두가 직면해 있는 사회문화적 맥락, 규범, 일상의 업무와 과제, 개인적 성장·발달과 관련된 변화에 적응해 가는 연속적인 과정이다. 우리는 자발적이든 강요된 것이든 많은 학습 욕구를 가지고 있다. 이러한 학습 욕구는 억눌려 있거나 깊이 감춰져 있기도 하지만, 우리의 마음속에는 여전히 존재하며 적절한 환경과 여건이 주어지면 다시 표출된다.

대부분의 학습은 계획되지 않으며 우연적이다. 우리는 길거리의 포스터나 우연히 들은 이야기, 신문이나 TV 또는 사람들과의 만남을 통해 적지 않게 배운다. 또한 우리의 의도와 무관한 캠페인, 광고, 정치적 선전 등에 접하게 될 때 학습이 발생한다.

또한 학습은 우리가 새로운 직업에 적응하거나 기계 자동법을 배우는 것과 같은 의도적 활동에 참여할 때도 발생한다. 대부분의 성인은 삶의 어떤 시기에서 자신의 목표 달성을 위해 에너지를 투자하며 학습에 집중하게 된다. 이처럼 목표 지향적으로 학습에 몰입하는 것은 대개 비형식적 교육인 경우가 많다. 따라서 평생교육에서는 의도적·무의도적 교육뿐 아니라 형식적·비형식적 교육의 역할도 함께 중시된다.

2) 지식 기반 사회와 평생교육

현대 사회는 가히 지식 폭발의 사회다. 수많은 학문 영역에서 매일 새로운 이론과 학설이 제기되는 오늘날 우리가 갖추어야 할 배움 또는 학습에 대한 태도는 어떤 것일까? 영국 케임브리지대학교의 교수였던 Allen Macfarlane이 손녀에게 들려준 다음의 이야기는 이 화두에 대한 깊은 통찰을 보여 준다(Macfarlane, 2005: 268).

인류가 생겨난 이래 이렇게 많은 지식이 있었던 적은 없었다. 과거에는 하나의 지식 체계로 분류되던 것들이 양적 팽창으로 인해 세부 항목으로 분류되었다. 그에 맞춰 인간은 점점 더 많은 것을 배워야 한다. 초등학생조차 학교에서 여러 갈래로 나눠진 과목들을 통해 상당히 많은 양의 지식을 매일같이 배우고 익힌다. 또 대학에서는 하루가 멀다고 새로운 학과들이 생겨나고 있다.

…… 너는 아마 이렇게 외칠 것이다. 왜 인간은 끊임없이 지식을 습득해야 하는가? 지식이 과연 우리의 실제 삶에 유용하기는 한 것인가? 더 재미있게 지식을 받아들일 방법은 없는 것인가?

그러나 원하든 원치 않든 너는 평생 동안 새로운 지식을 받아들여야 할 것이다. 네가 속한 사회는 물론, 네 안에 잠재된 내적 본능 또한 그것을 요구할 것이기 때문이다. 그래서 나는 네가 때로 지겹고 의미 없어 보이기도 하는 지식의 본질과 가치를 제대로 이해했으면 좋겠다.

Macfarlane은 인류의 문화적 진보가 인간의 창조성을 통해 계속 이루어져 왔다고 주장한다. 지금까지 축적된 지식과 기술을 토대로 더욱 새로운 문화를 발전시켜 온 인류의 역사는 평생교육의 역사이며, 사회 변화와 교육 환경의 혁신으로 평생학습의 가치는 더욱 커지고 있다. 21세기 지식정보화 사회에서는 새로운 지식과 기술 경쟁력을 확보하기 위한 학습이 증가하였다. 최근의 새로운 학습 추세를 이끌고 있는 가장 큰 변화는 스마트 기기의 확산에 따른 교육과 학습이다. 보편화된 교육 내용이 세계적으로 동시에 전달될 수 있는 스마트한 교육 환경이 전개되고 있는 것이다. 스마트해진 교육의 맥락은 교육이 실천되는 방식에도 큰 변화를 일으켰으며, 네트워킹의 혁신적 발전으로 지식의 전달, 축적 및 소통 과정은 더욱 신속하게 진행되고 있다. 이러한 기술적·환경적 변화는 새로운 지식 창출과 지식 시장의 의미가 혼재된 채 평생교육의 차원을 새롭게 전환시키고 있다. 결론적으로, 급속한 교육 환경의 변화 속에서 사람들은 진보하는 테크놀로지에 적응하기 위해서, 새로운 지식과 기술의 습득을 위해서, 길어진 노년기에 대한 은퇴 후 계획의 실천을 위해서 평생학습의 잠재력을 더욱 신뢰하게 될 것이다.

3) 평생교육의 미래에 대한 희망적 예측

현대 사회의 비약적인 테크놀로지 발전과 정치적·사회적·경제적·문화적 변동 속에서 사람들은 끊임없이 자기 변화를 모색해 왔다. 일과 가정에서의 역할 간 균형을 찾으면서 개성을 표현하고 행복을 추구하는 사람들도 계속 증가하고 있다. 평생교육은 이처럼 사람들의 욕구와 필요에 의해 더욱 진화하고 있다. 전통적인 평생교육의 틀과 제도도 변하고 있으며, 더욱 평등하고 차별 없고 인간적인 새로운 학습 사회에 대한 비전도 새롭게 제시되고 있다 Rothwell(2008)은 평생교육의 미래를 매우 희망적으로 보았으며, 평생교육의 미래와 관련하여 다음과 같은 일곱 가지의 변화 추세를 전망하였다.

⑴ 비형식적이고 우발적인 학습이 더욱 중시될 것이다
이는 평생교육의 특성 중 하나인 비형식적·우발적 학습에 대한 관심과 기대가 예전보다 더욱 증가할 것임을 의미한다. 기관과 조직에서 일하는 많은 사람은 전통적인 교실 기반 학습을 대체하는 온라인 학습이나 컴퓨터를 통한 학습에 매우 능숙하고 효율적으로 이를 활용한다. 이들은 일터에서 직무를 수행하는 동안에도 자신의 발전을 위한 학습이 효과적으로 일어날 수 있다는 사실을 잘 알고 있다.

이와 같이 비형식적인 학습(informal learning)은 다양한 사회 환경 속에서 학습자가 얻게 되는 크고 작은 경험을 통해 이루어지며 대개 제도적 교육 기관 밖에서 계획이나 지시 없이 발생한다.

반면, 우발적 학습은 대개 학습자의 경험의 결과나 그 부산물로서 일어난다. 학습자는 직접적인 경험이나 관찰을 통해서, 무엇을 하기 위한 준비 과정 속에서, 또는 다른 사람과의 상호작용 속에서도 배운다. 심지어 안타까운 실패나 실수도 우발적 학습의 좋은 기회가 된다.

형식과 계획성을 넘어서는 비형식적 · 우발적 학습이야말로 미래의 학습 사회에서 더욱 관심을 갖게 될 영역이다.

(2) 학습의 차원 중에서 특히 감정, 가치, 윤리 및 문화적 차원에 대한 관심이 증가할 것이다

학습의 차원은 매우 복합적이다. 따라서 단순히 아는 것, 인지하는 것이나 기억하는 것, 분석하거나 종합하는 것이 학습의 전부는 아니다. 전통적인 교육은 지식의 습득을 가장 중시하며 강조해 왔지만, 실제로 인간의 학습 경험은 이보다 훨씬 복잡한 과정이므로 지식의 단순한 차원을 뛰어넘는 포괄적인 요소들이 고려되어야 한다. 때문에 미래의 학습 사회에서 학습에 대한 관심은 인지적 영역을 넘어 감정, 가치, 윤리, 문화적 의식 등 지금까지 상대적으로 소홀히 여겨 왔던 요소들에 주목하게 될 것이다.

평생교육에서 감정이나 가치, 특히 윤리와 관련된 쟁점들은 매우 다루기 어려운 영역이다. 그러나 미래 사회에서는 자연과 인간의 관계 그리고 인간의 삶에서 핵심이 되는 가치관이나 윤리적 문제들에 대한 관심이 증

가할 것이다. 또한 학습자, 교수자 및 지도자들에게는 세계화에 부응하기 위하여 다양한 문화에 대한 인식과 이해가 요구될 것이다. 따라서 평생교육의 교수자, 전문가 및 실천가들은 과거에 무관심했던 문화와 감성, 가치와 윤리 등에 대해 더 많은 관심을 가지고 소통하게 될 것이다.

(3) 평생교육은 노년층의 욕구에 더 많은 관심을 기울일 것이다

전 세계적으로 인구의 노령화 현상이 심화되고 있다. 미국의 경우 2006년을 기점으로 해서 가장 나이 든 베이비부머 세대가 60세가 되었으며, 우리나라의 베이비부머 세대도 은퇴를 시작하여 새로운 계층을 형성하고 있다. 이 베이비부머 세대는 평생교육에서 큰 영향을 미치는 인구 집단이 되었다. 이들은 학교와 대학에 진학하고 취업하는 기간 동안 자신과 일터를 계속 변화시키며 발전하여 왔고, 새로운 기술을 도입하며 새로운 사회를 건설해 온 세대다. 또 은퇴 연령이 지나서도 계속 일하는 사람도 늘고 있어 정부와 기업들은 이들의 요구에 관심을 갖게 되었다.

따라서 경제적인 안정과 원만한 가족 관계 속에서 행복한 인생을 누리려는 노년층의 소망을 충족시킬 수 있도록 평생교육의 관심이 집중되어야 할 것이다. 노년층의 학습 속도는 젊은 층에 비해 느리지만 학습 욕구와 열망은 결코 뒤처지지 않으므로 노년층을 위한 평생교육은 희망적이다. 따라서 미래의 평생교육은 장년층은 물론 노년층의 관심사 및 특별한 욕구에 부응해야 할 것이다.

(4) 학습자의 다양한 배경에 대한 평생교육 실천가들의 인식이 더욱 확대될 것이다

온라인 강의가 보편화됨에 따라 사람들은 더욱더 세계적으로 소통하게 되었으며 상호 의존성도 증가하고 있다. 다양성은 이제 단순한 인종이나 성별의 차이를 뛰어넘는 더 포괄적이고 다원적인 의미를 갖는 개념이 되었다. 다양성을 인정한다는 것은 나이, 인종, 성별, 사회경제적 위치, 신체적ㆍ정신적 능력, 성적 지향성, 종교나 언어에 상관없이 사람들을 있는 그대로 받아들이는 것을 의미한다. 또한 다양성은 다른 사람이 자신과는 다른 가치 체계와 신념을 갖는 것을 인정하는 동시에 그로 인해 자신에게 반대하는 것도 수용한다는 의미를 포함한다.

따라서 평생교육의 교육자와 실천가들은 학습자의 배경을 더 잘 이해하고 존중하여야 할 것이다. 또한 이처럼 다원적 특성을 가진 학습자 간의 소통을 지원하기 위한 새로운 교육 방법을 모색하게 될 것이다.

(5) 더욱 새롭고 혁신적인 테크놀로지가 등장해 평생교육 및 학습 방식에 영향을 미칠 것이다

그동안 가르침(teaching) 또는 교수에 대한 접근 방법은 많이 변하지 않은 반면, 관련 기술은 눈부시게 발전해 왔다. 평생교육 전문가와 실천가들은 교수법 관련 기술이 학습에 미치는 영향이 매우 크다는 사실을 인지하고 있다. 지능정보 기술이 지금처럼 비약적으로 발전한다면 경쟁력을 갖춘 창의적 인공지능의 도입으로 교수-학습 현장에도 혁신적 변화가 일어날 것이다. 심지어 세계미래학회(World Future Society)는 인간도 언제 어디서나 무선 인터넷에 접속할 수 있는 칩을 머리에 장착하게 될 수 있다고 예측하였다. 현재로서는 이러한 예측을 믿기 힘들지만, 지금처럼 보편화된 개인 컴퓨터의 사용이 1980년대 중반부터 가능했다는 사실을 고려한다면 급속한 기술 발전이 지속적으로 이루어져 왔다는 것을 알 수 있다. 따라서 미래의 평생교육자들은 계속 새롭게 등장하는 미디어와 첨단 기술을 이용한 혁신적인 기술 환경적 맥락에서 더욱 새로운 학습 경험을 제공할 수 있도록 대비해야 할 것이다.

(6) '학습하는 방법을 배우는 것(learn how to learn)'에 대하여 학습자가 더욱 높은 관심을 갖게 될 것이다

전통적 평생교육에서는 교수-학습 과정에서 교수자보다는 학습자의 학습 주도권을 극대화시키는 데 관심을 가져왔다. 앞으로도 평생교육은 교수자의 책임과 부담을 경감시키는 한편, 학습자의 주도성을 더욱 확대하는 방향으로 전개될 것으로 예측된다. 근래 혁신을 거듭하고 있는 테크놀로지를 활용하는 학습에서 학습자의 책임은 더욱 증가할 것이기 때문이다. 이처럼 학습자의 주도적 학습을 강조하는 추세는 교육 철학적 차원에서 학습자 개인의 성장과 발전을 강조한다. 즉, 학습자는 자신의 건강과 식습관, 운동, 직업과 커리어 개발 등 모든 면에서 지금보다 더 많은 책임을 가질 것이 요구된다.

그러나 학습자의 학습 주도권이 더욱 강조됨에도, 중요한 쟁점은 지금까지 대부분의 개별 학습자가 학습하는 방법에 대해서 별도로 진지하게 배울 기회가 없었다는 사실이다. 대부분의 학습자는 어떻게 자신의 학습 능력을 향상시킬 수 있는지, 또 어떻게 주도권을 쥐고 학습 프로젝트를 수행할 것인지에 대해서 잘 알지 못한다. 따라서 학습자가 주도적으로 학습하는 방법을 익힐 수 있도록 지원하는 체계적인 교육이 이루어져야 할 것이다.

(7) 학습이 일어나는 맥락에 대한 관심이 더 커질 것이다

미래 사회에서는 더욱 심화되는 세계화의 물결 속에서 어떤 국가나 조직의 문화가 학습에 미치는 영향에 대한 관심이 증가할 것이다. 또한 환경이 학습에 미치는 영향에 대한 연구가 본격화될 것이다. 특히 기업에서 학습 조직(learning organization)을 만들고 기업의 학습 문화를 정착시키려 노력하게 됨에 따라 학습이 발생하는 맥락을 이해하려는 노력이 더욱 증가할 것이다. 따라서 미래 사회에서 기업의 목표는 조직 구성원이 직무와 관련된 문제를 실시간으로 해결할 수 있는 더욱 유능한 인력이 되기 위해 역량을 키울 수 있는 조직 문화를 구축하는 것이 될 것이다.

결론적으로, 평생교육의 미래는 매우 밝을 것으로 전망된다. 학습은 개인의 재능이 빛을 발하도록 돕는 도구이며, 대부분의 조직은 조직 구성원의 능력을 극대화시키는 것이 미래의 경쟁에서 앞서는 데 핵심적임을 잘 알고 있기 때문이다. 미래의 평생교육 전문가의 역할 역시 개별 학습자로 하여금 잠재력을 발휘하고 자기 혁신을 이루도록 지원하는 것이 될 것이다.

2. 평생교육 방법의 기초

1) 가르침의 본질과 진화

우리는 테크놀로지의 시대에 살고 있다. 지구 반대편에 있는 사람과도 전화 통화나 이메일 수신이 가능함은 물론 컴퓨터와 인터넷의 기능과 영역도 빠르게 확장되어 왔다. 교육 환경으로서의 강의실 역시 그 영향에서 벗어날 수 없게 되었다. 예전에는 들어 보지도 못했던 기계와 장비들이 교육 현장에 도입되었고, 인터넷 강의도 보편화되었다. 특히 인터넷은 교육의 가장 기본적 토대를 구축하고 있다.

이제 사람들은 배우기 위해 물리적으로 학교에 가지 않아도 되는 시대에 살게 되었다. 원하는 대로 책을 읽거나, 텔레비전을 보거나, 라디오를 듣거나, 인터넷에 접속해 다른 이들과 대화할 수 있다. 즉, 학습자가 원하기만 하면 언제든지 인터넷으로 자신의 집에서 편안하게 원하는 것을 학습할 수 있고, 개별적인 교육은 물론 창업 교육과 훈련도 받을 수 있으며, 또한 학습자 스스로 실시하는 교육(do-it-yourself education)도 인기를 얻고 있다(BBC News, 2012. 3. 6.). 학습 환경에서 일어나고 있는 이러한 변동은 필연적으로 전통적인 교육기관의 위치와 역할에 대한 의문을 제기하게 되었다.

이처럼 엄청난 학습 환경의 변화로 인해 모든 연령대의 사람들은 많은 양의 정보에 접근하여 다양한 것을 배울 수 있게 되었다. 교수자들 역시 더 이상 자신이 가르치는 내용에 대해 학습자보다 더 잘 안다고 확신할 수 없게 되었다. 인터넷이 많은 사람에게 정보 제공자 또는 교수자가 될 수 있도록 지원하기 때문이다. 따라서 빠르게 변화하는 지식정보화 사회에서 지금까지 지식의 전달자 또는 학습의 인도자 역할을 수행해 온 교수자들은 더욱 큰 부담을 안게 되었다. 교수자가 학습자보다 더 높은 지식과 기술 수준을 가졌다고 단정 지을 수 없게 된 상황에서 학습자의 학습을 촉진하는 역할을 수행해야 하기 때문이다. 따라서 미래 사회에서는 교수자와 학습자의 전통적인 관계 및 교육 방법도 새로운 차원으로 진화해 갈 것으로 예상된다.

그러나 극적인 교수-학습 환경의 변화에도 불구하고 가르침, 즉 교육에 대한 불변의 진리는 존재한다. 다시 말해, 컴퓨터와 교육 기자재의 혁신적 진보가 이루어졌음에도 가르치는 방법, 즉 교육 방법과 관련해 한결같이 적용되는 다음과 같은 세 가지의 진리가 있다(Jarvis, 2006).

• 좋은 강의는 좋은 교수자로부터 나온다.
• 교육에 관련된 모든 요소를 통합하는 것은 바로 인간적인 요소다.
• 좋은 교수자를 만나는 것이 가장 중요하다.

우리는 누구나 어린 시절에 학교에서, 가정에서, 종교 단체에서, 또 다른 곳에서 우리에게 커다란 영감을 주었던 선생님들을 행복한 마음으로 기억한다. 또한 우리의 학습 경험을 충만하게 해 주었던 선생님들뿐 아니라 우리를 좌절시켰던 선생님들도 기억한다. 모든 교수자가 훌륭하게 가르치는 능력과 자질을 갖추고 태어나지는 않는다. 그러나 평생교육의 교수자가 가르치는 방법에 대해 더 많이 배우고 익혀 학습자의 삶에 변화를 이끄는 유익한 강의를 전달할 수 있다면 매우 보람된 일일 것이다.

그러기 위해서 교수자는 자신의 강의를 수강하는 학습자나 자신이 가르치는 주제 그리고 자신의 일에 대해 긍정적 태도를 가질 필요가 있다. 물론 교수자가 모든 것을 완벽하게 전달하는 것은 아니고, 모든 학습자를 동기 유발하는 데 성공하는 것도 아니며 실수를 저지르기도 한다. 하지만 우리 모두는 실수를 통해서도 배운다. 교수자도 자신이 이룩한 성취와 자신이 저지른 실수로부터 배우며, 이렇게 배운 것을 학습자와 함께 나눌 때 교육적 의미는 더욱 커진다.

그러나 가르치는 것과 배우는 것에 대해 지나치게 진지하고 심각하게 접근하는 것은 바람직하지 않다. 무엇보다 가장 중요한 것은 근본적으로 가르치고 배우는 교수-학습 과정이 재미있어야 한다는 것이다. 가르치는 사람을 교사(teacher), 튜터(tutor), 훈련가(trainer), 촉진자(facilitator) 등 여러 가지 이름으로 지칭할 수 있다. 이 중에서 어떤 호칭을 선택하는가는 바로 교수자가 학습자에게 어떠한 가르침을 어떻게 전달하여 어떠한 영향을 미쳤는가에 달려 있다.

2) 변화하는 지식과 교수자의 역할

학습 사회의 또 한 가지 특징은 학습 사회에서의 지식이 더는 정적이지 않다는 것이다. 지식은 이제 빠르게 변화하기 때문에 앞으로 지식은 배우고 외우는 것이라기보다는 적절할 때 고려되고 활용되는 것으로 이해되어야 한다. 가르침(teaching)의 본질은 가르치는 지식의 특성과 그 지식의 전달 수단에 따라 달라진다. 전통적으로 평생교육에서는 가르침보다는 학습을 더 중시해 왔으므로 지식의 의미를 다시 정의할 필요가 있다.

가르침, 교육 또는 교수는 모두 인간의 학습을 촉진하기 위해 고안된 활동이다. 하지만 인간의 학습을 일어나게 하기 위한 모든 활동이 가르침이라 할 수 있는가에 대해서는 의문이 제기될 수 있다. 예를 들어, 직장에서 직원에게 학습 상황을 조성하는 데 도움을 주는 상사나 관리자를 모두 교사로 볼 수 있는지는 논쟁의 대상이 될 수 있다. 그러나 현대 사회에서의 지식의 본질과 내용은 과거에 비해 분명히 달라졌고, 또한 가르침의 본질과 형태 역시 진화를 거듭하며 변하고 있다.

Jarvis(2006)는 지식을 이해하는 방법을 파악하기 위하여 세 가지 유형의 지식을 소개하였는데, 사실적 지식(knowledge that: factual knowledge), 실용적 지식(knowledge how: practical knowledge) 그리고 사람이나 장소에 관한 지식(knowledge of: people and places knowledge)이다. 사실적 지식은 어떤 논리적 근거나 학문적 연구에 기초한 지식으로서 'X는 사실이다.'라고 말할 수 있는 것이다. 사실적 지식은 주로 강의를 통해 학생들에게 전달되기 때문에 전통적인 학교나 대학교에서 가르칠 수 있다. 실용적 지식은 '그것을 어떻게 하는지 내가 안다'는 것과 관련된 것으로 사실적 지식과는 차이가 있다. 실용적 지식과 사람이나 장소에 관한 지식은 사실적 지식과 같은 방식으로 가르치고 전달하기는 어려우므로 각 지식 유형에는 각기 다른 교육 방법이 필요할 것임을 시사한다.

또 다른 학자인 Scheffler(1965)는 지식이 세 가지의 방식으로 정당화될 수 있다고 제안하였는데, 합리주의적, 실증주의적 그리고 실용주의적 지식이다. 합리주의적 지식은 이성에 의해 정당화되는 사실적 지식으로, 순수 수학이나 철학적인 지식이 이에 해당한다. 실증주의적 지식은 사실적 지식이나 경험에 의한 것으로, 실증적인 현상과 연관될 수 있을 때 사실이 되는 지식이다. 마지막으로 실용주의적 지식은 그 실효성이 실험에 달려 있는 지식이다.

가르침의 방식도 변화하고 있다

가르침을 담당하는 교수자 역할과 관련된 전통적 이미지는 학습자에게 어떤 것을 배워야 할지를 알려 주고 그들의 학습이 잘 일어나도록 지원하는 것이다. 과거에 교수자는 아동이나 성인 모두에게 지식을 전달하는 '지식의 원천'이었으나, 이러한 교수자의 역할에는 많은 변화가 일어났다. 학

습의 방법이 점차 인터넷과 소셜 미디어 등으로 다원화되면서 가르침의
차원 역시 사람들 간에 일어나는 대인적인 것으로부터 사회문화적인 맥락
을 포함하는 형태로 변화하는 양상을 보이고 있다. 이처럼 가르침의 의미
와 실천은 사회적 변화와 세계화 흐름을 반영하고 있으며, 교수자도 이에
부응하여 더욱 다양한 지식과 기술을 갖춰 가르침을 수행할 것이 요청되
고 있다(Jarvis, 2006).

특히 평생학습 사회에서 가르친다는 것은 과거의 사회에서 가르치는 것
과는 전혀 다른 특성을 가진 것으로 인식된다. '가르침'에 대한 『옥스퍼드
사전(The Concise Oxford Dictionary)』의 정의를 살펴보면 다음과 같다.

① 어떤 이에게 어떤 주제나 기술에 대한 체계적인 정보를 주는 것
② '①'의 행위를 직업적으로 실천하는 것
③ 어떤 이로 하여금 지시와 훈련을 통해 어떤 행동을 하도록 하는 것
④ 어떤 도덕적인 원칙에 대한 지지자가 되도록 하는 것(예: 부모가 자녀
   에게 정직함에 대해 가르치는 것)
⑤ 도덕적인 원칙에 의해 소통하고 가르치는 것
⑥ 어떤 이에게 예시나 벌을 줌으로써 어떤 행동을 하도록 유도하거나
   또는 하지 않도록 유도하는 것(예: 바르게 앉아 있도록 하거나 큰 소리로
   떠들지 않도록 하는 것)
⑦ 어떤 이가 어떤 행동을 하기 꺼리도록 만드는 것

예로부터 가르침에는 긍정적인 의미와 부정적인 의미가 동시에 포함되
어 왔는데, 보편적으로 좋은 의미로 인식되어 왔다. 가르침의 이러한 다양
한 기능은 사회가 세계화되고 지식의 내용이 더욱 확대됨에 따라 지식 사
회나 학습 사회의 개념과 연계되어 확장되었다. 학습 사회에서의 가르침
의 방식, 즉 교육 방법은 어떤 내용이나 지식을 가르치는가에 따라 달라지
는 가변적인 것이 되었다.

3) 숙련된 교수자: 핵심 요소

Brookfield(2006)는 숙련된 가르침 및 숙련된 교수자에 대해 연구한 그의 저서『The skillful teacher』에서 대부분의 독자는 숙련된 교수자를 생각할 때 어떤 특정한 개인적 성격 유형이나 행동 특성을 연상하였다고 보고하였다. 또 이러한 연상은 독자 자신의 경험 속에 각인되어 있는 좋은 교수자가 보여 준 페다고지적 특성이나 행동과 관계된다고 하였다. 그러나 Brookfield는 자신이 생각하는 숙련된 교수자의 이미지는 이런 것이 아니라고 주장하였다. 그는 '잘 가르친다는 것' 또는 '좋은 가르침'이라는 것을 반복 가능한 일련의 표준화된 행동으로 객관화하는 것은 적절치 않다고 하였다. 숙련된 가르침은 상황적 요소의 영향을 받기 쉬운 가변적인 과정이며, 그것에는 다음의 세 가지 가정이 전제되어야 한다고 주장하였다.

⑴ 숙련된 교수자는 어떻게든 학습자가 배우도록 돕는다

교수자는 새로운 강의를 시작할 때 개인적 경험이나 주변의 영향, 전문적 견해, 직관이나 습관에 기초해 교육 활동을 구상한다. 대부분의 교수자는 학습자에게 도움을 주는 방향으로 인도하지만 때로는 이 방식이 학습자에게 도움이 되지 않으며 오히려 방해가 될 수 있다.

최근에 많은 대학이 개방적인 입학 정책을 도입함에 따라 학생들의 인종적·계층적·문화적 정체성이 더욱 다양해졌다. 이들은 학습 준비도, 지적인 통찰력이나 선행학습 경험에서 큰 차이가 존재한다. 이런 경우에 모든 학습자에게 핵심 기술과 지식을 습득히도록 돕는 표준화된 실천 방안은 거의 없다고 해도 과언이 아니다. 왜냐하면 한 학습자에게 효과적인 방법이 다른 학습자에게는 전혀 효과적이지 않을 수 있기 때문이다. 하지만 숙련된 교수자에게는 무엇보다 학습자의 특성을 이해하고, 학습자가 학습 목표를 달성하도록 동기를 유발하며, 선배 학습자와 연결해 주는 세 가지 역할을 수행해야 한다는 가정이 존재한다. 따라서 이러한 상황을 타개할 수 있는 유일한 방법은 교수자로서 학습자의 다양한 특성과 배경을 정확하게 파악한 후, 최선을 다해 이에 적절한 가르침을 실천하는 것이다.

특히 학습자가 새로운 학습 과제에 직면해 어려워하고 있을 때 대부분의 교수자는 어떻게 해서든 잘 가르쳐서 그 학습이 잘 진행되도록 도와주어야 한다는 강박관념을 가지고 있을 수 있다. 그러나 이런 경우에 교수자의 가장 중요한 역할은 학습자가 그 과제를 달성하도록 꾸준히 동기를 유발하며 격려하는 것이다. 이 격려는 학습이 담보 상태에 놓여 있는 학습자로 하여금 이를 뛰어넘어 다음 단계의 개념학습이나 기술 습득으로 나아가게 한다.

교수자는 학습자가 자신의 강좌에서의 학습에 대해 무관심하고 화가 나 있거나 적대적일 때 가장 어려운 상황에 처하게 된다. 이럴 때는 그 강좌를 수강한 적이 있고 그 강좌에서 많은 것을 배웠다고 생각하는 선배나 동급생을 초빙해서 그 강좌의 가치를 발견하게 된 경험을 공유하도록 하는 것도 효과적이다. 따라서 여기서 제시한 방법들, 즉 학습자의 배경과 특성 이해하기, 격려하기, 선배 학습자와 연결해 주기 등은 어떻게 해서든지 학습자에게 학습이 일어나도록 돕는 숙련된 교수자의 역할에 포함된다.

(2) 숙련된 교수자는 가르치는 것에 대해 비판적·성찰적으로 접근한다

교수자가 생각 없이 전문적인 기준만 따르거나 과거에 자신을 가르쳤던 교수자의 행동을 무비판적으로 모방만 한다면 학습자에게 좋은 가르침을 전달하기는 어려울 것이다. 따라서 숙련된 가르침은 바로 맥락을 고려한 가르침이다. Brookfield(2006)가 말하는 비판적 성찰은 학습자의 눈, 동료들의 인식, 관련 분야의 선행문헌 그리고 자신의 자서전이라는 서로 보완적인 네 가지의 렌즈를 통해 우리가 수행하는 가르침에 대한 가정들을 파악하는 과정이다. 이 네 가지의 렌즈는 학습자의 시각, 동료들의 시각, 선행문헌이 제시하는 객관적 관점 그리고 자신의 삶을 조망하는 자서전 쓰기에서 나타난 자신의 통합된 관점 등이 모두 포함됨을 시사한다. 숙련된 가르침을 제공하는 데 있어서 비판적 성찰이 중요한 이유는 비판적 성찰을 통해 자신이 한 행동의 타당성을 깨달을 수 있기 때문이다.

교수자가 비판적 성찰에 기초한 가르침을 전달하는 것은 교수자 자신이 비판적 사고의 모델을 학습자에게 보여 주는 것이 된다. 많은 교수자는 세월이 갈수록 자신의 가르침이 점점 진부해진다는 느낌에 봉착하게 된다. 즉, 여러 학기가 지나도 똑같은 교재와 과제를 사용하여 똑같은 내용으로 가르치고 있다는 진부함이다. 이러한 진부함에서 벗어나 자신의 가르침에서 새로운 역동성을 찾기 위해서라도 교수자에게는 비판적 성찰의 자세가 필요하다. 비판적 성찰을 통해 교수자는 항상 깨어 있을 수 있으며 가르침에 대해 경각심을 갖게 되기 때문이다.

(3) 숙련된 교수자는 학습자가 학습을 어떻게 경험하며 교수자의 행동에 대해서 어떻게 인지하고 있는지를 끊임없이 검토한다

자신이 가르치는 것에 대해 학습자가 어떻게 생각하고 느끼는지를 아는 것은 좋은 가르침을 제공하기 위한 기본적인 사항이다. 학습자의 반응에 대해 바르게 알지 못하면 자신의 가르침이 어떠한지에 대해 정확하게 파악하지 못하고 무계획하에 가르칠 위험이 있다. 교수자로서 학습자가 자신의 수업에 대해 어떻게 느끼는지에 대한 정직한 답을 듣고 싶다면 질문에 답하는 학습자의 익명성을 보장해 주어야 한다. 또한 교수자는 학습자에게 미리 자신에 대한 부정적인 의견일지라도 받아들이는 대신 정직한 비평만을 수용할 것이라는 점을 천명하는 것이 좋다. 아울러, 여러 가지 교육 방법, 강의실의 배치 또는 평가 방식 중에서 어떠한 것이 학습자로 하여금 학습 상황에 더 쉽게 적응하도록 해 주는지를 파악하는 것은 교수자의 핵심 과제다.

특히 평생교육 현장에서는 학습자를 성인으로 인정하고 대우해 주는 것이 중요하다. 학습자는 누구나 성인으로 존중받고 싶어 한다. 그들은 단순히 학습자라는 이유로 교수자가 자신을 아랫사람 대하듯이 하는 것을 좋아하지 않는다. 또한 성인학습자는 교수자가 '학습자는 교수자만큼 많은 지식을 갖추고 있다.'거나, '모든 사람은 동등하게 함께 배우는 학습자이며 또 함께 가르치는 교수자다.'라고 말할 때 그를 온전히 믿지 않는다. 학습자는 학습을 하는 동안 많은 감정을 경험한다. 따라서 학습자로서 새로운 지식과 기술 및 관점을 배움으로써 예전에 자신이 가졌던 생각이나 능력, 정체성에 변화가 일어날 수 있다는 사실을 두려워할 수도 있다. 이러한 감정과 의심의 과정들을 잘 이끌어 주면서 가르침을 효과적으로 제공하는 교수자가 숙련된 교수자다.

Brookfield(2006)는 자신의 강의를 수강한 학습자들을 대상으로 조사한 결과, 대부분의 학습자는 교수자가 자신을 대할 때 존중하는 마음을 가지고 대해 주기를 원했다고 보고하였다. 그가 조사한 바에 의하면, 학습자들은 특히 교수자가 학습자의 문제와 어려움을 발견하려고 노력하며, 학습자의 입장에 대해 공식적으로 옹호하려고 하는 모습을 보일 때 자신이 존중받고 있다고 느꼈다. 또 자신의 개인적·지적·직업적 발전을 위해 교수자로부터 더 많은 지도를 받기를 원하였다.

숙련된 교수자 또는 좋은 교수자를 정의할 때 가르침의 특성상 상황적 요소들을 배제할 수는 없으나, 연령, 인종, 문화권이나 성별과 관계없이 학습자가 갖고 있는 좋은 교수자에 대한 인식에서는 확실하게 공통적인 특성이 제시되었다. 즉, 학습자에게 보편적으로 인정받는 바람직한 교수자는 신뢰성, 진정성과 일관성을 갖추고, 자신에 대해서도 스스럼없이 드러내는 자기노출을 하는 사람인 것으로 나타났다(Brookfield, 2006).

평생교육 방법론에 관한 논의를 전개함에 앞서 이 장에서는 지금까지 계속 진화해 온 평생학습 사회의 양상과 전망에 대해 다시 검토하였다. 또한 변화하는 지식의 특성과 교육 환경의 맥락을 살펴보았으며 특히 가르침에 관한 변치 않는 진리를 다시 확인하였다.

지금까지 평생학습 사회에 대한 다시보기를 통해 얻은 가르침에 관한 결론은 다음과 같다. 즉, 평생학습 사회는 계속 긍정적인 진보를 거듭할 것이고, 지식의 확장과 교수-학습 환경의 다원화에도 불구하고 가르침에 관한 불변의 진리는 여전히 존재한다는 것이다. 또한 좋은 가르침은 인간미를 갖춘 좋은 교수자로부터 비롯되며 이 진리를 뛰어넘는 것은 없다는 것이다.

제2장

포스트 코로나 시대의 평생교육 방법

2020년 초에 시작되어 세계적인 유행병인 코로나바이러스 팬데믹 (Corona Virus Pandemic)을 초래한 신종 코로나바이러스 감염증(코로나19 또는 COVID-19)은 인류의 삶을 크게 변화시켰다. 이 팬데믹이 장기화됨에 따라 2020년 11월 현재 전 세계적으로 5,600만 명 이상의 확진자와 135만 명이 넘는 사망자가 발생하였다(https://coronaboard.kr/). 세계보건기구 (WHO)는 이를 100년에 한 번 나올 보건 위기로, 그 영향이 앞으로 수십 년 간 느껴질 것이라고 선언한 바 있으며(KBS 뉴스, 2020. 8. 1.), 전 세계 인구 의 1/10이 감염되었을 수 있다고 하였다(BBC News, 2020. 10. 5.). 이 팬데믹이 장기화됨에 따라 모든 국가와 개인은 감염 예방과 치료에 주력하며 백신과 치료제의 개발을 기다리게 되었다. 바이러스 선와 방지를 막기 위한 국가 간 및 국가 내의 이동금지령과 집합금지령의 실시로 사람들의 외부 활동이 제한되고, 모든 국가는 심각한 경제침체, 실업, 의료지원 부족 등 위기극복에 부심하고 있다. 코로나 이후 시대, 즉 포스트 팬데믹 시대에는 새로운 정치, 경제, 사회, 문화 및 교육의 패러다임 변화가 일어날 것이 예측된다. 특히 교육의 맥락은 코로나 이전과는 확연히 달라질 것이며,

초 · 중 · 고등교육 및 평생교육을 포함한 모든 수준의 교육은 온라인과 오
프라인 교육이 연계되는 블렌디드 러닝 형태가 더욱 확대될 것으로 보인
다. 이에 따라 평생교육이 전달되는 방법에도 적지 않은 변화가 예상된다.

1. 코로나 시대와 뉴노멀

코로나바이러스 팬데믹으로 인한 가장 큰 변화는 사회적 거리두기와 함
께 대면 접촉을 회피하는 비대면 문화가 새로운 생활규범으로 자리 잡은
것이다. 높은 전염력을 가진 바이러스의 확산 속에서 살아남기 위해 '사회
적 거리두기(social distancing)' 및 감염 여부를 확인하기 위한 자가 격리, 마
스크 착용, 손 씻기 등 구체적 생활 방역 지침이 반복적으로 전달되었다.
이 같은 비대면, 비접촉 추세가 신종 코로나바이러스 감염증(코로나19) 시
대의 새로운 삶의 양식, 즉 뉴노멀(new normal)이 되었다. 학교와 직장에
가지 못하게 된 사람들은 집에서 학습을 하거나 재택근무를 하며, 소비,
여가, 문화, 운동 등의 활동을 하게 되었다. 대부분의 교육은 온라인으로
진행되어 지금까지와는 전혀 다른 새로운 교육 환경이 형성되었다. 다양
한 디지털 기기나 스마트 기기를 갖추고 온라인 플랫폼에 접속하여 학습
하는 것이 코로나 시대 교육의 보편적인 모습이 되었다.

2. 포스트 코로나 시대의 평생교육 전망

1) 4차 산업혁명과 평생교육

우리는 인공지능(AI), 사물인터넷(IoT), 클라우드 컴퓨팅, 5세대 이동통
신(5G), 빅데이터, 모바일, 블록체인 등 지능정보 기술과 생명공학, 나노 기

술, 로봇공학, 3D 프린팅 등 여러 분야의 신기술과 접목되는 4차 산업혁명 시대를 살아가고 있다. 사람과 사물 간 연결과 데이터 공유의 극대화(초연결: Hyper Connectivity), 인간의 지능을 능가하는 기술로 사물의 지능화(초지능: Super Intelligence), 새로운 기술과 산업의 다양한 결합(초융합: Hyper Convergence)으로 사회의 모든 영역에서 혁신적 변화가 예상된다(캐드앤그래픽스, 2019. 7. 12.). 즉, 고도의 지능정보 기술이 각 분야의 축적된 정보와 지식이 함께 작동하는 융합의 시대로 집과 일터의 구분이 점차 사라지고 있다. 다음 [그림 2-1]에는 대통령직속 4차산업혁명위원회에서 제시한 4차 산업혁명의 주요 특징이 제시되어 있다.

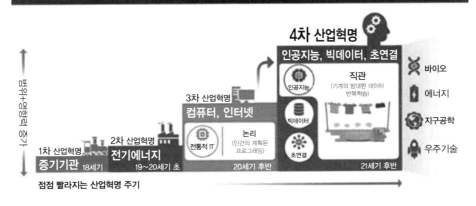

┃ 그림 2-1 ┃ **4차 산업혁명의 주요 특징**

출처: 대통령직속 4차산업혁명위원회(https://www.4th-ir.go.kr/).

　역사적으로 성인학습자의 개인적 성장과 더불어 사회의 발전을 추구해 온 평생교육도 4차 산업혁명 시대를 맞아 새로운 도약이 요구된다. 팬데믹을 거치며 커다란 전환을 맞은 학교교육에서 일어나고 있는 변화와 성찰을 고려할 때, 평생교육 역시 그 고유의 역할과 기능을 비롯한 정체성을 새롭게 정립할 필요가 있다. 또한 코로나 시대를 통해 얻게 된 새로운 생활규범, 즉 뉴노멀에 적응하기 위한 기제로서 평생교육의 역할과 기능에 대해서도 새로운 논의가 요구된다. 전통적으로 평생교육은 시대 변화에 능동적으로 대처하며 평생학습을 원하는 누구나 교육받을 권리를 향유하며 자신이 추구하는 삶을 영위하도록 지원해 왔다. 팬데믹을 거치며 평생교육의 전통적인 교수-학습 환경의 많은 변화와 함께, 특히 온라인 교육의 증가가 예상된다.

　4차 산업혁명에서 살아남기 위해 성인학습자들은 새로운 지식, 기술 및 필수 역량을 익혀야 하며, 특히 차별화된 경쟁력을 갖추어야 한다는 인식이 증가하고 있다. 따라서 경제위기, 인공지능과 자동화의 확대로 발생한 실직 증가 등 일자리 변동에 적응하기 위한 창의적 인재양성 및 전문적 역량 개발에 있어서 평생교육의 역할이 매우 중요해졌다. 또한 코로나 사태를 겪으며 생활고, 공포, 소외감, 우울감 등으로 적지 않은 경제적·심리적 어려움을 경험한 사람들의 육체적·정신적 건강을 지키기 위한 사회정서적 평생교육에 대한 요구가 증가할 것이 예상된다. 따라서 평생교육의 도구적 역할은 물론 감성과 정서를 아우르는 역할에 대한 관심이 크게 증가할 것으로 보인다. 2020년 팬데믹 발생 후, 온라인 개방형 강의 플랫폼인 MOOC에서 가장 큰 호응을 얻은 강좌 중 하나는 정신건강을 중시하며 인간 웰빙의 과학을 분석한 예일대학교 심리학 교수 Laurie Santos의 'The Science of Well-Being'이었다는 사실(New York Times, 2020. 5. 26.)이 이를 뒷받침한다.

2) 포스트 코로나 시대와 디지털 리터러시

　4차 산업혁명 시대를 살아가는 사람들에게는 단순한 컴퓨터 활용 능력을 넘어 넘쳐나는 복잡 다양한 정보를 활용하여 소통하고 직무나 일상생활에 이를 적절히 적용하는 능력이 요구된다. 2016년 다보스포럼(WEF)에서 출간한 보고서 『The Future of Jobs』는 디지털 리터러시를 미래 인재에게 가장 필요한 역량의 하나로 제시한 바 있다. 디지털 리터러시(digital literacy)는 일반적으로 디지털 정보를 이해하며 사용할 수 있는 능력으로 인식되며, 디지털 미디어의 확대에 따라 미디어 리터러시(media literacy)도 거의 유사한 의미로 사용된다. 디지털 사회의 시민은 문제해결 과정에서 디지털 정보를 이해하고 활용하는 능력을 넘어, 새로운 정보를 창출하고 문제해결 과정을 자동화할 수 있는 능력이 필요해진 것이다(한국교육학술정보원, 2019). 특히 코로나 시대를 거치며 갑자기 확대된 원격학습 환경에 효과적으로 적응하기 위해 포스트 코로나 시대의 성인학습자들에게는 4차 산업혁명 시대에 필요한 역량 및 디지털 리터러시를 갖추는 것이 더욱 중요해졌다.

원래 디지털 리터러시라는 용어는 Gilster(1997)가 자신의 저서 『Digital Literacy』에서 컴퓨터를 통해 제시된 다양한 형태의 정보를 이해하고 활용하는 능력으로 처음 소개한 데서 알려지기 시작하였다. 〈표 2-1〉에는 미국미래연구소에서 발표한 4차 산업혁명 시대의 필수 역량과 미국교육공학협회에서 제시한 미디어 리터러시의 구성 요소가 제시되어 있다.

┃표 2-1┃ 4차 산업혁명 시대 필수 역량 및 미디어 리터러시의 구성 요소

미국 미래연구소에서 제시한 4차 산업혁명 시대 필수 역량	미국 교육공학협회에서 제시한 미디어 리터러시의 구성 요소
• 의미부여 능력(Sense Making) • 사회 지능(Social Intelligence) • 새로운 사고와 변화 적응 능력(Novel and Adaptive Thinking) • 다문화 역량(Cross Cultural Competency) • 컴퓨터 기반의 추론 능력(Comoutational Thinking) • 뉴미디어 리터러시(New Media Literacy) • 초학문적 개념 이해 능력(Transdisciplinary) • 문제해결을 위한 과제 설계 능력(Desing Mindset) • 인지적 부하 관리(Cognitive Load Management) • 가상의 협업 능력(Virtual Collaboration)	• 창의성과 혁신(Creativity and Innovation) • 의사소통과 협업 능력(Communication and Collaboration) • 연구 및 정보(Research and Information) • 비판적 사고, 문제해결 능력(Critical Thinking, Problem Solving) • 디지털 시민성(Digital Citizenship) • 기술 활용 능력(Technology and Operations)

출처: https://dadoc.or.kr/2512에서 재인용함.

더 나아가 디지털 리터러시에는 정보처리, 거짓정보 판별, 의사소통과 협업, 콘텐츠 창출, 문제해결 및 자료 제작 능력 등이 포함되기도 한다.

3. 테크놀로지의 발전과 비대면 평생교육 방법

1) 테크놀로지 기반의 새로운 평생교육의 패러다임

평생교육은 전통적으로 교수자와 학습자가 서로 상호작용하면서 가르치고 배우는 수업에 가장 큰 의미를 부여해 왔다. 그러나 팬데믹 이후의 비대면 온라인 교육 추세는 평생교육으로 확장되며 평생교육의 대변화를 예고하고 있다. 역사적으로 평생교육은 사회 변화에 적극 대응하는 효과적 기제로 작동해 왔으며, 팬데믹과 같이 인류에게 닥친 위기와 도전의 상황에서도 평생교육은 새로운 테크놀로지와 결합하여 더욱 발전할 것으로 기대된다.

이제 디지털화로 인해 스마트 교육을 비롯한 새로운 교육 패러다임이 전개되고 있다. 스마트 교육은 전반적인 학습자 역량의 증진, 협업에 의한 새로운 지식의 생산 및 공유로 창의적 교육을 추구한다(국가정보화전략위원회, 교육과학기술부, 2011). 다양한 테크놀로지의 활용은 풍부한 학습 자원에 대한 접근을 돕고, VR(가상현실) 또는 AR(증강현실)로 실제와 같거나 증강된 경험을 제공하며, 상호작용과 소통도 더욱 원활하게 해 준다. 아울러 디지털 미디어 활용으로 게임이나 엔터테인먼트 영역의 새로운 교육 콘텐츠의 창출도 가능해졌다. 테크놀로지의 혁신으로 평생교육 참여자들의 교육기회가 확대되고, 시간과 장소의 제약이 없는 학습이 가능해졌다.

Russell 등(2013)은 테크놀로지의 발전으로 평생교육의 교수-학습 과정이 크게 개선될 수 있다고 보고, 평생교육에서 테크놀로지 사용의 장점을 다음과 같이 설명하였다.

- 성인학습자의 적극적 · 문제 중심적 학습을 촉진한다.
- 성인학습의 바람직한 학습 성과를 촉진한다.
- 평생학습 플랫폼 기반의 온라인 공개강좌를 통해 성인학습자를 지원한다.
- 성인학습자의 디지털 능력을 증진한다.

2) 온라인 개방형 평생교육 방법의 확대

(1) MOOC의 사례

평생교육 방법론에서 근래 주목받는 추세는 누구나 등록하여 수강할수 있는 공개 온라인 강의다. 2012년 개설된 대규모 개방형 온라인 강좌인 MOOC(Massive Open Online Courses)는 국가와 인종, 계층을 넘어 누구에게나 평등하게 고등교육의 기회가 공개되어야 한다는 공개교육자원운동(Open Education Resources Movement)의 영향을 받았다. 즉, 모든 학습자에게 수준 높은 배움에 대한 접근성을 부여하는 혁신적인 온라인 공개 강의 플랫폼인 것이다(https://www.mooc.org). 세계 유수의 대학들이 참여하고 개설한 edX, Coursera, Udacity 등 강의 플랫폼에서 언제 어디서나 최고 수준의 강의를 접할 수 있다. 세계적으로 수천만 명이 커리어 개발이나 전문성 향상, 대학입학 준비, 보충학습, 기업체 훈련 등 다양한 평생학습에 참여하기 위해 MOOC를 이용한다. MOOC는 학습자 수에 제한이 없고, 학습방식이 다양하며, 학습자들 간의 교류와 상호작용을 통해 학습 성과를 추구하는 것이 특징이다.

코로나19 사태로 급속히 확대된 원격학습은 성인학습자들의 온라인 평생교육 참여에서 더욱 두드러지는 추세다. 최근 미국의『New York Times』(2020. 5. 26.)는 MOOC의 플랫폼 Coursera에는 신규 가입한 사람들이 코로나 사태가 시작된 후 2개월간 약 1,000만 명으로 증가해 작년 같은 기간 대비 7배가 늘었으며, edX와 Udacity 등 MOOC의 다른 플랫폼도 비슷한 성장률을 보여 온라인 수업이 새롭게 부흥하기 시작했다고 보도하였다. 과거 어느 때보다도 성인학습자들은 장래 구직시장에서 필요한 교육에 대한 요구를 갖고 있으며, 특히 향후 다시 팬데믹과 같은 위기 상황이 발생하더라도 근무 연속성에 지장이 없을 것으로 예상되는 디지털 기술 관련 강좌에 대한 인기가 높았다. MOOC에는 성인학습자들에게 무상으로 제공되는 흥미로운 평생교육 프로그램도 많이 포함되어 전통적인 평생교육적 가치관을 반영하며, 적절한 비용으로 수강 가능한 강좌도 많이 개설되어 있다(https://www.mooc.org). 미국의 대학들은 MOOC과 협력하여 더 적은 비용으로 더 단시간에 학위를 취득할 기회를 확대하는 추세로 고등교육의 대중화 현상이 더욱 증가하고 있다.

MOOC는 네트워크를 통한 개방적 학습과 자유로운 지식 공유를 강조하는 연결주의 이론(connectivism)에 기반하고 있다(Siemens, 2005). 특히 cMOOC는 연결주의에 기초하여 개방된 학습과 자유로운 지식 공유 그리고 자기주도성과 학습공동체 간의 상호작용을 강조하는 비구조화된 강좌로 구성된다. 반면에 xMOOC는 전통적 지식 전달 중심의 강의식 수업으로 구조화된 강좌로 진행된다. cMOOC의 참여자들은 스스로 온라인으로 정보를 찾고 이를 공유하며, 이에 대한 책임을 가지므로 이러한 연결된 행동은 콘텐츠의 창출로 이어진다.

(2) 온라인 개방형 평생교육 방법의 과제

그러나 이처럼 새롭고 강력한 평생학습 플랫폼인 MOOC도 다른 많은 원격 평생교육 프로그램이 경험하는 문제에 직면한 바 있다. 우선, 원격 수업을 수강할 때 컴퓨터 모니터를 계속 주시해야 하는 데서 오는 피로감으로 학습자가 수업에 집중하기 어려울 수 있다. 또한 학습자가 프로그램을 수강한 후 계속 학습에 참여하는 학습의 지속성이나, 도중하차 하지 않고 항상 MOOC에 접속하여 프로그램이 끝날 때까지 남아서 수강을 마치는 평균 이수율도 10% 정도로 낮게 나타났다(Hew & Cheung, 2014). 근래 이러한 문제의 해결을 위해 수료증 발급하기, 온라인 강의에 포함되는 영상의 길이를 6분 이하로 하기, 퀴즈나 평가 실시하기 등 다양한 대책을 실시하고 있다.

한편, MOOC와 같은 온라인 공개강좌가 갖는 평생교육의 상징성과 효과성에 힘입어, 우리나라에서도 2015년 국가평생교육원이 한국형 온라인 강의 플랫폼인 K-MOOC를 구축하였다. 2019년에는 92개 대학, 기관이 745개의 무료 강좌를 개설하여 누적 신청횟수도 117만에 달하였다(교육부 보도자료, 2020. 2. 19.). 고등교육 경쟁력 제고와 평생학습 제공을 목표로 하는 K-MOOC는 아직도 사회적인 인식이 높지 않으며, 5년간(2015~2019년) K-MOOC 강좌 평균 이수율은 18.9%로, 2020년 1학기의 강좌 이수율은 23.6%였으며, 이수율 50% 미만 강좌가 93%에 달해 투입한 예산 대비 낮은 성과로 분석되고 있다(대학저널, 2020. 8. 26.). K-MOOC의 문제점으로는 시대 변화와 학습자의 요구에 부응하지 못하는 콘텐츠 및 모바일 애플리케이션의 낮은 활용도 등의 문제가 제기되어 왔다. K-MOOC는 기존의 학점은행제보다 더 높은 질적 수준으로 운영되며 평생교육의 질 향상과 성인학습자의 다양한 평생교육 요구 충족에 기여할 것으로 기대되고 있다. 따라서 K-MOOC에 참여할 때 PC와 스마트폰, 태블릿 등의 기기에 따라 유연하게 구현되는 반응형 웹, 사용자의 불편함이 없는 인터페이스 등을 구현할 필요가 있다(주영주, 김동심, 2017). 또한 학습자들에 대한 과제부여, 평가, 피드백 제공이 더 체계적으로 진행되어야 할 것이다. 현재 16주간 지속되는 강좌를 단기 강좌 등 더 다양하게 개설하는 것도 참여확대 방안이 될 수 있을 것이다.

한편, 국민 누구나의 평생학습을 지원하는 국가평생학습포털인 늘배움(http://www.lifelongedu.go.kr/)이나 서울시평생학습포털(http://sll.seoul.go.kr/), 경기도온라인평생학습서비스(https://www.gseek.kr)와 같은 지자체 중심의 평생학습포털과 온라인 플랫폼은 지금보다 더욱 활성화되어 온라인 평생교육의 기회 확대를 이끄는 역할이 기대된다.

┃ 표 2-2 ┃ Udacity, Coursera, edX 및 K-MOOC 운영 현황

			Udacity	Coursera	edX	K-MOOC
형태	영리추구		영리	영리	비영리	비영리
	설립주체		기업	기업	대학	정부
	역할	주체	플랫폼 운영, 강의 제공, 강의 운영	플랫폼 제공	플랫폼 제공	플랫폼 제공, 예산투자
		파트너	강의 커리큘럼 개발 지원	강의 개발 및 운영	강의 개발 및 운영, 연구	강의 개발 및 운영, 연구
	파트너		기업, 대학	대학, 기관	대학	정부, 대학
자금	투자기관		기업	기업, 대학	재단	정부
	유료강좌 수강료		150~199 달러/ 주	49달러/강좌	코스에 따라 다름	무료
주요 대상			취업/ 이직 준비생	대학생, 고등학생, 일반인	일반인 및 고등학생	일반인 및 대학생
인증 방법	수료증		●	●	●	○
	학점인정			●		●
	학위수여		●			
제공 서비스	코스트랙		○	○	○	
	강의기간		자율상시형	제한형, 자율상시형	제한형, 자율상시형	제한형
	강의자료 제공		○	○	○	○
	커뮤니티		○	○	○	○
	코칭		●			
	프로젝트 피드백		●	●		
	인증서 발급		●	●	●	
	기업서비스		●			
사회공헌			장학금 지급		연구 지원	평생교육

*○: 무료서비스, ●: 유료서비스
출처: 김자미, 이원규, 김용(2014). p. 2에서 재인용함; 주영주, 김동심(2017). p. 188.

앞의 〈표 2-2〉에는 Udacity, Coursera, edX 등 MOOC의 플랫폼 및 K-MOOC의 주요 특징이 요약되어 있다.

3) 비대면 평생교육 방법의 문제점

포스트 코로나 시대에도 비대면의 웹 기반 교육은 더욱 확대될 것이다. 모든 교육 현장에서 온라인과 오프라인의 교육을 혼합한 형태의 블렌디드 러닝이나 플립드 러닝은 더 많이 실시될 것으로 보인다. 코로나 사태로 인해 갑자기 증가한 온라인 또는 화상 강의는 그 편리함과 비용효과성, 반복재생 가능성, 시공간적 제약으로부터의 자유로움과 같은 장점에도 불구하고, 적지 않은 비판도 제기된다. 종전의 대면 강의보다 집중력이 떨어지며, 현장 수업이나 실험실습 수업에서 비효율적이라는 지적도 있다. 미국 대학생 1만 4,000명 중 75%가 비대면 교육이 대면 교육보다 못하다고 응답했으며(New York Times, 2020. 5. 26.), 한국 대학생들도 비대면 화상 강의에서 수업의 질이 낮다는 불만을 나타냈다(중앙일보, 2020. 7. 7.).

또한 온라인 교육은 같은 물리적 공간에서 경험하는 집단과의 상호작용이나 지도·상담을 받을 기회가 적다. 교수자가 학습자의 태도, 성향, 학습이해도 등을 파악하기도 쉽지 않다. 함께 어울려 관계를 형성하고 경험을 공유하는 대면교육의 현장을 비대면 온라인으로는 완전히 대체하는 것은 불가능하다. 더 나아가 온라인 교육으로 학습자의 자기주도학습, 비판적 사고, 문제해결 능력 및 창의성 함양이 효과적으로 이루어지기 어렵다.

4) 비대면 평생교육 방법과 교육격차

또 다른 비판은 온라인 교육이 확대되는 과정에서 교육격차가 심화되었다는 것이다. 팬데믹으로 드러난 새로운 교육 불평등은 주로 사회경제적으로 취약한 환경에 놓여 있는 학습자들에게 발생한다. 즉, '인터넷을 사용할 수 있는 환경을 가진 계층과 그렇지 않은 계층 간에 발생하는, 정보에 대한 접근성과 이용 가능성의 격차'(네이버 국어사전)인 디지털 디바이드로 인해 온라인 교육의 격차가 더욱 심화된다는 지적이다. 또한 스마트 기기나 온라인 접근성, 디지털 능력의 결핍으로 인해 수행능력 격차가 더욱 벌어져 새로운 교육 불평등 현상이 나타나고 있는 것이다. 이는 누구나 원하는 것을 배울 수 있어야 한다는 교육의 평등성을 기본 전제로 하는 평생교육의 기본 이념에 부합하지 않는다. 따라서 사회경제적 배경이 학습자에 미치는 영향을 최소화하여 교육격차를 줄이려는 사회적 합의와 지원이 이루어져야 한다.

한편, 최근 한국교육학술정보원(2020)에서 실시한 「COVID-19에 따른 초중등학교 원격교육 경험 및 인식 분석」 보고서에 따르면 교사 10명 가운데 8명이 원격 수업으로 인해 학생 간 학습격차가 생겼으며, 그 가장 큰 이유로 학습자의 '자기주도학습 능력 차이'를 꼽았다. 이러한 조사결과가 평생교육에 시사하는 바가 크다. 즉, 평생교육의 핵심적 학습 원리인 자기주도학습 능력의 함양으로 온라인 교육에서 학습격차의 경감이 가능할 것으로 예상되기 때문이다.

4. 포스트 코로나 시대와 평생교육의 교수자

코로나19 사태를 겪으며 사회 환경과 교육의 지평이 크게 바뀌고 있으며, 평생교육이 전달되는 방법론도 더욱 다원화될 것으로 예상된다. 온라인 학습의 급속한 확산으로 인해 새로운 테크놀로지에 적응하고, 이를 수업에 적용하는 것은 교수자에게도 큰 도전이 되었다. 특히 블렌디드 러닝이나 플립드 러닝의 증가와 함께 온라인과 오프라인 교육의 균형 있는 결합이 더욱 중요해졌다.

포스트 코로나 시대의 평생교육 환경에서는 원격 수업 역량을 갖춘 교수자의 존재가 매우 중요한 요소가 된다. 교수자와 학습자가 모두 디지털 기기와 자료를 다루기에 익숙해야 한다. 따라서 포스트 코로나 시대의 평생교육은 다양한 인터넷 플랫폼 활용 및 빅데이터와 AI, VR, AR 등과 친숙한 교수자가 주도하게 될 것이다. 더 나아가 온라인 수업을 진행하는 교수자는 과거의 대면교육에서보다 훨씬 더 그의 수업 내용과 교육 방법 등이 모두 투명하게 공개되며, 교수자와 학습자는 서로를 평가하고 피드백을 얻게 됨을 인식해야 한다. 이제 평생교육에서 교수자의 디지털 경쟁력은 창의적 콘텐츠 개발능력이나 시스템 개발자로서의 능력과 함께 매우 중요한 기본적 자질이 될 것이다. 더 나아가 사물인터넷 기반의 초연결 시대를 맞아 교수자의 역할은 지식의 배포자가 아닌 지식이 창조되고 연결되는 과정을 지원하는 큐레이터 역할(Siemens, 2008)까지 확장될 수 있다. 이는 인공지능 시대의 평생교육을 전달하는 방법론을 논의할 때 매우 중요한 과제다. 교수자는 학습자가 학습의 주도권을 가진 자기주도적 학습자로 성장하도록 돕고, 개별화된 맞춤형 학습지도가 이루어지도록 노력해야 한다. 평생교육의 기본 이념은 모든 이의 학습권을 전제로 개인의 삶의 질 향상 그리고 개인과 사회의 성장과 발전을 이루는 것이다. 따라서 확대되는 스마트 교육 환경 속에서 사회적 취약계층 학습자들의 평생교육 접근성과 기회가 제한되지 않고 원하는 교육을 받도록 지원하는 멘토이자 촉진자로서 교수자의 역할이 더욱 기대된다 하겠다.

제3장

평생교육 방법의 이론적 기초

평생학습 사회는 이제 누구에게나 익숙한 용어가 되었다. 인간은 항상 학습을 하면서 살아가며, 나이가 많아서 배우지 못한다는 말이 더는 통하지 않는 사회가 되었다. 평생학습 사회를 살아가는 성인들에게는 학습에 관한 무한한 가능성이 열려 있기 때문이다. 성인학습의 잠재력은 학습 사회의 구현에 큰 의의를 갖는다. 이 장에서는 학습이론 전반에 대한 핵심 개념 및 이론의 고찰을 토대로 성인학습의 특성과 원리에 관한 내용을 구체적으로 조명한다.

1. 주요 학습이론의 이해

학습은 심리학과 교육학을 비롯한 다양한 학문 영역에서 꾸준히 연구되어 왔으며, 학습에 관한 본격적인 연구는 19세기 후반부터 시작되었다. 오늘날 널리 알려진 대표적인 학습이론으로는 행동주의 · 인지주의 · 인본주의 · 사회학습이론을 비롯하여 구성주의 이론을 들 수 있다. 이 이론들은 각기 학습에 대한 기본 가정을 달리하고 있기 때문에 교수자가 어떤 이론적 토대에서 어떤 학습 전략을 적용하느냐에 따라 학습 성취도는 달라질 것이다. 그러므로 교수자는 학습에 대한 자신의 믿음에 기초하여 이에 부합하는 학습 전략을 모색하는 것이 중요하다. 여기서는 행동주의 · 인지주의 · 인본주의 · 사회학습이론 및 구성주의 이론을 중심으로 학습이론에 대하여 살펴본다.

1) 행동주의

행동주의(behaviorism) 이론의 출발은 20세기 초 J. B. Watson으로부터라 할 수 있다. 대표적인 학자로는 E. L. Thorndike, E. C. Tolman, I. Pavlov, E. R. Guthrie, L. L. Hull, B. F. Skinner 등이 있으며, 그중에서도 특히 Thorndike, Pavlov와 Skinner는 행동주의 발달에 큰 기여를 하였다.

(1) 기본 가정

행동주의 학습이론은 관찰 가능한 행동에 초점을 맞춘다. 행동주의의 기본 가정은 인간을 환경으로부터의 자극에 의해 통제받는 수동적 존재로 보는 것이다. 행동주의 이론에서는 인간이 자연적이고, 예측 가능하며, 측정 가능한 세계에 살고 있다고 본다. 인간의 정보 창출 능력을 믿지 않으며, 인간은 단지 정보 전달 능력을 가졌다고 가정한다. 그래서 행동주의 이론은 인간의 지능을 측정하거나 통제하는 것이 가능하며, 또 이를 통해 인간 행동의 예측도 가능하다고 본다.

따라서 행동주의 학습이론의 연구는 인간의 내적인 인지적 사고 과정보다는 관찰할 수 있는 행동을 중심으로 수행되어 왔으며, 인간을 외부 환경의 자극에 의해 통제될 수 있는 수동적인 존재로 인식하는 것이 특징이다.

(2) 학습의 정의

행동주의 이론에서는 학습이 유기체와 환경 간의 상호작용을 통해 이루어진다고 본다. 학습의 정의 역시 '연습의 결과에 의해서 발생하는 다소 영구적인 행동 변화'로 규정된다. 행동주의 학습이론은 자극(stimulus: S)과 반응(response: R)의 경험을 기초로 하므로 현장에서의 학습 경험의 설계와 실천에 중요한 시사점을 제공한 이론이라 할 수 있다.

(3) 주요 학자들의 업적

Thorndike(1928)는 행동주의 학습이론가 중 가장 일찍이 알려진 이론가로서 자극과 반응의 S-R 이론을 통해 학습을 이해하려는 시도[1]를 하였다. 그는 특히 시행착오(trial-and-error) 이론을 주창하여 학습이 시행착오를 거치면서 일어나게 된다고 주장하였으며, 자신의 이론을 뒷받침하기 위하여 세 가지의 학습 법칙을 제시하였다.

- 효과의 법칙(law of effect): 학습자는 만족스러운 결과가 기대되는 반응을 기억하고 습득한다.
- 실행의 법칙(law of exercise): 의미 있는 관계를 반복적으로 경험한 결과로 실질적인 학습이 이루어진다.
- 준비성의 법칙(law of readiness): 학습자가 학습할 준비가 되어 있지 않으면 학습에 방해를 받지만, 학습할 준비가 되어 있으면 학습을 위한 강화를 받는다.

Thorndike는 특히 효과의 법칙을 통해 성인학습자로 하여금 학습에 대한 만족감을 경험하도록 하는 것이 중요하다는 사실을 알려 주었다.

---

1) 시행착오를 반복하는 학습을 통해서 감각적인 인상(sensory impression)이나 자극 그리고 그에 따른 후속 행동인 반응 사이의 관계가 강화되기도 하고 약화되기도 하는데, 이에 따라 행동의 결과가 생긴다는 주장

한편, Pavlov는 조건자극에 대한 조건반응의 결합이라는 개념에 기초한 그의 고전적 조건화(classical conditioning) 이론을 통해 성인학습자가 과거에 학교에서 인정받지 못하던 기억 때문에 자발적인 학습 참여를 주저하게 된다는 시사점을 제공하였다.

Skinner는 그의 조작적 조건화(operant conditioning) 이론을 통해 학습에 강화(reinforcement)의 개념을 도입함으로써 행동주의 학습이론의 새로운 도약에 커다란 기여를 하였다. 그의 조작적 조건화 이론에서는 특정 행동이나 반응을 더욱 빈번하게 일어나도록 하는 자극이나 보상으로서의 강화의 역할이 특히 강조된다.

(4) 학습자 및 교수자의 역할

행동주의 이론은 다른 학습이론에 비해 학습자와 교수자의 역할을 비교적 분명하게 규정짓고 있는 것이 특징이다. 행동주의 이론에서 교수자의 역할은 환경을 통제하거나 조정하는 사람으로 인식된다. 환경 통제자나 조정자로서의 교수자의 역할은 학습자의 바람직한 행동을 강화시키는 것은 물론, 바람직하지 않은 행동을 소거하여 학습 환경을 변화시키는 역할 그리고 바람직한 행동 유발에 필요한 조건들을 도입하는 역할을 모두 의미한다.

그러나 행동주의 학습이론에서 가정하는 교수자의 역할이 적극적인 데 반해, 학습자의 역할은 수동적이며 교수자가 주도하는 학습 환경의 변화에 따른 적응 방법을 학습하는 것에 그치고 있다.

(5) 평생교육에 미친 영향

행동주의 이론을 바탕으로 평생교육의 수업 방법이 더욱 다양해지고 교수 설계가 체계화되었다고 할 수 있다. 또한 학습자의 행동 변화를 일으키기 위한 학습 목표를 설정할 필요성이 제시되었다. 특히 능력 중심 교수 프로그램은 행동 용어로 학습 목표와 학습 경험을 기술하며, 학습의 결과 및 숙달 기준에 기초한 절대평가를 강조한다. 그 밖에도 프로그램 학습 (programmed instruction), 컴퓨터 보조 학습(computer-assisted instruction), 완전학습(mastery learning), 계약학습(contract learning), 개별화 학습 체계(personalized system of instruction), 개별 지도 교육(individually guided education) 등은 행동주의 이론을 반영한 교수-학습 유형으로 분류된다 (Elias & Merriam, 1980).

한편, 행동주의 이론은 직업 기술의 습득과 성인 기초교육, 산업교육 및 계속교육 등 영역의 발전에 시사하는 바가 큰 반면, 행동주의적 목표로 규정되기 어려운 교육과정에 대한 고려가 부족하다는 점에서 비판을 받았다.

2) 인지주의

인지주의(cognitivism) 학습이론은 게슈탈트(gestalt)[2] 심리학자들에 의해 창안되어 행동주의 이론에 도전하기 시작하였다. Lewin, Köhler, Koffka 등의 게슈탈트 심리학자들은 행동주의 이론이 지나치게 한정된 단편적 행동이나 사건에만 관심을 기울이며 또 가시적인 행동에 초점을 맞추고 있다고 비난하였다. 따라서 게슈탈트 심리학자들은 그와 대조적으로 단일 사건보다는 유형을, 또 부분보다는 전체를 관찰할 것을 주장하였다. 그에 따라 학습자 개인의 내적 인지 구조에 관심을 가졌던 Piaget와 같은 인지주의 학자들의 발달이론은 유기체와 환경 간의 상호작용에 의해 일어나는 내적 인지 과정에 초점을 맞추고 있다.

(1) 주요 개념
게슈탈트 학습이론가들이 강조하는 인지주의의 주요 개념으로는 지각

---

2) 유형(pattern)이나 형태(shape)를 의미하는 독일어

(perception), 통찰(insight), 의미(meaning) 등이 있다. 인지주의 학자들은 인간의 마음이 행동주의 학자들의 주장처럼 자극을 받으면 그에 대하여 반응을 하는 수동적인 체계가 아니라고 보았다. 또한 인간은 사고를 하기 때문에 감각을 해석하고 자극을 주는 사건에 의미를 부여할 수 있다고 보았다. 특히 Köhler는 침팬지의 학습 행동에 관한 연구를 보고하면서 침팬지가 천장의 바나나를 따 먹기 위해 상황에 대하여 숙고한 후 상자들을 쌓고 올라가 바나나를 먹은 사례를 소개하였다.

즉, 유기체가 심사숙고한 후 통찰에 의해서 즉각적으로 문제해결을 하게 되는 과정을 설명하면서, 통찰을 통해 학습이 일어난다고 주장하였다. Köhler(1969)에 따르면, 통찰은 마치 전구에 불이 '반짝' 하며 들어오는 것처럼 '해결 전' 상황에서 '해결' 상황으로 갑자기 바뀌게 되는 것으로, 이때 유기체는 '아하 경험(aha experience)'을 하게 된다. 한편, 인지심리학자인 Piaget(1960)는 인간의 지적 능력을 주어진 환경에 대하여 효과적으로 적응하는 능력으로 보았다. 즉, 성숙과 환경적 영향의 상호작용을 통하여 인지발달이 이루어지며, 인간은 능동적으로 자신의 인지구조를 재조직해 간다고 믿었다.

(2) 학습의 정의

인지주의 이론가들은 학습을 인지적 현상으로 보았다. 즉, 환경이 주는 자극의 의미를 이해하기 위하여 경험을 재조직하는 것이 학습이라고 믿었고, 특히 통찰을 통한 학습의 가능성을 믿었다. 인지주의 이론이 행동주의 이론과 구별되는 가장 큰 차이점은 시행착오식의 문제해결이 아닌 학습자의 의식 활동 및 통찰을 통한 학습을 강조한 점이다.

(3) 주요 학자들의 업적

Ausubel, Bruner, Gagné 등은 개인의 정신 과정에 대한 이해를 토대로 학습을 촉진하는 교수이론을 제시한 학자들이다. Ausubel(1967)은 학습이 의미 있으려면 새로운 학습 내용이 개인의 인지구조 속에 이미 존재하고 있는 개념들과 관련이 있어야 한다고 주장하면서, 유의미한 학습(meaningful learning)과 기계적 학습(rote learning)을 구분하였다. 그는 개인의 인지구조와 연계되지 않기 때문에 쉽게 잊히는 기계적 학습과는 달리, 학습자의 인지구조에 이미 존재하는 개념과 관련지을 수 있는 유의미한 학습이론을 주장함으로써 인지구조의 중요성을 강조하였다.

한편, Bruner(1966)는 학습이 발견(discovery)을 통해서 이루어진다는 사실을 강조하였다. 여기서 말하는 발견이란 통찰력의 재구성보다 상위의 방식으로 재배열 또는 변형하는 것을 의미한다. Brunner는 학습이 세 가지 과정, 즉 새로운 지식을 습득하는 과정, 새로운 과제에 적합하게 그 지식을 조정하는 과정 그리고 그 지식을 형성한 방식이 과연 그 과제에 적절했는지를 평가하는 과정을 거친다고 하였다.

Gagné와 Briggs(1979)는 지식의 습득 및 저장 과정을 가장 효과적으로 교수이론과 연결시킨 학자들로 인식된다. 그들은 각기 다른 여덟 가지 형태[3]의 지식에 따라 각기 적합한 교수 절차가 있다고 보았다. 따라서 그들의 연구는 '학습하는 방법에 대한 학습'의 개념에 중요한 시사점을 갖는 것으로 평가된다. 학습하는 방법에 대한 학습이란 어떠한 학습 상황에 놓이더라도 효과적으로 학습할 수 있는 지식과 기술을 습득하는 것이기 때문이다.

(4) 평생교육에 미친 영향

인지주의적 관점에서 보는 학습은 가시적이고 외적인 행동이 아닌 인간의 내적 인지 과정 및 정신 과정에 초점을 맞추고 있다. Piaget를 중심으로 한 인지주의자들은 인간이 정보를 수동적으로 수용하는 것이 아니라 자신

3) 기호학습(signal learning), 자극-반응(stimulus-response), 운동훈련(motor training), 언어적 연합(verbal association), 식별학습(discrimination learning), 개념학습(concept learning), 규칙학습(rule learning), 문제해결(problem-solving)

에게 적합하도록 능동적으로 재구성한다고 믿는다. 따라서 우리가 정보를 습득하고 축적하고 회상하는 방법에 관심을 갖는 것이다. 이러한 관심은 성인학습에 대한 발달적 접근의 발전에 영향을 주었다. 특히 인지발달은 우리가 나이 들어 가면서 경험하게 되는 사고 패턴의 변화를 의미한다. 따라서 인지발달 이론은 전생애 발달의 관점에서 노화가 성인의 인지 능력에 미치는 영향을 규명하려는 연구의 발전을 위한 계기를 마련했다고 할 수 있다.

3) 인본주의

행동주의 및 인지주의 학습이론과는 대조적으로 인본주의(humanism) 학습이론은 학습자의 개인적 발달과 인간의 성장 가능성에 대한 신념에 기초하여 학습에 접근한다.

(1) 기본 가정

인본주의 이론은 그 철학적 기초를 실존주의에 두고 있으며, Maslow나 Rogers 등 인본주의 심리학자들에 의해 구체화되었다. 인본주의 이론가들은 행동주의나 Freud 학파의 심리학자들이 주장하는 인간성에 관한 관점을 거부한다. 즉, 인간의 행동은 환경이나 개인의 무의식에 의해 이미 결정되어 있다는 가정을 부인하며, 인간은 자기 자신의 운명을 스스로 통제할 수 있다고 믿는다. 그러므로 선천적으로 선한 존재이며 자율적으로 행동하는 인간은 성장에 대한 무한한 잠재력을 가진 존재라고 본다(Maslow, 1970; Rogers, 1983). 또한 학습자의 자유를 신봉할 뿐 아니라 더불어 학습자의 책임도 강조한다.

(2) 학습의 정의

인본주의 학습이론에서는 교육과정의 중심에 학습자가 있으며, 교수자는 단지 학습의 촉진자로서의 역할을 수행하는 것이라고 본다. 그러므로 학습은 학습자 스스로 발견해 나가는 것들을 통해 이루어진다고 믿는다 (Elias & Merriam, 1980).

(3) 주요 학자들의 업적

Maslow(1970)는 생리적 욕구부터 자아실현에 이르는 인간의 욕구 위계에 바탕을 둔 동기이론을 제안하였다. 즉, 인간에게는 내재된 학습 동기가 있고, 그것은 학습자에게서 나온다는 것이다. 그가 추구하는 학습의 목표는 자아실현이며, 교수자의 역할은 학습자 스스로 교육 목표를 달성할 수 있도록 학습을 촉진하는 것이라고 보았다.

Rogers(1983)는 『Freedom to Learn for the 80's』라는 자신의 저서에서 심리치료와 교육을 유사한 과정으로 제시하였다. 그가 주창한 내담자 중심 치료(client-centered therapy)의 개념은 학습자 중심 학습(student-centered learning)의 개념과 흡사하다. 그는 학습을 학습자에 의해 통제되는 내적 과정이며 개인의 성장을 촉진하는 것으로 개념화하였다. 더 나아가 Rogers는 의미 있는 학습(significant learning)의 특성을 다음과 같이 정리하였다. 우선, 학습 장면에 개인의 정의적 · 인지적 측면이 포함되어야 한다는 개인적 참여의 특성이다. 다음으로는 발견의 의미가 학습자 자신으로부터 나와야 한다는 자기주도성 그리고 학습자 스스로 그 학습 경험이 자신의 욕구를 충족시키는지를 판단한다는 학습자에 의한 평가다. 끝으로, 학습의 의미가 전체 경험에 통합되어야 한다는 의미의 중요성이다.

(4) 평생교육에 미친 영향

인본주의 학습이론이 행동주의 및 인지주의 이론과 다른 점은 인간의 본성이나 잠재능력과 더불어 인간의 감정과 정의적 측면을 중시한다는 점이다. 따라서 인본주의적 관점에서는 인간의 성장 잠재력이 외현적 행동의 변화나 내적 인지 과정의 발달보다 더욱 고차원적인 것이라고 전제한다.

여기에는 학습 동기와 관련된 학습자의 선택 및 책임과 관련된 쟁점도 포함된다. 또한 인본주의 학습이론은 촉진자 및 지도자로서의 평생교육 교수자의 역할에 대한 강력한 시사점을 제공한 것으로 평가된다. 특히 성인학습의 대표적인 이론인 안드라고지와 자기주도 학습이론은 인본주의 이론에 그 기초를 두고 있다. 그 밖에 평생교육 현장에서 널리 활용되는 집단역학이나 집단 관계 훈련 등도 인본주의 이론에서 그 근거를 찾을 수 있다. 대표적인 인본주의 평생교육 학자로는 Knowles와 Tough 등이 있다.

4) 사회학습이론

사회학습이론(social learning theory)에서는 사람이 다른 사람과의 상호작용을 통해서나 그들을 관찰함으로써 학습하게 된다고 주장한다. 사회학습이라는 용어는 관찰이 일어나는 맥락이 사회적 상황이라는 사실을 반영한다. 따라서 행동주의 이론이 강조하는 것처럼 강화나 벌 등 주어진 자극에 대한 반응에 의해 행동이 결정된다고 보지 않는다. 사회학습이론에서 학습은 단순한 관찰뿐 아니라 모방이나 동일시의 개념도 포함한다.

관찰학습은 주의(attention), 기억 보조(retention) 또는 암기(memory), 행동 연습(behavior rehearsal) 및 동기(motivation) 등 네 가지 과정의 영향을 받는다. 즉, 무엇을 학습하려면 우선 주의를 집중시키는 모델이 있어야 하는데 매력적이고 유능한 모델일수록 주의를 집중하게 한다. 관찰을 통해서 획득한 정보는 보존 또는 저장되어야만 미래에 사용될 수 있다. 행동 연습 과정에서는 모델링을 통해 얻은 상징적 경험에 비추어 자신의 행동을 관찰하고 비교한다. 끝으로 모델화된 행동은 동기가 유발될 때까지 그대로 보존된다.

(1) 기본 가정

사회학습이론에서는 학습을 개인, 환경 그리고 행동의 상호작용 결과로 본다. 사회학습이론의 주요 개념으로는 대리강화와 자기강화가 있다. 대리강화는 관찰을 통해 모델이 강화되는 것을 보고 이를 자신의 행동에 적용시키는 것이며 자기강화는 학습자가 외부의 강화뿐 아니라 스스로 자신의 판단과 평가에 의해 자신의 행동을 통제하는 것을 의미한다. 사회학습이론에서는 자극과 반응이 쌍방향적으로 영향을 미친다는 상호적 결정론을 지지한다는 것이 다른 이론과의 차이점이다.

(2) 학습의 정의

초기의 사회학습이론에서는 학습이 관찰만으로는 이루어질 수 없으며 관찰한 내용이 모방·강화될 때 비로소 일어난다고 보았다. 그러므로 모방학습은 관찰, 가시적 행동 및 이에 대한 강화의 결과로 발생한다고 믿었다. 그러나 관찰만으로 학습이 가능하다고 주장한 Bandura 이후에 모방 행동은 관찰로부터 분리되었다고 할 수 있다. 즉, 사회학습이론에서 행동은 인간과 환경의 상호작용 결과이며, 학습은 개인, 환경 그리고 행동의 상호작용 결과라고 인식된다.

(3) 주요 학자들의 업적

Miller와 Dollard 등 초기 사회학습이론가들은 학습이 관찰에 의해서만 일어나는 것이 아니라 관찰한 내용이 모방 및 강화됨으로써 일어난다고 보았다. 그 후 Bandura(1977)는 관찰과 모방을 분리하여 설명하며, 인간은 모방 없이 관찰만으로도 학습이 가능하다고 주장하였다. Bandura의 학습이론을 통해 인간은 그 결과를 미리 예측함으로써 어느 정도까지 스스로 자신의 행동을 규제할 수 있다는 자기 규제(self-regulation)의 개념이 알려졌다. Bandura는 인간의 행동은 인간과 환경 간의 상호작용의 결과라고 보았으며, 자기효능감(self-efficacy)의 개념을 강조하였다. 자기효능감이란 목표를 달성하기 위해 필요한 행동 과정을 조직화하고 실행할 수 있는 자신의 능력에 대한 신념, 즉 특정 환경 내에서 과제 수행을 얼마나 잘할 수 있는지에 대한 자기평가라 할 수 있다. 자기효능감이 높은 사람은 어렵고 도전적인 과제도 끝까지 수행하려는 경향을 보인다.

행동주의와 인지주의 및 성격(personality) 이론을 두루 포함하는 또 다른 사회학습이론의 대가인 Rotter(1954)는 기대(expectancy)와 강화(reinforcement)의 개념으로 주어진 상황에서 이미 획득된 행동이 일어날 것인지를 설명하였다. 특히 Rotter는 개인이 자신의 성공과 실패를 내적·외적 요인의 영향으로 돌리는 경향인 통제 성향 또는 통제의 소재(locus of control) 개념을 주창하였다. 그의 이론은 인간은 의미 있는 환경 속에서 행동하며 다른 사람과 상호작용을 함으로써 행동을 습득하게 된다는 가정에 기초하고 있다.

(4) 평생교육에 미친 영향

사회학습이론은 학습이 일어나는 사회적 맥락과 상황에 초점을 둔다는 점에서 행동주의·인지주의·인본주의 학습이론과 차이가 있다. 사회학습이론은 관찰이나 모델링을 적용한 교육 방법을 비롯한 성인학습에 있어서 유용한 개념들을 제시한 것으로 평가된다. 특히 성인학습에 있어서 학습자에게 학습이 일어나는 상황, 즉 개인은 환경에, 환경은 개인의 행동방식에 서로 영향을 미치는 상호작용을 설명하였다. 그리고 성인학습자가 학습에 참여하려는 동기의 통제권이 어디에 속하는가에 따라 내적·외적 통제 성향으로 분류하였다는 점에서 다른 이론들과 차별화된다. 또한 Bandura는 지도자의 자질에 통찰력이 필요하다는 사실을 제시하였다. 특히 사회학습이론은 사회적 맥락을 고려하여 새로운 역할 모델 및 행동 모델을 개발하고 이에 대한 모델링을 통해 학습자의 바람직한 사회화를 이끄는 지도자의 역할에 대한 시사점을 제공한다.

5) 구성주의

근래 정보화 사회의 요청에 따른 학습자 중심의 창의적 교육을 지향하는 추세에 맞추어 제3의 패러다임이라고 불리는 구성주의(constructivism) 학습이론에 많은 관심이 집중되고 있다. 지식을 고정되고 확인할 수 있는 대상으로 보며 개인적 경험을 고려하지 않는 객관주의 이론과는 달리, 구성주의 이론은 지식의 상대주의와 경험주의를 주장한다. 즉, 인간 정신의 역할은 이 세계를 그대로 반영하는 것이 아니라 이 세계에 대한 의미를 창출해 나가는 데 있다고 본다. 그러므로 개인은 자신이 속해 있는 특정 사회의 사회적·문화적·역사적 배경의 영향을 받으면서 스스로 자신의 인지작용을 통해 주어진 사회 현상에 대한 이해를 지속적으로 구성해 나가며, 그 결과 지식이 만들어진다고 본다(강인애, 1998).

구성주의는 크게 개인적 구성주의와 사회적 구성주의로 구분할 수 있다(권두승, 2000). 개인적 구성주의는 교수자가 학습자에게 인지적 갈등을 유발하는 경험을 제공하여 학습자가 이 경험에 보다 잘 적응할 수 있는 새로운 스키마(schema)를 개발하도록 격려하는 데 중점을 둔다. 이에 반해 사회적 구성주의에서는 개인이 사회적으로 공유하는 문제나 과제에 대해 말하고 행동할 때 지식이 생성되며, 대화를 통해서 의미가 창출될 수 있다고 믿는다.

(1) 기본 가정

구성수의의 기본 가정은 학습자는 능동적 존재이며, 학습은 의미를 구성하는 과정이라는 믿음이다. 즉, 개인이 어떻게 자신의 경험을 의미 있게 하는가에 관심을 갖는다. Resnick(1989)이 제시한 구성주의적인 학습의 세 가지 관점은 다음과 같다(권대봉, 1999).

- 학습은 지식의 구성 과정으로, 정보의 기록에 의해서가 아니라 정보

의 해석에 의해서 일어난다. 따라서 교수자는 학습자의 지식 구성 과
정을 돕기 위한 전략을 제시할 필요가 있다.

- 학습은 기존 지식에 의존하며, 새로운 지식의 구성을 위하여 현재의
지식을 사용하게 된다.
- 학습이 일어나는 상황에 초점을 맞추어야 한다. 왜냐하면 지식은 지
적 · 물리적 · 사회적 맥락에 의존하기 때문이다. 따라서 구성주의 학
습에서는 실제 상황이나 협동적인 상황이 부각되는 것이 더 효과적이
며, 학습의 측정은 학습의 맥락 속에서 통합되어 이루어지는 것이 바
람직하다.

(2) 학습의 정의

학습이란 학습자가 실제 사회문화적 환경 속에서 자신만의 독자적인 경
험과 인지구조에 의해 구성된 독특한 정신 모형을 바탕으로 외부 세계와
의 부단한 상호작용을 통해 자신에게 의미 있도록 지식을 구축해 나가는
과정이다(권대봉, 1999: 69). 즉, 학습자가 자신의 경험으로부터 지식을 구
성하며 관점을 재조정한다고 본다.

(3) 주요 학자들의 업적

구성주의 이론은 평생교육에 적지 않은 시사점을 갖는다. 지식은 사회
적으로 형성되며, 지식의 축적은 사회적 맥락에 적합한 상징적 의미 구조
를 획득하는 것이므로 구성원이 지식의 기초에 새로운 것을 더하거나 변
화시킬 수 있다고 보기 때문이다. 사회적 구성주의 학자인 Candy(1991)는
구성주의적 관점이 평생교육에 적용될 수 있는 방법에 대해 연구하였으
며, 근래 특히 HRD 분야에 구성주의 이론이 많이 도입되고 있다. Candy
는 더 나아가 구성주의적 학습관에 자기주도성의 개념을 연계시켰다. 학
습자의 활동적 탐구, 독립성 및 학습 과제 수행에서의 개별성이 자기주도
학습의 특성과 관련이 있다고 보았기 때문이다(권두승, 2000). 또한 구성주

┃ 표 3-1 ┃ 학습의 주요 이론

이론	학습 이론가	학습에 대한 관점	학습의 초점	교육 목표	교수자 역할	성인학습의 관점
행동 주의	Thorndike Pavlov Watson Guthrie Hull Tolman	행동의 변화	외부 환경 의 자극	바람직한 방향으로의 행동 변화	바람직한 반응을 이끌어 내기 위한 환경 제공	• 행동 목표 • 능력 중심 교육 • 기술 발전 내지 훈련
인지 주의	Koffka Köhler Lewin Piaget Ausubel Brunner Gagné	내적 정신 과정 (통찰력, 정보처리, 암기, 지각 등)	내적 인지 구조화	더 나은 학습을 위한 능력과 기술의 개발	학습 활동의 내용 구성	• 인지발달 • 연령에 따른 지능·학습·기억 • 학습하는 방법의 학습
인본 주의	Maslow Rogers	잠재 능력 개발	정의적 및 인지적 욕구	자아실현 및 자율성 성취	전인발달 촉진	• 안드라고지 • 자기주도학습
사회 학습 이론	Bandura Rotter	사회적 상황에서 타인과의 상호작용 및 관찰	개인·행동·환경의 상호작용	새로운 역할 및 행동 모델 개발	새로운 역할 및 행동 모델의 개발과 안내	• 사회화 • 사회적 역할 • 지도자 • 통제의 소재
구성 주의	Candy Dewey Piaget Rogoff Glasersfeld Vygotsky	지식의 구성 과정 (상황 중심적)	세계에 대한 의미 구성	인지 과정을 통한 사회 현상의 이해 구성	학습자의 학습 지원과 촉진	• 사회문화적 환경 등 학습이 발생하는 상황에 초점 • 학습자의 경험과 인지구조에 의한 정신 모형에 기초 • 학습에 대한 학습자의 책임

출처: 권두승(2000), p. 135; Merriam & Caffarella (1999), p. 264.

의 이론은 비판적 사고 능력 및 의미의 창출을 중시하는 전환학습론과도 관련된다.

(4) 학습자와 교수자의 역할

구성주의 이론에서 보는 학습자는 능동적 · 창의적 · 자기주도적이며, 학습에 대한 자신의 책임을 중시한다. 교수자에게는 학습자의 학습을 돕고 촉진하는 역할이 강조된다. 구성주의 이론에서는 학습자에게 더 많은 선택권과 자율권을 부여하므로 여타 이론에서 제시하는 교수자의 역할과는 달리 교수자가 주도하여 개발하고 제시하는 학습 방식은 권장하지 않는다.

구성주의에서 보는 학습자는 외부 세계에 존재하는 실재의 본성을 자신의 경험에 비추어 의미 있게 구성한다. 이 과정을 통해 학습이 일어나며, 개인적 학습 목표를 달성하게 된다. 또한 구성주의는 현실적 맥락 속에서 실재의 문제를 다루며, 학습자 간의 상호작용을 통한 협동학습을 강조한다.

(5) 평생교육에 미친 영향

Candy가 제시한 자기주도학습과의 연계 이외에도, 구성주의의 영향을 받은 평생교육의 영역은 적지 않다. 예를 들어, 근래 기업교육 분야에서 부각되고 있는 문제해결학습은 체험학습(action learning) 또는 성찰적 체험학습(action reflection learning)과 유사하며(강인애, 1998), 어떤 분야의 전문가가 문제를 해결하는 과정을 보고 학습하게 되는 인지적 도제학습이나 현임교육(on-the-job training: OJT) 역시 구성주의의 영향을 받은 분야라 할 수 있다(권대봉, 1999). 그러나 학습자가 지식을 구성하는 학습자 중심 교육을 강조하는 구성주의 이론의 주장은 목적 지향적인 교수 활동에 대한 회의를 제공한다는 점에서 비판을 받기도 한다.

2. Kolb의 경험학습론, Gagné의 학습영역이론 및 Jarvis의 학습이론

지금까지 학습에 대한 많은 학자의 이론이 제시되었음에도 학습에 대한 관점에는 아직 공통된 합의가 부족하다. 대부분의 이론에서 학습은 결과 (outcome) 또는 과정(process)으로 규정된다. Pavlov나 Thorndike, Skinner 와 같은 고전적인 학자들은 물론 Mezirow나 Schön과 같은 현대의 학자들에게도 학습은 기본적으로 행동과 관련된 결과로 인식된다. 이처럼 학습을 결과로 보는 관점과 과정으로 보는 관점에 대한 비교는 지금까지 많이 이루어져 왔다. 이들 관점의 차이는 다음에 제시되는 Gagné와 Kolb의 관점을 비교해 보면 쉽게 이해할 수 있다.

평생교육에서 학습자의 경험은 매우 중요한 요소다. Long(1983)은 평생교육에서 경험의 역할을 강조하였으며, Knowles(1978) 역시 안드라고지에서 학습의 기초가 되는 경험의 중요성을 강조하였다. Mezirow(1995)나 Freire(1970)도 그들의 전환학습론에서 학습자 경험의 역할을 제시하였다. 이 절에서는 평생교육에서 Kolb의 경험학습론이 갖는 의의에 대해서 알아본 후 Gagné의 학습 영역이론 및 Jarvis의 학습이론을 중심으로 평생교육에 대한 시사점을 알아본다.

1) Kolb의 경험학습론

(1) 경험학습의 개념과 의의

Knowles(1978)는 성인학습자에 대한 그의 가정에서 학습을 풍부하게 만드는 경험의 중요성을 강조한 바 있다. 또한 전환학습론을 주장한 Mezirow나 Freire와 같은 학자들의 비판적 사고와 성찰 및 전환의 개념도 경험학습의 이론적 토대를 구축하는 데 기여하였다. 평생교육에서 학습자의 요구나 고유한 경험을 반영하는 것은 학습자의 성장과 발달의 촉진에 중요한 시사점을 갖는다. 여기서는 경험학습론(experiential learning)을 주창한 대표적인 학자인 Kolb의 이론을 소개한다. 경험학습론은 교수자가 지식과 기술을 제공하고 학습자가 여기서 습득한 지식과 기술을 추후에 활용하도록 하는 전통적 · 형식적 교육에서 탈피하여 학습자의 경험을 중시하는 이론적 접근이다.

(2) Kolb의 학습 주기

일찍이 경험학습을 강조한 Dewey(1968)는 학습자의 다양한 경험을 토대로 문제 인식, 아이디어 도출, 반응의 시험, 결과 유도, 이전 개념의 확인 및 수정으로 이어지는 학습의 주기를 제시하였다. 실천에 의한 학습을 강조하는 Dewey의 이론은 경험을 중시하는 평생교육 방법론의 발달에 기여하였다. Dewey와 Piaget(1960)의 영향을 받은 Kolb는 학습을 결과가 아닌 과정으로 보았으며, 경험에 기초한 연속적인 과정으로 이해하였다. 또한 그는 학습자들이 세상을 바라보는 방식이 서로 다르므로 갈등이 생길 수 있으며, 그렇기 때문에 갈등 해결을 위한 대안 개발이 필요하다고 주장하였다. Kolb는 학습을 학습자가 세상에 적응하는 전체적인(holistic) 과정이라고 보았으며, 이 과정에는 반드시 학습자와 환경 간의 교류가 있어야 한다고 믿었다.

Kolb의 이론은 1980년대 들어서 새로운 학습 개념 및 방법으로서 경험학습론이 발전되는 계기를 마련하였다. [그림 3-1]에서 보여 주듯이, 그는 학습이 경험을 통한 4단계의 주기를 통해서 발생한다고 보았다. 첫 번째는 새롭고 구체적이며 실재적인 경험을 하는 단계고, 두 번째는 서로 다른 관점에서 경험을 해석하고 반추하는 성찰적 관찰 단계다. 세 번째는 이러한 관찰 내용을 논리적으로 통합시키기 위해 아이디어와 개념을 창출하게 되는 추상적 개념화의 단계다. 끝으로, 네 번째는 새로운 도전에 직면하여 문제해결과 의사결정을 위해 새롭게 창출된 이론이나 학습 내용을 활용해 보는 적극적 실험 단계다. 여기서 경험은 관찰과 성찰의 토대가 되고, 새로운 의미를 생성할 수 있는 행동은 이론으로 통합되며 다시 새로운 경험을 형성하는 데 영향을 미친다. 여기서 학습을 일어나게 하는 반성적 사고의 역할은 매우 중요하며, 이 4단계의 과정이 상호 연계되어 순환한다.

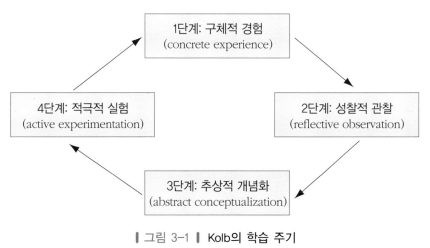

┃ 그림 3-1 ┃ Kolb의 학습 주기

출처: 신용주(2004). p. 30; Life Skills Training Modules (Final Draft). www.unesco.org/bangkok/ips/arhnews/pdf/lifeskills.pdf.

(3) 평생교육에 미친 영향

경험학습은 성인학습자의 자기주도학습의 실천에 적합한 것으로 알려져 왔다. 성인학습자는 경험학습을 통해 성인기를 성공적으로 보내는 데 필요한 기술이나 태도를 개발할 수 있다. 여기에는 대인관계 기술, 집단에서의 관계, 문화적 소통, 실생활에서의 문제해결을 위한 다른 성인들과의 협동 등이 포함된다. 또한 경험학습은 윤리적 입장이나 도덕적 사고, 복잡한 상황에서의 판단력을 키우는 데도 적용된다.

Kolb의 경험학습론은 평생교육에서 학습자의 경험을 학습에 활용하는 것의 중요성을 강조한 점에서 큰 의의를 갖는다. Kolb는 학습은 지식이 경험의 전환을 거쳐 창출되는 과정임을 강조하였다. 경험학습론은 평생교육에서 학습하는 방법의 발달 및 그 실천에 영향을 미친 것으로 평가된다.

2) Gagné의 학습영역이론

인지주의 학습이론가인 Gagné는 새로운 정보처리 모형을 통해 학습에 대하여 체계적으로 접근하였다. 그는 학습이 운동 기술, 언어적 정보, 지적 기술, 인지적 전략 및 태도로 이루어진다고 주장하였다. Gagné는 학습을 단순한 성장 과정의 결과로만 보기 어려운 상당 기간 지속되어 온 기질이나 능력의 변화에 따른 결과로 정의한다(Rogers, 1998).

(1) Gagné의 학습 영역의 분류

Gagné(1972)가 체계화시킨 다섯 가지의 학습 영역은 일반적인 학습이론의 영역에서도 활발하게 논의되고 있으나, 특히 평생교육에 적용할 때 시사하는 바가 크다. Gagné가 분류한 학습의 다섯 가지 영역은 다음과 같이 성인학습과 연계된다(신용주, 2004).

- 운동 기술(motor skills): 운동 기술의 습득에는 연습이 필요하다.
- 언어적 정보(verbal information): 사실, 원리, 개념 등이 정보라는 큰 부분으로 조직될 때 지식이 된다. 언어적 정보를 학습하고 보유하려는 욕구는 의미 있는 것이다.
- 지적 기술(intellectual skills): 지식을 활용하는 기술로서 식별, 개념 및 규칙 형성이 포함된다. 더 진보된 형태의 인지적 학습이다.
- 인지적 전략(cognitive strategies): 개인이 지식을 활용하는 방법, 즉 학습하고 기억하고 생각하는 방법을 말한다. 자기관리(self-managed) 학습에서는 학습자 스스로 문제를 정의하고 해결하는 것을 전제로 한다.
- 태도(attitudes): 변화 및 새로운 현상이나 사실에 대한 적응 방식 또는 기제를 의미한다.

(2) Gagné의 성인학습 영역

Gagné의 기본적 학습 영역 이외의 다른 영역에서도 학습은 발생하며, 이러한 다른 영역들은 다음과 같이 범주화시킬 수 있다(Rogers, 1998).

- 기억 가능한 정보들이 수집될 때 성인학습자는 새로운 지식을 학습한다.
- 성인학습자가 학습한 새로운 지식 중에는 자신이 미처 이해하지 못한 채 기억하는 내용도 포함된다. 이때 성인학습자는 새로운 자료를 과거에 배운 것과 관련시킬 수 있어야 한다. 이처럼 새로운 이해를 위해 새로운 관계 패턴을 만들어 내며 지식을 재조직한다.
- 성인학습자는 새로운 기술을 학습할 뿐 아니라 기존의 기술이나 능력을 더욱 숙련시켜 나갈 수 있다. 신체적 기술은 물론, 사고력, 문제해결 능력 및 생존 전략을 개발할 수 있다.
- 성인학습자는 태도의 변화가 함께 일어나지 않아도 새로운 지식과 기술을 학습할 수 있다. 태도를 습득하는 것은 학습의 또 다른 영역이다.
- 우리가 무엇을 하고, 어떻게 살아가야 하는지를 깨닫기 위하여, 또한 새로운 것을 배워서 행동 변화를 이끌어 내기 위하여 학습은 필수적이다. 이러한 학습이 바로 우리가 지혜를 얻게 되는 과정이기 때문이다.

학습을 통한 변화의 영역들은 서로 관련되어 있다. 태도 변화는 내개 지식과 이해를 수반하여 이루어지며, 행동 변화는 반드시 다른 영역의 변화를 요구한다. 그러나 성인학습자에게 지식과 태도의 관계나 지식과 행동의 관계는 독특하고 불확실하며, 성격과 상황적 요인에 따라 차이가 있다.

(3) 평생교육에 미친 영향

평생교육의 교수자는 성인을 위한 교육 프로그램을 준비할 때 학습 영역별로 분류하며 준비할 필요가 있다. 그러기 위해서는 먼저 가르치려는 주제 및 내용이 기술, 지식, 이해, 태도, 행동 중에서 어느 영역에 속하는지를 파악해야 한다. 교육하려는 내용에는 대개 여러 가지 학습 영역이 함께 포함된다. 학습 영역들은 대개 별개로 존재하기보다는 다른 영역과의 관계 속에서 존재하기 때문이다. 따라서 평생교육의 교수자는 학습 프로그램의 매 단계마다 성인학습자가 추구하는 학습이 어떠한 영역의 학습이며 어떻게 관련 영역 간의 연계를 지원할 것인지를 자문해 볼 필요가 있다.

3) Jarvis의 학습이론

(1) Jarvis의 학습의 정의

Jarvis(1990)는 Kolb의 경험학습론이 학습의 복잡한 차원들을 설명하기에는 지나치게 단순하며 현실을 반영하기에도 미흡하다고 비판하였다. 그는 학습을 결과 또는 과정의 어느 한 가지로 정의하기 어렵다고 주장하면서 학습에 대한 다섯 가지의 관점을 제시하였다(〈표 3-2〉 참조).

┃ 표 3-2 ┃ Jarvis의 학습에 대한 관점

- 경험의 결과로 나타나는 다소간의 영구적인 행동의 변화
- 연습의 결과로 나타나는 상대적으로 영구적인 행동의 변화
- 경험의 전환을 거쳐서 지식이 창출되는 과정
- 경험을 지식, 기술 및 태도로 전환시키는 과정
- 정보의 기억

첫 번째와 두 번째 정의는 Gagné의 학습 영역이론에서의 분류와 유사하다. 이는 학습을 경험의 산물로 보는지 또는 교육 훈련 등 실천의 산물

로 보는지에 따라 구별된다. 즉, 학습이 일어나기 위해서는 행동의 변화가 일시적인 것이어서는 안 되며, 변화 중에서도 기회에 의한 변화와 개인의 성숙에 의한 변화를 구별할 수 있어야 한다. 세 번째 정의는 Kolb가 경험학습론에서 강조한 내용과 유사하고, 네 번째 정의는 학습 결과로서의 지식에 기술과 태도를 더한 것이다. 마지막으로, 다섯 번째 정의는 어린 시절 학교에서 시험을 잘 치루기 위해 많은 정보를 기억하려고 애쓰던 때를 기억한다면 누구에게나 적용될 수 있다. Jarvis는 단순한 기억에 의한 학습을 행동의 변화나 학습 경험에 대한 성찰, 또는 이를 내면화한 의사소통과는 다른 것으로 보았다.

(2) 평생교육에 미친 영향

모든 학습은 경험으로부터 비롯된다고 믿었던 Jarvis의 이론은 평생교육에서 다루는 경험학습의 개념을 더욱 세분화했다는 점에서 의의가 있다. 그러나 Jarvis의 학습에 관한 관점들은 몇 가지 제한점을 가지고 있다. 무엇보다 상황 맥락 속에서 살아가는 학습자에 대한 이해가 결여되어 있다는 점에서 비판을 받고 있다. 평생교육에서 특히 중요한 사실은 모든 학습이 사회적 맥락 안에서 일어난다는 것이다. 따라서 개인적 학습, 집단학습 및 지역사회 기반 학습 등 다양한 맥락을 고려한 학습의 관점을 고려해야 할 필요성을 제시하였다고 할 수 있다. 그는 Kolb의 모형에 사회적 맥락의 차원을 보완하였으며, 성인학습자의 상호적인 성장 발달을 추구하는 평생학습사회를 제시하였다.

3. 성인학습

이 절에서는 평생교육의 주 대상인 성인학습자와 관련된 성인학습의 특성과 원리, 성인의 학습 참여 및 성인학습의 장해 요인에 대하여 살펴본다.

1) 성인학습의 이해

(1) 성인학습의 정의

성인기 동안 일어나는 학습은 매우 개인적인 활동이다. 성인을 주 대상으로 한 평생교육 영역은 교육의 타 영역보다 훨씬 더 역동적인 분야다. Mayer (1982)는 성인학습을 사회에서 성인으로 인식되는 사람들의 지식·태도·행동이 경험에 의해 비교적 지속적으로 변화되는 과정으로 규정하였다. Caffarella(1994)는 성인학습에서 특히 관계를 통한 학습이 중요한 네가지 이유를 제시하였다. 첫째, 학습 경험을 계획하는 기본적인 방법으로 협동적 상호작용(collaborative interaction)이 효과적이다. 둘째, 교수자와 학습자가 학습 과정에서 상호 지원적일 때 학습 분위기가 촉진된다. 셋째, 협력적 의사소통 방식의 사용이 중요하다. 넷째, 관계 향상을 위해 감정을 중시한다.

(2) 성인학습의 목적

일찍이 Lindeman(1926)은 평생교육의 주목적이 개인의 발전과 사회 변화임을 강조하였다. Merriam과 Brockett(1997)은 성인학습이 개인의 발전과 성장, 직업교육 및 사회 전환을 추구해 왔다고 하였다.

UNESCO의 주최로 1985년에 개최된 제4차 세계성인교육회의에서 주창한 성인교육의 목적을 살펴보면 다음과 같다. 성인교육의 목적은 각자가 속한 사회가 정한 기준에 따라 성인으로 간주된 국민으로 하여금, 첫째, 저마다 자신의 능력을 개발하게 하고, 둘째, 기존의 지식을 더욱 풍부하게 하며, 셋째, 이미 획득한 기술과 전문 직업 자격을 새로운 상황하에서도 더욱 풍부하게 갱신할 수 있게 하고, 넷째, 지금까지의 태도나 행동 양식을 바꾸게 하며, 다섯째, 각 개인의 보다 원숙한 인성 발달을 촉진하는 동시에, 여섯째, 국민 한 사람 한 사람이 좀 더 균형적인 사회적·경제적·문화적 발전 과업에 참여할 수 있도록 돕는 데 있다.

(3) 성인학습의 의의

평생교육에서 성인학습이 갖는 의미를 살펴보면 우선 다음의 네 가지 의미를 제시할 수 있다(권두승, 2000; 신용주, 2004).

- 성인기에 일어나는 성인학습은 평생교육에서 매우 중요한 의의를 갖는다.
- 성인학습은 생활 경험으로부터 표출된 학습 욕구를 중심으로 이루어진다. 즉, 성인학습은 실생활에서 부딪치는 과제의 해결을 중심으로 학습자의 욕구에 기초한 실생활 지향적 교육을 추구한다.
- 성인학습에는 학습자 중심의 자기주도학습 및 교수자 중심의 타인 주도적 학습이 포함된다.
- 성인학습은 성인이 가정·조직·사회의 구성원으로서 책무와 권리를 깨닫고 자신의 잠재력을 최대한 발휘하여 자기실현을 이루도록 하는 데 그 목적이 있다.

(4) 성인학습의 특성

Rogers(1998: 77-82)는 다양한 학습 관련 이론을 비교한 후 전통적 모델과 현대적 모델로 분류하였다(〈표 3-3〉 참조). 수동적·수용적인 전통적 모델에 비해 현대적 모델에서는 내적 동기, 적극적 탐색과 자기만족을 추구한다. 현대적 모델은 학습이 단순한 지식과 기술의 전이가 아닌 문제해결 능력과 자기주도성이 요구되는 과정임을 보여 준다.

┃ 표 3-3 ┃ 학습에 관한 전통적 모델과 현대적 모델의 비교

전통적 투입 모델	현대적 행동 모델
수동적 passive	적극적 active
수용하기 receipt	탐색하기 search
부족한 부분 채우기 fill a deficit	만족 추구하기 seek a satisfaction
외부 자극에 반응하기 responsive to outside stimulus	내적 충동에 의한 주도 initiated by inner drive
핵심 용어: 주기, 나누기 give, impart	핵심 용어: 발견, 창조 discover, create
지식과 기술의 전이 transfer of knowledge/skills	문제해결 problem-solving
교사를 필요로 함 need for teacher	자기학습 self-learning

출처: 신용주(2004). p. 33; Rogers (1998). p. 78.

Rogers는 또한 선행학습이론을 종합하여 성인학습에서 강조되는 학습의 특징을 다음과 같이 정리하였다.

- 학습은 지식이나 기술을 단지 수동적으로 수용하는 것이 아닌 적극적인 활동이다.
- 학습은 개인적이며 또 개별적이다. 우리가 타인과 관계를 맺으며 함께 배울 때도 학습에서 일어나는 궁극적인 변화는 개별적이다.
- 학습은 자발적인 것이다. 학습자는 강제에 의해서가 아니라 자발적으로 학습해야 한다.

한편, Knowles(1989)는 경험 및 실생활 지향성을 중시하는 안드라고지

적 전제에 기초하여 성인학습의 특성을 다음과 같이 기술하였다.

- 성인의 학습 동기는 경험에서 비롯된 필요와 흥미에 의하여 유발된다.
- 성인학습은 생활 지향성에 기초하므로 성인학습에서 중시할 부분은 삶의 현장이지 교과목이 아니다.
- 성인학습의 가장 중요한 자원은 성인학습자의 경험이다. 성인학습자들의 경험을 분석함으로써 평생교육의 방법을 계획할 수 있다.
- 성인은 자신의 삶을 스스로 주도한다. 성인학습에서 교수자의 역할은 지식의 전달자나 평가자라기보다는 학습자와 함께 문제를 탐구해 나가는 동반자에 가깝다.
- 성인학습자들 간에는 적지 않은 개인차가 존재한다. 따라서 성인학습자의 연령·학습 스타일·시간·장소·학습 속도의 차이를 충분히 고려하여 반영하여야 한다.

2) 성인학습의 원리

성인학습자는 능동적인 학습을 통해 자신의 존재 가치를 재확인하고 책임성과 자율성을 증진하여 학습 욕구의 충족, 문제해결 및 의사결정에 자발적으로 참여할 수 있어야 한다. 성인학습을 지원하기 위해서 다음과 같은 성인교육의 원리를 적용하는 것이 바람직하다(신용주, 2004; 정지웅, 김지자, 1987).

- 성인학습자는 반응 속도가 비교적 늦으므로 충분한 시간적 배려가 필요하다. 따라서 주어진 상황을 지각한 후 반응할 수 있도록 시간적 여유를 제공한다.
- 성인학습자의 특성, 태도 및 경험을 충분히 고려한다. 또한 성인도 청

소년 못지않게 잘 배울 수 있다는 자신감을 불어넣어 주고, 성취에 대한 기대를 갖도록 격려한다.
- 성인학습자의 교육 욕구를 측정한 후 학습 경험을 계획한다. 성인학습자의 자아개념을 향상시키고 동기를 유발함으로써 이들이 적극적으로 학습에 참여하도록 분위기를 조성한다.
- 학습자의 경험이 학습 자원인 동시에 새로운 학습의 기초가 되도록 지원한다. 교수 방식 역시 강의보다는 다양한 매체와 함께 토론이나 실습 등 실천적 학습이 효과적이다.
- 배운 내용을 현실적인 문제에 즉시 적용하기를 원하는 성인학습자의 특성에 적합하도록 문제해결 중심의 학습을 이끈다.

Knowles(1989)는 효과적인 성인학습의 원리를 학습자와 교수자의 입장에서 다음과 같이 제시하였다.

- 학습자는 강좌의 목적을 이해하고 동의해야 한다.
- 학습자의 학습 욕구가 있어야 한다.
- 신체적으로 안락한 학습 환경을 갖추어야 하며, 학습 분위기가 부드럽고 자연스러워야 한다.
- 학습자의 참여가 중요하며, 학습자의 경험이 중시되고 활용되어야 한다.
- 교수자는 주제를 잘 알고 열정을 가져야 한다.
- 학습자는 자신이 원하는 속도로 학습하며 학습의 성취감을 가질 수 있어야 한다.
- 다양한 수업 방법을 사용해야 한다.

이와 같은 성인학습의 특성 및 원리를 살펴보면 성인은 실생활 관련 문제해결을 위해서, 성장과 변화를 위해서, 생애 발달 단계별로 요구되는 다양한 역할과 책임을 위해서 그리고 자아실현을 위해서 학습 활동에 참여하는 것을 알 수 있다. 성인학습자의 학습을 촉진하기 위해서는 학습자의 경험을 활용하면서, 다양한 교육 방법을 사용하여 유연하게 교육을 실시하는 것이 바람직하다. 평생교육에 이와 같은 성인학습의 원리를 접목시켜 효과적으로 교수-학습 과정을 조직할 수 있다.

3) 성인의 학습 참여

성인학습자의 학습 참여는 평생교육에서 중요한 쟁점의 하나다. 평생교육의 활성화를 위해서는 성인의 학습 참여가 확대되어야 한다. 여기서는 성인학습자가 평생교육에 참여하는 이유 및 참여를 저해하는 요인을 검토하여 성인의 학습 참여 확대를 위한 시사점을 알아본다.

(1) 참여 동기

성인학습자의 학습 참여 동기는 다양하다. 평생교육기관이나 교수자는 성인학습자가 다양한 학습 욕구를 갖게 된 배경을 좀 더 근본적으로 파악할 필요가 있다. 대개 성인학습자는 뚜렷한 동기를 가지고 학습에 참여하므로, 이에 적절한 교육 내용, 교육 방법 및 평가 방법이 고안되어야 한다. 성인학습자의 평생교육 참여 동기는 크게 다음과 같이 분류된다(신용주, 2004).

- 문맹퇴치, 직업교육, 교양교육 등
- 새로운 정보의 습득 및 문제해결
- 새로운 직업 및 승진, 자격 및 학위 취득
- 자아실현 및 성장·발달
- 취미, 교양 등 여가 선용 및 친교
- 종교적 목적

- 급속한 사회 변화에 부응
- 민주 시민으로서 역량 증진

성인의 학습 동기에 관한 가장 대표적인 연구는 Houle(1961)의 연구다. Houle은 성인학습자들을 대상으로 한 심층면접을 통해 성인의 학습 참여 동기를 다음의 세 가지 유형으로 분류하였다.

- 목표 지향적 학습자(goal-oriented learner): 이들은 청중 앞에서 발표를 잘하기 위해서나 승진을 위해서, 또는 특수한 문제의 해결이나 완화 등 특정 목적을 달성하기 위해 학습에 참여한다.
- 활동 지향적 학습자(activity-oriented learner): 이들은 어떤 지식이나 기술 습득을 위한 학습이 아니라, 학습 활동 그 자체와 학습을 통한 사회적 상호작용을 목적으로 학습에 참여한다.
- 학습 지향적 학습자(learning-oriented learner): 이들은 학습 그 자체를 통해 얻는 기쁨과 성취감을 추구하는 유형이다.

이처럼 성인학습자들의 참여 동기와 학습 목적을 유형별로 분류할 수 있으나 이들의 참여 동기를 일반화된 유형으로 설명하기는 쉽지 않다. 왜 냐하면 대부분의 성인학습자는 한 가지 이상의 동기를 가지고 학습에 참 여하기 때문이다.

(2) 성인학습 참여의 저해 요인

성인이 학습에 대한 참여를 주저하게 되는 이유로 학습 능력의 감퇴를 들기도 하나, 그 밖에 건강과 체력의 쇠퇴, 의욕 상실, 학습 기회의 부족, 불쾌한 감시나 잔소리 등도 학습에 장해가 된다(신용주, 2004; Thorndike, 1928). 성인의 학습 참여를 저해하는 요인은 크게 네 가지 유형으로 분류 된다(Darkenwald & Merriam, 1982).

- 상황적 요인: 사회적 · 심리적 환경 및 학습 비용이나 시간의 부족, 기타 교통수단 및 보육 시설의 부족, 지리적 고립 등 개인적 생활 맥락에 있어서의 문제점
- 제도적 요인: 정시제 학습 및 시간표상의 문제점, 학습 참여에 지원적이지 않은 정책이나 제도 등
- 정보적 요인: 저소득층 및 소외 계층의 학습자가 경험하는 학습 정보 접근권의 제한 및 학습 기회의 제한 등
- 심리사회적 요인: 학습 참여를 제한하는 학습자의 신념, 가치, 태도, 지각 등

한편, Johnstone과 Rivera(1965)는 성인의 학습 참여에 방해가 되는 요인들을 상황적 장해 요인과 기질적 장해 요인으로 분류하여 설명하였다. 상황적 장해 요인에는 개인의 재정 상태, 여가 시간, 보육서비스의 유무 등이 포함되며, 기질적 장해 요인으로는 교육에 대한 태도나 신념 등이 있다. Johnstone과 Rivera는 높은 연령층의 성인에게는 기질적 장해 요인이, 젊은 층의 성인 및 여성에게는 상황적 장해 요인이 각각 영향을 미치는 것으로 보았다.

그 밖에도 성인의 학습 참여를 저해하는 요인에 대해 Osborn과 Lewis (1983)는 상황적 장해 요인, 기관적 장해 요인 및 성향적 장해 요인으로 제시하였다. 첫째, 상황적 장해 요인에는 경제적 부담, 자녀 양육의 어려움, 역할 과다로 인한 부담, 교통 및 통학 문제 등 개인적 요인들이 포함된다. 둘째, 기관적 장해 요인에는 강좌 개설 시간이나 교육 장소의 접근성, 강좌 내용 등이 포함된다. 셋째, 성향적 장해 요인에는 학습자가 자신은 배우기에 너무 늦었다거나, 특정 학습 내용은 이해할 자신이 없다거나, 젊은 사람과의 경쟁이 두렵다고 생각하는 것과 같은 자신에 대하여 갖고 있는 생각과 관련된 요인들이 포함된다. 그 밖에도 시간 부족, 학습에 대한 두려움, 학습 효과에 대한 회의 등의 장해 요인이 존재한다.

이와 같은 장해 요인으로 인해 많은 성인학습자는 평생교육 참여에 어려움을 갖는다. 따라서 이러한 장해 요인을 극복하고 학습에 참여하도록 지원하는 평생교육 교수자의 역할이 더욱 중요해지고 있다.

(3) 참여 유도 전략

성인학습자의 평생교육 참여를 확대하기 위해서는 그 요인의 파악이 중요하다. Rudd와 Hall(1974)은 성인학습을 증가시킬 수 있는 다음의 네 가지 요소를 제시하였다.

- 학습 주제의 타당성: 적절한 학습 주제를 선정한다. 학습 주제는 학습 집단의 욕구를 충족시킬 수 있는 구체적인 것이 좋다.
- 편리성: 불편한 학습 시간이나 장소 등은 학습자에게 편리하도록 변경하는 것이 좋다. 직장 가까이에서 강좌 수강이 가능하다거나, 어린 자녀를 둔 주부를 위해 보육 서비스를 제공하는 것 등은 편리성을 크게 높여 참여를 유도할 수 있다.
- 적극적 참여: 집단 과제 팀의 리더가 되거나 책임 있는 직책을 맡아 학습 활동에 적극 개입하는 것은 성인학습자의 더욱 열성적인 학습 참여를 유도한다.
- 학습 프로그램의 질: 학습자가 인지하는 학습 프로그램의 질과 수준은 매우 중요하다. 성인학습자가 학습 프로그램의 질이 낮거나 자신에게 가치가 없다고 느끼면 학습 참여율이 낮아진다.

4) 성인학습의 장해 요인

성인학습을 효과적으로 지원하기 위해서 성인학습을 저해하는 장해 요인들을 파악하여 이를 제거할 필요가 있다. Cross(1981)는 성인학습자가 직면하게 되는 학습의 장해 요인을 세 가지 유형으로 분류하였다. 즉, 상황으로부터 발생하는 장해 요인, 학습 프로그램 자체에서 비롯되는 장해 요인 그리고 학습자가 자신에 대해 갖는 태도에 의한 장해 요인이다.

다음은 Rogers(1998)가 제시한 성인학습의 장해 요인으로, 첫째, 선재 지식과 불안, 둘째, 자아방어기제, 셋째, 태도 변화의 어려움이 있다.

(1) 개인적 요인: 선재 지식과 불안

성인학습의 장해 요인 중 가장 중요한 것은 개인적 요인이다. 학습하기를 원치 않는 성인들은 대개 과거에 부정적인 학습 경험을 가졌던 사람들이다. 또는 과제를 제대로 파악하지 못하여 제대로 학습이 원활하게 이루어지지 않는 경우도 있다. 이는 학습자의 심리적인 요인이 새로운 기술이나 지식의 습득을 막고 있기 때문이며, 또한 기존의 방식으로 새로운 과제를 해결하려 하기 때문이다. 이러한 것들은 모두 변화에 대한 학습자의 개인적인 저항 때문에 일어난다.

성인의 학습을 저해하는 요인으로 시력이나 청력의 감퇴와 같은 신체적인 변화를 들 수 있다. 그러나 건강 문제, 가족 문제, 경제적 문제 등 상황적 요인들도 학습자에게 큰 영향을 미친다. 또한 강의실 조명이나 온도, 강의실, 책걸상, 기자재 등 물리적 학습 환경이 적절치 않을 때도 학습에 지장을 준다. 또한 교사-학습자, 학습자-학습자의 관계가 원활하지 못하거나 의사소통이 부족한 것도 학습의 장해가 된다.

성인학습의 장해 요인이 되는 두 가지 요소가 존재하는데, 성인학습자 자신이 이미 가지고 있는 지식, 즉 선재 지식(pre-existing knowledge)과 관련된 요인 그리고 불안과 같은 정서적 요인이다.

① 선재 지식

성인학습자는 현재 가지고 있는 지식과 경험을 습득하기 위해서 이미 많은 감정적인 투자를 한 사람이다. 따라서 자신이 구축한 선재 지식이 완전하다고 믿고 이를 방어하려고 하며, 새로운 학습에 의한 변화에 저항한다. 과거 학습에 대한 정서적 애착이 학습의 장해로 작용하기도 한다. 자신이 가지고 있는 지식은 지금까지 유의미한 타인이나 서적 등 권위적 존재로부터 습득한 것이며, 이에 대한 도전은 바로 부모를 비롯한 중요한 타인들뿐 아니라 자신이 내렸던 판단에 대한 도전이기 때문이다. 자신의 선재 지식이 도전받는 상황에 직면한 성인학습자는 대개 두 가지 반응을 나타낸다. 즉, 철회 기제를 사용하여 자신의 지식에 대한 도전에 방어하는 것과 자아방어기제로 자신의 자아상을 지키는 것이다. 따라서 성인학습자가 이러한 기제에 의존하지 않고 선재 지식과 새로운 지식을 통합할 수 있는 유연한 사고의 틀을 가지도록 격려하는 것이 중요하다.

성인학습의 또 다른 장해물은 편견이다. 편견은 자신의 신념을 유지하려는 강한 신념에서 비롯되는, 지적 근거에 기초하지 않은 확신이다. 가장 두드러진 편견의 형태는 특정 인종, 종교, 이데올로기에 대한 적개심이며 성적 · 사회적 · 문화적 편견들은 가장 바람직하지 못한 편견의 유형이다. 그 밖에도 사고나 행동을 하는 데 안전성을 추구하며, 과거의 것을 따르는 성인학습자의 보수적인 성향도 학습의 장해 요인이 된다.

② 불안

불안은 성인학습자의 새로운 학습을 저해하는 대표적인 요인으로, 많은 성인학습자가 학습에 앞서 불안감을 느낀다. 불안은 대개 두 가지 이유로 인해 생긴다. 즉, 외부로부터 강요된 요구에 대한 두려움과 이에 대한 자신의 대처 능력이 부족하여 자아존중감에 상처를 입을 수 있다는 걱정 때문에 생긴다.

성인학습자가 지니는 불안의 원인에는 여러 가지가 있다. 나이가 들었다거나 기억력과 집중력이 감퇴하고 있다는 지각에서 비롯되기도 하며, 낮은 자아개념이나 실패에 대한 두려움도 작용한다. 때로는 자신이 다른 사람들보다 못 배웠고 열등하다는 생각 때문에 불안해한다.

평생교육의 교수자는 불안해하는 성인학습자의 심경을 이해할 수 있어야 한다. 성인학습자는 자신이 교사, 친구 혹은 권위 있는 다른 중요한 사람을 실망시킬지도 모른다는 두려움을 갖고 있으며, 자신의 능력·판단력·재능을 낮게 평가하는 경향이 있다. 또는 과거에 제대로 교육을 받지 못했기 때문에 다시 보충적으로 평생교육에 참여하게 되었다고 생각하기도 하고 자신은 실패자라는 생각을 하기도 한다. 이러한 모든 요인들이 성인학습자에게 불안을 유발하며, 성인학습자는 대체로 모든 잘못의 원인을 자신에게서 찾는 경향이 있다.

때로는 유능한 평생교육의 교수자는 학습자의 불안을 동기 유발에 활용하기도 한다. 불안은 기계적 학습이나 반복적 작업에 도움을 주기도 하나, 대체로 새로운 기술의 습득이나 독창적인 사고를 방해한다. 따라서 불안해하는 성인학습자에게는 창조성이나 개인적 판단력 또는 즉흥적 기술을 요구하는 학습 과제의 수행을 요구하지 않는 것이 좋다. 성인학습자의 불안은 다양하게 표현된다. 땀을 흘리거나 스트레스를 받는 등 신체적인 반응을 보이거나 감정이 고조되기도 하며, 수업에 불참하거나, 수업에는 참석하되 집중하지 않는 모습을 보이기도 한다.

불안에 대한 대책

성인학습자가 불안을 느끼는 이유는 복잡하므로 간단한 해결책은 없다. 그러나 성인학습자가 불안을 극복하도록 돕고 학습을 촉진하기 위한 몇 가지 전략은 다음과 같다.

첫째, 집단을 활용하는 방법이 효과적이다. 이때 교수자는 학습 분위기를 진솔하게 이끄는 것이 좋으며, 성인학습자의 생각을 바로잡으려고 하지 않아야 한다. 이는 학습자의 경험과 관점, 믿음을 부정하는 것이기 때문이다. 대신에 학습자가 자신의 의견을 평가할 수 있는 능력을 키워 주기 위해 노력하여야 한다. 교수자가 학습자를 비평하거나 부정적 평가나 비난을 하는 경우에 학습자의 불안은 더욱 증폭된다.

둘째, 성인학습자의 불안은 학습 상황의 조정을 통해 감소시킬 수 있다. 학습 과제를 알기 쉽게 전달하고, 적절한 보상이나 강화를 제공하는 것도 학습 동기 유발에 도움이 된다. 새로운 학습 경험을 제공할 때는 학습자가 불안하지 않도록 속도를 조절하는 것이 좋다.

셋째, 성인학습자의 불안을 감소시키는 가장 효과적인 방법은 그의 자신감을 향상시키는 것이다. 교수자를 신뢰하는 성인학습자는 자신에 대한 교수자의 평가를 수용한다. 따라서 교수자는 성인학습자와의 신뢰를 형성하기 위하여 노력해야 할 것이다.

(2) 자아방어기제

성인학습자에게 있어서 평생교육 집단에 참여하는 것은 어려운 일일 수 있다. 이러한 상황에 직면할 때 어떤 학습자는 자아를 지키기 위해 방어기제를 사용한다. 무의식중에 작동되는 자아방어기제는 누구에게나 내재되어 있는 비양심적인 왜곡이나 핑계, 자기 속임이다. 자아방어기제는 심리적으로 균형을 유지하고 싶을 때, 지적인 고통을 회피하고 싶을 때, 또 혼란이나 갈등, 고통스러운 감정 등이 자신에게 위협적이라고 느낄 때 작동한다. 평생교육의 교수자가 성인학습자 집단을 보다 효과적으로 이해하고 이끌어 나가기 위해 알아두어야 할 방어기제에는 환상(fantasy), 보상(compensation), 동일시(identification), 투사(projection), 합리화(rationalization), 억압(repression), 승화(sublimation), 전이(displacement), 거부주의(negativism), 반응형성(reaction formation) 등이 있다(Rogers, 1998).

대부분의 성인학습자는 어느 정도의 자아방어기제를 가지고 있으며, 학습에서 장해에 직면하면 이를 사용하게 된다. 교수자가 성인학습자가 사용하는 방어기제들을 파악하는 것은 매우 중요하다. 특히 과거의 실패 경험으로 인해 학습에 어려움을 겪는 성인학습자들의 경우, 교수자는 이들의 잠재적 실패 요인을 파악한 후 방어기제에 대한 대처를 해야 할 것이다.

(3) 태도 변화의 어려움

평생교육의 교수자에게 가장 어려운 일은 성인학습자의 태도를 변화시키는 것이다. 이는 전통적으로 당연시하며 믿고 실천해 오던 것에 반대되는 태도를 갖도록 하는 것이므로 태도 변화를 유도할 때는 적지 않은 저항을 만나게 된다. 태도의 변화는 가장 달성하기 어려운 학습 영역이지만, 〈표 3-4〉에 제시한 지침을 활용하여 이를 유도할 수 있다.

┃ 표 3-4 ┃ 성인학습자의 태도 변화를 유도하기 위한 지침

- 첫째, 저항 요인을 파악한다.
  어떠한 태도가 학습을 저해하며, 변화에 대한 가장 심각한 저항은 무엇인지 파악한다. 학습자의 의견이 가장 중요하다고 생각하지 않는다.

- 둘째, 태도 변화에 대한 이론적 근거를 제공한다.
  태도 변화와 관련된 지식에 대한 적절한 근거를 제공한다. 새로운 지식이 내면화되면, 태도 변화에 대한 위협이 줄어든다.

- 셋째, 적절한 수준의 태도 변화를 모색한다.
  태도 변화의 규모가 지나치게 크면 성인학습자는 급진적이라고 생각해 거부하기 쉽다. 따라서 태도 변화는 학습자의 기존 생활 방식에 크게 역행하지 않는 수준으로 계획한다.

- 넷째, 태도 변화에 대한 학습자 자신의 결론을 유도한다.
  학습자는 자신의 태도와 습관을 크게 변화시키지 않는 범위 내에서 학습 내용을 토대로 태도 변화에 대한 자신의 결론을 도출한다.

- 다섯째, 태도 변화를 위한 분위기를 창출한다.
  태도 변화가 일어날 수 있는 분위기를 형성하기 위해 학습 집단을 활용한다. 학습 집단을 통해 공공연하게 새로운 태도를 보여 줌으로써 더욱 지속적인 태도 변화를 촉진할 수 있다.

- 여섯째, 역할극을 사용한다.
  성인학습자들이 역할극을 통해 새로운 태도를 가진 사람의 역할 및 부정적 태도를 가진 사람의 역할을 연기해 보는 것이 도움이 된다. 그러나 역할극의 사용 여부는 신중히 결정한다.

출처: 신용주(2004). p. 68; Rogers (1998). p. 218의 내용을 표로 재구성함.

제4장

평생교육의 주요 이론

평생교육의 학문적 정체성을 구축해 온 대표적 이론으로 안드라고지, 자기주도학습 그리고 전환학습론을 들 수 있다. 이 장에서는 이 세 가지 이론에 대하여 자세히 살펴본다.

1. 안드라고지

안드라고지(andragogy)는 평생교육의 원리 및 실천 과정에 대한 핵심 개념으로, 페다고지(pedagogy)의 개념과 비교된다. 일반적으로 페다고지는 '어린이를 가르치는 기술과 과학(arts and science of teaching children learn)'으로, 안드라고지는 '성인의 학습을 돕는 기술과 과학(arts and science of helping adults learn)'으로 알려져 있다(Knowles, 1980).

안드라고지의 개념이 대두된 배경에는 성인은 아동 및 청소년과 다르므로 교육의 실천에서도 그 상이한 특성이 반영되어야 한다는 인식이 자리한다. 성인은 사회적인 역할과 지위, 책임감, 풍부한 경험 및 다양한 학습 욕구를 지니며, 평생교육에서는 성인기의 삶과 관련된 학습 경험을 제공하는 것이 중요하다. 이러한 이념을 토대로 성인학습을 위한 이론 및 실천 체계로서 안드라고지가 등장하였다.

1) 안드라고지의 기본 개념

안드라고지는 평생교육의 핵심 개념이자 실천을 위한 지침이다. Merriam과 Caffarella(1999)는 안드라고지에 관한 개념을 기본 가정, 학습 환경 그리고 자기주도성의 차원에서 기술하였다(신용주, 2004; 〈표 4-1〉 참조).

┃ 표 4-1 ┃ 안드라고지의 개념

기본 가정	• 성인이 성숙해지면서 의존적인 특성은 점차 자기주도적이 된다. • 성인은 경험으로부터 학습을 위한 풍요로운 자원을 축적한다. • 성인의 학습 준비도는 사회적 역할 및 발달과업과 밀접한 관련이 있다. • 성숙함에 따른 시간 관점의 변화에 따라 미래의 적응을 위한 지식을 추구는 아동기와 달리 성인은 즉각적으로 활용 가능한 지식을 추구한다. • 성인의 학습 동기는 외적인 요인보다는 내적인 요인에 의하여 유발된다.
학습 분위기	• 교수자와 학습자 간의 바람직한 상호관계를 형성하기 위해, 신체적·심리적으로 성숙하고 수용적이며 서로 존중하고 지지하는 분위기의 조성이 필요하다.
자기 주도성	• 학습자들은 자신의 학습 요구의 진단, 학습 경험의 계획 및 시행, 평가에 참여할 수 있다.

출처: 신용주(2004). p. 75; Merriam & Caffarella (1999). pp. 272-273을 수정하여 제시함.

2) 안드라고지와 페다고지

안드라고지와 페다고지는 근본적으로 서로 다른 가정에서 출발한다. Knowles는 알고자 하는 욕구, 학습자의 자아개념, 학습자 경험의 역할, 학습 준비도, 학습 성향 및 동기 등으로 나누어 그 가정들을 비교하였다(권대봉, 1999).

(1) 페다고지의 기본 가정

페다고지 모형에서는 학습할 내용과 방법, 시기에 대한 모든 결정을 교사가 하게 된다. 즉, 교사가 주도하여 학습자를 이끄는 역할을 수행하는 교수자 중심 교육(teacher-directed education)이다.

- 알고자 하는 욕구: 학습자는 학습 내용이 실생활에 어떻게 적용될 것인지를 알 필요 없이 진급이나 자격 취득 등을 위해 교수자가 전달하는 내용을 학습한다.
- 학습자의 자아개념: 교수자는 학습자를 의존적인 존재로 인식하므로 학습자 역시 의존적인 자아개념을 갖게 된다.
- 학습자 경험의 역할: 학습자의 경험은 학습 자원으로서 인정받지 못한다. 교수자와 교재교구 개발자의 경험만이 중요한 학습 자원으로 존중된다.
- 학습 준비도: 학습자는 자신의 시험 및 자격 취득을 위해 교수자가 준비하고 제공하는 내용에 대하여 학습할 준비가 되어 있어야 한다.
- 학습 성향: 학습자는 교과 중심적(subject-centered)인 학습을 선호하는 경향이 있다. 따라서 단원별로 전개되고 논리적으로 조직된 학습 경험들로 구성된다.
- 동기: 학습자는 성적, 교수자의 칭찬이나 꾸중, 부모의 압력 등에 의해 학습 동기가 유발된다.

(2) 안드라고지의 기본 가정

안드라고지 모형에서는 학습 내용 및 방법에 대한 결정에 학습자가 참여한다. 학습자의 경험이 학습 자원으로 존중되며, 교수자와 학습자가 함께 학습을 이끌고 참여하는 학습자 중심 교육(learner-directed education)이다.

- 알고자 하는 욕구: 성인학습자는 학습해야 하는 이유와 학습의 결과로 얻게 될 유익함에 대해 검토한 후 긍정적이라고 판단될 때 비로소 학습에 임한다. 따라서 성인학습의 촉진자는 학습자가 무엇을 알고 싶어 하는지, 즉 그 요구를 인식하도록 도와야 한다.
- 학습자의 자아개념: 성인학습자의 자아개념은 대부분 자신의 삶에 대한 책임과 관련되어 있다. 성인학습자는 자신이 다른 사람들에게 자기주도성을 가진 사람으로 인정받기를 원한다. 평생교육에서 성인학습자가 가지고 있는 과거의 학습 경험은 매우 중요하다. 평생교육의 교수자는 성인학습자가 능동적인 학습 경험을 통해 의존성을 극복하고 자기주도적인 학습자로 변화하도록 이끌어야 한다.
- 학습자 경험의 역할: 성인학습자는 아동 · 청소년 학습자보다 훨씬 풍부한 경험을 가지고 학습에 참여한다. 다양한 역할을 통해 축적된 이들의 경험은 평생교육에서 매우 중요하다. 안드라고지 모형에서는 성인학습자가 갖는 상이한 동기, 목표 및 학습 유형을 고려한 개별화된 교수-학습 전략이 요구된다. 또한 학습자 자신이 가지고 있는 풍부한 경험을 학습 자원으로 활용하기 위하여 지식이나 기술을 단순히 전달하는 기법이 아닌 경험적 기법을 중시한다. 즉, 토론 집단, 사례 연구, 문제해결 활동 등 경험에 기초한 기법을 통해 학습자 간의 상호작용과 협력을 추구한다.
- 학습 준비도: 성인학습자는 자신의 삶에서 실제로 활용 가능하고 자신이 흥미로워하는 주제에 대해 학습하기를 원한다. 학습 준비도에 영

향을 미치는 중요한 변수는 발달 과업으로, 각 발달 단계마다 그다음 단계로 진행할 때 반드시 요구되는 학습 경험이 존재한다.

- 학습 성향: 교과 중심적인 학습 성향을 갖는 아동·청소년에 비해 성인의 학습 성향은 생활 지향적, 과업 지향적, 문제 지향적이다. 따라서 평생교육을 통해 습득한 새로운 지식, 기술, 가치 및 태도를 실제 삶에서 적용할 수 있을 때 학습 효과가 가장 두드러진다.
- 동기: 성인학습자에게는 봉급 인상이나 승진, 또는 더 좋은 직업으로의 이동과 같은 외재적 동기도 중요하다. 그러나 자아존중감이나 직무 만족도의 향상, 삶의 질 향상을 추구하는 내재적 동기는 더욱 강력하게 작용한다.

이러한 안드라고지 모형의 가정의 중심에는 성인학습자에 대한 근본적인 가정이 자리한다. 〈표 4-2〉는 Knowles(1980)가 제시한 성인학습자의 특성에 대한 네 가지의 기본 가정을 보여 주고 있다.

┃ 표 4-2 ┃ 성인학습자의 특징

자아개념	의존적 특성에서 자기주도적 특성으로 변화한다.
경험	학습 자원이 되는 경험을 점차 축적시켜 나간다.
학습 준비도	점차 사회적 역할과 관련된 발달 과업에 바탕을 둔다.
학습 성향	학습이란 미래 생활에 대비하기 위한 것이 아니라 실생활에 즉각적으로 적용하기 위한 것이며, 학습 성향은 교과 중심이 아니라 문제 해결 중심이다.

출처: 신용주(2004). p. 79.

3) 안드라고지 모형의 효과적인 교수-학습 조건 및 원리

안드라고지적 주기는 페다고지와는 다른 가정에서 출발한다. Knowles (1990)는 전통적인 페다고지적 모형은 내용 모형(content model)으로, 안드라

고지 모형은 과정 모형(process model)으로 분류하고 각 모형의 특성을 비교
하였다(권대봉, 1999 재인용). 내용 중심의 페다고지 모형은 교수자의 전통적
인 지식 전달과 강의 중심으로 이루어지는 권위적 · 경쟁적 분위기의 교사
주도 수업을 강조하는 반면, 과정 중심의 안드라고지 모형은 촉진자로서의
교수자 역할과 상호 존중하는 분위기에서 진행되는 토의 및 경험 중심 수업
을 강조한다. 〈표 4-3〉은 안드라고지 모형과 페다고지 모형의 비교를 보여
주고 있다.

| 표 4-3 | 페다고지 모형과 안드라고지 모형의 비교: 수업 분위기, 교육 설계의
책임, 교육 방법, 교수자의 역할

페다고지 모형(내용 모형)	안드라고지 모형(과정 모형)
• 권위적 · 형식적 · 경쟁적 수업 분위기 • 교수자 주도하의 교육 계획, 욕구 진단, 교육 목표 설정 및 평가 • 강의, 읽기 과제, 준비된 시청각 자료 제시 등의 방법 활용 • 교수자의 전통적인 지식 전달 방식 • 교과목 및 내용의 논리에 따른 수업	• 상호 존중 · 비형식적 · 협동적 수업 분위기 • 교수자와 학습자의 상호 협동에 의한 교육 계획, 욕구 진단, 교육 목표의 설정 및 평가 • 집단 토의, 역할극, 현장 방문 연구, 실험, 시범, 세미나, 사례 연구, 주요 사건 기법 등의 방법 활용 • 교수자의 역할은 지식의 전달자가 아닌 학습의 촉진자

출처: 신용주(2004). p. 82.

4) 교육 현장에서의 안드라고지 적용

Knowles는 안드라고지의 원리를 인력 개발 등의 교육 현장에 적용할
때는 인본주의 학습이론과 자기주도학습을 활용한 프로젝트가 적절하다
고 하였으며, 다음의 사항을 고려할 것을 제시하였다.

• 바람직한 분위기 만들기: 학습을 위한 조직 내의 분위기는 개인적 부분

은 물론 프로젝트 팀이나 더 상위 집단과 동조하는 방향으로 이끈다.

- 상호 기획을 위한 기제 창출하기: 인적 개발 프로그램에서는 특히 책임을 공유하는 기획 협의회나 태스크포스 팀의 구성이 중요하다.
- 학습 욕구 진단하기: 학습 욕구를 사정할 때는 어떤 학습 상황에서도 요구되는 사항에 대해 고려해야 하며, 학습자의 자기 측정을 권장한다.
- 프로그램 목표 수립하기: 조직 내의 학습자는 목표를 수립할 수 있어야 하며, 훈련 프로그램이 진행됨에 따라 일어나는 변화나 재협상에 자유롭게 임할 수 있어야 한다.
- 학습 활동 설계하기: 훈련 프로그램에 처음 참여하는 학습자는 학습하는 방법을 배우기 위한 오리엔테이션에 참여해야 한다.
- 학습 안내하기: 조직의 프로그램 개발가들은 훈련 전문가들로 하여금 안드라고지적 원리에 숙달되도록 한다.
- 프로그램 평가하기: 반응평가, 학습평가, 행동평가, 결과평가의 4단계로 전개되는 Kirkpatrick의 평가 방식이 안드라고지적 접근에 가장 적합하다. 더 나아가 학습자 스스로 자신의 능력에 대해 재검토하는 단계 및 질적 평가를 추가로 고려할 수 있다.

2. 자기주도학습

1) 자기주도학습의 기본 개념

자기주도학습 이론은 평생교육에서 중요한 개념이다. 자기주도학습은 학습자가 학습 진행의 주도권을 가지고 학습의 전반적 사항을 결정하고 실시하며, 학습 결과를 평가하는 학습자 중심의 학습 형태다(Borich, 2005). Tough(1971)는 성인학습자를 자율(autonomy), 자기교수(self-instruction) 그리고 독자적 학습(independent learning)이 가능한 존재로 보았다. 그러나

자기주도학습을 다른 사람의 도움을 받지 않고 고립된 상황에서 학습자
가 홀로 학습하는 것으로 이해하는 것은 옳지 않다. 자기주도학습의 논의
에서 공통적인 점은 학습 경험을 계획 · 관리하는 개인적 주도성이다. 따
라서 자기주도학습의 핵심 요소는 교육 활동과 관련된 다양한 의사결정에
대한 통제권 또는 학습자의 자율성, 학습 실천 의지 및 능력이라 할 수 있
다(신용주, 1996a).

자기주도학습의 의의

자기주도학습 이론은 학습자의 성장과 발달을 추구한다는 점에서 주목
을 받아 왔다. 의존적인 존재인 인간이 점차 성숙하면서 주변의 중요한 타
자들에게서 독립하려는 욕구를 지니고 자율적으로 더 많은 책임을 수행하
는 과정에서 자기주도성이 개발된다.

학습자는 사회적 변화에 적응하기 위해서 유용한 지식과 기술을 획득하
여 활용할 수 있는 능력을 갖춰야 한다. 평생교육은 이와 같은 성인학습자
의 끊임없는 탐구 능력의 배양을 목표로 하며, 이는 자기주도학습을 통해
확대될 수 있다. 따라서 평생학습 사회의 건설을 위한 기본 전제에는 반드
시 자기주도학습의 증진을 위한 논의가 포함된다. 미래 사회에서는 학습
자의 지식과 기술의 습득은 물론 새로운 가치관 및 태도에 대한 개방성도
요구되므로, 자기주도성은 학습자의 적응과 생존을 돕는 중요한 요소가
될 것이다.

2) 자기주도학습의 주요 이론

자기주도학습과 관련된 연구는 크게 자기주도학습을 학습 과정으로
이해하는 관점(Spear & Mocker, 1984)과 학습자 특성으로 파악하는 관점
(Candy, 1987b)으로 대별된다. 자기주도학습을 학습 과정으로 인식한 초

기 연구로는 Tough(1967)와 Knowles(1975)의 연구가 대표적이다. 이들
은 성인학습자가 거치게 되는 자기주도학습의 단계와 방법을 소개하였
다. 그리고 학습자 특성을 중심으로 자기주도학습을 분석한 학자로는
Guglielmino(1977), Chene(1983) 등이 대표적이다.

(1) 학습 과정으로 보는 이론
① Tough의 성인학습 프로젝트

Tough(1971)는 캐나다의 성인을 대상으로 스스로 계획한 학습 활동에
관해 연구한 결과, 모든 학습 과제의 70%가 학습자 자신에 의해 계획·실
행·평가되었다고 보고하였다. Tough(1971)는 학습 프로젝트를 "확실한
지식 및 기술의 습득과 유지를 위한 고도의 신중한 노력"으로 정의하고,
매 학습 프로젝트에 소요되는 최소 시간을 7시간으로 규정하였다. 이를
통해 그는 성인이 기술과 지식의 습득이나 사용을 위해 평균 1년에 여덟
가지 학습 프로젝트를 기획하고 수행하는데, 이때 약 500시간을 할애한다
고 보고했다(Tough, 1967, 1971).

Tough의 연구는 자기주도학습에 대한 비상한 관심을 불러일으켰으며,
성인학습 관련 연구의 발전에 기여하였다. 근래 자기주도학습을 촉진하는
효과적인 교수자 및 학습 프로그램의 개발에 관한 연구가 증가하였으며,
학습자가 전문가의 도움을 받아 자신의 교과 과정, 학습 방법 및 평가 방
식을 결정하는 자기주도학습의 사례가 제시되었다.

② Knowles의 자기주도학습 대 교사주도학습

Knowles(1975)의 자기주도학습의 정의는 가장 널리 알려졌으며, 또 많
은 영역에서 보편적으로 인용되고 있다. Knowles(1975: 18)는 자기주도학
습을 "학습자가 자신의 욕구를 진단·평가하여 목표를 설정한 후 자원의
선정과 학습 전략의 수립을 통해 학습을 수행하고 평가에 이르는 과정에
서 타인의 도움을 받거나 또는 도움 없이 주도적으로 학습을 진행하는 것"

으로 정의하였다. 이는 과정을 중시하는 자기주도학습의 관점이며, 교사
주도학습과 대치되는 개념이다(신용주, 2004).

　자기주도학습에서는 학습자의 자기관리와 자기주도성이 강조되며, 특
히 독립성, 주도성 및 자율성의 개념이 중시된다. 학습자는 학습 목표의
설정이나 학습 방법의 선정에 독립성을 갖는 것은 물론 욕구 측정에서 평
가에 이르는 전 학습 과정에서 주도권을 갖는 것이 중요하다. 더 나아가
학습의 의미를 이해하고 가치를 실현할 때 학습자의 선택권이 중시되어야

▌표 4-4 ▌ **자기주도학습과 교사주도학습의 비교**

학습자 조건	교사주도학습	자기주도학습
학습자의 의존성 및 자기주도성	학습자는 본질적으로 의존적인 존재다. 따라서 교사는 학습자가 배워야 할 내용과 방법을 결정할 책임이 있다.	인간은 성숙을 통해 자기주도적 능력이 증가한다. 이러한 능력의 개발을 위한 교육이 필요하다.
학습자의 경험	학습자의 경험은 학습 자원으로서 가치가 적다. 교사는 전문가들의 자원을 전달할 책임이 있다.	학습자의 경험은 전문가의 자원과 더불어 개발되어야 하는 풍부한 자원이다.
학습의 준비도	성숙 수준이 같은 학습자는 동일한 내용을 학습할 준비가 되어 있다.	성인학습자는 자신의 생활 과업이나 생활 문제에 적절히 대처하기 위해 학습할 준비가 되어 있다.
학습 성향	학습자는 교과 중심적 학습 성향을 가지므로 학습 경험은 단원의 내용에 따라 조직되어야 한다.	교과 중심적 학습 성향은 학습자의 과거의 학교 경험을 통해 조건화된 결과다. 학습 경험은 과제 중심적·문제 중심적으로 조직되어야 한다.
학습 동기 유발	학습자는 점수, 학위 등 외적 보상 또는 실패나 처벌에 대한 두려움으로 인해 학습 동기가 유발된다.	학습자는 내적 자극에 의해 학습 동기가 유발된다. 자아존중감·성취 욕구·성장 욕구·알고자 하는 욕구에 의해 학습 동기가 유발된다.

출처: 신용주(2004). p. 94; Knowles (1975). pp. 19-21를 표로 제시함.

한다.

(2) 학습자 특성으로 보는 이론

자기주도학습을 학습자의 개인적 속성이나 특성으로 인식하는 경향도 있다. 성인학습자에게는 자기주도적이 되려는 욕구와 긍정적 자아개념이 있으므로 성인의 학습은 자기주도적이며 자율적이라고 본다(Brockett & Hiemstra, 1991; Knowles, 1980). 특히 Guglielmino와 Chene은 자기주도적 학습자가 갖는 독립성을 비롯한 고유의 특성들을 파악하여 제시하였다.

① Guglielmino가 제시한 자기주도적 학습자의 특성

Guglielmino(1977)는 자기주도학습에 포함되는 주도성, 독립성, 학습에 대한 책임감 등의 심리적 속성을 자기주도학습의 준비도 척도(SDLR Scale)에 반영하였으며, 다음과 같이 자기주도적 학습자의 심리적 특성을 제시하였다.

- 주도적이다.
- 독립적이다.
- 꾸준하게 학습에 매진한다.
- 자신의 학습에 대한 책임을 수용한다.
- 자기 훈육적이다.
- 호기심이 많다.
- 독자적으로 학습하는 능력이 뛰어나다.
- 학습에서 기쁨을 얻는다.
- 목적 지향적이다.
- 문제가 발생했을 때 장애물이 아닌 도전으로 본다.

② Chene이 제시한 자기주도적 학습자의 특성

Chene(1983)은 자율적인 학습자의 세 가지 요소로 독립성, 선택 능력 및 비판적 판단력 그리고 학습 사회의 규범을 명료화하는 능력을 들고, 다음과 같이 자기주도적 학습자의 특성을 제시하였다.

- 목표를 설정한다.
- 계획을 수립한다.
- 자유로운 선택권을 행사한다.
- 합리적으로 성찰한다.
- 끝까지 관철하려는 굳은 의지를 갖는다.
- 자기 절제와 자기 훈련을 실천한다.

3) 자기주도학습의 모형과 교수 모형

학습 과정의 차원에서 자기주도학습을 이해하는 관점은 크게 두 가지로 나뉜다. 하나는 자기주도학습이 미리 계획된 절차에 따라 일정한 단계의 선형(linear)으로 전개된다고 주장하는 선형 모형이다. 그리고 다른 하나는 자기주도학습이 직선적이 아니라 비선형적이며 상황에 적절하게 대처하면서 복합적으로 이루어진다고 보는 상호작용 모형이다.

(1) 선형 모형

선형 모형은 주로 Tough와 Knowles에 의해 제안된 초기 모형으로서, 자기주도학습을 계획, 수행 및 평가의 단계로 이루어진 선형적 형태로 간주한다.

① Tough의 모형

Tough는 성인은 스스로의 학습을 계획하고 인도할 능력이 있다고 가정하였다. 그는 성인학습자들의 자기주도학습 과정을 파악하여 다음의 13단계로 제시하였다(차갑부, 2002).

- 1단계: 어떤 지식과 기술을 구체적으로 학습할 것인지를 결정한다.
- 2단계: 학습을 위한 구체적 활동, 방법, 자원 및 장비를 결정한다.
- 3단계: 학습 장소를 결정한다.
- 4단계: 구체적 시간이나 학습 대상을 선정한다.
- 5단계: 학습 시기를 결정한다.
- 6단계: 학습 진행 속도를 결정한다.
- 7단계: 바람직한 지식 및 기술을 습득할 때에 현재 개인이 가지고 있는 지식, 기술 및 진척도를 평가한다.
- 8단계: 학습 저해 요인과 현행 절차상의 미비점을 탐색한다.
- 9단계: 바람직한 자원이나 장비를 획득한다.
- 10단계: 학습을 위한 강의실을 준비하거나 학습에 필요한 물리적 조건을 형성한다.
- 11단계: 인적 · 물적 자원을 활용하는 데 필요한 자금을 확보하고 비축한다.
- 12단계: 학습 시간을 모색한다.
- 13단계: 학습 동기의 고양을 위한 단계를 설정한다.

② Knowles의 모형

Knowles(1975, 1980)는 학습자가 성인이 되어 감에 따라 점차 자기주도적이 된다는 안드라고지적 가정에 근거하여, 다음의 5단계로 이루어진 자기주도학습의 선형 모형을 제시하였다.

- 1단계: 학습 욕구를 측정한다.
- 2단계: 학습 목표를 설정한다.

- 3단계: 학습을 위한 인적 · 물적 자원을 파악한다.
- 4단계: 적절한 학습 전략을 선정 및 실행한다.
- 5단계: 학습 결과를 평가한다.

Knowles는 학습자가 스스로의 방식으로 학습하도록 돕는 학습 촉진자로서의 평생교육 교수자의 역할을 강조하였다. 그는 자기주도학습을 욕구 측정, 학습 목표 및 내용의 설정, 학습 전략의 결정, 학습 실행 및 평가로 이어지는 직선적 모형으로 제시하였다.

(2) 상호작용 모형

Spear(1988)나 Cavalier(1992)와 같은 학자는 성인학습자가 사전에 자기주도학습을 계획하지 않는다고 보았다. 따라서 자기주도학습의 모형으로 직선적 모형이 아닌 비선형 모형인 상호작용 모형을 제시하였다. 이 모형은 학습자의 성격 특성, 인지 과정, 학습의 맥락, 학습 기회 등이 집합적으로 작용하여 자기주도학습의 다양한 에피소드를 형성한다고 보았다.

특히 Spear(1988)는 하나의 학습 활동이 반드시 다음의 학습 활동과 연관되는 것은 아니며, 성공적인 자기주도학습을 이끌기 위해서는 학습자의 학습 경험을 통합시키는 것이 중요하다고 주장하였다. Spear는 자기주도학습의 요소를 지식, 행동 및 환경으로 제시하였다.

- 지식: 기존 지식, 습득한 지식
- 행동: 특정 목적을 위한 지시적 행동, 탐색 행동 및 우연적 행동
- 환경: 일관된 환경, 우연적 환경

(3) 자기주도학습의 교수 모형

Grow의 모형

교수자가 활용하기에 유용한 자기주도학습의 대표적인 교수 모형으로 Grow의 Staged Self-Directed Learning(SSDL) 모형이 알려져 있다. Grow(1991)는 자신의 SSDL 모형에서 학습자의 자기주도성을 수준에 따라 4단계로 구분하고 각 단계별로 적합한 교수자의 역할 및 교육 방법을 제시하였다(〈표 4-5〉 참조).

▌표 4-5▌ Grow의 SSDL 모형

단계	자기주도성 수준	교수자의 역할	적절한 교육 방법
1단계: 의존적 학습자	• 자기주도성이 매우 낮음 • 권위 있는 존재가 무엇을 할지 지시해 주기 원함	권위자	연습, 지도, 코칭, 욕구 파악, 정보 제공
2단계: 관심 있는 학습자	• 자기주도성이 낮음 • 동기 유발이 되어 있고 자신감도 있으나 학습 주제에 대하여 잘 알지 못함	안내자	강의, 훈련, 교수자 주도의 토론 및 학습 전략 수립
3단계: 참여적 학습자	• 자기주도성이 중간 정도임 • 스스로 지식과 기술을 갖추고 좋은 인도자와 함께 주제에 대한 탐구 능력을 갖춤	촉진자	학습 계약, 학습 방법의 학습, 교수 주도의 참여식 토론, 세미나 및 집단 과제
4단계: 자기주도적 학습자	• 자기주도성이 높음 • 전문가의 도움 없이 스스로 학습을 기획, 수행, 평가할 능력을 갖춤	상담자	정보 수집, 사원 활용, 목표 달성, 자기 평가, 동료 평가, 학습자 주도 토론, 임파워먼트, 독자적 학습, 수준 높은 과제, 논술

출처: 신용주(2004). p. 108; Grow (1991). p. 129.

3. 전환학습론

1) 전환학습론의 기본 개념

전환학습(transformational learning) 이론은 Mezirow(1978)에 의하여 주창되었다. 전환학습론에서는 성인학습자가 기존의 관점과 시각의 틀을 바꾸는 것을 통해 삶이 변화된다고 믿으며, 이러한 변화를 통해 발생하는 학습에 초점을 맞춘다. 또한 변화된 시각으로 세상과 학습자 자신을 보게 되면서 경험에 대한 성찰 능력과 비판적 사고 능력을 갖추게 된다고 본다. 대표적 전환학습의 이론가로는 Mezirow와 Freire가 있다. 안드라고지와 자기주도학습이 성인학습자의 특성 및 학습이 일어나는 과정을 다룬 데 비해, 전환학습론은 학습자 내부에서 발생하는 인지적 과정을 조명하는 것이 특징이다.

전환학습론의 핵심은 변화다. 즉, 자기 자신과 세상을 보는 방식에 일어나는 심오하고 극적인 변화를 말한다. Clark(1993)는 전환학습이 학습자를 학습 이전과는 확연히 새롭게 만든다고 하였다. Merriam과 Caffarella(1999)는 전환학습의 핵심 요소로 경험, 비판적 성찰(critical reflection) 및 발달을 제시하였다.

2) 전환학습론의 주요 이론

Mezirow(1978)와 Freire(1970)는 교육을 학습자를 해방으로 이끄는 힘으로 보았다. Mezirow는 학습의 역할은 관점이나 시각의 변화를 통해 학습자 개인의 삶의 변화를 가져오는 것이라고 하였다. Freire는 여기서 더 나아가 개인이 권력에 억압되지 않고 해방에 도달하도록 하는 데 몰두하였다. Mezirow가 사회적 과정에 대한 비판을 통한 개인의 전환에 관심을 가졌다면, Freire는 급진적인 사회 변화를 통한 개인의 임파워먼트에 초점을 맞추었다고 할 수 있다(신용주, 2004).

⑴ Mezirow의 전환학습론
① 관점 전환

Mezirow는 전환의 과정이 바로 성인학습 고유의 과정이라고 하였다. 전환학습에서 보는 학습은 의미 창출 과정이다. 의미 창출 과정에서는 학습자가 자신의 삶의 경험을 어떻게 해석하며 또 어떻게 그 의미를 만들어 내는가를 중시한다. 전환학습론에서의 핵심 질문은 '어떻게 우리 삶에서 의미를 창출하며, 또 어떻게 의미를 창출하도록 인지구조를 변화시키는가?'다. 즉, 단순한 지식이나 정보의 축적이 아닌 관점 전환(perspective transformation)의 과정을 거치며 학습의 주체가 학습자 자신임을 깨닫게 되는 것을 강조한다.

관점 전환이란 학습자가 자신과 자신을 둘러싸고 있는 환경을 이전과는 완전히 다른 눈으로 살펴보고, 새로운 해석으로 관점을 새롭게 바꾸는 것이다. 즉, 그가 예전부터 지녀 왔던 자신의 전제, 신념, 가치관 및 태도를 바꾸는 것이다. 관점 전환은 지금까지 우리를 제한해 왔던 전제들에 대하여 비판적으로 인식하게 되는 과정이다. 또한 삶을 억제하고 왜곡해 왔던 신념과 태도, 가치와 감정들로부터 자유롭게 해 준다는 점에서 한 인간으로 해방시키는 것이라 할 수 있다. Mezirow가 말하는 관점이란 우리가 그것을 통해 세계를 여과하고 개입하며 해석하는 렌즈와도 같다. 따라서 우리의 신념과 태도의 변화, 즉 관점의 변화가 일어날 때 바로 학습이 일어나는 것이다(신용주, 2004).

② 전환학습의 3단계

Mezirow는 평생학습의 고유한 특성으로 해방학습을 주창하기 위한 관점 전환학습을 제시하였다. 그는 평생학습을 크게 도구적 학습, 실제적 학습 그리고 해방학습의 세 가지 유형으로 구분하였으며, 이 중에서 특히 해방학습을 촉진하기 위한 전환학습을 단계별로 제시하였다.

- 도구적 학습(instrumental learning): 무엇을 어떻게 학습해야 하는가를 다루는 것이다.
- 실제적 학습(practical learning): 타인과의 관계 형성이나 전통의 계승을 추구한다.
- 해방학습(emancipatory learning): 해방학습은 개인의 삶과 역할 등에 대한 비판적 성찰을 통해 편견에서 벗어나 해방된 관점으로 전환된 학습을 말한다.

Mezirow가 제시하는 전환학습의 과정은, 첫째, 스스로 자신이 가지고 있는 가정들에 대한 비판적 성찰, 둘째, 반성적인 통찰력에 의해 이를 확인하기 위한 담론 그리고 셋째, 행동이라는 3단계로 이루어진다. 학습자의 전환학습을 이끌기 위해 교수자는 우선 학습자가 세상을 바라보고 해석하는 방식에 영향을 미치는 억압의 본질 및 이에 맞서기 위한 대안을 이해하도록 한다. 그다음에는 성찰을 거쳐 학습자에게 새로운 통합적 관점이 형성되도록 도우며, 끝으로 학습자로 하여금 새로운 관점을 행동에 옮기거나 실천하도록 지원한다(한준상, 2001).

┃ 표 4-6 ┃ Mezirow의 전환학습의 세 단계

- 비판적 성찰(critical reflection)
- 담론(discourse)
- 행동(action)

특히 비판적 성찰과 담론에 이은 행동은 전환학습을 완전하게 만드는 필수적 요소다. 때로는 이 행동이 집합적인 사회적 행동일 수도 있다.

Mezirow에 따르면, 사회적 변화는 오직 개인의 변화로부터만 온다. 사회적 행동은 개인이 변화에 대한 요구를 인식함으로써 시작되며, 그 요구는 가정이나 편견에 대한 비판적 성찰로부터 생기게 된다.

(2) Freire의 해방 철학

억압된 개인의 해방을 추구한 브라질의 교육학자 Freire는 평생교육의 철학뿐 아니라 실천에도 커다란 영향을 미쳤다. Mezirow가 개인의 전환에 관심을 보인 반면, Freire는 보다 광범위한 틀 속에서 급격한 사회적 변화를 추구하였다. Freire(1970)는 개인적 임파워먼트와 사회적 전환을 반드시 함께하는 과정으로 보았다. 그는 교육이 해방을 달성하기 위해서는 개인의 의식이 전환되어야 한다고 보았다. Freire의 의식화 및 임파워먼트의 개념은 전환학습론의 발전에 크게 기여한 것으로 평가된다.

Freire(1970)는 문해(literacy) 교육에서 더 나아가 교수자가 지식을 학습자에게 저축하듯 보관하는 은행 저축식(banking) 교육이 아닌 문제 제기식(problem-posing) 교육을 제시하였다. 문제 제기식 교육에서는 교수자와 학습자가 대화를 통해 서로 협력하며 인간화와 해방을 모색한다. 여기서 가장 중요한 것은 자신들이 살고 있는 현실을 함께 탐색하는 교수자와 학습자 간의 변화된 관계다.

대화(dialogue)는 Freire의 의식화가 이루어지는 중요한 방법이다. 학습의 내용은 학습자들로부터 제기되는 주제와 쟁점들이다. 이 쟁점들에 대한 토론은 그들이 처해 있는 삶에 대한 의식화를 가져오며, 대화와 토론의 궁극적인 목표는 해방 또는 프락시스(praxis)다. Freire(1970: 66)가 말하는 프락시스란 학습자가 자신의 세계를 전환시키기 위하여 자신의 세계에 대한 성찰과 행동을 하는 것이다. 이처럼, 프락시스는 자신의 새로운 이해에 대한 성찰과 행동 그리고 이러한 행동에 대한 비판적 성찰로 이어지는 계속적인 순환을 말한다(신용주, 2004). Freire는 거시적인 차원에서 개인적 임파워먼트와 사회 변화를 분리될 수 없는 과정으로 보았다. 따라서

Freire에게 교육은 절대로 중립적인 것이 아니며, 그는 교육을 통해 학습자가 더 평등하고 공정한 비전을 가진 사회를 만들기 위한 행동을 하도록 해야 한다고 강조하였다.

Mezirow는 평생학습에 대한 자신과 Freire의 이론을 비교하면서, 자신이 강조한 전환의 과정이 Freire가 제시한 의식화의 과정과 같으며, 그것이 바로 평생학습 고유의 과정이라고 주장하였다. 즉, 이들이 주창한 전환학습론의 핵심은 변화이며, 이 변화는 비판적 성찰에 의해서 가능하다는 것이다.

3) 전환학습의 핵심 요소

전환학습의 세 가지 핵심 요소로 경험과 비판적 성찰 그리고 개인적 발달을 들 수 있다. 전환학습의 출발점은 경험이며, 경험은 성찰의 내용이다. 그리고 삶의 경험에 대한 비판적 성찰은 전환의 필요조건이며, 비판적 사고 능력은 그 자체가 발달적이다(신용주, 2004).

▌표 4-7 ▌ **전환학습의 세 가지 핵심 요소**

- 경험(experience)
- 비판적 성찰(critical reflection)
- 개인적 발달(development)

(1) 경험

Mezirow는 전환학습의 주제를 학습자의 경험이라고 하였으며, Michelson(1996)은 경험이 두 가지로 해석될 수 있다고 하였다. 즉, 하나는 언어 이전의 감각적 산출물이며 다른 하나는 사회적으로 구성된 것으로, 전환학습론에서는 후자의 개념이 더 중시된다. 한편, Tennant(1993: 34-42)는 경험을 학습에 활용하는 방식을 〈표 4-8〉과 같이 4단계로 제시하였다.

전환학습론에서는 학습을 경험에서 시작하여 그에 대한 성찰로 그리고 좀 더 구체적인 행위로 점차 진행하는 일련의 과정이라고 설명한다. 즉, 전환학습의 출발점은 경험이며, 경험은 성찰의 내용이 된다.

┃ 표 4-8 ┃ Tennant의 경험 활용의 4단계

단계	경험 활용 방식
1단계	교수자는 가장 초보적이고 피상적인 수준으로 학습자의 이전 경험과 연결하여 설명이나 예시를 한다.
2단계	교수자가 학습 활동을 학습자의 현재 직장, 가정 및 지역사회에서의 경험에 연계시키는 시도를 한다.
3단계	교수자가 학습이 순환되도록 경험을 만들어 낼 수 있다. 시뮬레이션이나 게임, 역할극 등 학습자의 적극적 참여를 필요로 하는 활동을 고안한다.
4단계	학습자가 인식하는 경험의 의미들에 대해 비판적 검증을 하는 단계다. 교수자는 학습자의 세계관을 의식적으로 혼란스럽게 하면서, 학습자가 이미 당연한 것으로 인식하는 경험에 대해 의심을 갖도록 자극한다.

출처: 신용주(2004). p. 125; Merriam & Caffarella (1999).

(2) 비판적 성찰

Mezirow는 학습을 성찰을 통한 의미 도식의 변화로 보았다. 여기서 성찰이란 우리가 당연시하던 신념, 사고 및 감정이 과연 타당한 것인지를 재평가하는 과정이다. Mezirow는 평생교육에서 성찰적 사고와 전환학습이 핵심 요소가 되어야 한다고 주장하였다. 그는 비판적 성찰에 의힌 전환학습이 다음과 같은 일련의 절차를 거친다고 하였다(권두승, 조아미, 2002: 178; Mezirow, 1995: 50-51).

• 삶의 큰 사건 또는 삶의 의미를 크게 변화시킬 수 있는 문제에 직면한다.

- 죄의식이나 수치심으로 자기 점검을 하며, 때로는 종교에 귀의한다.
- 삶의 가정들에 대한 비판적 평가를 한다.
- 자신이 겪고 있는 고통이나 전환의 과정을 타인들도 시도했었다는 것을 인식한다.
- 새로운 역할, 관계 및 행위와 관련된 대안들을 추구한다.
- 구체적 행동을 계획한다.
- 계획의 실행에 요구되는 지식이나 기술을 습득한다.
- 시험적으로 새로운 역할을 맡아 본다.
- 기존 관계를 재조정해 본다.
- 새로운 역할과 관계에 대한 능력과 자신감을 형성해 간다.
- 삶에 대해 새롭게 형성된 시각을 기초로 하여 새로운 삶을 재창출한다.

한편, Brookfield(1986)는 우리가 가족·직장·개인 생활에 있어서나 대중매체를 대할 때 비판적 사고가가 되는 것이 중요하다고 하였다. 그는 비판적 사고와 전환학습의 관계를 5단계의 비판적 사고 모형으로 제시하였다(신용주, 2004).

- 1단계-계기가 되는 사건: 예기치 않던 사건으로 불편함과 의혹이 증가한다.
- 2단계-상황에 대한 평가: 상황에 대한 자기 검토, 불편함에 대한 심사숙고, 비슷한 문제를 경험한 사람을 찾아보기 등을 한다.
- 3단계-탐색: 이러한 불편함을 유발한 경험에 대해 새로운 방식으로 설명할 수 있는지에 대해 알아본다.
- 4단계-대안적 관점의 개발: 새로운 역할과 새로운 행동 방식, 문제나 경험에 대해 새롭게 생각해 보고 새로운 관점에 대한 자신감을 얻는다.
- 5단계-새로운 사고방식이나 생활 방식을 삶에서 실천하기: 새로운 사고방식과 생활 방식을 자신의 삶에 반영하고 실천한다.

(3) 개인적 발달

　학습자의 개인적 발달은 경험 및 비판적 성찰과 함께 전환학습론의 핵심 요소다. 특히 전환을 가져오는 데 필수적인 비판적 사고 능력은 개인의 발달에 반드시 필요한 요소다. 또한 발달은 전환학습의 결과이기도 하다. Mezirow(1991)는 관점 전환이 성인 발달의 핵심적 과정이라고 하였다. 학습자가 관점 전환을 거치면서 경험이나 분별력, 개방성이 확대되고 이를 통해 새로운 관점과 경험을 더욱 잘 통합할 수 있기 때문이다. 전환학습의 결과가 개인적 발달이라는 주장은 평생교육에서 강조하는 성장 지향적 철학과 일치한다. 즉, 교육의 목적은 발달의 촉진이며, 전환학습은 성인기 동안의 발달을 촉진하기 때문이다.

제5장

평생교육의 교수자와 학습자

1. 평생교육의 교수자

1) 평생교육 교수자의 정의와 역할

평생교육에서 교육을 담당하는 교수자의 역할은 무엇인가? 교수자의 주 역할은 열정을 가지고 자신의 수업에서 강의 주제에 대해 학습자와 소통하는 것이다. 가르침 또는 교수(teaching)의 목적은 전문적·사회적·정치적 측면에서 학습자의 성장과 발달을 촉진하는 것이다(Galbraith, 2004). 평생교육의 교수자는 주로 성인학습자를 대상으로 대학교, 전문대학, 직업학교, 산업체, 교정교육기관, 종교 단체, 도서관, 자원봉사기관, 군대를 포함한 수많은 형식적·비형식적 교육 현장에서 이를 실천하는 사람이다. 이러한 교수자를 교수–학습이 일어나는 상황에 따라 교사, 교수, 촉진자, 멘토, 코치, 모니터 또는 트레이너라고도 부른다.

훌륭한 교수자는 가르치는 것에 대한 자신의 철학적 비전을 가지고 있으며, 그 비전을 가르치는 현장에서 실천하는 사람이다. 또한 개별 학습자의 성장을 격려하기 위해 이에 필요한 학습 경험을 개발하는 사람이다. 평생교육에서 바람직한 교수자는 자신감이 있고, 형식에 얽매이지 않으며, 열정과 반응성 그리고 창의성을 갖춘 사람이다(Seaman & Fellenz, 1989). Apps(1981)는 평생교육자의 가장 좋은 자질로 좋은 인품을 갖추고 학습자에게 많은 관심을 기울이는 사람이라고 하였다. 또한 학습 주제를 재미있게 만드는 능력을 가진 사람이며, 학습자를 객관적으로 대하는 사람이라고 하였다.

한편, Heimlich와 Norland(1994)는 잘 가르치는 것은 기술인 동시에 타고나는 재능이며, 또한 테크닉이라고 하였다. 이처럼 교수자는 무엇보다 잘 가르치는 기술과 능력을 갖추는 것이 중요하다. 특히 평생교육의 교수자에게는 주 교육 대상인 성인학습자를 잘 이해하고 이들에게 학습이 잘 일어나도록 교수 과정을 효과적으로 운영하는 능력이 요구된다.

평생교육을 담당하는 교수자는 성인학습자를 대상으로 그들의 학습 욕구를 충족시키기 위한 교육 프로그램을 기획·개발하고 전달하는 사람이다. 또한 평생교육기관에 교육 프로그램의 바람직한 방향을 제시하고 효과적으로 운영하도록 지원하며, 평생교육을 실시하는 사람이다.

특히 평생교육에서는 성인학습자의 학습을 촉진하는 촉진자의 역할이 강조되며, 학습자와 활발한 상호작용을 통해 학습자의 학습 목표 달성을 지원하는 역량이 필요하다. 유능한 평생교육의 교수자가 되기 위해서는 학문적인 자질은 물론 프로그램 개발, 시행, 평가 능력과 함께 행정 능력도 요구된다. 또한 학습 자원을 파악하고 동원하여 적재적소에 배치함으로써 학습 성과를 극대화시키는 능력도 필요하다.

따라서 평생교육 교수자의 역할은 단순한 지식 전달자나 정보 제공자에 그치지 않으며, 교육의 지도자뿐만 아니라, 학습 촉진자, 프로그램 개발자, 멘토와 상담자, 교육행정가의 역할도 기대된다. 특히 평생교육의 교수자에게는 무엇보다 성인학습자 및 성인학습의 특성을 잘 알고 시대 변화에 부응하는 능력과 자질이 중요하다.

2) 평생교육자의 자질

평생교육의 교수자는 평생학습 사회와 관련된 이론적 기초는 물론 교육 과정 전문가로서 숙달된 지식과 기술을 갖추어야 한다. 또한 최적의 교육 환경과 학습 경험을 설계하고 교육 활동을 실시한 후 이를 평가할 능력이 요구된다. 교육 내용의 전달뿐 아니라 학습 과정에서 활발한 상호작용이 일어나도록 격려하면서 학습자의 자기주도학습을 이끄는 학습 촉진자의 역할도 중요하다. 근래에는 교수자를 학습의 관리자로 인식하는 추세도 증가하고 있다(Rogers, 1998). 효과적인 교수자는 학습자의 특성을 파악하고 이들의 학습 욕구를 충족시키기 위해 필요한 자원을 동원하여 수업을 이끌어 가는 관리자에 가깝기 때문이다. 따라서 평생교육의 교수자에게는 학문적 능력은 물론 실천적 역량을 겸비한 전문가로서의 자질이 요구된다.

여기서는 Knowles, Knox, Grabowski, Mezirow 및 Brookfield 등이 제시한 평생교육의 교수자가 갖추어야 할 자질을 중심으로 평생교육 교수자의 역할을 살펴본다.

(1) Knowles가 제시한 평생교육 교수자의 자질

Knowles(1989)가 제시한 평생교육 교수자의 자질에 대하여 학습촉진자로서의 자질, 프로그램 개발자로서의 자질 및 행정가로서의 자질이라는 세 가지 영역으로 나누어 설명하였다(차갑부, 2002).

① 학습촉진자로서의 사실
- 성인학습의 이론적 기초에 관한 숙달
  - 성인학습자들의 욕구 · 능력 및 발달적 특성을 이해하고, 이를 학습에 적용하는 능력
  - 청소년과 성인에 대한 가정의 차이가 교수 활동에 시사하는 바를

기술하는 능력
- 성인학습이론을 이해하고 이를 학습 상황에 관련지어 활용하는 능력
• 성인학습자의 학습 경험을 고안하고 실천하는 능력
- 성인학습자들 간의 개인차를 고려하여 목표를 세우고, 학습 경험을 설계하는 능력
- 상호 존중과 신뢰에 기초하여 개방적인 분위기를 형성하는 능력
- 성인학습자와 온정적이고 촉진적인 관계를 맺는 능력
- 학습자가 스스로 학습 욕구를 진단하고, 목표를 설정하여 학습에 참여하도록 권장하는 능력
• 학습자의 자기주도성을 증진하는 능력
- 교사주도학습과 자기주도학습의 차이점을 설명할 수 있는 능력
- 평생교육자 자신이 직접적인 행동을 통해 학습자에게 자기주도적인 학습의 모델링이 가능하도록 하는 능력
• 교육 방법·기법 및 자료 선정과 관련된 능력
- 학습의 촉진을 위하여 이용 가능한 학습 자원 및 자료의 범위를 파악하는 능력
- 교육 목표의 선정 및 교육 결과의 도출을 위해 적절한 교육 방법·기법 및 자료 선정에 필요한 근거를 제공하는 능력
- 학습자들의 다양한 경험을 효율적으로 활용하는 능력
- 집단역학(group dynamics)과 소집단 토론 기법의 효과적 활용 능력

② 프로그램 개발자로서의 자질
• 프로그램의 기획
- 프로그램에 대한 욕구 측정에서 목표 설정을 거쳐 프로그램을 설계한 후, 실행 및 평가에 이르는 전 과정을 기획할 수 있는 능력
- 프로그램의 기획 과정에 학습자를 참여시키는 능력
- 개인 및 조직의 욕구사정을 위한 도구나 절차를 개발하는 능력

　　　- 체제 분석 전략을 통해 프로그램을 기획하는 능력
- 프로그램의 설계 및 실행
　　- 상황 및 환경의 욕구에 따라 프로그램을 설계하는 능력
　　- 조사 자료를 활용하여 프로그램을 개발하는 능력
　　- 일정이나 자원에 따라 창조적으로 프로그램을 설계하는 능력
　　- 자문이나 특별위원회 등을 효과적으로 활용하는 능력
　　- 기관의 책무성을 충족시키고 프로그램을 개선하기 위한 평가 계획의 수립 및 실행 능력

③ 행정가로서의 자질
- 조직을 발전시키고 유지하는 능력
　　- 조직 운영의 개선을 위하여 다양한 이론 및 연구 결과를 이해하고 적용하는 능력
　　- 행정가로서의 개인 철학을 확립하고 이를 다양한 상황에 적용하는 능력
　　- 정의를 구현하는 정책을 수립하는 능력
　　- 조직의 효율성을 평가하여 지속적인 발전을 도모하는 능력
　　- 책임 및 의사결정 권한을 타인과 공유하면서 효과적으로 행사하는 능력
　　- 조직 구성원의 업무 수행 능력을 평가하는 능력
　　- 성인교육 관련 법규 및 정책을 분석 · 해석 · 활용하는 능력
- 프로그램 실행자로서의 능력
　　- 예산의 범위 내에서 프로그램을 실행하는 능력
　　- 재정 계획 및 절차를 검토하는 능력
　　- 정책입안자에게 성인교육의 바람직한 접근 방법에 대해 효과적으로 설득하는 능력
　　- 효과적인 홍보 전략을 설계하고 활용하는 능력

　　　- 프로포잘을 개발하고 이를 위한 재정 지원 방안을 마련하는 능력
　　　- 혁신적 프로그램을 시행하고 그 결과를 객관적으로 평가하는 능력

(2) Knox가 제시한 평생교육 교수자의 자질

Knox(1979)는 평생교육의 교수자가 갖추어야 할 자질로서 다음의 세 가지 영역에서 숙달(proficiency)되어야 함을 강조하였다.

- 평생교육 영역 전반에 대한 인식
  - 평생교육기관 및 조직에 대한 이해
  - 평생교육 관련 사회적 추세 및 쟁점에 대한 이해
  - 인사, 조직, 자원 등 유용한 자료에 대한 파악과 해석
- 성인학습자와 평생학습에 대한 인식
  - 성인학습자에 대한 이해
  - 성인의 생애 주기 및 평생교육 참여 동기에 대한 이해
  - 성인의 학습 방법 및 학습 환경에 대한 이해
- 관계를 통한 창의적 실천에 대한 숙달
  - 교수자의 다양한 배경과 전문성을 평생교육의 실천에 적용하는 능력의 숙달
  - 행정가, 교수자, 상담자, 프로그램 개발가 및 자원 인사로서 성인학습 지원 능력의 숙달

(3) Grabowski가 제시한 평생교육 교수자의 자질

Grabowski(1976)는 평생교육 교수자에게 요구되는 자질을 다음과 같이 제시하였다.

- 성인학습자의 학습 동기와 참여 유형에 대한 이해
- 성인의 학습 욕구에 대한 이해
- 성인학습의 이론과 실천에 대한 숙달
- 지역사회 욕구의 파악 능력
- 다양한 교육 방법에 대한 숙달
- 의사소통 능력 및 경청 능력
- 교육 자료 활용 능력
- 개방성
- 자신의 지속적인 학습 수행
- 프로그램 평가 능력

(4) Mezirow가 제시한 평생교육 교수자의 자질

Mezirow(2006)는 좋은 교수자가 갖추어야 할 핵심 자질에 대해 다음과 같이 세 가지로 설명하였다.

- 성인학습자에게 학습이 일어나도록 지원하는 것
- 성인학습자의 비판적 사고를 촉진하는 것
- 성인학습자가 학습한 내용을 스스로 경험하도록 하는 것

그는 교수자의 이러한 자질이 대면 수업이나 온라인 수업에서 동일하게 요구되며, 특히 온라인 수업에서는 교수자에 대한 신뢰와 진정성의 확보가 더욱 중요하다고 하였다.

(5) Brookfield가 제시한 평생교육 교수자의 자질

Brookfield(1986)는 Knowles의 가정에 기초한 안드라고지적 실천을 위해 평생교육의 촉진자로서 숙달해야 할 일곱 가지 요소를 제시하였다. 이 요소들은 다양한 프로그램의 개발과 실시에 반드시 필요한 교수 원리라고

할 수 있다.

- 학습을 유도하는 물리적 · 심리적 환경을 조성한다.
- 학습 방법의 선정과 교과 과정 개발에 학습자를 참여시킨다.
- 학습 요구 진단에 학습자를 참여시킨다.
- 학습자의 학습 목표 수립을 격려한다.
- 동원 가능한 자원을 파악하고 활용하여 학습 목표 성취 전략을 개발 한다.
- 학습자의 학습 계획 실천을 지원한다.
- 학습에 대한 질적 평가에 학습자를 참여시킨다.

3) 평생교육 교수자의 역할

Rogers(1998)는 평생교육 현장에서 교수자가 수행하는 역할을 다섯 가 지로 분류하여 설명하였다. 즉, 집단의 리더 역할, 교수자 역할, 집단의 구 성원 역할, 청중의 역할 그리고 저항에 대처하는 지도자의 역할이다.

(1) 집단의 리더 역할

집단의 리더는 과업 수행(task), 상호작용(interaction), 집단의 유지 (maintenance) 등 세 가지 요소를 명확하게 이해해야 하며, 또한 이에 대한 숙달된 능력을 갖추어야 한다.

① 과업 수행

집단의 리더는 학습자의 기술을 향상시키기 위한 과제나 문제해결에 필 요한 과업을 명료하게 제시해야 한다. 교수자는 학습자와 함께 학습 목표 를 설정하고, 목표 달성을 위한 학습 활동을 실시한 후, 이를 평가하는 과 정을 이끈다. 이러한 과정이 이루어지면서 집단의 학습 목표를 성취하게 된다.

② 상호작용

집단의 리더로서 집단의 체제와 상호작용 유형을 모니터하고 감독한다. 특히 집단 내에서 독선적인 구성원이 다른 학습자의 학습을 방해하는 경우가 발생하지 않도록 하면서, 궁극적으로 모든 구성원의 학습이라는 공통 목표를 달성하도록 지원한다. 그러기 위해서 교수자는 집단 내에서 어떤 일이 일어날지를 미리 예측하고 대비하여 모든 참여자에게 학습 과정이 가치 있고 의미 있는 경험이 되도록 이끈다.

③ 집단의 유지

교수자는 학습 집단을 위해 동원 가능한 자원 및 발생할 수 있는 장해 요인들을 파악한다. 이 과정에서 학습자의 자율적인 역할을 권장한다.

(2) 교수자의 역할

교수자는 학습 집단 전체를 대상으로 변화를 주도하고 촉진하는 변화의 매개자(change agent)다. 평생교육의 교수자는 학습자의 변화를 유도하기 위한 학습의 관리자 역할과 학습 분위기 조성자 역할을 수행한다.

① 학습의 관리자 역할

학습의 관리자 역할은 학습의 기획, 조직, 지도 및 통제의 기능을 수행하는 총체적인 역할을 의미한다. 관리자의 구체적 역할은 다음과 같다.

- 기획자: 학습 프로그램을 분석하고, 습득해야 할 기술, 지식 및 태도를 확인한다. 학습 목표를 수립한 후 목표 달성에 필요한 학습 과제를 선정한다.
- 조직자: 학습 과제와 집단의 환경을 조직하여 학습자에게 효율적 학습

이 일어날 수 있도록 한다.

- 리더: 교수자는 학습자를 격려하면서 적절한 교수-학습 방법을 선정하여 동기 유발을 이끈다.
- 통제자: 과제 수행을 위한 활동과 자료를 선정하며, 필요한 경우 프로그램을 수정하고 방향을 바꾸기도 한다.

그 밖에도 교수자 역할을 다양한 차원으로 분석할 수 있다. 교수자는 때로는 학습자에게 맹수 조련사처럼 엄격한 독재자의 역할을 수행하기도 하며, 때로는 학습자를 즐겁게 해 주는 방임적인 엔터테이너의 역할이나 학습자를 지지하고 개발하는 민주적인 경작자의 역할 등을 수행한다.

[그림 5-1]과 〈표 5-1〉에는 교수자의 역할 그리고 리더십 유형 및 교수자가 학습자에게 말할 때 사용하는 동사의 유형들이 제시되어 있다. 교수자의 역할이 민주적인 경작자에 가까워질수록 그가 사용하는 동사도 더욱 학습자를 존중하는 유형으로 변하는 것을 알 수 있다.

교수자의 태도도 중요하다. 어떤 학습자든 냉담하고 자기중심적인 태도로 수업을 진행하는 교수자보다 친절하고 이해심 많은 교수자를 선호한다. 또한 명시된 계획에 따라 수업을 실시하는 책임감 있는 교수자를 더 좋아한다.

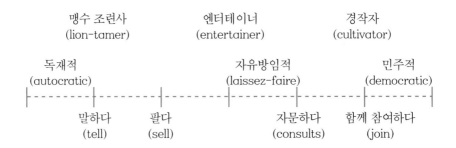

| 그림 5-1 | 교수자의 역할, 리더십 유형 및 사용하는 동사의 유형

출처: 신용주(2004), p. 163; Rogers (1998), p. 165.

┃ 표 5-1 ┃ 교수자가 수행하는 역할·리더십 및 사용하는 동사 유형에 따른 학습
자의 느낌 말하기 연습

다음은 당신의 교수자가 수행하는 역할·리더십 및 사용하는 동사의 유형을 분류
한 것입니다. 각 상황별로 당신의 느낌이 어떠할지를 적어 보십시오.

역할	리더십 유형	사용하는 동사	학습자로서의 느낌은?
맹수 조련사 (lion-tamer)	독재적 (autocratic)	말하다 (tell)	
엔터테이너 (entertainer)	방임적 (laissez-faire)	팔다 (sell)	
경작자 (cultivator)	민주적 (democratic)	자문하다 (consult) 함께 참여하다 (join)	

출처: 신용주(2004). p. 163; Rogers (1998). p. 164.

② 학습 분위기 조성자 역할

교수자의 스타일은 학습 집단의 분위기에 큰 영향을 미친다. 교수자에
따라 학습 분위기가 편안하고 따뜻하며 우호적일 수도 있으며, 또한 긴장

┃ 표 5-2 ┃ 학습 분위기의 유형 및 특성

호의적/배타적	학습 집단의 분위기가 호의적인지 배타적인지에 따라 교수자와 학습자 간의 정서적 유대가 달라진다.
상호작용의 직접성	교수자와 학습자 간의 상호작용이 직접적인지 간접적인지에 따라 학습 분위기가 달라진다.
학습에 대한 열정	교수자가 가르치는 주제나 학습자들의 학습에 대한 태도, 학습 과제에 대한 교수자와 학습자의 몰입 정도에 따라 학습 분위기가 달라진다.
학습 과정의 조직화	교수자가 얼마나 효율적으로 학습 과정을 조직·관리하는가에 따라 학습 분위기가 달라진다. 모든 학습자가 학습 활동에 참여하면서 보람된 시간을 갖는다고 느끼도록 학습 활동을 조직하는 능력이 필요하다.

되거나 적대적일 수도 있다. 학습자의 반응 역시 학습 분위기에 따라 냉담하고 저항적이거나 의존적일 수도 있으며, 또는 이와 반대로 자신감이 충만하고 자기주도적일 수도 있다. 학습 분위기는 앞의 〈표 5-2〉와 같은 네 가지의 유형으로 분류할 수 있다(신용주, 2004).

(3) 집단 구성원의 역할

Kidd(1973)는 평생교육자의 가장 중요한 능력은 바로 학습자가 되어 보는 것이라고 하였다. 이는 교수자가 학습할 수 있는 능력을 잃게 된다면 가르칠 수 있는 능력 역시 잃게 된다는 의미로 이해할 수 있다. 평생교육의 교수자는 학습자의 욕구와 학습 스타일을 파악하고 적절한 학습 활동을 고안하여 학습을 촉진해야 한다. 교수자 자신이 바람직한 모델이 되어 배우고 상호작용하는 모습을 보여 줄 때 학습자도 학습하는 방법을 배우게 된다. 또한 교수자나 학습자 모두 학습 집단의 구성원으로서 상호적 학습의 중요성을 깨닫게 된다.

(4) 청중의 역할

교수자의 역할 중 청중이 되어 학습자의 과업을 평가하는 역할도 매우 중요하다. 학습자는 수업 도중이나 종결 시에 대부분 자신이 수행한 학습의 평가를 받기 위해 발표를 하게 되며, 교수자는 각 학습자의 발표를 경청한 후에 전문가로서 이를 평가한다. 이러한 발표는 교수자가 학습자의 그동안의 학습 노력 및 발전 상황을 판단하는 준거가 되며, 발표 시간 동안 학습자는 교수자가 되어 자신이 새로 학습한 지식이나 기술을 교수자와 동료 학습자에게 제시하게 된다. 이때 교수자는 발표 내용을 듣고 배우는 학습자의 입장에 놓이게 된다.

이처럼 교수자와 학습자의 역할을 골고루 경험해 보는 것은 평생교육에서 매우 중요하다. Thompson(1980)은 이처럼 평생교육에서 모든 참여자가 학습자와 교수자의 역할을 번갈아 가며 맡게 된다고 주장하였다. 학습자는 발표를 통해 자신의 지식·기술·기능의 숙달 정도를 보여 주고, 교수자는 이를 통해 학습자의 발전 상황을 평가하면서 학습자의 달성도를 편견 없이 검토하고 평가할 의무를 갖는다. 이러한 과정을 효율적으로 진행하기 위해서 평생교육의 교수자에게는 특별히 개방적인 사고와 태도가 요구된다.

(5) 저항에 대처하는 지도자의 역할

교수자는 학습자에게 과제를 부여한 후, 이들이 바람직한 단계에 도달할 때까지 비판적인 시각으로 그 과제의 수행 과정을 지켜보며 지원해야 한다. 그러나 때로는 학습자가 다음과 같은 이유로 저항적인 태도를 보이기도 한다.

- 변화를 원치 않을 때
- 학습 집단 내에서 자신의 위상을 확립했다고 느낄 때
- 학습으로 인해 자신에게 불편하거나 고통스러운 결과가 예상될 때
- 교수자의 능력과 전문성이 부족하다고 느낄 때

학습 집단에서 이러한 상황이 발생했을 때는 특히 교수자가 개방적·객관적 태도를 유지하는 것이 중요하다. 또한 미리 학습자의 저항 요소를 제거하여 최선의 학습 분위기를 유지하며 학습 성과를 얻을 수 있도록 유연하게 접근할 필요가 있다.

4) 성인학습자를 대하는 평생교육자의 유형

Rogers(1998)는 평생교육을 담당하는 교수자가 학습자를 대하는 상이한 두 가지 접근 유형을 제시하였다. 첫 번째 유형은 학습자에게 전통적 규범에 따르는 준수자(conformist)가 될 것을 강조하는 것이며, 두 번째 유형은

| 표 5-3 | 성인학습자의 교육을 담당하는 평생교육 교수자의 유형

학습 관련 요소	'준수자' 학습자를 교수자에게 동조시키는 교육자	'해방자' 학습자를 독립적으로 성장시키는 교육자
알고자 하는 진리	학습자는 이미 알려져 있는 진리를 학습해야 한다.	진리는 아직 알려져 있지 않으며, 가장 옳은 행동 방식도 존재하지 않는다.
학습의 주도권	학습자는 스스로 학습을 추진하지 못하며, 교수자가 학습의 주도권을 갖는다.	인간은 고유의 잠재적 학습 능력을 갖고 있으며, 학습자가 학습의 주도권을 갖는다.
학습 방법	학습은 제시된 것을 통해 얻는 것이다.	가장 의미 있는 학습은 직접 경험해 보는 것이다.
학습 자료	교수 자료는 교수자나 학습자와 관계없이 이미 독립적으로 존재한다.	학습자가 자신의 학습 목표와 관련된 주제를 다룰 때 의미 있는 학습이 된다.
지식 획득 수단	지식은 학습자 스스로 얻을 수 없으므로 교수자가 학습자에게 지식을 전달해야 한다.	지식은 전달되는 것이 아니라 학습자 스스로 창조하는 것이다.
교육 과정	교육 과정은 사실적인 지식을 축적한 것이다.	학습에는 정해진 순서가 없으며, 학습자는 자신의 방식대로 학습 자료를 조직할 수 있다.
학습 참여도	수동적인 학습자가 좋은 시민을 만든다.	학습 과정에 대한 적극적 참여가 창의적 학습을 가능하게 한다.
평가	교수자가 학습자의 학습 과정을 평가한다.	타인의 평가보다 자기평가를 통해 학습 성취도가 높아진다.
학습 영역	인지학습이 가장 중요하다.	학습에는 지성과 감성 등 인간의 모든 측면이 포함된다.
학습 경험	학습은 반복될 필요 없는 한 번의 경험이다.	현대 사회에서 가장 유용한 학습은 '학습하는 방법'을 배우는 것이다. 교육의 목적은 경험에 대한 개방성을 키우고 변화 과정을 통합하는 것이다.

출처: 신용주(2004), p. 167; Rogers (1998), p. 49.

자기주도적인 독립된 해방자(liberator)가 되도록 촉진하는 것이다(〈표 5-3〉 참조). 이 분류는 매우 단순하지만 평생교육의 교수자의 역할과 자질에 대한 기본적 이해를 보여 준다. 즉, 학습자가 학습의 주도권을 갖는 독립적인 학습자로 성장하도록 촉진하는 것이 평생교육 교수자의 진정한 역할이라는 점을 강조한다.

2. 성인학습자

1) 성인학습자의 이해

UNESCO(1976)에 따르면, 성인은 자신이 속한 사회에서 능력을 개발하고, 지식을 확장하며, 기술적 · 전문적 자질을 향상시켜 행동과 태도를 새롭게 변화시킬 수 있는 존재를 말한다. 따라서 이러한 성인이 바로 평생교육의 주 대상자다. 대부분의 사람은 성인을 연령과 관련된 용어로 생각하지만, 어떤 사회에서도 특정 나이에 의해서만 성인을 규정하지는 않는다(신용주, 2004).

Rogers(1998)는 아동 · 청소년과 구분하여 성인을 정의하는 데 필요한 세 가지 요소를 [그림 5-2]와 같이 제시하였다. 첫 번째 요소는 충분한 성장이다. 이는 성장의 최절정을 의미하는 것이 아니라 지속적인 성장을 추구하는 것을 의미한다. 두 번째 요소는 성인에게 반드시 필요한 주관적인 시각 또는 관점이다. 성인으로서의 이러한 주관적 관점은 타인이 자신을 어떻게 보는지, 실제 자신의 모습이 어떠한지를 모두 인지할 수 있는 관점이다. 세 번째 요소는 자율성이다. 즉, 성숙하고 주관적으로 자율성과 책임감을 조화롭게 유지하기 위해 계속해서 노력해야 하는 존재가 성인인 것이다.

성인을 정의하는 방법은 다양하다. 법적 규정에 의해서 또는 역연령

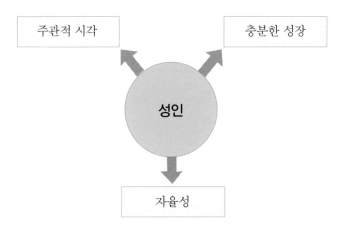

┃ 그림 5-2 ┃ 성인을 규정하는 요소
출처: 신용주(2004). p. 136; Rogers (1998). p. 35.

(chronological age)에 의해서 성인을 규정할 수도 있으며, 수행하고 있는 사회적 역할에 의해서나 심리적 자아개념의 독립성 등을 중심으로 성인을 정의하기도 한다. 대부분의 사회에서는 일반적으로 만 18세 이상으로 자신을 스스로 관리할 수 있으며 자신의 삶에 일차적인 책임을 질 수 있는 사람을 성인이라 지칭한다. 또한 사회적 차원에서는 책임 있는 사회적 역할의 수행능력이 중시되며, 결혼과 가족 및 직업생활을 통한 생산적 기능의 소유 여부도 강조된다(권대봉, 1999). 각기 다른 사회적 · 심리적 발달 단계에 있는 성인들은 다양한 교육 욕구 충족을 위해 고유의 삶의 경험을 가지고 교육에 참여한다.

다시 말해서, 성인이라는 개념은 연령뿐 아니라 나이가 들어감에 따라 일어나는 상황이나 역할과도 관련된다. 즉, 신체가 성숙해지고 부모로부터 독립하고, 결혼하여 자녀를 갖게 되며, 자신의 선택에 따른 여러 역할을 수행하게 되는 것이다. 그러므로 성인에 대한 인식은 자기 자신의 판단에 의해서라기보다는 타인이 우리를 인식하는 방법에 의해 달라질 수 있는 개념으로도 이해할 수 있다.

그렇다면 성인학습자는 아동 · 청소년 학습자와는 어떻게 다른지 알아

볼 필요가 있다. 성인기는 성장이 멈추고 서서히 노화하고 있어 신체적 변화가 발생하는 시기지만, 그 변화의 정도는 개인에 따라 차이가 있다. 성인이 되어 수행하게 되는 다양한 역할 및 책임에 적응하는 것은 쉬운 일이 아니므로 이에 대한 준비와 학습이 필요하다. 또한 누구나 성인기를 거치면서 크고 작은 삶의 위기에 직면하게 되므로, 성인은 이러한 위기 극복을 위한 대처 능력을 갖출 필요가 있다.

성인학습자의 신체적·사회심리적 발달의 양상은 각기 다르며, 평생교육에 참여하는 학습자는 다양한 생애 사건과 위기를 경험한 사람들이라고 가정할 수 있다. 따라서 성인학습자가 성인기 동안에 경험하는 신체적·정신적·사회적·심리적 특성을 이해하는 것은 평생교육에서 매우 중요하므로 그 구체적인 특성에 대해 살펴본다.

2) 성인학습자의 특성

(1) 성인학습자의 일반적 특성

① 자기주도적이다

성인은 아동·청소년과는 달리 구체적이고 직접적인 학습 목표를 가지고 스스로 선택하여 학습에 참여한다. 이는 성인학습자가 자신의 목표와 경험을 바탕으로 확고한 가치와 견해를 가지고 행동하는 자기주도적인 존재이기 때문이다.

② 행동 지향적이다

성인의 학습 동기는 대개 문제해결을 위해서나 실용적인 목표가 있을 때 유발된다. 그러므로 청소년이나 대학생들에게 효과적인 학습 목표·내용·방법이 성인학습자에게 부적절할 수도 있다. 또한 성인학습자에게는 특정 사실에 초점을 맞추는 것보다는 광범위한 개념을 폭넓게 다루는 학습이 더욱 효과적일 수 있다.

③ 수동적인 활동에 흥미를 느낀다

성인은 실제로 모험을 하거나 신체를 이용하는 활동보다는 수동적인 활동에 흥미를 느낀다. 또한 자신이 수행할 수 있는 수준의 활동에 더 많은 관심을 갖는다.

④ 두려움이 많다

대부분의 성인학습자는 새로운 학습 상황에 대해 불안해한다. 그 이유는 대개 학습 실패에 대한 두려움 때문이다. 특히 교육 수준이 낮은 저소득층 성인의 경우, 학습에 대한 더 많은 두려움을 가지고 있는 것으로 보고된다.

⑤ 가치와 기대를 갖는다

성인은 누구나 자신만의 가치 체계를 가지며, 또 과거의 경험에서 비롯된 편견이나 태도 역시 적지 않게 지니고 있다. Knowles(1984)는 경험이 성인에게 갖는 의미에 대하여 기술하였는데, 아동에게 있어서 경험은 과거에 일어난 어떤 것에 불과하지만, 성인에게 있어서 경험은 자신이 누구인가를 결정하고 자아정체성을 창조하는 데 핵심적이라고 하였다.

또한 성인학습자는 학습 과정에 대한 나름대로의 기대를 가지고 학습에 참여한다. 성인은 누구나 과거에 학교에서 학습했던 경험을 가지고 있다. 따라서 자신의 학교생활 경험 중에서 성공적이고 행복했던 경험이나 그렇지 못했던 경험을 바탕으로 한 기대를 가지고 평생교육에 참여한다.

Rogers(1998: 59)는 성인학습자의 특징을 다음과 같이 요약하였다. "평생교육에 참여하고 있는 학습자는 모두 지속적으로 성장하고 있는 성인이다. 이들은 모두 포괄적인 경험과 가치를 지니며, 학습하려는 의지를 갖고 있다. 또한 성인학습자는 자신의 과거 학습 경험에 기초한 흥미와 관심 그리고 고유의 학습 스타일을 지닌다."

(2) 성인학습자의 신체적 특성

인간의 신체 기능은 보통 18~25세를 거치며 성장이 최고조에 달하는 시점을 지난 후 어느 정도의 기간은 큰 변화 없이 그대로 유지된다. 그 이후부터는 개인의 건강 수준에 따른 차이는 있으나 대개 나이가 듦에 따라 서서히 성장이 둔화되면서 쇠퇴 국면을 맞게 된다. 성인학습자의 신체적 특징에 대한 이해는 노화의 다양한 측면이 성인학습자의 교육 가능성에 미치는 영향에 대한 시사점을 제공한다는 점에서 중요하다.

① 시력의 변화

시력(vision)은 눈에 의해서 색깔, 크기, 거리, 각도 등을 인식하고 판단하는 능력이다. 이 능력을 유지하기 위해서는 동공의 홍채, 수정체 및 망막이 조화롭게 작동하는 것이 중요하다. 그러나 나이가 들어갈수록 동공 근육의 탄력성 저하에 따라 가까운 물체를 잘 보지 못하는 원시안으로 진행하게 된다.

보통 사람들은 대개 40~50대에 이르면 시력 감퇴를 경험한다. 10대의 시력이 1.2였던 사람은 30세에 이르면 점차 시력이 감퇴함을 느껴 50세경에는 0.9, 60세경에는 0.8로, 70세에는 0.7 그리고 80세에는 0.5 정도로 떨어지게 된다. 따라서 성인기를 거치면서 작게 인쇄된 내용이나 컴퓨터 스크린의 글씨 등을 지각하는 시력은 차차 떨어지게 된다. 또 눈에 들어오는 빛의 강도와 질을 조절하는 수정체의 투명도가 낮아지고, 거리에 따라 눈에 들어오는 빛의 양을 조절하는 동공의 신축성이 떨어지게 되어 어둠에 적응하기가 어려워진다. 또한 사물의 정확한 위치를 파악하는 능력의 쇠퇴로 공간 시각 능력에도 저하가 온다(이인수, 1999).

따라서 성인교육 프로그램을 고안할 때는 반드시 성인학습자의 시력 감퇴를 감안하여 교재 및 교수 자료를 개발하는 것이 좋으며, 학습 환경을 설계할 때도 성인학습자의 시력에 적절한 조명을 제공하는 것이 중요하다.

② 색깔 변별력의 변화

연령이 증가함에 따라 색깔을 감지하는 능력인 색깔 변별력도 쇠퇴하므로 더욱 밝은 조명이 필요하게 된다. 또한 동공 크기가 변화함에 따라 빛의 변화에 적응하는 시간이 증가하면서, 명암 적응력이 감퇴하고, 색깔 변별력이 떨어져 학습 능력의 변화를 초래한다. 주로 청색, 초록색, 보라색 계통의 색깔 변별력이 떨어지는 반면, 수정체가 노란색으로 변하는 황화현상(yellowing)으로 적색이나 오렌지색의 변별력은 유지된다. 이러한 색깔 변별력의 감퇴로 보통 70세가 되면 남자의 42%, 여자의 18%가 색맹이 된다(한상길, 2001).

③ 청력의 변화

청각(hearing)의 쇠퇴는 시각과는 달리 20세 이후의 성인기 동안 점진적으로 진행된다. 소리의 주파수와 파장 및 강도를 지각하는 청력의 감소는 듣는 능력의 상실을 의미하는 것이 아니라 음절의 분별력이 떨어짐을 의미한다. 청력 감퇴는 특히 여성보다 남성에게 두드러진다. 청력이 쇠퇴하면 말을 통해 언어적 자극을 이해하는 데 어려움을 겪게 되며, 의사소통이 순조롭지 않게 된다. 그러므로 성인학습자에게는 청력이 감퇴하더라도 교수-학습 과정이 효과적으로 진행될 수 있도록 강의실의 음향 및 방음시설을 정비하는 것이 중요하다.

청력의 쇠퇴는 시력과 마찬가지로 장기간에 걸쳐 점진적으로 진행된다. 성인학습자에게 있어서 이러한 청각 기능의 퇴화는 의사소통의 문제를 유발하게 되어 대인관계에 있어서 어려움이나 고립감을 유발시킬 수 있다. 또한 학습 과정의 문제가 유발되기도 하지만, 예상보다는 성인학습자의 학습 능력에 커다란 지장을 초래하지 않는다는 주장도 있다(Merriam, 1990).

④ 중추신경계의 변화

두뇌와 척수로 이루어져 있는 중추신경계의 변화는 성인기의 학습 능력의 변화에 많은 영향을 미친다. 특히 중추신경계의 기능 쇠퇴는 정보와 자료를 해석한 후 결정하는 능력 및 반응 속도나 효율성의 감퇴를 초래한다.

⑤ 건강의 변화

전반적인 건강 상태의 변화는 학습자가 어느 연령대에 속해 있어도 학습 능력에 영향을 미치며, 특히 노년기에 더 큰 영향을 미치게 된다. 또한 질병으로 인한 건강의 약화는 학습 능력의 쇠퇴와 직접적으로 관련된다.

학습 능력에 변화를 가져오는 건강상의 문제 중 특히 학습 능력의 쇠퇴를 가져오는 대표적 질병으로는 뇌출혈과 치매가 있다. 뇌출혈은 두뇌 일부에 혈액 공급이 중단되어 그 부분이 손상되는 질병이다. 뇌출혈의 결과로 기억 상실이나 실어증이 생길 수도 있고, 또 잘 걷지 못하는 등의 신체적인 변화가 발생하기도 한다. 노화에 의해 점진적으로 진행되는 대뇌 기능 장애 증후군인 치매는 만성적인 인지 능력의 장애로 기억력이나 사고력 또는 판단력의 상실뿐 아니라 정서적인 변화도 일으키게 된다. 다음으로는 심장 질환을 들 수 있다. 두뇌에 혈액 공급이 차단되어 발생하는 중풍 및 중추신경계의 이상과 관련된 심장 질환은 학습 능력의 저하, 기억상실, 실어증 및 운동 능력의 감소 등을 초래하게 되며, 더 나아가 학습 과정 전반에 장애로 작용한다(이연숙, 1998).

그 밖에도 질병으로 인한 고통과 피로감은 학습 활동에 필요한 에너지와 학습에 대한 참여 의지를 감소시킨다. 이처럼 성인학습자의 건강 상태는 학습 의지와 학습 능력에 큰 영향을 미치므로, 좋은 건강을 유지하는 것이 중요하다.

⑥ 생리적 반응 속도의 저하

성인기에 점차 둔화되기 시작하는 생리적 반응 속도는 학습 능력의 쇠퇴와 관련된다. 성인학습자의 경우 노화로 인한 체력 감소와 중추신경계의 기능 저하로 젊은 층에 비해 반응에 소요되는 시간이 길어지게 된다. 그러나 반응 속도는 학습 과제의 본질이나 과제와의 친숙도에 따라 달라질 수 있으므로 과제 선정에 주의를 기울여야 한다. 한편, 성인학습자의 반응 속도는 연습에 의해 빨라질 수 있다. 특히 노년층은 학습 내용의 난이도가 증가할수록 반응 속도가 떨어질 수 있으므로 평생교육의 교수자는 노인학습자를 대상으로 교육을 진행할 때 이 점에 유의할 필요가 있다.

이처럼 성인기의 신체적 · 생리적 능력 및 감각 능력이 쇠퇴하는 것을 극복하기 위해서 교육기관 및 교수자가 성인학습자의 노화 현상을 보완할 수 있는 학습 환경을 마련하는 것이 중요하다. 예를 들어, 시각의 쇠퇴를 극복하기 위해서 시각 자료는 크고 선명하게 준비하여 전체적으로 수업의 내용이 잘 보일 수 있도록 한다. 또한 청력이 감퇴하더라도 학습자가 학습 내용을 듣고 이해하는 데 어려움이 없도록 교수자가 명료하게 강의를 전달해야 할 것이다. 그 밖에도 책걸상, 컴퓨터, 음향기기 등 기자재는 성인학습자가 사용하기에 편안하여야 하며, 적절한 조도의 조명을 제공하고, 냉난방 및 방음 시설을 갖춘 강의실을 배정하는 것이 좋다.

(3) 성인학습자의 심리적 특성

성인기에는 신체적 변화와 함께 심리적 변화도 일어난다. 성인기의 심리적 변화에 대하여 Levinson(1986)을 비롯한 학자들은 인간의 심리적 발달이 연령에 적절하게 순차적으로 진행된다고 믿었다. 특히 연령의 증가와 함께 습득하게 되는 경험과 다양한 역할 및 성격의 변화는 성인기의 심리적 변화를 일으키는 요인이 된다.

① 다양한 경험

성인학습자를 아동 · 청소년과 구별 짓는 가장 중요한 특징은 다양한 경험을 가졌다는 점이다. 또한 가족 및 성장 배경, 교육 수준, 직무 경력, 종교, 가치관 등에서 성인학습자는 매우 다원적인 집단이다. 이러한 성인학습자의 다양한 배경과 경험은 정보를 지각하고 해석하고 처리하는 능력에 영향을 미친다. 또한 성인학습자는 고유의 학습 경험과 고정 관념을 지니게 된다.

한편, 전 생애를 거치면서 일어나는 생애 사건들(life events)과 직면하게 되는 인생전환기(transitions)의 개념이 성인기 발달 패러다임의 대안으로 대두되기도 한다. 성인은 삶의 전환기를 경험하고, 정치 · 경제 · 사회 · 문화 · 가족 맥락 속에서 그 영향을 받으면서 살아간다. 성인은 학습 활동에 참여함으로써 생애 사건 및 삶의 전환기에 더 효과적으로 대처하는 역량을 키울 수 있다.

② 성격의 변화

연령이 증가함에 따라 성격도 변화한다. 대체로 나이가 들어가면서 내향성과 소극성이 증가한다(Atchley, 1980). 즉, 알지 못하는 사람과는 쉽게 가까워지지 않으며, 많은 일에 참여하는 것을 꺼리고, 오직 자신의 일에만 관심과 주의를 집중하는 성향이 있다. 외부 자극보다는 자신의 사고에 따라 모든 일을 판단하며, 점차 수동적으로 문제를 해결하게 된다. 또한 연령이 높아질수록 자신감이 낮아지게 되는데, 이러한 자신감의 결여는 연령 증가와 함께 체험하는 능력의 감퇴 그리고 젊은이 중심의 현대 사회에서 점차 주변화되어 가는 자신의 위치에 대한 인식으로 인해 생겨난다. 따라서 연령이 높아질수록 조심성이 증가하며, 안정성을 우선적으로 추구하게 된다.

(4) 성인기 지능의 변화

연령의 증가와 지능의 관계는 많은 논쟁의 대상이 되어 왔다. 연령의 증가와 함께 지능이 쇠퇴한다는 주장도 있으나 이에 대한 반론도 적지 않다.

대체로 인간의 지능은 10세부터 22세까지는 상승하다가 22세 이후에 감소한다는 주장도 있는 반면, 50세까지는 지속적으로 발달한다는 이론도 있다. Wechsler(1958)는 신체의 성장이 멈추면서 정신 능력도 더불어 감소한다고 주장하였다. 그러나 일반적으로 지능의 쇠퇴는 모든 영역의 과업 수행에서 동일하게 나타나는 것은 아니다. 지능이 성인기를 거치면서 감퇴한다는 주장도 있고, 성인기의 지능은 비교적 안정적이라는 견해도 있으며, 또 성인의 지능에서 감퇴하는 부문과 증가하는 부문은 각각 다르다고 하는 이론도 있다.

지금까지 제기되어 온 성인기의 지능 변화에 대한 다양한 이론들을 중심으로 그 내용을 요약하면 다음과 같다(김종서, 황종건, 김신일, 한숭희, 2002; 림영철, 림광명, 2001).

① Thorndike의 이론

Thorndike(1928)의 학습이론은 성인기의 지능 변화를 예측한 연구의 효시로서 성인심리학의 발달에 기여하였다. 그는 인간의 지능은 발달하며 학습이 가능한 지능의 최고 절정기는 20~25세경으로, 25세 이후부터 42세까지는 매년 1%씩 감소된다고 하였다.

② Jones와 Conrad의 이론

Jones와 Conrad(1933)는 10~60세의 연구 대상자에게 군대용 지능검사를 실시한 결과 16세까지는 지능이 급성장하다가, 18~20세까지는 성장이 둔화되고, 그 이후에는 점차 감소하는 추세를 보였다고 보고하였다. 따라서 50세의 지능은 16세의 지능과 비슷하며, 지능의 퇴화 속도는 학습 영역에 따라 다르지만 상식이나 어휘의 경우에는 연령이 증가함에도 거의 퇴화하지 않는다고 주장하였다.

③ Wechsler의 이론

Wechsler(1958)는 지능검사에 관한 연구를 통해, 일반적으로 성인기 이후의 언어 능력은 유지 또는 상승하는 데 비해 동작 능력은 연령 증가에 따라 저하되기 쉽다고 보고하였다. 언어 능력 중에서 어휘력과 상식 및 판단력 등은 40세까지 발달한다고 주장하였으며 특히 어휘력은 60세까지도 완만하게 상승하는 것을 보여 주는 성인 지능검사의 발달 곡선을 제시하였다.

④ Cattell과 Horn의 이론

Cattell(1963)과 Horn(1965)은 심리 측정의 방법으로 성인의 지능에 대하여 접근하였다. 그들은 인간의 유동적 지능(fluid intelligence)[1]이 생리적으로 타고난 지능으로 추리 능력, 기억 용량, 도형 지각 능력, 분별력 등과 관련되며, 청년기에 절정을 이루다가 성인기에 점차 감소한다고 주장하였다. 반면, 경험이나 교육, 훈련 등을 통해 후천적으로 획득된 지능으로 언어 이해 · 상식 · 어휘 · 노하우 · 환경과의 정보 교환 능력 등을 포함하는 결정체적 지능(crystallized intelligence)[2]은 성인기를 거치면서 계속 상승한다고 하였다.

Cattell과 Horn은 성인기 이후에 유동적 지능은 저하하는 반면, 결정체적 지능은 상승하므로 두 지능은 서로 상쇄하면서 성인기 이후에는 지능이 안정 상태를 유지하게 된다고 주장하였다([그림 5-3] 참조). 이들의 유동적 지능과 결정체적 지능에 관한 연구는 연령 증가에 따라 지속적으로 저하되는 것으로 인식되어 온 성인기의 지능에 관한 전통적 인식을 부정하는 의미 있는 연구로 평가되며, 평생교육의 실천에 시사하는 바가 크다. 따라서 유동적 지능의 훈련 가능성 및 결정체적 지능의 활성화가 후속 연구의 과제라 하겠다.

---

1) 개인의 문화적 배경과는 무관하게 자신의 독특한 사고를 전개하는 정도를 반영하는 지능
2) 문화에 동화되어 그 속에서 배운 지식과 기술을 자신의 사고와 행위에 적용하는 정도

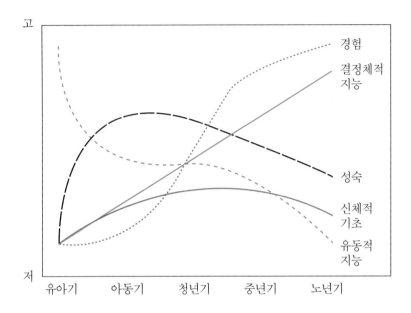

| 그림 5-3 | 유동적 지능과 결정체적 지능

출처: 김종서 외(2002). p. 172.

⑤ Schaie의 이론

생애 발달 단계별로 지능을 연구한 Schaie(1967)는 아동·청년기를 지적 능력의 습득 단계로, 성인 초기는 습득한 지능을 성취하는 단계로 보았다. 또한 중년기는 책임을 수행하는 단계로 그리고 노년기는 재통합이 이루어지는 단계로 인식하였다.

⑥ Guilford의 이론

Guilford(1985)는 지능 측정에서 세 개의 독립적인 영역을 제시하였다. 어휘력·셈 능력·행동 등을 측정하는 내용(content) 영역, 기억력·사고력·창의력 등을 측정하는 작동(operation) 영역 그리고 앞의 두 범주와의 상호작용을 통하여 결과를 측정하는 산출(product) 영역이다. Guilford는 이 중에서 작동 영역, 특히 정신적 작동(mental operation) 영역을 가장 중시하였다.

⑦ Piaget의 이론

Piaget(1960)의 인지발달의 4단계[3] 이론이 성인기의 인지발달에 대해 시사하는 점은 발달 단계에 따른 인지 유형의 질적 변화가 존재한다는 점이다. 또한 지식을 구성하는 개인의 능동적 역할을 강조하며, 형식적 조작이라는 성인기의 인지 유형을 개념화했다는 점에서 그 의의를 찾을 수 있다.

지금까지 제시한 여러 학자의 성인의 지능 발달에 관한 다양한 관점은 다음과 같이 정리할 수 있다.

- 인간의 지능은 청년기에 절정을 이루다가 그 이후에 계속 감퇴한다는 생각은 옳지 않으며, 성인기 이후에도 인간의 지능은 발달한다.
- 따라서 인간의 학습은 평생 가능하다.
- 성인기의 지능 변화에 대한 미래의 연구 과제는 성인의 지능 측정 및 연구 방법의 다양화가 될 것이다. 따라서 어떤 종류의 지능인지, 또 장기간에 걸친 성인기 중에서 어떤 단계인지를 분류하여 이에 적합한 측정 도구의 개발 및 적용이 요청된다.

한편, Merriam(1996)은 성인학습에 영향을 미치는 요인으로 연령보다는 사회적 배경의 중요성을 들었다. 또한 성인의 학습 능력을 강화시키기 위한 방안을 찾기 위해 내적 요인인 유전과 외적 요인인 환경을 함께 고려해야 할 것이라고 주장하면서, 모든 성인은 교육을 통해서 자신의 지적 능력을 발전시킬 수 있는 존재라는 점을 강조하였다. Merriam은 더 나아가 성인학습자의 지적 능력에 대한 새로운 평가 방식을 시도해야 한다고 하였다. 그는 전통적인 형식적 교육기관인 학교에서 지적 능력을 측정하는 방

---

3) 1단계 감각운동기(sensor-motor stage): 생득적 반사 행동
　2단계 전조작기(preoperational stage): 구체적 대상물에 상징이나 이름을 붙임
　3단계 구체적 조작기(concrete operational stage): 개념, 아이디어 등의 관계 이해
　4단계 형식적 조작기(formal operational stage): 가설적·논리적·체계적 추론 가능, 보통 12~15세에 도달

식을 적용하거나 시간 제한을 적용하는 것 등은 성인학습의 측정 방법으로
는 적절치 않다고 지적하였다. 즉, 이러한 방식으로 측정된 성인학습자의
지적 능력을 유전적인 것으로 간주함으로써 성인의 삶에 영향을 미치는 환
경적 요인들을 간과하고 있다는 것이다. 그러므로 성인의 지적 능력에 대
한 정확한 평가를 위해서는 성인 친화적인 평가 도구의 개발이 요구되며,
이 평가 도구는 성인학습자의 학문적인 지적 능력은 물론 실생활에서의 지
적 능력 및 감성적인 지적 능력까지 측정할 수 있어야 한다고 주장하였다.

(5) 창의력의 변화

성인기 동안에는 창의력 역시 쇠퇴하는 것으로 생각하기 쉽다. 창의력
이란 새로운 것을 생각해 내고 실천하는 능력을 의미하며, 이에 관해서는
Dennis(1966)의 연구가 많이 알려져 있다. 그는 19세기까지의 인문학·과
학·예술 분야에서 창의적인 사람들의 업적을 연령과 관련지어 연구한 결
과, 이들이 대개 40대에 가장 큰 업적을 남겼으며, 그 이후에는 업적이 조금
씩 감소하였다고 보고하였다. 한편, 1901년부터 1950년까지 노벨상 수상자
의 영역 및 작품과 연령과의 관계를 조사한 Menniche와 Falk(1957)의 연구
에 따르면 의학 분야에서는 40대에 가장 많은 수상자가 나왔으며, 화학과
물리학 영역에서는 연령과 무관하였다. 이처럼 연령과 창의력 간의 관계는
활동 영역이나 전공 분야에 따라 많은 차이를 보였으며, 연령이 증가함에
따라 창의력이 감퇴한다는 통념은 뒷받침되지 않았다(이인수, 1999).

3. 교수 스타일 및 학습 스타일

1) 교수 스타일

교수 스타일(teaching styles)은 교수자가 그 내용과 상관없이 매 학습 상황

마다 일관되게 보여 주는 뚜렷한 자질을 말한다(Galbraith, 2004). 교수자는 학습이 성공적으로 일어나도록 돕기 위해서 학습자의 학습 스타일을 파악함은 물론 자신의 교수 스타일도 인식할 필요가 있다. 교수자 중심적 접근 방법은 모든 수준의 교육 현장에서 지배적으로 활용되고 있으므로 교수 스타일을 파악하는 것은 더욱 중요하다. 교수자는 자신의 교수 스타일을 아무렇게나 고를 수 없으며, 또 매번 바꿀 수도 없다. 교수 스타일은 그의 교육 철학뿐 아니라 인생 철학과도 연계되어 있기 때문이다. 교수자는 다양한 교수 스타일 및 각 유형별 특성을 파악함으로써 학습자의 효율적인 학습을 지원할 수 있다. 사실 교수자는 다양하고 복잡한 업무를 담당한다. 정해진 기일까지 강좌를 개발하고 강의를 진행함은 물론 시험 문제 출제, 학습자의 슈퍼바이저나 상담가의 역할도 수행한다. 또한 학습자들의 다양한 학습 스타일에 적합한 수업 방법을 개발하며, 효과적인 교수 스타일을 익히려고 노력한다.

Butler(1987)나 Entwistle(1988)과 같은 학자들은 교수자로 하여금 자신의 교수 스타일을 파악하여 바람직한 교수 스타일을 개발하는 데 기여해 왔다. 고등교육에서의 교수-학습 과정을 연구한 Butler(1995)는 교수 스타일을 크게 네 가지로 분류하여 각 유형별 교수자의 행동 특성을 제시하였다(〈표 5-4〉 참조).

교수사의 행동이 학습자에게 미치는 영향은 매우 크기 때문에 대부분의 교수 스타일에 대한 연구는 학습 스타일과 연계하여 수행되었다. 그중에서 Butler(1987)는 학습자에게 효과적인 학습이 일어나지 않는 이유로, 학습 동기의 결핍이나 선재 지식과의 마찰과 같은 요인 외에도 학습자의 학습 스타일과 교수자의 교수 스타일 간의 불일치를 지적하였다. 따라서 학습자의 학습을 촉진하기 위해서는 교수 스타일과 학습 스타일 간의 조화가 매우 중요하다.

▎표 5-4 ▎ Butler의 네 가지 교수 스타일 및 그 특성

유형 1	유형 2
• 학습자가 지금의 지식 수준보다 더 높은 수준에 도전하도록 해 준다. • 학습자의 독창성을 중시한다. • 새로운 방법과 활동으로 창조성을 촉진한다. • 풍부한 자극을 주는 환경을 제공한다. • 정해진 틀이 없이 큰 아이디어를 가지고 작업한다. • 과제 수행에 시한을 두지 않는다.	• 실천적 교육을 강조한다. • 이미 정해진 틀에 맞춰 구체적인 순서로 작업을 제공한다. • 간결하고 순차적인 체계 및 성과를 권장한다. • 원형과 모방을 통해 창조성을 촉진한다. • 전체 내용을 구체적으로 다룬다. • 분명한 과제를 부여한다. • 정해진 시간 안에 작업을 마친다.
유형 3	유형 4
• 학습자의 개인적인 표현과 상상력을 격려한다. • 칭찬을 자주 한다. • 다양성과 변화를 즐긴다. • 협동 과제를 부여한다. • 구조화되지 않고 친근한 환경을 조성한다. • 각종 미디어를 활용하여 내용을 개발한다.	• 아이디어, 개념, 이론을 강조한다. • 아이디어를 분석 · 평가한다. • 학습자가 많은 지식을 갖도록 한다. • 획일적이고 신뢰할 수 있는 법칙과 순서를 중요하게 생각한다. • 주의가 산만한 것을 싫어한다. • 논리를 중시한다.

출처: 신용주(2004). p. 240; Fry, Ketteridge, & Marshall (2003). p. 220에서 재인용함.

2) 학습 스타일

(1) 학습 스타일의 개념

학습 스타일(learning styles)이란 학습자가 어떻게 배우는가에 관한 것이다. 즉, 학습자가 정보를 지각, 수집, 해석, 조직 및 사고할 때 선호하는 방법을 의미한다. 어떤 학습자는 읽기를 통해 정보를 흡수하는 것을 좋아하는 반면, 다른 학습자는 실제적 실험을 통해 배우는 것을 좋아한다. 어떤 학습 스타일이 다른 것보다 더 효과적이라고 하기는 어렵다. 또 이론가와 실천가를 동시에 만족시키는 학습 스타일의 모형도 없다. 그러나 학습자가 자신이 선호하는 학습 스타일에 대해서 잘 아는 것은 학습의 성취도를 높이는 데 도움이 된다. 또한 교수자에게도 학습자의 주요 학습 스타일 및 그 특성에 대한 이해는 매우 중요하다. 학습 스타일을 잘 파악함으로써 더욱 효과적인 교육을 전개할 수 있기 때문이다.

(2) 학습 스타일의 분류

학습 스타일에 대한 분류는 학자들에 따라 각기 다르지만, 대개 3~4개의 유형으로 분류한다는 점에서는 거의 유사하다. 일반적으로 많이 사용되는 Kolb(1984a)의 학습 스타일 분류는 그가 경험학습 이론에서 제시한 구체적 경험 → 성찰적 관찰 → 추상적 개념화 → 적극적 실험으로 구성된 4단계의 학습 주기 중에 학습자가 선호하는 유형이 있다는 가정에서 출발한다. Kolb의 학습 스타일은 도구를 통해 측정 가능하며 상황별, 과제별로 달라질 수 있다. 〈표 5-5〉는 Kolb가 제시한 네 가지 학습 스타일과 그 특성을 보여 주고 있다.

반면에 Jacobs와 Fuhrmann(1980)이 제시한 학습 스타일의 사회적 상호작용 모형은 다음과 같이 분류된다. 첫째, 학습에 대한 교수자의 책임을 가정하는 의존형, 둘째, 교수자와 학습자의 협력에 기초한 학습을 가정하는 협력형, 셋째, 학습자의 독자적 학습을 가정하는 독립형이다. 한편, Keefe(1979)는 두뇌 기능의 세 가지 주요 차원인 인지적 · 정서적 · 생리학적 기능의 파악에 기초한 유형을 제시하였다.

또한 Fleming과 Mills(1992)는 VARK 모형을 통해 정보를 받아들이는 데 있어서의 중요한 방식을 시각적(Visual), 청각적(Aural), 읽기/쓰기(Read/Write), 운동감각적(Kinesthetic) 방식의 네 가지 유형으로 분류하고, 사람들이 자신만의 고유한 스타일에 의해 새로운 정보를 습득한다고 하였다. 따라서 교수자는 교수 전략을 개발할 때 시각적 자료(예: 도표, 차트), 청각적 활동(예: 강의, 디베이트), 읽기와 쓰기 과제 및 운동이 포함된 활동(예: 역할

| 표 5-5 | Kolb의 네 가지 학습 스타일 및 그 특성

수렴적 사고형	추상적 개념화와 실제적 실험에 의존하여 확실한 답을 얻으려 하며, 문제의 해답을 얻기 위해 빠르게 움직인다. 이 유형의 학습자는 문제를 정의하고 결론을 내리는 데 익숙하다.
확산적 사고형	구체적 경험과 성찰적 관찰을 이용해 무수한 아이디어를 도출해 낸다. 이 유형의 학습자는 브레인스토밍과 대안을 생각해 내는 것에 뛰어나다.
동화형	추상적 개념화와 성찰적 관찰에 의존한다. 이 유형의 학습자는 광범위한 정보를 이해하고 그것을 간결한 이론으로 바꾸는 것을 좋아한다. 또한 계획하여 이론을 발전시키고 모델을 만들어 내는 데 능숙하다.
조절형	이 유형의 학습자는 구체적 경험과 적극적 실험에 가장 뛰어난 사람들이다. 이들은 문제해결을 위해 위험을 무릅쓰고 적극 뛰어들기 때문에 자주 시행착오를 경험한다.

출처: 권두승, 조아미(2002). p. 234의 내용을 표로 재구성함; 신용주(2004). p. 241.

극, 필드 트립) 등을 결합시키는 것이 바람직하다고 하였다.

한편, 또 다른 학습 스타일 관련 연구로 Butler(1995)가 분류한 네 가지 학습 스타일 및 특징을 정리한 내용이 〈표 5-6〉에 제시되어 있다. 이 중에서 어떤 것이 더 좋은 것이라고 말하기는 어렵다. 많은 학습자는 한 가지 이상의 학습 스타일의 특성을 공유하지만, 그중에서도 특히 자신의 가장 지배적인 학습 스타일에 적합한 방식으로 교수-학습이 일어날 때 가장 편안하게 느낀다. 예를 들어, 유형 C에 속하는 학습자는 다양한 교수-학습 방식을 사용하는 학습 환경에는 잘 적응하는 반면, 강의 형식의 교육 환경에는 잘 적응하지 못할 수 있다. 누구나 자신이 선호하는 학습 환경에서 자신의 학습 스타일에 맞추어 배우기를 원하지만, 그것이 항상 가능한 것은 아니다. 그런 경우에 어려움을 느끼는 학습자에 대한 교수자의 배려가 필요하다.

▌표 5-6 ▌ Butler의 네 가지 학습 스타일 및 그 특성

유형 A	유형 B
• 일을 혼자서 잘한다. • 일을 효율적으로 계획한다. • 일을 기한 내에 끝낸다. • 지시를 잘 읽고 따른다. • 일정한 기한이 없는 작업을 싫어한다. • 노트 정리를 잘한다. • 다른 사람들이 일하는 방법이 불만족 스럽다고 느낀다(예: 그 사람은 지나 치게 느리다). • 숲보다는 나무에 치중하여 때로는 숲 을 놓치기도 한다. • 협동 작업을 잘 하지 못한다.	• 자료 정리를 잘한다. • 문제 풀기를 좋아한다. • 종이에 적으면서 문제를 푼다. • 정확하며 치밀하다. • 아이디어 간의 연결 내용을 잘 이해 한다. • 때로는 일을 하기 전에 너무 많은 정보 를 필요로 한다. • 지나치게 조심스러울 수도 있다. • 창조적인 사고를 잘 하지 못한다. • 형식적인 강의를 통하여 지식 습득을 잘한다.
유형 C	유형 D
• 창조적인 해답을 잘 이끌어 낸다. • 숲을 잘 보지만 때로는 나무를 놓칠 수 도 있다. • 획기적인 문제들을 자주 제기한다. • 새로운 아이디어에 대해 수용하는 자 세를 갖는다. • 분류하는 것을 어려워한다. • 지속적인 학습보다는 짧은 기간의 집 중을 선호한다. • 쉽게 산만해진다. • 여러 가지 자극에 모두 반응한다.	• 다른 사람들과 일을 잘한다. • 새로운 아이디어에 대한 거부감이 없다. • 직관적이다. • 다양성과 변화를 좋아한다. • 대충 읽는 것을 좋아한다. • 사전에 계획을 짜는 것을 좋아하지 않 는다. • 마지막 순간까지 일을 안 하고 미룰 수도 있다. • 세부 사항에 신경을 쓰지 못하기도 한다. • 효율적으로 시간을 분배하는 것에 능숙 치 못하다.

출처: 신용주(2004). p. 242; Fry, Ketteridge, & Marshall (2003). p. 222에서 재인용함.

(3) 학습 스타일의 파악 및 적용

교육 프로그램에서 교수 방법을 선택할 때 학습자의 학습 스타일에 대한 고려는 반드시 필요하다. 학습자들의 학습 스타일을 파악하는 것과 함

께 다른 변수들도 검토해야 한다. 우선, 학습 성취에 영향을 미치는 학습 동기, 학습자의 지식 수준, 능력과 기술, 사회경제적 지위 및 성별과 같은 개인적인 배경 요소들을 파악한다. 그런 다음 학습자가 학습 상황에서 경험할 수 있는 문제들을 사전에 예측하고 이에 효과적으로 대처할 수 있는 교수 방식을 선정하는 것은 교육 프로그램의 성공에 큰 도움이 된다.

학습자의 학습 스타일을 파악하는 방법에는 크게 두 가지가 있다. 첫 번째 방법은 학습자와의 면담을 통해 확인하는 것이다. 두 번째 방법은 교수-학습 과정을 통해 학습자에게 다양한 학습 스타일을 적용해 볼 수 있는 기회를 제공함으로써 자신의 학습 스타일을 확인하도록 하는 것이다. 학습 스타일은 학습자마다 고유하며, 또 특유의 장단점을 가지고 있기 때문에 어느 것이 더 좋다거나 나쁘다고 단정하기는 어렵다.

때로는 학습 내용에 따라 학습자도 한 가지가 아닌 여러 가지 학습 스타일을 사용하기도 한다. 학습 스타일은 학습자의 인성과는 관련 없으며, 또 영구적이지도 않다. 그러나 평생교육이 가진 자기주도적 특성을 고려할 때, 성인학습자가 선호하는 학습 스타일을 파악하고 이에 적절한 교수 방법을 사용하는 것이 효과적이다. 새로운 학습 과제에 대해 두려움을 갖는 성인학습자로 하여금 자신의 학습 스타일과 선호하는 학습 전략을 알아내도록 돕는 것은 새로운 학습의 세계를 탐색하도록 격려하는 좋은 방법이 될 것이다.

제2부

평생교육 방법의 실제

제6장

집단 중심 평생교육 방법

1. 집단학습

1) 집단학습의 정의와 유형

학습자는 학습 주제와 관련 없이 집단으로 학습할 때 다른 방식으로 학습할 때보다 더 많이 배우고 더 많이 기억한다고 보고한다(Davis, 2009). 또한 학습자는 집단으로 수업할 때 수업에 더 만족하는 경향이 있다. 집단학습(group work)은 사기를 높이고, 학습 동기를 유발시키며, 동료 학습자의 통찰력과 가치관을 공유하게 해 준다. 또한 학습자는 집단학습의 경험을 통해 학교 졸업 이후의 삶, 특히 미래에 팀으로 일하는 것에 대한 준비를 할 수 있다는 점에서 유리하다. 집단학습은 거의 모든 수업에서 강좌의 크기나 내용에 관계없이 사용할 수 있다.

비형식적 학습 집단은 수업 시간 중에 이루어지는 즉흥적인 학습자의 집합이다. 예를 들어, 교수자가 질문을 한 다음, 옆에 앉은 학습자들과 함께 2분 정도씩 논의해 보라고 지시할 때 형성되는 집단이다. 교수자는 수업 중 어느 때든 학습자의 이해도를 알아보기 위해서나 학습자가 배운 내용을 적용할 기회를 주기 위해서, 또는 수업의 진행 속도를 바꾸기 위해서 비형식적 학습 집단을 구성할 수 있다. 한편, 형식적 학습 집단은 입장 표명 보고서를 쓰거나, 프로젝트를 수행하거나, 실험실에서 실험을 하는 등 특정 과제를 완수하기 위해 형성된다. 학습 집단의 학습자들은 그 과제가 끝날 때까지 함께 일하며 그 집단의 최종 프로젝트는 평가받거나 성적을 받게 된다. 스터디 그룹(study group)은 대개 비교적 장기간인 한 학기 동안에 걸쳐 지속되는 집단으로 구성원이 정해져 있으며 수업의 과제물 수행을 돕고 지원과 격려를 제공한다.

2) 집단학습의 효과적 실시를 위한 지침

집단은 여러 단계의 과정을 거치며 성장하므로 학습 집단이 제대로 기능하기 위해서는 어느 정도 시간이 필요하다. 이때 교수자는 효과적인 집단학습을 실시하기 위해 다음과 같은 사항들을 고려해야 한다.

- 학습자들이 상호 의존적으로 해결해야 하는 집단 과제를 부여한다. 상호 의존성은 학습을 위한 강력한 유인책이 되므로 학습자들이 자신들을 공동 운명체라 생각할 때 집단학습이 효과를 거둘 수 있다.
- 수업 목표에 부합되는 과제를 부여한다. 특히 복잡한 쟁점을 분석하는 과제를 부여하여 판단력과 의사결정 능력을 기른다.
- 학습자의 기술, 관심 및 능력에 적합한 과제를 부여한다. 처음에는 비교적 쉬운 과제를 부여하고, 점차 학기가 지날수록 난이도를 높인다. 예를 들어, 처음에는 간단한 개념을 이해하는 과제를 주고 나중에는 그 개념을 사례와 함께 비교하는 과제를 부여한다.
- 학습자들에게 공평한 업무의 분담이 이루어질 수 있는 과제를 부여한다. 예를 들어, 한 주제에 대한 분석 과제에서 한 사람은 문헌 연구를, 한 사람은 웹 데이터베이스를, 한 사람은 영상 자료를 각각 맡아 탐색

한 내용을 종합하여 분석한 후, 발표하도록 하는 것과 같은 공평한 업무 분담이 바람직하다.

- 집단 시험을 실시하는 것도 효과적이다. 학습자가 시험을 개별로 치를 때보다 집단으로 치르게 되면 더 높은 성적을 받을 수 있으며, 대부분의 학습자는 협력하여 치르는 시험을 즐기는 경향이 있다. 집단 시험을 효과적으로 실시하기 위해서 고려할 사항은 다음과 같다.
  - 강좌가 시작될 때 미리 알려 주어 집단 시험에 대해 준비하도록 한다.
  - 높은 수준의 질문이 포함되는 사지선다형 문제를 제출하여 한 문제 당 약 3분 정도를 논의하도록 한다. 예를 들어, 15문제를 출제했다면 약 45분 정도 소요될 것으로 예상할 수 있다.
  - 각 학습 집단의 크기는 5명을 넘지 않도록 한다.
  - 각 학습자는 자신의 개별 답안지를 제출한 다음, 각 문제별로 집단이 합의에 도달하도록 한다. 집단이 정확한 답을 도출해 제시했을 때는 그 집단의 모든 구성원에게 각자 받은 점수에 보너스 점수를 더 부여한다.

3) 집단학습에서 효과적 의사소통을 위한 강의실의 배치

집단학습에서 의사소통이 잘 이루어지는 것은 매우 중요하다. 우선, 교수자는 지루하지 않고 다양하며 활기찬 어조로 수업을 전달하는 것이 좋다. 또 신체 언어도 효과적으로 사용하는 것이 좋다. 학습 집단이 서로 활발한 상호작용을 하도록 하기 위한 첫걸음은 강의실에서 학습자들의 자리를 어떻게 배치(lay out)하는가에 달려 있다. 학습 집단의 배열에는 환경적인 어려움이나 제한이 있을 수 있으나, 다음의 방식을 참고로 할 수 있다.

⑴ 강의실을 가득 채우는 배열

강의실을 가득 채우는 배열(serried ranks)은 대개 전통적 학교생활에서 우리

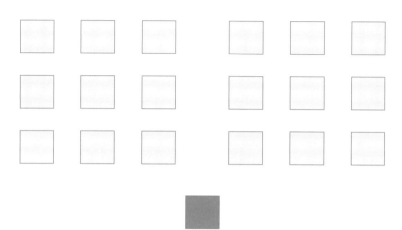

교수자

┃ 그림 6-1 ┃ **강의실을 가득 채우는 배열**

출처: Corder (2008). p. 38.

가 많이 경험했던 배열이다([그림 6-1] 참조). 이 배열은 교수자가 시야를 확보하기에 편리하나 학습자가 상호작용하기 어렵고 뒷사람이 발표를 할 때 쳐다보기 어려운 배열이다. 강의법에서 많이 사용되는 유형이지만 맨 끝에 앉은

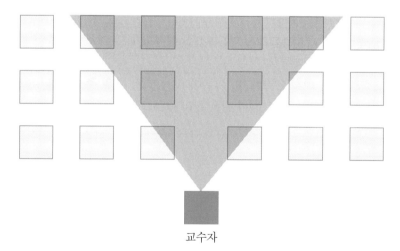

교수자

┃ 그림 6-2 ┃ **교수자가 'V'라인 영역 안에 위치한 학습자들을 중심으로 이야기하게 되는 배열**

출처: Corder (2008). p. 39.

학습자들이 무시된 채 'V'라인 영역 안에 속한 학습자에게만 이야기를 하게
되기 쉽다([그림 6-2] 참조). 따라서 평생교육을 실시하기에는 바람직하지 않은
배열이다.

(2) 원형 배열

　대부분의 강의실에서는 책상과 함께 또는 책상 없이 걸상만 가지고도 학
습자들을 원형(circle)으로 배열할 수 있다([그림 6-3] 참조). 책상을 함께 사
용하는 경우와 그렇지 않을 경우는 각각 장단점이 있다. 책상을 사용하지
않으면 학습자들이 더욱 친밀하게 느낀다. 한편, 책상이 있으면 무엇을 쓰
기에는 적합하지만 가운데 놓인 장애물의 느낌도 준다. 그러나 책상과 같
은 장애물이 다 부정적인 것은 아니다. 자신이 없거나 수업에서 자신의 존
재가 스스로 취약하다고 생각하는 학습자에게는 책상의 존재가 오히려 도
움이 된다. 이처럼 개방된 성격의 원형 배열은 상담이나 개방형 토의에 효
과적이다. 원형 배열은 집단학습을 위한 효과적인 방법이지만 혼자 학습하
는 것을 좋아하는 학습자들은 원형 배열이 산만하다고 생각할 수도 있다.

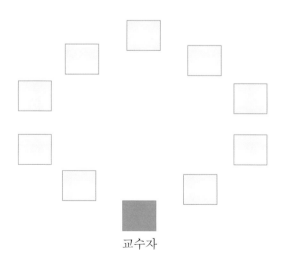

교수자

┃ 그림 6-3 ┃ **원형 배열**

출처: Corder (2008). p. 39.

(3) 책상 몇 개씩을 함께 모은 배열

[그림 6-4]와 같은 책상의 배열(group of tables)은 특히 소집단 토의에 적합하다. 이처럼 여러 개의 책상을 함께 배열할 때는 가능하면 교수자가 책상 사이로 자유로이 다니며 지도를 하거나 상호작용이 가능하도록 조금 널찍한 강의실을 마련하는 것이 좋다. 이러한 배열은 교수자가 많은 교육내용을 전달하는 데 주력해야 하는 형식적 강의에서는 별로 효과적이지 않다. 강의하는 교수자를 보려면 학습자가 고개를 돌려야 하는 불편한 배열이기 때문이다. 따라서 이러한 배열은 학습자가 전원 출석했을 때나 소집단일 때 가장 효과적이다.

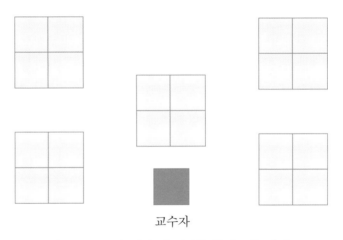

교수자

┃ 그림 6-4 ┃ **책상 몇 개씩을 함께 모은 배열**

출처: Corder (2008), p. 40.

(4) 장방형의 배열

장방형(oblongs) 또는 직사각형의 배열에는 두 가지 유형이 있다. 하나는 여러 개의 책상을 장방형으로 배열하는 것이고, 다른 하나는 커다란 콘퍼런스용 장방형 책상을 놓고 모든 참여자가 둘러앉는 것이다. 이 배열에서 교수자는 거의 모든 참여자를 볼 수 있으나, 가까이 앉은 사람들은 잘 보지 못할 수 있으니 유의해야 한다. 이러한 배열은 소집단일 때나 학습자들의 문서 업무가 많을 때, 문서를 펼쳐 놓을 공간적 여유가 있으므로 특히 효과적이다.

[그림 6-5]와 같이 한 면이 개방된 장방형 배열은 흔히 이사회에서 이사장이 주로 사용하는 유형으로, 강의실에서는 개방된 쪽에 교수자가 자리한다. 이러한 배열의 장점은 교수자가 장방형 배열 사이로 다니면서 개별 학습자나 소집단의 모든 학습자에게 관심과 피드백을 제공할 수 있다는 점이다. 또한 두 사람씩이나 소집단으로 나누어 수업을 하게 될 때도 가구를 많이 옮기지 않아도 된다는 장점이 있다. 장방형의 배열은 학습자의 수가 최대한 12명 정도일 때 가장 효과적이다.

이처럼 다양한 학습 집단의 배열을 구상하면서 집단을 대상으로 교육을 실시하는 것이 결코 쉬운 일은 아니다. 학습 집단을 구성하는 사람들의 특

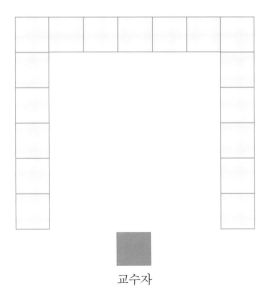

교수자

┃ 그림 6-5 ┃ **한 면이 개방된 장방형 배열**

출처: Corder (2008), p. 41.

성과 배경, 관심과 선호도는 대개 매우 상이하기 때문이다. 따라서 교수자는 학습 집단을 대상으로 한 교육을 효과적으로 진행하기 위하여 실습 경험을 충분히 갖고, 다양한 집단역학을 전개하고 이끌어 갈 기법을 익힐 필요가 있다. 따라서 집단을 대상으로 하는 교육은 개인을 대상으로 하는 교육보다 차원과 상호작용이 훨씬 복잡하며, 크고 작은 문제가 발생할 수도 있다. 집단학습을 지도하는 교수자는 모든 학습자가 동등하게 배울 수 있도록 해야 한다. 교수자로서 학습 집단을 잘 이끄는 것은 어려운 일이지만, 집단학습의 교육 목표를 성공적으로 달성하게 될 때 학습자와 교수자가 얻는 보람과 심리적 보상은 매우 크다.

4) 효과적인 집단학습 교수자의 역할

항상 좋은 교수자가 되기는 어렵다. 또한 교수자에게도 단점이 있을 수 있다. 그럼에도 학습자를 진심으로 아끼며 학습자에게 최선의 배움이 일어나도록 노력하는 교수자는 학습자의 존경을 받게 된다. 따라서 단순히 사람 좋고 인기 있는 교수자가 되는 것이 중요한 것이 아니라 학습자에게 성공적인 학습이 일어나도록 지원하는 다양한 방법을 알고 이를 시의적절하게 사용하는 사람이 효과적인 교수자다. 다음은 집단학습에서 교수자의 역할을 구체적으로 제시한 것이다.

- 자신의 관리 스타일이 학습자의 참여를 격려하는지를 확인한다.
- 작은 문제라도 발생하였다면 신속하고 효과적으로 대처하여 해결한다.
- 자신의 의사소통 방식이 학습 집단에 적절한지를 확인한다.
- 강의실의 환경 구성이나 배치가 학습자에게 편안한 느낌을 주며 효과적인 학습이 발생하기에 적합한지를 확인한다.
- 학습 집단의 학습을 촉진하기에 알맞은 분위기를 조성한다.

- 학습자의 의견이나 아이디어에 대해 깊은 관심을 갖는다는 사실을 알려 준다.
- 학습자 한 사람 한 사람을 소중하게 생각한다.
- 유머 감각과 분별력을 갖춘다.

2. 아이스브레이킹

1) 아이스브레이킹의 정의와 특성

모든 교수자는 처음 만난 학습 집단과 되도록 빨리 친숙해지고 학습 내용을 계획한 대로 전달하여 학습 목표를 달성하기를 원한다. 아이스브레이킹(icebreaking)은 보통 어떤 강좌나 수업이 시작될 때 대부분의 처음 만난 학습자가 경험하는 서먹서먹하고 어색한 느낌을 해소하기 위한 목적으로 실시하는 게임이나 짧은 활동 등을 사용하는 기법을 말한다. 처음 만난 학습자 집단에서 구성원들로 하여금 서로 소개하고 상대방에 대해 알게 해 주기 위한 기법인 아이스브레이킹은 수업이나 상담의 첫 회기가 시작할 때 웜업(warm-up) 활동으로 사용되기도 한다.

2) 아이스브레이킹의 기법

(1) 첫 수업의 소개 시간

첫 수업 시간에 가장 많이 사용되는 가장 전형적인 아이스브레이킹 방법으로 교수자는 우선 전공별, 학년별, 연령대별 혹은 거주지별로 손을 들게 해서 학습자들의 구성을 파악하는 동시에 그들이 수업에 참여하도록 할 수 있다. 학습자 숫자가 적은 강좌에서는 모든 학습자에게 자신을 소개하도록 요청하는 것도 좋은 아이스브레이킹 방법이다. 어디서 왔는지, 관심 있는 분야는 무엇인지에 대해 묻거나, 서로의 질문에 답변을 하는 과정을 통해 학습자들은 점차 낯선 집단에 속해 있다는 느낌이 적어질 수 있다.

교수자는 다양한 배경을 가진 학습자들에게 수업에 대한 자신의 기대를 전달하고, 학습자들이 이 강좌를 통해 어떠한 도움을 받을 수 있는지를 알려 준다. 첫 시간에는 학습자들에게 잠시 동안 생각해 본 후 수업 첫날에 그들이 느끼는 감정을 단어나 문장으로 써 보게 한다. 그런 다음 그들의 답변 내용을 칠판에 적고 '수업 첫날인 오늘, 여러분의 교수자는 어떻게 느낄 것 같다고 생각하는지'에 대해 써 보라고 요청한다. 교수자가 자신의 느낌을 간략히 써도 좋다. 대개 작성된 느낌의 목록 중에서 공통된 내용이 나타나게 되며, 이를 토대로 자유로운 토의를 시작할 수 있다(Svinicki & McKeachie, 2011).

(2) 공 던지기 게임과 '누구일까요?' 게임

가장 흔히 사용되는 아이스브레이킹 활동으로는 집단 구성원들이 원형으로 서서 소프트볼 공이나 팥주머니를 다른 사람에게 던지는 게임이 있다. 이 게임에서는 공을 던지는 사람이 공을 받는 사람의 이름을 부르는 것이 좋다. 이 게임을 할 때 손의 조작 능력이 좋으면 유리하다. 또 다른 아이스브레이킹 기법으로 많이 쓰이는 것은 '여기에 적절한 사람을 찾아보세요.'라는 게임이다. 우선, 학습자들은 종이에 다양한 질문을 써 넣는다. 예를 들어, '여기 오는 데 30분 이상 걸린 사람은 누구일까요?' '빨간색 차를 가진 사람은 누구일까요?' 등이다. 이처럼 간단한 아이스브레이킹 활동을 실시함으로써 학습자들은 집단에서 서로 편안한 마음으로 가벼운 이야기를 하기 시작한다.

(3) 이름 소개 게임

학습자들이 서로 이름을 빨리 익히기 위해 이름 소개 게임(name game)

을 할 수 있다. 학습자 집단의 크기가 크지 않을 경우에는 모든 학습자가 양옆에 앉은 학습자와 서로에 대해 소개하고 알게 되는 시간을 갖는다. 그다음에는 돌아가면서 한 사람이 다음 사람을 소개하도록 하고 자신의 차례가 되면 앞에서 소개받은 사람의 이름을 외워서 부르도록 하는 것이다. 이 방법은 학습자 간의 라포를 형성하고 교수자에게도 학습자의 이름을 기억하는 데 도움을 주는 좋은 아이스브레이킹 기법이다. 이보다는 더 어렵지만 효과적인 아이스브레이킹 기법은, 각자에게 자기보다 앞서 소개받은 모든 사람의 이름을 기억하여 소개하도록 한 다음에 맨 나중에는 교수자가 그날 참석한 모든 사람의 이름을 부르는 것이다. 이렇게 서로 이름을 기억하는 아이스브레이킹은 집단학습의 좋은 시작이며, 학습자가 교수자에게 관심을 나타낼 때는 그가 교수자에 대해 알게 될 기회를 주기 위해 서로 질문하고 답하는 시간을 갖는 것도 좋다.

이름 소개 게임으로 수업에서의 소통이 어느 정도 자유롭게 시작될 수 있다고 생각되면, 교수자는 학습자가 수업에 참여하면서 갖는 기대와 목표를 파악하려는 노력을 보여 주는 것이 좋다. 또 교수자로서 그 강좌에 대해서 가지고 있는 교육 목표에 대해 설명해 주는 것도 학습자의 새로운 학습 환경에 대한 적응을 돕는다.

(4) 질문하기 게임

질문하기(question posting)는 모든 규모의 강좌에서 학습자가 적극적으로 참여할 수 있도록 해 주는 방법이다. 교수자는 강좌의 첫날 학습자들에게 다음과 같은 질문을 던질 수 있다.

• "이 강좌에서 우리가 다루어야 할 문제나 이슈는 무엇일까요?"
• "이 강좌에 대한 당신의 기대는 어떤 것인가요?"
• "이 강좌에 대한 당신의 목표는 무엇인가요?"

교수자는 학습자들에게 몇 분 동안 그 질문에 대한 답을 쓰도록 한다. 교수자가 기록자의 역할을 수행하며, 학습자들의 답변을 칠판이나 전자칠판에 적어 모든 사람이 볼 수 있게 한다. 여기서 교수자의 역할은 학습자들의 답변 중에서 너무 일반적이거나 애매한 것들을 명료하게 정리해 주는 것이다. 그리고 교수자는 비록 학습자들이 스스로 중요하지 않다고 느낄지라도 그들의 모든 제안을 고려할 계획임을 밝힌다. 이처럼 아이스브레이킹 기법을 사용하여 학습자가 그 수업의 분위기가 수용적이며 비판단적이라는 사실을 깨닫게 해 주는 것은 매우 중요하다. 특히 질문하기 게임은 학습자가 적극적으로 참여함으로써 수업의 활성화에 크게 기여할 수 있다는 것을 깨닫게 해 준다.

질문하기 게임이 끝날 때쯤이면 학습자들은 서로에 대해 더 잘 알게 되고, 적극적이고 활발한 수업 참여에 더 익숙해져서 경쟁에 대한 관심보다는 더 많은 것을 학습하려고 노력하는 태도를 갖게 된다. 또한 모든 학습은 교수자로부터 나온다는 과거의 믿음에서도 어느 정도 벗어나게 된다. 따라서 질문하기 게임을 통해 학습자에게 비록 자신의 의견이 교수자나 다른 학습자의 견해와 다르더라도 자신이 속한 학습 집단은 이에 대해 거부적이지 않을 것이라는 믿음을 주는 것이 중요하다.

3. 웜업

웜업(warm-up)은 아이스브레이킹과 비슷하나 수업의 맨 처음 시작할 때가 아니라 중간 단계에 접어들었을 때 사용하면 더 효과적인 기법이다. 특히 단기 강좌나 집중 강좌의 학습자가 아닌 정기적으로 일정 기간 동안 계속 함께 수업하는 학습자 집단을 대상으로 매 수업의 시작 부분에서 사용하면 유용하다(Corder, 2008).

웜업에서도 교육적으로 관련된 주제로 활동을 이끌 수 있다. 예를 들어,

가족이나 개인적 삶의 역사에 대해 집필하는 것에 대한 강의를 진행할 때, 교수자는 학습자에게 그들이 집필하고 싶어 하는 것 중에서 자신이나 가족에게 일어났던 재미있거나 흥미로운 일들에 대해 정리해 보도록 지시할 수 있다. 학습자들은 이에 대해 서로 편안하게 이야기를 나누면서 단순한 잡담이 아니라 수업으로 연장될 수 있는 중요한 활동에 참여하게 된다.

4. 브레인스토밍

1) 브레인스토밍의 정의와 특성

'brain'은 두뇌, 'storming'은 회오리를 일으킨다는 의미로, 브레인스토밍(brainstorming)은 집단의 모든 구성원으로 하여금 특정 주제와 관련해 연상되는 생각들을 거리낌 없이 말하도록 격려함으로써 다양한 아이디어를 경청하는 방법의 하나다. 또한 기존의 사고방식이나 개념에서 벗어나 자유롭게 사고하며 아이디어나 의견을 내는 교육 방법이며 어떤 문제나 과제에 대하여 집단 구성원들이 집중적으로 해결 방안을 모색하기 위해 두뇌를 활용하도록 하는 집단 사고 방법이다. 따라서 브레인스토밍은 주로 창의력 훈련의 일환으로도 활용되어 왔다.

이 기법은 제한 없이 자유롭게 의견이나 대안을 교환하며 해결 방안을 함께 탐색함으로써, 또는 어떤 하나의 아이디어가 다른 아이디어들을 연상 작용처럼 이끌어 내도록 함으로써 한 개인만으로는 생각하지 못했던 기발한 아이디어들을 이끌어 낼 수 있다는 점이 특징이다. 브레인스토밍은 1941년에 미국의 한 광고 대리 회사(BBDO)의 Osborn이 처음으로 사용하여 성과를 거두면서 널리 사용하게 되었다. 그에 따라 현재 이 기법은 기업체나 학교, 관공서뿐만 아니라 평생교육 분야에서도 널리 사용되고 있다(신용주, 2004).

브레인스토밍은 주로 6~12명 정도의 집단을 대상으로 보통 한 사람이 칠판에 몇 개의 단어를 적음으로써 시작된다. 이 사람이 반드시 교수자일 필요는 없으며, 이 단계에서는 교수자 또는 집단의 어느 누구도 이에 대해 추가로 언급하지 않아야 한다. 참여자들이 생각해 내는 모든 아이디어는 절대로 변경하거나 수정하지 않고 그대로 기록한다. 브레인스토밍에서 강조하는 중요한 원칙은 비판적 사고의 촉진이 아니라 창의성의 함양이기 때문이다.

브레인스토밍은 짧게 하는 것이 가장 효과적이다. 그런 다음에 열거된 아이디어에 관한 집단 토론으로 이어지며, 이 단계에서는 앞의 단계에서 단어만 나열하던 것과는 달리 비판적 사고를 하게 된다. 브레인스토밍은 적절히 사용하면 매우 효과적인 기법이지만, 전체 집단을 대상으로 하기에는 어려움이 있으므로 다음의 원칙에 기초해 실시하는 것이 바람직하다 (Corder, 2008).

2) 브레인스토밍의 원칙

브레인스토밍 기법을 사용할 때는 대개 다음과 같은 원칙을 따른다.

- 자유분방한 아이디어나 의견을 낸다.
- 타인의 아이디어나 의견을 비판하지 않는다.
- 질보다 양 위주의 많은 아이디어나 의견을 권장한다.
- 타인의 아이디어나 의견을 조합하여 새로운 아이디어나 의견을 창출한다.
- 벨이 울리면 발언을 중지한다.
- 엉뚱하고 역동적인 아이디어를 환영한다.
- 다른 사람의 의견에 덧붙여 첨언하는 것은 무방하다.
- 진행자는 가능하면 부정적인 말이나 비판적 피드백으로 자유로운 사

고를 제한하지 않도록 한다.

• 생각에 대한 판단은 나중에 하며, 특히 타인이 의견을 말하는 순간에
  는 절대로 이를 평가하지 않는다.

3) 브레인스토밍의 단계

브레인스토밍은 다음의 5단계를 거쳐 실시하게 된다(권대봉, 1999).

• 1단계: 과제를 정한다.
• 2단계: 진행자와 기록자를 정한다.
• 3단계: 진행자의 주도 아래 차례로 아이디어를 낸다.
• 4단계: 토의 기록을 참여자들에게 제시하고 보충·분석한다.
• 5단계: 아이디어나 의견을 구체화시킨다.

진행자는 브레인스토밍의 주제와 절차에 대해 알려 주고 참여자가 지켜
야 할 규칙에 대해 구체적으로 설명한다. 특히 모든 참여자의 자유로운 의
견 개진을 적극 격려하되 다른 사람의 아이디어나 의견에 대한 비평은 모
든 의견 개진이 다 이루어진 후까지 보류하도록 주의를 환기시킨다. 더욱
자유로운 분위기를 마련하기 위해 다과 등을 준비하고 원형으로 둘러앉아
서 한 사람이 한 번씩 아이디어를 내도록 한다. 또한 긴장감을 늦추지 않
고 빨리 순환하도록 하며 개진된 의견들을 기록자가 기록한다. 기록자는
브레인스토밍에 참여하여 의견을 제시하지 않아도 좋으나 모든 참여자가
브레인스토밍의 결과를 알 수 있도록 기록한 다음, 이를 보여 주는 역할을
수행한다.

4) 브레인스토밍이 효과적인 상황

브레인스토밍은 다음과 같은 경우에 활용하면 더욱 효과적이다.

- 집단 구성원의 창의성과 상호 자극을 최대한 허용하고자 할 때
- 과거의 패턴에서 벗어나 새로운 가능성을 탐색할 때
- 어떤 행동의 과정이나 결과에 대한 예측을 하고자 할 때
- 어떤 문제에서 간과되는 부분을 최소화하고자 할 때
- 집단 구성원의 의견을 수렴하여 집단의 주요 방침이나 정책을 변경하고자 할 때
- 아무런 제한 없이 역동적인 아이디어를 찾고자 할 때

그러나 브레인스토밍은 수준이 높지 않은 아이디어들에만 맴돌 수도 있으며, 또 개진된 아이디어의 약 10% 미만이 최종적으로 유용하다는 통계를 볼 때 시간 낭비라는 비판도 있다. 그 밖에도 아이디어를 낸 개인에 대한 보상을 하기 어렵고, 참여자 집단 전체에 대한 인정만 할 수 있다는 제한점도 있다.

다음은 브레인스토밍을 하는 몇 가지 주제의 예다. 이에 대하여 브레인스토밍을 실습해 볼 수 있다.

〈브레인스토밍 주제의 예〉

- 직원 연수를 위한 장소 선정
- 회사 창립 기념 행사를 위한 아이디어 선정
- 새로 출시한 제품의 이름 정하기

---

5. 버즈 그룹

1) 버즈 그룹의 정의와 특성

브레인스토밍의 변형된 방법의 하나인 버즈 그룹(buzz group)은 참여자들을 매우 작은 소집단으로 나누어 특정 주제와 연상되는 아이디어를 빨리 생각해 내도록 하는 기법이다. 버즈 그룹은 문제해결이나 창의적인 생각을 하도록 집단을 유도하는 데 매우 효과적이다. 브레인스토밍과 다른점은 진행 도중에 아이디어에 대한 언급이 허용된다는 점이다. 브레인스토밍을 실시하는 데 부담을 느끼는 교수자는 버즈 그룹 기법을 사용하는 것을 더 편안하게 느낀다(Corder, 2008).

버즈 그룹이란 소집단이 토의하는 모습과 그때의 소리가 마치 꿀벌이 윙윙거리는 것과 같다는 점에 착안하여 붙여진 이름이다. 즉, 집단 구성원이 모두 함께 토의에 직접 참여하기가 어려운 대집단인 경우, 활발한 토의의 진행을 위해 소집단들로 분리하여 분과 형태로 토의를 진행하는 기법이다. 이때 각 소집단은 마치 벌들이 모여 웅성거리는 것처럼 구성원끼리 와자지껄하게 의견을 교환하면서 주체적으로 토의를 진행한다.

토론의 주제로 주어진 어떤 문제에 대한 해결책이 각 학습자별로 도출되면 학습자들은 2명씩 짝을 지어 지금까지 논의한 내용에 대해 토의한다. 그다음에는 다시 4명씩 함께 집단을 이루어 서로의 생각을 비교하는 소집단 토의를 한다. 그 후에 최종적으로 전체 집단이 다 모여 가 분과별 토론의 결과를 종합하여 발표함으로써 대집단 종합 토론의 성과를 얻게 된다.

2) 버즈 그룹의 장점과 기대 효과

버즈 그룹의 장점과 기대 효과는 다음과 같다(권이종 외, 2002).

- 대집단을 여러 소집단으로 나누어 토의하도록 함으로써 모든 구성원이 토의에 참여할 수 있다.
- 대주제가 구체적인 하위 주제로 분류되므로 포괄적이며 심도 있는 다양한 논의가 이루어질 수 있다.
- 소집단들의 분과 토의를 종합하는 시간을 통해 대집단의 역동적인 참여 및 공동체 의식을 이끌어 낼 수 있다. 또한 부분과 부분을 통합하여 보다 신속하게 전체 의견을 이끌어 낼 수 있다.
- 소집단으로 토의를 진행하므로 자유롭고 비형식적인 토의가 가능하다.
- 소집단 토의를 통해 다양한 배경과 견해를 가진 구성원들의 의견이 개진되고 수렴될 수 있다.

3) 버즈 그룹의 진행 방법

버즈 그룹의 구체적인 진행 방법은 다음과 같다(권이종 외, 2002; Svinicki & McKeachie, 2011).

- 1단계: 의장과 기록자는 사전에 임명할 수도 있고, 구성원들이 직접 선출할 수도 있다.
- 2단계: 의장은 토의 시작 전에 쟁점이나 문제를 명확하게 소개하고, 구성원이 희망하는 주제에 초점을 맞추어 동기화시킨다. 그런 다음 전체 집단을 버즈 그룹으로 나누고 토의 주제를 각 집단에 부여한다.
- 3단계: 의장은 구성원이 서로 친숙해지도록 격려하며, 구성원 전체가

모든 사실과 문제를 고려하면서 토의에 적극 참여하도록 권장한다. 문제나 쟁점에 대한 해결책을 도출하도록 하는 것은 의장의 책임이다.

- 4단계: 버즈 그룹의 소요 시간은 짧게는 5분 이내, 대개 10~20분 이내이며, 기록자는 전체 토의가 이루어지기 전에 각 버즈 그룹이 토의 내용에 관한 보고서를 제출해야 한다는 사실을 미리 공지한다.
- 5단계: 기록자는 각 구성원이 토론에 기여한 내용을 기록하고, 토의가 끝났을 때 제시된 내용을 모두 정리하여 요약문을 준비한다.

6. 허들 그룹

1) 허들 그룹의 정의와 특성

대부분의 사람은 대개 집단을 형성한 다음에 비형식적으로 삼삼오오 모여서 그날의 회의 주제에 대한 이야기를 주고받는다. 이처럼 허들 그룹(huddle group)이란 큰 집단을 작은 단위로 나누어 활성화하는 방법으로 미시간 주립대학교 교수 Phillips(1991)에 의해서 알려지게 되었다. 허들 그룹 토의는 66토의 또는 Phillips 토의라고 불리기도 하는데, 이는 6명이 6분 동안 문제를 토의한다는 데서 비롯된 것이다. 보통 허들 그룹 토의는 구성원이 4~6명의 소집단으로 나뉘어 주어진 주제에 대해 토의한다. 이때 진행자는 문제나 논쟁섬을 소개하고 명료화함으로써 이에 대한 각 소집단의 적극적 참여를 격려하게 된다. 따라서 허들 그룹은 민주적 과정을 통해 비교적 빨리 합의에 도달할 수 있다. 또한 집단 구성원이 큰 집회에 참여할 때 느끼는 소극성이나 권태에서 벗어날 수 있다는 것이 장점이다.

허들 그룹은 특히 대집단에서 전체 의견을 빨리 수렴해야 할 때, 또는 개인의 욕구나 의견이 대집단에서 표현되거나 충족되지 못할 우려가 있을 때 그리고 집단이 가진 이질성을 활용하고자 할 때 사용하면 유익하다.

2) 허들 그룹의 진행 방법

허들 그룹의 진행 방법은 다음과 같다(권이종 외, 2002).

- 1단계: 허들 그룹이 진행되는 동안 참여자들은 생각의 변화를 경험하며, 가능한 해결책들이 제시된 후 최종적으로 하나의 해결책에 도달하게 된다.
- 2단계: 할당된 시간이 종료되었을 때 의장은 각 집단별로 간략한 보고서를 제출하도록 요구한다.
- 3단계: 의장이나 기록자가 칠판에 각 집단의 보고 내용을 요약하면, 의장은 집단 간에 서로 질문하도록 한다.
- 4단계: 모든 집단이 보고를 마치면, 의장은 제시된 내용들을 요약하고 행동 계획을 실천하는 방향으로 진행한다.

7. 감수성 훈련

1) 감수성 훈련의 정의와 특성

감수성 훈련(Sensitivity Training)은 1946년 미국의 심리학자인 Kurt Lewin에 의하여 개발된 기법으로, 소집단에서 상호작용을 하면서 인간관계에 대한 이해와 기술을 향상시키고자 하는 사회성 훈련이다. 참여자들은 집단 훈련을 통해 자신 및 타인에 대한 이해를 증진하고 사람들과의 관계 형성에 대한 새로운 통찰력을 얻는 것을 목적으로 한다. 또한 체험학습을 통해 인간관계의 경험을 분석하고, 인간관계에서 발생하는 문제해결에 필요한 기술의 훈련을 추구한다. 감수성 훈련은 집중적인 집단 토의와 상호작용이 사용되는 심리적 기법으로, 근래 T-그룹, 인카운터 그룹, 인간관계 훈련, 집단역학훈련 등의 이름으로 다양하게 실시되고 있다.

감수성 훈련 집단은 대개 비구조화되어 있으며, 집단 구성원들이 집단의 목표를 선택한다. 훈련받은 전문가인 지도자는 가능한 한 토의에 참여하지 않으며, 감수성 훈련 집단 내의 심리적 분위기가 안전하게 유지되도록 한다. 이러한 집단 활동 속에서 참여자들은 다른 사람들과 함께 스스로를 자유롭게 표현하는 새로운 방식을 실험해 볼 수 있다. 그러나 강렬하고 솔직한 집단 토의의 특성으로 인해 심리적으로 부담을 줄 수 있다는 점이나 훈련 효과의 지속성에 대한 의문 등에서 감수성 훈련의 유용성에 대한 비판도 제기된다. 한국에서는 1972년에 처음 도입되어 인간관계 개선이나 태도 변화를 추구하는 다양한 영역에서 활용되고 있다.

2) 감수성 훈련의 목적과 유의 사항

감수성 훈련의 목적과 유의 사항을 살펴보면 다음과 같다(신용주, 2004).

(1) 감수성 훈련의 목적
- 자기 자신을 더욱 깊이 이해한다.
- 유능한 리더십을 갖추기 위하여 자신 및 타인을 이해하는 경험을 한다.
- 인간관계에서의 공감을 체험해 본다.
- 체험학습 및 통찰과 관련된 학습과 함께 그 실천 방식에 대하여 실험해 본다.

(2) 감수성 훈련을 실시할 때의 유의 사항
- 철저한 예비 진단이 필요하다.

- 참여자는 반드시 자발적으로 훈련에 참여해야 한다.
- 참여자는 미리 훈련의 목적, 내용에 대한 자세한 설명을 들은 후에 참여하도록 한다.
- 훈련의 진행은 숙련된 전문가가 담당한다.

3) 감수성 훈련의 기간과 장소

감수성 훈련은 대개 2~3주 정도 소요되며 최소한 1주일 정도의 훈련 기간이 필요하지만, 최근에는 좀 더 단기간으로 3박 4일 과정도 많이 개설된다. 훈련 장소는 주로 사회생활에 영향을 받지 않도록 지리적 · 심리적으로 차단된 장소를 택한다. 그 이유는 인간이 심리사회적으로 고립될 때 비로소 자신의 가면을 벗고 본연의 모습으로 돌아와 있는 그대로를 토로하게 되기 때문이다.

4) 감수성 훈련의 내용

감수성 훈련의 주요 내용을 살펴보면, 처음에 시작된 훈련 집단인 T-그룹(training group 또는 T-group)이나 그 후 인간잠재력 운동에서 도입된 인카운터 그룹(encounter group)의 진행이 핵심이며, 그 후에 일반화를 위한 시간이 포함된다. 근래 T-그룹과 인카운터 그룹은 거의 동의어로 사용되고 있으며 그 개념 및 내용도 매우 유사하나 구체적인 내용을 살펴보면 다음과 같다.

⑴ T-그룹

T-그룹은 현대 사회를 살아가는 인간이 점차 소외되고 고립되어 불안해진다는 위기의식에서 비롯되었다. T-그룹은 실험적 분위기 속에서 상호작용을 통해 자기 인식과 타인의 행동에 대한 감수성을 증가시키는 집

단 훈련이다(이장호, 1993). T-그룹은 인간성의 회복을 통해 소외와 불안
을 타개하는 방안의 하나로 등장한 것으로 감수성 훈련의 핵심이다. 이 훈
련의 가장 큰 특징은 '실제로 행함으로써 배운다(learning by doing).'는 것
이다. T-그룹은 보통 10~20명의 자발적 참여자를 대상으로 3박 4일 이상
함께 지내면서 자신의 성격과 태도의 변화를 모색하는 집단이다. T-그룹
의 모든 참여자는 평등하게 존중되는 자유로운 분위기 속에서 솔직한 대
화와 상호작용을 통해 집단과 자신에 대해 깊이 이해하게 된다. T-그룹은
보통 1~2명의 진행 도우미의 지원을 받아 하루에 3~4회에 걸쳐 약 2시
간 정도씩 진행된다. 대인관계 기술 및 감수성 증진을 목표로 하는 T-그
룹에서 중요시하는 요소들은 〈표 6-1〉과 같다(김여옥, 1992; 신용주, 2004;
차갑부, 2002).

| 표 6-1 | T-그룹의 요소들

지금 여기	바로 지금 여기서 경험하고 있는 것이 학습의 교재가 된다.
피드백	구성원들 간의 의사소통 수준 및 발언자의 의도를 이해하는 정도를 확인하는 현장 검증 방법이다.
해빙	구성원의 고정관념이나 선입관 또는 관습적인 행동 패턴이 무너지는 해빙(unfreezing) 과정을 의미한다.
심리적 안정감	해빙 과정에서 구성원들에게 불안하거나 위협적인 분위기를 조성하지 않고, 좀 더 적극적인 학습 욕구가 유발될 수 있도록 심리적으로 안정된 분위기를 형성한다.
참여를 통한 관찰	구성원이 적극적으로 참여하면서 T-그룹의 전 과정을 주의 깊게 관찰할 때 효과적인 학습이 일어난다.
인지적 구조화	훈련을 통해 경험한 것들에 대해 사고하는 과정이다. 이 과정을 통해 경험과 관념이 연계되고 문화 수준과 현실 속의 행동도 연계될 수 있다.

출처: 신용주(2004). p. 310.

(2) 인카운터 그룹

인카운터 그룹은 참여자들이 집단 활동을 통해 감정을 자유롭게 말로 나타내고, 감수성, 반응성 및 감정 표현력을 증진하기 위해 노력하는 비구조화된 집단이다(http://psychology.jrank.org). 보통 12~20명의 참여자와 지도자로 구성되는 인카운터 그룹은 주말 과정이나 수개월에 걸쳐 진행되며, 회기가 진행됨에 따라 참여자들은 방어적 태도를 버리고 최대한 개방적이고 솔직해지려는 노력을 하게 된다. 처음에는 참여자들이 자신의 감정을 표현하는 것을 주저하는 경향이 있으나 나중에는 자신의 삶에 대해서나 집단 내에서 일어나는 상호작용에 대해서 더욱 솔직해진다. 또한 집단 구성원 간에 신뢰의 분위기가 형성되면서 다른 사람을 대할 때의 방어적 태도가 점차 줄어들게 된다.

인카운터 그룹은 다른 사람들에 대한 현실적인 경험을 통해 더욱 개방적으로 관계를 형성하도록 돕는 것을 중시하는 점이 특징이다. 이러한 세부적인 차이에도 불구하고 T-그룹과 인카운터 그룹은 근래 거의 같은 의미로 통용되는 추세다.

(3) 일반화 시간

참가자 전원이 참여하는 집단생활 시간을 일반화 시간(session for generalization)이라 한다. 일반화 시간 동안에는 앞의 T-그룹이나 인카운터 그룹 등 소집단 훈련에서 체험한 내용을 함께 모여 정리하고 검토한 후 이를 토대로 이론을 형성하게 된다. 보통 진행자를 중심으로 패널이나 버즈 그룹의 방식으로 진행된다. 일반화 시간을 거치면서 참여자들은 체험학습을 통해 겪은 심리적인 충격과 독특한 경험을 정리하며 안정을 모색하게 된다.

제7장

토의법 및 전문가 참여 토의법

1. 토의법

1) 토의법의 정의와 목적

토의법은 구두 표현을 통해 서로의 의견을 교환함으로써 각 개인이 해결할 수 없는 문제를 공동의 집단 사고로 해결하려는 방법이다(권대봉, 1999). 즉, 토의란 공통의 관심사가 되는 문제에 대한 바람직한 해결책을 모색하기 위해 토의 참여자들이 협동하여 의견을 교환하는 과정으로, 이 과정을 통해 집단적 결론에 도달하게 된다. 토의의 주제는 사소한 것부터 정책 수립을 위한 것까지 다양하다. 모든 교육 방법 중에서 토의법은 평생교육의 교수자들이 가장 즐겨 사용하는 방법이다. 특히 논란의 여지가 있는 주제에 대해 전문 지식을 가진 토의 참여자들이 자유롭게 의견을 발표하고 다른 사람의 견해를 수용 또는 비판하면서 결론을 도출하는 것이 특징이다. 이와 같은 토의법은 모든 집단 구성원을 포함한다는 점에서 수용적이며, 또 모든 구성원이 참여한다는 점에서 참여적인 교육 방법이다.

토의법은 토의 기법을 사용하여 비형식적인 학습 집단을 구성하고 학습자와 교수자 간에 정보, 아이디어, 의견 등을 나누며 문제해결 방안을 탐구해 나가는 학습 방법이다. 그러므로 토의법에서는 학습자-학습자, 학습자-교수자의 상호작용이 중요하다. 효과적인 토의가 이루어지기 위해서는 토의 집단 내에 민주적인 분위기가 형성되어야 한다. 또한 개방적인 의사소통을 위해 서로 존중하는 협조적인 분위기를 조성해야 한다. 바람직한 토의 집단의 규모는 활발한 상호작용과 토론이 일어나기에 적절한 30명 이내의 집단이 적당하다.

한편, 토의와 토론은 유사한 개념으로 사용된다. 하지만 토의가 참여자들의 협력적인 사고를 통해 합리적으로 문제를 해결해 가는 과정이라면, 토론은 대립적인 주장을 통해 바람직한 결론에 도달해 가는 과정이라 할 수 있다(권이종 외, 2002).

2) 토의법의 특징

일찍이 토의법의 중요성을 설파한 Lindeman(1945)은 토의 집단이야말로 궁극적으로 세계평화를 실현하는 민주주의의 유지에 핵심이 된다고 하였다. 토의법은 다음과 같은 특징을 갖는다(Cruickshank, Bainer, & Metcalf, 1995).

- 단순한 질의응답과 달리, 토의는 대화를 통한 상호작용에 의해서 학습자들의 적극적 참여를 이끌어 냄으로써 학습의 효과를 높인다.
- 토의를 주도하는 교수자는 상황에 따라 다양한 역할을 수행한다. 토의가 활발하게 진행될 때, 교수자는 주로 관찰자의 역할을 하며, 토의 집단의 일원으로 토의에 참여할 수도 있다. 대부분의 경우 교수자는 토의의 촉진자나 조장자로서의 역할을 수행하게 된다.
- 토의 참여자들의 특성이나 토의 집단의 크기에 따라 토의의 성격이

달라진다. 즉, 작은 규모의 소집단 토의가 이루어질 수도 있고, 또 학급 전체가 참여하는 대규모의 토의가 될 수도 있다.

- 토의가 효과적으로 진행될 수 있도록 학습 집단의 배치가 적절하게 이루어져야 한다. 토의 참여자들은 대개 원형으로 앉도록 하는 것이 좋으며, 토의 주제나 참여자의 특성에 따라 집단의 배치가 달라질 수 있다.

근래에는 교수자가 학습자에게 지식을 전달하는 일방통행식이 아닌 교수자와 학습자 간의 대화나 토론을 통한 쌍방통행식 교육 방법으로 교육 효과의 향상을 추구하고 있다. 따라서 토론식 교육 방법을 도입하면 학습자 간의 적극적 참여와 상호작용을 촉진하게 되어 학습 효과를 높일 수 있다.

3) 토의법의 장점과 단점

(1) 토의법의 장점

토의법은 다음과 같은 장점을 갖는다.

- 학습자의 적극적이고 자발적인 참여를 유도할 수 있다.
- 집단역학의 작용으로 집단 시너지 효과를 얻을 수 있다.
- 학습자의 반성적 사고를 촉진하여 새로운 관점을 가질 수 있도록 돕는다.
- 학습자의 자기표현 능력 및 상호작용 능력을 향상시킨다.
- 토의 집단의 구성원 간에 상호 존중하는 방법을 익힐 수 있다.
- 토의 규칙에 따라 타인의 의견을 경청하고 자신의 의견을 논리적으로 전개하면서 집단의 합의를 도출하는 과정을 터득하게 된다.

(2) 토의법의 단점

토의법은 다음과 같은 단점을 갖는다.

- 토의에 시간이 많이 소요된다.
- 토의에 대한 철저한 사전 준비와 규칙 개발 그리고 토의 과정에 대한 체계적 관리가 요구된다. 때에 따라서는 토의 중에 예측하지 못한 상황이 발생할 수 있다.
- 토의의 허용적인 특성으로 인해 학습자의 이탈도 가능하다.
- 구성원이 완전하게 이해하지 못한 사실이나 쟁점에 대해서는 효과적인 토의가 이루어지지 않는다.

4) 토의법의 진행 절차

토의법을 사용할 때는 보통 먼저 토의의 목표를 설정한 후 주제를 정한다. 그다음에 진행 사항을 안내하고 토의를 전개한 후, 마무리하는 단계로 이루어진다. 일반적인 토의 수업 모형은 다음과 같다(권대봉, 1999).

(1) 토의법의 진행 단계
① 주제 결정 단계
토의의 의의 및 목적을 확인한 후, 토의 주제를 결정한다. 토의 주제는 학습자들의 흥미, 요구 및 능력 등을 고려하여 교수자가 선정하거나 학습자들과 협의하여 결정한다.

② 안내 단계
토의 방식을 결정하고 토의 집단을 구성한 후, 각 참여자의 역할을 정한다. 토의의 구체적 절차를 설명하고, 토의의 유형에 적절하게 토의 집단 구성원들의 좌석을 배치한다.

③ 전개 단계

토의가 실제로 이루어지는 단계로, 집단별로 토의 주제와 내용 및 절차 등을 협의하여 진행한다. 이때 각 토의 참여자는 토의 집단에서 자신의 역할이 무엇인지를 확인하고 토의 주제에 관하여 잠시 생각할 시간을 가진 다음, 이를 정리하여 토의에 들어간다.

④ 정리 단계

집단별로 토의 내용을 요약·정리하여 발표한다. 각 토의 집단이 발표한 다음, 다시 전체 토의를 거쳐 종합적으로 결론을 제시한다. 토의를 마친 후에는 토의 내용 및 전반적인 과정에 대하여 반성하고 평가한다.

(2) 토의 수업의 절차

권이종 등(2002)은 효과적인 토의를 전개하기 위하여 거쳐야 할 다음과 같은 5단계를 제시하였다.

① 토의 시작 단계

자연스러운 토의 분위기를 조성하는 단계로, 토의에 대한 전반적인 안내를 통해 토의의 목적을 소개하고 토의 방법을 결정한다.

② 전개 단계

다양한 의견이 개진되는 단계로, 자신의 의견을 자유롭게 표현하고 상대방의 의견을 충분히 듣는다.

③ 정리 단계

다양하게 토의한 내용들을 종합하여 주제별로 정리한다.

④ 설명 및 생각 단계

전체 토의 과정 중에서 가장 긴 시간을 할애하는 단계로, 교수자 또는 토의 진행자와 참여자가 함께 토의의 내용을 검토하는 시간이다. 이 단계에서는 대부분의 토의 참여자들이 장시간의 토의로 많이 피로한 상태이므로 가장 합리적인 결론을 찾도록 한다.

⑤ 종합 단계

지금까지의 토의 내용을 총정리하고, 결론과 해답을 찾아 종합한다.

5) 토의 진행자 및 참여자의 태도

(1) 토의 진행자의 역할 및 태도

평생교육 프로그램에서 토의법을 사용할 때는 특히 민주적 촉진자로서의 토의 진행자의 역할이 중요하다. 토의 진행자는 토의에 참여하는 학습자들과 동등한 입장에서 함께 토의에 참여하면서 토의 집단을 이끄는 역할을 수행하는 것이 바람직하다. 토의 진행자가 바람직한 토의가 진행되도록 촉진하면서 효율적으로 토의 집단을 인도하기 위해 고려해야 할 사항은 다음과 같다(신용주, 2004; Griffiths & Partington, 1992).

- 진행자를 포함한 모든 토의 참여자가 원형으로 함께 앉도록 배치한다.
- 토의 진행자는 가급적 말을 적게 하고 다른 참여자들의 발언을 적극 권장한다.
- 토의 참여자들에게 토의 시간을 적절히 분배한다.
- 가끔씩 질문을 하여 토의 참여자들의 사고를 촉진하고 적절한 피드백을 제공한다.
- 토의에 필요한 인쇄 자료 및 시청각 자료를 미리 준비하고 배포한다.

- 토의 방향을 제시하거나 토의 집단을 인도할 때, 또는 토의 내용을 요약하고 마무리할 때 외에는 되도록 토의에 개입하지 않는다.
- 불안하고 초조해하는 토의 참여자는 토의 진행자와 직접적인 시선 교환이 가능한 바로 맞은편이나 이해심 많은 동료의 맞은편에 앉도록 하는 것이 좋다.
- 지배적이고 소란스러운 참여자는 토의 진행자의 바로 옆에 앉도록 하여 토의 진행을 방해하는 것을 억제한다.
- 토의 장소를 선정할 때는 가족적이고 편안한 분위기에서 토의를 전개할 수 있는 장소를 택한다.

(2) 토의 참여자의 태도

토의가 시작되면 토의의 진행자와 모든 참여자는 대등한 관계에서 적극적으로 토의에 임하는 것이 중요하다. 토의 분위기를 이끌어 나가는 데는 토의 진행자의 진행 방식과 태도가 큰 영향을 미치지만, 토의에 임하는 토의 참여자 역시 적절한 태도를 갖출 필요가 있다. 바람직한 토의 참여자의 태도는 다음과 같다(신용주, 2004).

- 토의 주제에 대한 자신의 생각을 미리 정리한다.
- 적극적으로 토의에 참여한다.
- 지나치게 오랫동안 발언하지 않도록 하며, 간단명료하게 자신의 의견을 개진한다.
- 다른 참여자의 의견이 자신의 의견과 다르더라도, 그 의견을 존중하면서 개방적으로 토의에 참여한다.
- 적당한 유머는 토의의 분위기를 부드럽게 하고 상호작용을 촉진하지만, 유머가 지나치면 진지한 토의 분위기를 깨뜨릴 수 있으므로 유의해야 한다.

(3) 토의 참여자의 유형

토의 참여자들이 토의에서 보여 주는 태도는 교육 수준, 지위 및 성별에 따라 다양하며, 이들의 유형은 〈표 7-1〉과 같이 분류할 수 있다.

| 표 7-1 | **토의 참여자의 유형**

말이 많은 사람	특별한 전문 지식 없이 자기 의견을 주장하며, 토의 중 아무 때나 발언한다.
침묵자	토의 내용을 열심히 청취하며 생각에 잠기지만, 자신과의 내적인 대화에 그칠 뿐인 수동적 참여자이므로 진행자의 참여 유도가 필요하다.
항상 고개만 끄덕이는 사람	토의 과정에 대해 깊은 생각 없이 항상 "예, 예." 하면서 고개를 끄덕이며 동의하는 태도를 보인다.
토의의 방해자	"토의 진행이 미흡하다." "사회자의 태도가 불공평하다." 등의 발언을 하면서 토의 분위기를 흐리며 원활한 토의 진행을 방해한다.
유머가 지나친 사람	토의에서 지나친 유머로 토의의 초점을 흐린다.
신랄한 비판자	지나치게 비판적이고 논쟁을 좋아하며 토론 과정에 시비를 건다.

출처: 권이종 외(2002). p. 209.

(4) 토의에서 발생하는 장애

토의를 이끄는 진행자는 토의 집단의 전개 상황을 계속 평가하면서 토의 참여자들의 학습을 방해하는 요소들에 대해서도 인지하고 있어야 한다. 예를 들어, 참여자들이 토의에 집중하지 않거나, 토의에 대해 적대감을 나타내거나, 주의를 다른 곳으로 돌리는 질문을 하는 등의 상황을 파악하면 이에 대처하여 해결해야 한다. 토의에 적극 참여하지 않는 사람들은 대개 다음과 같은 이유 때문이다.

- 지나치게 수동적일 때
- 토의의 가치를 잘 모를 때

- 비판을 두려워하거나 바보같이 보일까 봐 두려울 때
- 대안적인 관점이 도출되기 전에 합의하도록 종용받을 때
- 토의 결과로 제시될 해결책이 토의 참여자들이 아닌 진행자가 원하는 것일 때

이러한 경우에는 문제를 파악하여 학습자로 하여금 두려움을 갖지 않고 토의에 참여하도록 격려하는 것이 중요하다. 토의에 참여하기를 주저하는 학습자에게는 옳고 그른 답이 없는 "이 문제에 대해서는 어떻게 생각하십니까?"와 같은 질문을 통해 토의 참여를 유도하는 것이 좋다. 한편, 토의에 적극적인 참여자에게는 교수자가 미소를 보여 주는 등의 작은 보상을 자주 제공하는 것이 바람직하다.

2. 전문가 참여 토의법

여기서는 평생교육에서 자주 사용되는 토의법 중 전문가가 참여하는 다양한 유형에 대하여 알아보기로 한다. 교육 훈련 현장에서 많이 활용되는 대표적인 전문가 참여 토의법으로 포럼, 패널 토의, 심포지엄, 세미나, 콜로키, 인터뷰 등을 들 수 있다. 각 기법의 개념, 특징 및 기대 효과는 다음과 같다.

1) 포럼

⑴ 포럼의 정의와 목적

포럼(forum)은 공개 토의라 불리는 토의 기법이다. 포럼은 진행자의 주도하에 약 25명 이상의 집단 구성원과 두 명 이상의 전문가가 공개적인 토의를 하는 것을 원칙으로 한다. 또한 포럼의 목적은 어떤 지식이나 정보 또는 의견을 더욱 확산시키는 것이다. 포럼은 다음과 같은 경우에 개최된

다. ① 강의, 강연, 심포지엄, 패널 등에서 이미 제기된 쟁점을 더욱 심도 있게 분석하려고 할 때, ② 청중 또는 참여자들에게 아이디어나 의견을 개진하도록 하고 이에 대한 토의를 하려고 할 때, ③ 참여자들이 낸 의견에 대한 전문가의 견해를 듣고자 할 때 등이다.

포럼은 준 형식적(semiformal)인 토의법으로, 진행자(moderator)에 의해서 진행된다. 진행자는 토의를 이끌며 청중으로 하여금 쟁점을 제기하도록 하고, 이에 대한 토의 또는 논평을 하거나 정보를 제공하며, 포럼에 참석한 전문가에게 질문하도록 할 수 있다. 포럼은 패널 포럼이나 심포지엄 포럼과 같이 다양한 변형 형태로도 실시 가능하다.

(2) 포럼의 특징 및 기대 효과

포럼의 특징 및 기대 효과는 다음과 같다.

- 포럼은 특정 전문가들의 발표뿐 아니라 모든 참여자의 토의 참여가 가능하다는 점에서 보다 직접적·효과적인 학습 성과를 기대할 수 있다.
- 포럼은 다른 강의, 강연, 심포지엄 등에서 토의된 내용 중 제기된 주제나 문제를 확인하고 명료화하는 데 효과적이다. 또한 참여자들이 의견을 개진하도록 격려하고 토의를 유도하는 데 유용하다.
- 포럼에 참여하는 전문가들은 미리 철저한 준비를 하며, 집단 구성원들 역시 주제에 대하여 미리 연구를 한 후 서로 질의·응답을 하게 되어 효과적인 학습이 일어날 수 있다.
- 포럼을 통해 도출되는 의견은 소수 전문가의 의견이 아닌 일반 참여자들의 견해이므로 더 풍부하고 의미 있다.
- 포럼을 원활하게 이끌어 갈 숙련된 진행자의 확보가 중요하다.

[그림 7-1]은 포럼을 실시하기 위하여 사회자 및 연사들의 좌석 배치와 환경 구성 방법을, [그림 7-2]는 포럼을 진행할 때 주로 발생하는 사회자,

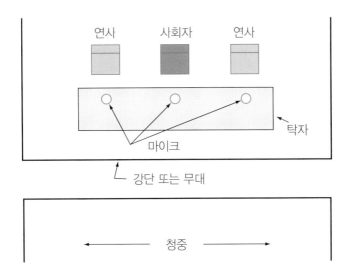

| 그림 7-1 | **포럼을 위한 환경 구성**

출처: Galbraith (Ed.). (2004). p. 413.

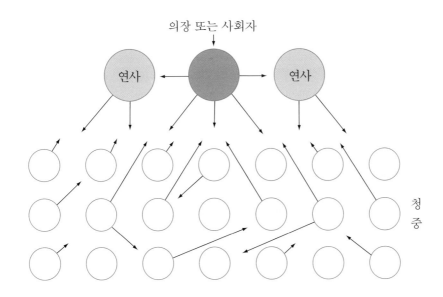

| 그림 7-2 | **포럼에서의 상호작용 양태**

출처: Galbraith (Ed.). (2004). p. 411.

연사 및 청중 간의 상호작용의 양태를 보여 준다.

2) 패널 토의

(1) 패널 토의의 정의와 목적

패널(panel)은 특정 주제에 관심 있는 3~6명의 소집단으로 이루어진 토의 집단이다. 배심 토의라고도 불리는 패널 토의는 특정 주제에 대한 전문 지식을 가진 패널 구성원이 의도적인 대화의 형식으로 토의하는 것이다. 패널은 보통 청중 앞에 놓인 탁자에 앉으며, 진행자가 미리 준비한 질문을 통해 대화를 하게 된다. 진행자는 보통 약 1시간에 걸쳐 토의를 진행하고, 대화 형식으로 토의가 계속 전개되도록 하며, 청중이나 진행자가 연설하는 것은 원칙적으로 허용되지 않는다. 청중은 패널의 대화를 보고 들으면서 학습하게 되며, 때로는 진행자의 재량으로 토의에 참여하기도 한다. 종종 패널 토의는 청중의 질문하기와 같은 참여가 허용되는 포럼의 형태로 이어지기도 한다(Galbraith, 2004).

패널 토의는 주로 다음과 같은 목적을 위해 실시된다(권이종 외, 2002).

- 문제나 논쟁점을 확인하고 명료화할 때
- 참여자들에게 주제에 대한 관심을 불러일으키거나 다양한 견해를 제공할 때
- 주제에 대한 광범위한 의견을 활용하고자 할 때

(2) 패널 토의의 특징 및 기대 효과

패널 토의의 주요 특징 및 기대 효과는 다음과 같다.

- 패널 토의의 분위기는 대개 비형식적이다.
- 사전에 패널과 토의의 범위 및 진행 방법에 대하여 의논할 수 있다.

- 간혹 패널이 질문이나 지시를 묵살하는 경우도 있으나, 진행자에 의한 통제를 원칙으로 한다.
- 주제에 대한 다양한 사실이나 의견, 태도 등이 대두된다.
- 패널 간 최대한의 상호작용이 가능하다.
- 주제에 대한 조직적이고 활발한 발제, 주장과 견해의 차이 부각, 경쟁적인 토의 전개 등으로 청중의 관심을 증가시킬 수 있다.

[그림 7-3]에는 청중 앞에서 패널 토의를 실시할 때 진행자와 패널 집단 간 상호작용의 양태가 나타나 있다.

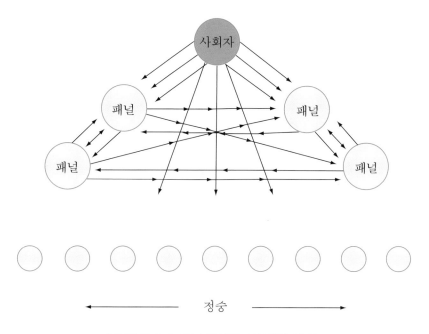

┃ 그림 7-3 ┃ 패널 토의의 상호작용 양태

출처: Galbraith (Ed.). (2004). p. 416.

3) 심포지엄

(1) 심포지엄의 개념과 목적

심포지엄(symposium)은 흔히 단상 토의라는 집단 토의 방식으로 널리 활용되는 토의법으로, 주로 다음과 같은 목적으로 개최된다(권이종 외, 2002).

- 조직적으로 정보를 제시하고자 할 때
- 논쟁점에 관한 광범위한 의견을 제공하려 할 때
- 문제를 명료화시키거나 하나의 주제에 대한 다양한 관점을 분석할 때
- 논쟁점에 대한 이해를 구하거나 관심 있는 사람들의 태도를 환기시키고자 할 때

심포지엄은 보통 2~5명의 해당 분야의 뛰어난 전문가로 구성된 연사가 특정 주제에 대하여 각자의 견해를 제시하는 일련의 프레젠테이션을 한 다음, 토의를 전개하는 공식적인 좌담 토의의 형태로 진행된다. 심포지엄은 권위 있는 연사의 프레젠테이션으로 구성된다는 점에서 형식적이다. 의장의 개회사 후 각 연사는 의장의 진행에 따라 특정 주제에 관하여 약 20분 정도의 발표를 하며, 대개 심포지엄의 총 진행 시간은 약 60~90분이다. 그러나 심포지엄에서는 사전에 준비된 공식적인 의견 발표만 있을 뿐 발표자들 간의 대화나 토의, 또는 발표자와 청중 간의 의견 교환은 거의 이루어지지 않는다(Galbraith, 2004).

[그림 7-4]는 심포지엄을 실시할 때의 일반적인 환경 구성 및 배치 방식을, [그림 7-5]는 심포지엄을 진행할 때 나타나는 의장(또는 사회자) 및 연사들의 청중과의 상호작용 양태를 제시하고 있다.

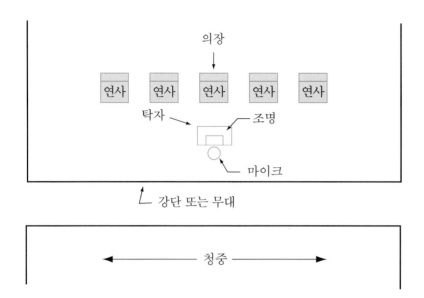

┃ 그림 7-4 ┃ **심포지엄을 위한 환경 구성**

출처: Galbraith (Ed.). (2004). p. 422.

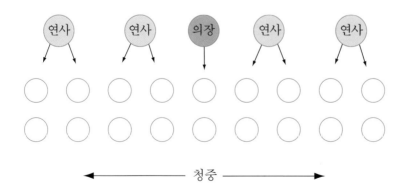

┃ 그림 7-5 ┃ **심포지엄에서의 상호작용 양태**

출처: Galbraith (Ed.). (2004). p. 420.

(2) 심포지엄의 특징 및 기대 효과

심포지엄의 특징 및 기대 효과는 다음과 같다.

- 전문가들의 다양한 지식과 견해 및 경험을 짧은 시간 동안에 청중에게 조직적으로 전달할 수 있다.
- 청중 집단의 규모가 크더라도 간접적 참여를 통해 집단학습 능력을 향상시킬 수 있다.
- 논란의 여지가 있는 주제에 관한 전문가들의 견해를 전달함으로써 대주제 및 관련 소주제들 간의 관계를 더욱 명백하게 규명할 수 있다.
- 하나의 주제에 대한 다차원적 분석을 통해 다양한 관점을 체계적으로 이해할 수 있다.
- 청중은 간접적인 참여를 통해서 새로운 지식과 정보를 습득함으로써 학습 동기 및 관심이 유발된다.

지금까지 포럼, 패널 토의, 심포지엄의 주요 특성을 살펴보았다. 〈표 7-2〉는 각각의 특성을 비교·정리한 내용을 보여 준다.

| 표 7-2 | 포럼, 패널 토의, 심포지엄의 비교

방법	목적	형식적/비형식적	청중 참여도
포럼	25명 이상의 청중이 1명 이상의 전문가와의 개방형 토론에 참여함	준 형식적	높음
패널 토의	3~6명 정도의 전문가가 청중 앞에서 탁자에 앉아 주어진 주제에 따라 목적 지향적 대화를 나눔	비형식적	제한적임
심포지엄	하나의 주제에 대한 서로 다른 관점에 대해 2~5명의 저명한 전문가가 일련의 형식적 발표로 진행함	형식적	보통

출처: Galbraith (Ed.). (2004). p. 409.

4) 세미나

(1) 세미나의 정의와 목적

세미나(seminar)는 토의법 중 우리에게 가장 친숙한 유형이다. 세미나는 대개 전문연구기관의 주최로 실시되며, 참여자들은 모두 관련 주제에 대한 수준 높은 지식과 정보 및 경험을 가지고 있으므로 발제나 질의 및 토의 내용은 고도의 전문성을 갖는다. 세미나는 대학이나 대학원의 강의에서, 또 평생교육 현장에서 널리 활용되고 있다. 최근에 대학, 대학원, 연구기관이나 평생교육기관에서 실시하고 있는 세미나는 더 비형식적이라는 점에서 본래의 세미나 방식과 조금 차이가 있다. 본래 세미나란 해당 주제에 관한 5~30명 정도의 전문가들로 구성된 소수의 참여자에 의해 실시된다.

(2) 세미나의 특징 및 기대 효과

세미나의 특징 및 기대 효과는 다음과 같다.

- 전문적인 식견을 갖춘 세미나의 참여자들은 의장 주도하의 토의를 통해 새로운 아이디어와 경험, 지식, 정보 등을 나누게 된다. 즉, 학습자는 세미나에 참여함으로써 자질 향상과 훈련의 기회를 얻을 수 있다.
- 세미나의 참여자들은 모든 발표자의 발표 내용을 미리 검토한 후 서로 발표하고 의견을 교환한다.
- 사전 준비 및 세미나 참여를 통해서 주제에 대한 구체적 지식과 새로운 정보를 획득할 수 있다.
- 모든 세미나 참여자가 발표와 토의에 적극적으로 참여할 수 있다.
- 관련 주제에 대하여 흥미와 학습 동기를 유발할 수 있다.

5) 콜로키

(1) 콜로키의 정의와 목적

콜로키(colloquy)는 흔히 대담 토의라고 불리는 토의법으로, 특정 주제에 대하여 전문가와 청중의 대표가 토의하는 방법이다. 1명의 사회자가 토의를 주관하며 대개 6~8명이 토의에 참석하는데, 이 중 3~4명은 청중 대표이며 나머지는 자원 인사(resource person)나 전문가들로 구성된다. 토의 시간은 청중 집단과 전문가 집단에게 거의 동등하게 분배된다.

(2) 콜로키가 효과적인 상황

콜로키가 효과적인 상황은 다음과 같다.

- 특정 주제에 대한 관심을 부각시킬 필요가 있을 때
- 문제의 확인과 명료화 작업이 필요할 때
- 논점 확인이나 토의를 통해 나타난 문제에 대하여 전문 지식적 접근이 필요할 때
- 청중에게 어떤 주제와 관련된 요인들을 이해하기 위한 기회를 제공하고자 할 때
- 어떠한 행위의 장단점을 비교하려 할 때
- 자원 인사들로 하여금 그 주제에 대한 참여자들의 지식 수준을 파악할 기회를 제공하고자 할 때

(3) 콜로키의 특징 및 기대 효과

콜로키의 특징 및 기대 효과는 다음과 같다.

- 콜로키 참여자가 적극적으로 참여할 때 학습의 흥미와 욕구를 유발할 수 있다.

- 전문가 역시 참여자의 질문이나 피드백을 직접 들을 수 있으므로 학습자의 욕구에 부응하는 토의를 할 수 있다.
- 참여자는 전문가들로부터 풍부한 지식과 새로운 정보를 습득하는 한편, 자신의 질문에 대한 전문적인 답변을 얻을 수 있다.
- 전문가-참여자, 참여자-사회자 간의 자유로운 의사소통을 통해 학습 효과를 높일 수 있다.
- 사회자가 체계적으로 클로징를 진행하면 자연스럽고 깊이 있는 토의가 이루어진다. 또한 모든 참여자의 의견을 수렴함으로써 해당 주제에 대한 광범위한 학습이 일어날 수 있다.

6) 인터뷰

(1) 인터뷰의 개념과 목적

인터뷰(interview)는 면담 또는 면담 학습이라 불리며, 면담자가 학습자들 앞에서 미리 정해진 주제에 관해 한두 명의 전문가나 자원 인사에게 질문하고, 그들의 답변을 듣는 대화 형식을 통해 진행된다. 면담자는 전문가에게 주제와 관련하여 미리 정해진 질문을 하며, 때로는 인터뷰가 진행됨에 따라 즉흥적인 질문을 하기도 한다. 이들에게 질문의 요지를 사전에 알려 주기는 하나, 면담 자체를 연습하지는 않는다.

인터뷰는 주로 편안하고 비형식적인 방법으로 정보를 제시하고자 할 때나 문제의 분석을 통해 논쟁점을 명료화하려 할 때 사용된다.

(2) 인터뷰의 특징

인터뷰의 특징은 다음과 같다.

- 다른 기법에 비해 상대적으로 준비가 용이하고, 대부분의 전문가나 자원 인사도 연설보다는 인터뷰를 더 선호한다.

- 학습자에게 이해가 잘 되지 않는 부분을 전문가가 사례와 함께 잘 설명할 수 있다.
- 쟁점에 대한 청중의 관심을 유발시키기가 쉽다.
- 구체적 정보를 제시하기는 쉽지 않다.

제8장

교수자 중심 평생교육 방법

1. 강의법

1) 강의법의 정의와 특성

강의법(lectures)은 교수자가 지식이나 기술에 대한 설명을 통해 학습자들을 이해시키는 교수자 중심의 교수 방법이다. 즉, 교수자가 언어를 통해서 학습 내용을 일방적으로 제시하고, 대부분의 학습자는 이를 수동적으로 받아들이는 학습 활동이다. 판서나 교재 또는 핸드아웃(handouts)을 보조 교재로 사용할 수 있으며, 근래에는 파워포인트를 많이 사용한다. 강의법은 여러 가지 교수법 중에서 가장 역사가 깊은 교수법 중 하나로, 서적이 희소하였기 때문에 교수자만이 책을 가질 수 있었던 중세의 대학에서 성행되던 방법이다. 이처럼 학교와 같은 형식적 교육 상황에서 주로 사용되는 강의법에 대해 변화하는 교수-학습 환경 속에서는 효과적인 교수 방법이 아니라는 비판이 있어 왔다. 그럼에도 강의법은 아직도 대학을 비롯한 대부분의 교육 현장에서 가장 널리 사용되는 교수 방법의 하나다.

강의법은 학습자에게 지식, 개념 및 사실에 대한 정보를 제공하는 것을 그 목적으로 한다. 또한 교수자는 강의를 통해 학습자들에게 학문적 내용과는 별도로 가치관을 전달할 수 있다. 교수자의 태도나 열정은 학습자의 학습 동기 유발에 중요한 영향을 미친다. 특히 교수자의 열정은 학습자에게 학습 의욕을 고취시키는 매우 중요한 요인으로 제시되었다. 그러므로 교수자는 강의를 준비할 때 강의 내용에 자신의 관심사나 좋아하는 내용을 포함시켜 자신의 흥미와 열정이 학습자에게 전달되도록 하는 것이 효과적이다.

2) 강의법의 장점과 단점

강의를 성공적으로 이끌기 위하여 교수자가 숙지해야 할 강의법의 장점과 단점을 알아보면 다음과 같다(신용주, 2004; Svinicki & McKeachie, 2011).

⑴ 강의법의 장점

- 경제적이다.
- 가장 최근의 학문과 이론을 소개하기에 유용하다.
- 핵심 개념 및 원칙에 초점을 맞추기가 용이하다.
- 짧은 시간 동안에 많은 양의 지식이나 정보를 체계적으로 전달하는 데 효과적이다. 슬라이드, 비디오 클립, 파워포인트 등을 활용하면 더욱 효과적이다.
- 능력과 자질이 뛰어난 교수자는 많은 학습자에게 수준 높은 강의를 전달할 수 있다.
- 교수자 주도로 진행되어 학습자에게 많은 참여를 요구하지 않으므로 특히 내성적이거나 소극적인 학습자에게 안정감을 준다.

(2) 강의법의 단점

- 교수자가 거의 일방적으로 강의를 주도하기 때문에 학습자의 참여는 제한된다. 따라서 질문이나 토의 등 학습자의 적극적인 참여가 이루어지지 않으면 학습자의 역할은 수동적이다.
- 교수자의 능력과 수준에 따라 강의의 질과 수월성이 달라지므로, 강의 주제와 관련한 교수자의 다양한 경험과 철저한 수업 준비가 요구된다.
- 강의는 교수자 주도적으로 진행되므로 학습자 측면에서의 질문이나 피드백의 기회가 적어 학습자의 이해도를 파악하거나 오류를 수정하기 어렵다.
- 학습자가 지속적으로 강의에 집중하기가 쉽지 않다.

〈표 8-1〉은 강의법의 장단점을 요약하여 보여 주고 있다.

┃ 표 8-1 ┃ 강의법의 장점과 단점

장점	단점
• 짧은 시간 동안에 많은 학습자에게 다양한 지식과 정보를 제공할 수 있어서 경제적임 • 정보와 지식의 체계적인 전달이 용이함 • 소극적 학습자에게 참여 부담이 적음 • 능력과 자질이 뛰어난 교수자는 학습자의 높은 동기 유발을 유도함 • 교수자가 강의 내용, 수업 시간, 학습 환경을 상황에 적절하게 조절 가능함	• 학습자의 특성, 경험, 수준 및 기대를 정확히 파악하기 어려움 • 학습자의 참여가 제한됨 • 학습자의 수준에 따라 학습 정도의 차이가 발생할 수 있음 • 학습자의 주의집중이 지속되기 어려움 • 학습자에 대한 교수자의 피드백 제공이 제한됨

출처: 신용주(2004). p. 286.

(3) 강의법의 효과적 사용을 위해 고려할 사항

평생교육의 현장에서 강의법을 효과적으로 적용하기 위하여 고려해야 할 사항들은 다음과 같다.

- 가능하면 학습자들의 특성을 상세히 파악한 후, 학습자에게 적절한 강의 내용과 방법을 준비한다.
- 학습자가 장시간 강의에 집중하기가 어렵다는 점을 고려하여 강의 시간이 지나치게 길어지지 않도록 적당하게 정한다.
- 신체 기능이 감퇴하는 성인학습자를 위하여 좀 더 안락한 환경을 제공한다.
- 교수자가 단순히 교재에 의존하여 구두로 정보나 지식을 전달하는 것보다는 다양한 시청각 자료와 새로운 교육 기자재를 함께 사용하는 것이 좋다.
- 강의할 때 유머 혹은 실생활에서 흔히 경험하는 사례를 적절히 사용하여 학습자의 흥미를 유발한다.
- 학습자의 수강 태도 및 이해도에 따라 강의 내용이나 강의 속도를 유연하게 조정한다.
- 가능하면 교수자와 학습자가 서로 의견이나 경험을 나눌 수 있는 활동을 고안하여 활용한다.
- 강의 내용이 정확하게 전달될 수 있도록 크고 명료한 음성으로 강의한다.
- 강의 중간 중간에 학습자의 이해를 돕기 위해 지금까지의 강의 내용을 요약하고 이에 대한 질문을 함으로써 학습자의 이해 정도를 파악한다.

3) 좋은 강의의 특징

Fry, Ketteridge와 Marshall(2003)은 대부분의 학습자가 좋은 강의의 특징으로 제시한 사항을 다음과 같이 정리하였다.

- 교수자가 미리 간단한 요약이나 개관을 작성하여 배부하거나 수업 중에 보여 준다.
- 교수자의 강의 속도가 노트를 받아 적기에 적절하다.
- 교수자가 강의 도중 잠깐씩 멈추고 강의 내용을 명료하게 확인해 준다.
- 교수자가 강의 도중 교재의 내용, 학습자의 반응, 질문 등을 검토하기 위한 짧은 휴식 시간을 갖는다.
- 교수자가 강의의 주요 핵심 포인트를 반복하여 강조한다.
- 교수자가 강의의 주요 핵심 포인트를 최종 확인하고 전체적인 강의 내용을 정리·요약한다.

평생교육의 현장에서 강의법을 사용할 때, 교수자나 성인학습자의 개인적인 상황이나 문제로 인해 강의가 순조롭게 진행되지 않는 경우도 있다. 또한 강의실에서 학습자의 무례하거나 돌발적인 행동으로 인해 교수자가 강의를 제대로 수행할 수 없는 상황이 발생할 수도 있다. 따라서 성인학습자를 대상으로 강의를 진행할 때는 아동·청소년 학습자와는 달리 이들의 경험이나 특성이 학습 상황에서 다양한 형태로 표출되는 경우가 있음을 알고 이에 대처할 수 있는 자질을 갖추어야 한다.

4) 강의법 사용을 위한 강의실의 좌석 배치 및 환경 구성

일반적으로 강의가 진행되는 강의실은 U자형 책상에 학습자들이 둘러앉는 유형, 강의자가 중앙 앞에서 강의하고 학습자들은 사선형 배치 강의실이나 강당, 극장 또는 반원형의 계단식 강의실 등에서 강의를 수강하는 네 가지 유형이 대부분이다. 각 유형별 구체적 좌석 배치 및 필요한 장비와 위치는 [그림 8-1]에 제시되어 있다.

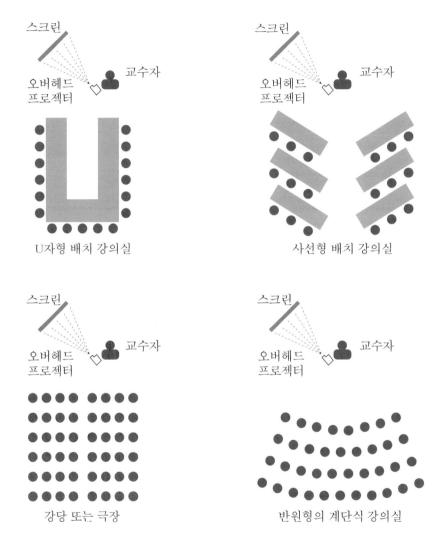

U자형 배치 강의실

사선형 배치 강의실

강당 또는 극장

반원형의 계단식 강의실

┃ 그림 8-1 ┃ **강의법에 주로 사용되는 좌석 배치의 네 가지 유형**

출처: Galbraith (Ed.). (2004). p. 241.

5) 효과적인 강의의 진행 절차

(1) 사전 준비와 소개

강의를 담당하게 된 교수자는 수업을 시작하기 전에 우선 긍정적인 강의실 분위기 조성을 위해 다음과 같은 사전 준비 및 자기소개를 진행하는 것이 좋다.

① 자신의 강의를 수강하는 학습자들의 특성을 미리 파악한다

강의 시작 전에 미리 온라인으로 수강 예정 학습자의 이름, 이메일 주소, 전화번호, 학년 또는 학기, 전공 등에 관한 정보를 얻을 수 있는 질문지를 완성하여 배부한다. 이전에 수강했던 강좌나 현재 수강 중인 강좌, 또 강좌를 수강하는 이유, 강좌를 통해 배우고 싶은 내용, 희망하는 커리어 계획, 현재의 취업 유무, 관심 및 흥미 분야를 아는 것은 학습자 집단의 특성을 파악하고 강의를 계획하는 데 많은 도움을 준다.

② 교수자 자신에 대해 소개한다

교수자는 강의 시작 전에 학습자 집단에게 자신의 배경 및 자신에 대한 정보를 제공한다. 또한 자신이 지금 강의하려는 주제 및 영역에 대해 언제부터 관심이 생겼고 어떠한 저술이나 논문을 발표했으며, 현재 연구를 하고 있는 분야는 무엇인지 등에 대해 간략히 소개하는 시간을 갖는다. 교수자가 관심 분야와 강의에 대한 열정을 보여 주는 것은 학습자의 동기 유발에 중요한 요소가 된다.

⑵ 강의 중의 의사소통 촉진

강의 중에도 쌍방향적 또는 다방향적 의사소통이 일어날 수 있는 질의응답이나 토의가 이루어지도록 격려한다. 전통적인 강의에서는 언어적·비언어적 의사소통의 흐름이 일방적으로 진행되는 경향이 있으나, 질문이나 토의 방식이 더해지면 쌍방향적 또는 다방향적 의사소통의 흐름이 형성되어 학습자의 참여도와 만족도가 증가할 수 있다. [그림 8-2]는 전통적 강의에서의 일방적인 의사소통의 흐름을, [그림 8-3]은 강의 외에 질의응답이나 토의가 추가로 실시됨으로써 나타나는 쌍방향적 의사소통 흐름을

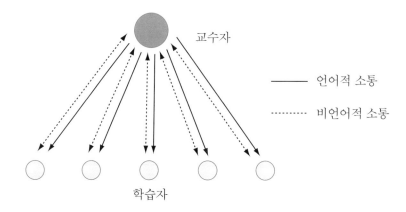

│ 그림 8-2 │ 전통적 강의에서의 일방적 의사소통의 흐름

출처: Galbraith (Ed.). (2004). p. 238.

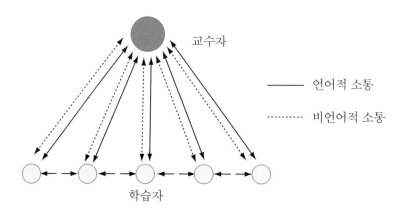

│ 그림 8-3 │ 질의응답 및 토의에 의한 쌍방향적 의사소통의 흐름

출처: Galbraith (Ed.). (2004). p. 238.

보여 주고 있다. 또한 [그림 8-4]는 강의에서 소집단 토의가 추가로 진행
될 때 나타나는 다방향적 의사소통의 흐름을 제시하고 있다.

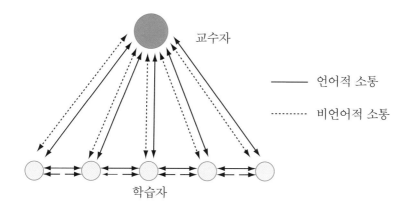

교수자

—— 언어적 소통

┈┈┈┈ 비언어적 소통

학습자

┃ 그림 8-4 ┃ 소집단 토의에 의한 다방향적 의사소통의 흐름
출처: Galbraith (Ed.). (2004). p. 239.

(3) 강의의 진행 절차

강의를 시작해서 마칠 때까지의 진행 과정은 대개 다음과 같은 단계로 전개된다(Svinicki & McKeachie, 2011).

① 강의 전반에 대해 개관하고 안내한다

강의를 소개하는 시작 단계에서는 학습자가 현재 알고 있는 내용과 관련해 호기심을 불러일으킬 만한 질문을 하는 것이 좋다. 예를 들어, 노년기의 인지발달 변화와 관련하여 "우리가 나이 듦에 따라 우리 지능은 어떻게 될까요?" "노년기에 가장 중요한 관심사는 무엇일까요?" 등의 질문을 하는 것은 좋은 시작이 된다.

② 강의 시간에 적절하도록 제공하는 정보의 양을 조절한다

강의를 진행할 때 가장 많이 하는 실수는 한 강의 시간 동안에 너무 많은 내용을 모두 다루려 하는 것이다. 많은 교수자는 자신이 준비한 모든 내용을 한 강의에서 전달하려고 한다. 그러나 너무 많은 정보를 한꺼번에 전달하게 되면 학습자의 이해 능력을 초과하는 많은 지식이 제공되어 학습자의 이해도가 낮아지고 강의의 효과가 떨어지게 된다. 따라서 보통 한 강의 시간에는 약 3~4개 정도의 핵심 포인트를 중심으로 진행하는 것이 적절하다. 중요한 내용의 포인트나 키워드를 제시할 때는 점진적으로 제시하는 것이 좋으며 판서를 하거나 파워포인트 등을 사용할 수 있다. 강의법을 사용할 때는 학습자의 집중도를 유지하여 강의실의 모든 학습자가 같은 시간에 같은 페이지를 보도록 하는 것이 중요하다. 또한 도표나 그래프 등 시각적 자극을 주어 구두 강의에 치우친 부분을 보완하는 방법도 효과적이다.

③ 강의 내용과 관련된 사례를 인용한다

사례를 인용할 때는 구체적인 것에서 추상적인 것으로 한다. 즉, 교수자가 전달하고자 하는 내용을 학습자가 갖고 있는 지식과 연계시킬 수 있는 주제를 다루어야 한다. 특히 학습자의 일상생활과 관련된 사례를 여러 개 준비하는 것이 좋다. 만화나 재미있는 이야기로 강조하고자 하는 포인트를 예시하거나 유머를 사용하는 것도 학습자의 흥미를 유지할 수 있다. 또한 학습자에게도 자신의 사례를 제시할 수 있도록 기회를 준다.

④ 강의 중간에 잠깐씩 강의를 요약해 준다

강의 도중에 이미 배운 강의 내용을 요약해 주는 것은 큰 도움이 된다. 주기적인 강의 요약을 함으로써 학습자는 이해가 안 된 부분에 대해서 이해하게 되거나 잘못 이해한 부분도 바로잡게 된다. 따라서 강의의 핵심 포인트를 한두 번 정도 반복해 주는 것은 학습자가 바쁘게 노트에 적기만 했던 내용들을 이해하도록 돕는다. 또한 질문이나 토론 시간을 마련하여 학습자가 참여하도록 함으로써 학습 효과를 높일 수 있다.

⑤ 학습자의 이해도를 점검하는 질문을 한다

때로 학습자는 열심히 강의 노트를 적고 있음에도 불구하고 강의 내용을 잘 이해하지 못하는 경우가 있다. 이럴 때는 학습자의 집중도가 떨어지는 것을 방지하기 위해 학습자에게 질문을 하거나, 학습자가 알고 싶어 하는 것에 대해 질문을 할 기회를 주는 것이 좋다. 또는 각자가 하고 싶은 질문을 적어서 옆에 앉은 학습자의 질문과 비교하도록 하여 서로가 관심이 있는 부분에 대해 의견을 교환하게 한다.

⑥ 강의를 마무리한다

강의를 끝낼 때는 혹시 학습자가 수업 내용 중 이해 못한 부분이 있는지를 알아본다. 학습자에게 질문을 하거나 수업 내용을 기억하는 데 도움이 될 방법을 알려 줄 수도 있다. 핵심 내용을 다시 한 번 요약해 주고, 미처 답하지 못한 질문들에 대해서는 다음 시간까지의 읽기 과제를 통해 그 답을 생각해 보도록 한다. 학습자에게 큰 부담을 주지 않는 범위에서 간단한 퀴즈를 볼 수도 있다.

6) 효과적인 강의법의 사용을 위한 지침

Galbraith(2004: 248)는 평생교육 현장에서 강의법을 효과적으로 사용하기 위한 지침을 다음과 같이 제시하였다.

> ### Tips for Effective Lectures
>
> - point 1: say a lot about title
> - point 2: use a lot of examples
> - point 3: keep moving
> - point 4: capitalize on variety

(1) 주제에 대해 충분히 설명한다

주제를 3~4개의 핵심 개념으로 구체화시켜 상세히 설명한다. 이 방법은 제한된 강의 시간 동안에 다루어야 할 내용이 많을 때 특히 유용하다. 교수자가 강의를 할 때 모든 것을 다 다룰 수는 없으므로 학습자에게 무엇이 중요하며 무엇이 이해하기 어려운 것인지를 알도록 해 준다. 강의자는 우선 가장 중요한 포인트를 설명하고 핵심 내용을 제시한 후 현실감 있는 생활 현장의 사례를 들어 다시 설명하고 시청각 자료로 학습을 강화한다. 이때 중요한 포인트는 한 가지씩 강조하며 시간 배분을 적절히 하여 특정 포인트를 생략하거나 급히 다른 포인트로 진행하지 않도록 주의한다. 또 핵심 포인트는 4~5차례까지 반복해 줌으로써 기억의 유지를 돕는다.

(2) 사례를 많이 인용한다

사례나 예시, 시범을 자주 사용하는 것이 좋다. 학습자들의 배경이나 인생 경험을 반영한 사례를 인용하면 더욱 효과적이다. 예를 들어, 재정 관리와 같은 주제는 세금 납부나 은퇴 후 투자 등 개인적 재무관리에 대한 지식을 제공하므로 성인학습자에게 호응을 얻을 수 있다. 이렇게 강의의 핵심 포인트를 강의자 자신의 삶의 경험에 비추어 설명한 사례나 개인적 일화들은 특별한 감동을 준다.

(3) 한곳에 멈춰 있지 않고 계속 움직이면서 강의를 진행한다

교수자가 강의실 안에서 계속 옮겨 다니며 강의하는 것은 언어적·비언어적 소통에 도움이 된다. 그러나 강의 중에 돌아다니기 위해서는 교수자가 교탁을 떠나도 될 정도로 강의 내용에 대해 잘 알고 있어야 한다. 또한 학습자의 반응에 따라 즉시 필요한 조치를 취할 수 있어야 하며, 움직이면서도 강의 내용을 요약하고 사례를 인용하며 피드백을 요구할 수 있어야 한다. 이때 교수자는 즉각적인 반응을 보일 수 있도록 학습 내용에 대해 더 많이 성찰하고 실습해야 한다. 강의실 안에서 계속 돌아다니며 강의를 진행하는 것은 학습자와의 물리적 거리를 줄이고 시선 교환하기(eye contact)를 증가시켜 교수자와 학습자 간의 연계감 강화에 도움을 준다.

(4) 다양한 방법을 활용한다

강의를 전개하는 방식의 변화를 통해 학습자들의 관심을 얻을 수 있다. 시청각 자료, 토의 집단, 질문법 등을 적극 활용하고 강의 전달 속도, 목소리의 톤 그리고 몸짓 등 모든 것을 다양하게 하려고 노력한다. 이러한 변화는 학습자의 강의 만족도를 높여 준다.

7) 효과적인 강의노트 준비를 위한 지침

강의를 진행할 때, 잘 준비된 강의노트를 제공하는 것은 강의의 수월성과 학습의 효과를 크게 향상시킨다. Davis(2009)는 학습자의 집중을 유지하는 데 도움이 되는 강의노트의 작성 및 전달을 위한 지침을 다음과 같이 제시하였다.

(1) 세심하게 강의노트를 준비한다

철저한 준비는 강의 중에 일어날 수 있는 당황스러운 상황을 미리 대비하게 해 준다. 교수사는 아무리 그 주제에 대해서 잘 알고 있어도 강의에 포함할 핵심 포인트를 미리 순서대로 준비하고, 개념, 정의 및 인용할 사례를 준비해 놓는 것이 좋다. 강의에서 소개할 사례들은 가장 적절한 최신 사례들로 선정하고, 대안이 될 해결책 등을 연구해서 정리해 놓는다. 한 학기 동안 수업을 진행하면서 얻게 되는 학습자들의 피드백을 반영하여 강의노트를 지속적으로 수정하는 것도 효과적인 방법이다. 대부분의 교수는 한 번의 강의를 위해 2~10시간 정도를 준비하는 것으로 알려져 있다.

(2) 키워드와 핵심 포인트 중심으로 강의노트를 작성한다

교수자가 교단에 서서 줄곧 준비된 노트를 읽거나 파워포인트의 내용을 설명하면서 강의를 하게 되면 학습자와 눈을 맞출 수가 없을 뿐 아니라 교수자의 목소리와 시선도 학습자가 아닌 노트나 스크린으로 향하게 되므로 학습자는 수업에 집중하지 않고 해이해지게 된다. 보통 약 50분의 강의를 위해서는 더블 스페이스로 25~30쪽 분량의 강의노트가 필요하다. 또한 강의노트는 서술형 문장보다는 키워드나 핵심 문구로 구성된 개요를 중심으로 작성하는 것이 좋다.

(3) 새로운 형태의 강의 자료를 준비한다

강의 주제가 학습자들에게 익숙한 주제라면 주요 포인트나 핵심 용어를 정리한 요약 정도로 구성된 강의노트를 준비하는 것으로 충분하다. 이에 더하여 그림이나 도표로 구성한 차트나 만화를 사용해 주요 포인트를 제시함으로써 학습자에게 친근감과 편안함을 제공할 수 있다.

(4) 사실과 공식은 쉽게 찾을 수 있도록 별도 파일에 정리하고, 생생한 사례를 준비해 인용한다

교수자가 강의 준비 시 가장 많은 시간을 투자해야 할 부분은 인용할 사례 및 자료를 풍부하게 확보하는 것이다. 특히 기억할 만한 사례들이나 바람직하지 못한 사례들, 예시 및 시범에 대한 충분한 준비는 학습자의 강의 집중도와 이해도를 높이는 데 크게 기여한다. 더 나아가 강의에서 은유법이나 유추법을 사용해서 학습자에게 어려운 개념들을 알기 쉽게 전달할 때 강의 효과를 더욱 높일 수 있다.

(5) 학습자가 알아듣기 쉽도록 강의를 진행한다

교수자는 자신의 강의 내용을 학습자가 잘 이해하도록 돕기 위해 다음과 같은 방법을 사용하여 강의를 진행한다.

- 간단하고 쉬운 단어를 사용하여 너무 형식적이지 않은 말투로 대화하 듯 강의한다.
- 간단명료하고 직접적인 문장을 사용하여 강의한다.
- 강의 중 내용이나 포인트가 바뀔 때는 확실하게 주의를 환기시키고 설명한다.

(6) 학습자의 집중력 유지를 위한 활동을 고안한다

대체로 50분의 강의 시간 동안 제시된 자료와 지식에 대한 기억은 강의 수강 후 얼마 지나지 않아 학습자가 그 강의에서 배운 내용을 사용할 기회 가 있으면 좋아진다고 한다. 또한 학습자는 강의 시간의 맨 처음과 맨 나 중에 배운 내용을 가장 잘 기억하는 경향이 있다. 따라서 집중력이 떨어지 는 강의 중간에는 특히 학습자들이 참여할 수 있는 활동을 고안하여 실시 함으로써 학습자들의 집중력을 유지할 수 있다.

(7) 좋은 강의를 하기 위해 리허설을 해 본 후 강의에 임한다

교수자는 새로운 강의에 임하기 전에 자신감을 갖기 위해 미리 강의 리 허설을 해 보고 시간을 재 본다. 만약 연습할 시간이 충분치 않다면 어려 운 부분이나 시작 부분 또는 끝 부분만이라도 미리 연습을 해 보는 것이 좋다.

2. 강연법

1) 강연법의 정의와 목적

강연(speech)이란 미리 요청받은 연사가 어떤 주제에 대해 준비한 내용 을 구두로 발표하는 것으로 때로는 강의법과 혼용되는 개념으로 이해되기

도 한다. 강연법은 강의법과 유사하지만 그 내용에 있어서는 차이가 있다. 강연은 특히 다음과 같은 목적을 위하여 사용된다. 즉, 이미 쟁점화된 주제에 대하여 정보를 제공하거나, 문제점이나 논점을 확인하고 명료화하는 데 유용하다. 특히 논란의 초점이 되고 있는 문제에 대한 분석이나 대안을 제시할 때나 청중의 사고를 고무시키는 내용을 전달할 경우에 매우 효과적이다(신용주, 2004).

2) 강연법의 장점과 단점

강연법의 장단점은 각각 다음과 같이 요약할 수 있다(권이종 외, 2002: 175-176).

(1) 강연법의 장점

- 많은 수의 청중을 대상으로 사실이나 주장을 체계적으로 제시할 수 있다.
- 쟁점이나 논란의 대상이 되는 문제에 대한 확인 및 분석이 가능하다.
- 짧은 시간 동안에 많은 참여자에게 높은 수준의 동기 부여를 할 수 있다.
- 다양한 교육 자료 및 보조 교재를 활용할 수 있다.
- 강연 능력이 뛰어난 연사의 경우 강연의 효과가 매우 높다.

(2) 강연법의 단점

- 연사 한 사람만의 주장이나 철학이 제시되므로 강연의 내용에 한계가 있을 수 있다.
- 강연의 성과가 오로지 연사 한 사람의 수준과 능력에 달려 있다.
- 청중은 거의 일방적으로 강연 내용을 청취하게 되므로 발표 기회를 갖기 어렵다.

- 연사의 강연 내용이 청중에게 흥미롭거나 관심 있는 분야가 아닌 경우, 강연에 대한 청중의 집중도를 유지하기 어렵다.

3) 강연회의 구성원

일반적으로 강연회의 구성원으로는 진행을 맡는 사회자, 강연을 하는 강연자 그리고 청중이 있으며, 각각의 역할은 다음과 같다.

- 사회자: 사회자는 강연을 준비하고 진행을 담당하는 사람으로 강연회를 계획하고 상황에 따라 운영할 수 있어야 한다.
- 강연자: 강연자는 강연 주제에 대한 충분한 지식의 소유자로, 청중의 욕구와 관심에 적절하도록 강연 내용을 연계하여 설명할 수 있어야 한다. 또한 제한된 시간 내에 청중이 이해하고 공감할 수 있도록 논리적인 강연을 전개할 수 있어야 한다.
- 청중: 청중 또는 강연 참여자는 강연 주제에 대한 흥미와 관심을 가진 사람들로서 이들의 관심도나 지식 수준의 정도는 각기 다양하다. 강연회의 참여 효과를 높이기 위해서 청중도 강연 주제에 대하여 미리 생각해 오는 것이 좋다.

4) 강연회 개최 시의 유의 사항

강연회의 시설물들을 설치할 때는 다음과 같은 유의 사항을 고려해야 한다.

- 연단이나 무대를 마련하고 무대 위에 연사의 좌석, 책상 및 음료수를 준비한다.
- 연사가 준비한 원고를 읽기에 적절한 조명과 음향 시설을 준비한다.

- 청중을 향한 조명을 차단하고 실내 온도를 쾌적하게 유지한다.
- 연사 및 청중의 시야를 가리는 것이 없도록 하고, 청각적 장애 요인을 미리 제거한다.
- 칠판이나 컴퓨터, 빔 프로젝터, 스크린 등 교육 보조 자료 및 시청각 기자재의 기능을 점검한 후 적절한 위치에 배치한다.

3. 질문법

1) 질문법의 정의와 목적

질문법(questioning techniques)은 교수자와 학습자가 서로 질문하고 이에 대한 답을 주고받는 방법이다. 질문법은 평생교육의 역사에서 매우 오랫동안 효과적인 교육 방법으로 인식되어 왔다. 이처럼 교수자가 전통적인 방식으로 단순히 정보나 지식을 학습자에게 전달하는 것 외에도 학습자에게 좋은 가르침을 제공할 수 있는 교육 방법이 바로 질문법이다. 전통적으로 가르침의 이미지는 주로 이야기하는 것(telling)이었다.

Jarvis(2006)는 교육 현장에서 질문법을 실천한 교육가로 위대한 철학자인 소크라테스를 꼽았다. Jarvis는 만약 "가르친다는 것은 반드시 지식을 성공적으로 전달하는 것이다."라는 명제가 있다면, 질문법에 의한 학습의 중요성을 믿었던 위대한 철학자인 소크라테스는 그 명제에 대해 아마 아니라고 답했을 것이라고 하였다. 소크라테스는 교수자의 역할을 학습자가 태어날 때부터 가지고 태어나서 그에게 잠재되어 있는 지식을 그가 의식할 수 있도록 끌어내 주는 것이라고 하였다.

소크라테스는 실제로 한 노예 소년에게 기하 문제에 대해 질문함으로써 자신의 이러한 주장에 대한 시범을 보였으며, 소년은 정확하게 답을 제시하였다. 이 질문법의 전개 과정을 살펴보면, 소크라테스는 그 노예 소년에게 논쟁에 기초한 설명이나 지시를 통해서 가르친 것이 아니라 그 소년이 배우는 과정에서 소크라테스에게 묻는 모든 질문에 답을 해 주면서, 또 순차적으로 계속 질문을 하면서 소년이 결론에 도달하도록 이끌었다는 것을 알 수 있다. 소크라테스가 사용한 질문법은 그 소년을 한 단계에서 다음 단계로 발전하도록 돕는 매우 유용한 교육 기법으로 인식된다.

2) 질문법의 특성

대부분의 사람은 자신과 유사한 사회 집단과 어울리고 비슷한 종류의 언론 매체를 접하며 매우 경직된 관점을 갖게 된다. 교수자나 학자도 마찬가지다. 학습자에게 질문을 하는 것은 다른 사람의 관점과 의견을 들어 보게 되는 일이며, 새로운 세계를 보도록 인도해 주는 좋은 방법이 된다. 물론 교수자도 학습자와 마찬가지로 항상 옳은 것은 아니므로 질문에 대한 답을 통해 자신과 다른 사람의 의견을 비교하는 경험을 갖게 된다.

교수자는 질문법을 효과적으로 진행하기 위해 학습자로 하여금 교재의 한 부분이나 한 구절을 읽을 때도 깊이 생각하고 더 많이 사고하도록 일깨울 수 있는 질문 목록을 만들 필요가 있다. 예를 들어, '이 목적에 딱 들어맞는 질문이 무엇일까?' '질문법을 시작하기에 좋은 쉬운 질문으로는 어떤 것이 있을까?' '학습자를 당황스럽게 할 어려운 질문은 무엇일까?' 등의 질문 목록을 준비하는 노력이 필요하다.

질문법에서 교수자가 하는 질문은 학습자의 호기심을 일으켜 관심을 집중시키는 데 효과적이다. 또한 질문을 통해 학습할 내용의 중요한 포인트를 강조하고 성찰을 촉진하며 적극적 학습(active learning)을 증진하는 유용한 교육 방법이다. 질문법에는 서로 다른 두 가지 형태의 가르침이 존재한다. 첫 번째 유형은 학습자로 하여금 의식적 학습이 일어나기 이전에 배운 것이나 암묵적(tacit) 지식을 기억하게 하고, 정해진 순서대로 준비된 질문을 함으로써 미리 결정된 결론에 도달하는 것이다. 두 번째 유형은 수많은 짧은 질문과 답으로 구성된 시험을 실시하여 기억하게 하는 것이다. 스무 고개와 같은 즉흥적인 질문을 하기보다는, 미리 세심하게 준비된 질문 목록을 구성하고 질문에 대한 답을 찾는 과정을 통해 학습 목표에 도달하도록 하는 것이다. 이때 질문의 유형과 순서를 세심하게 구성한다.

3) 질문법의 효과적 진행 방법

교수자는 질문법이 효과적으로 진행되도록 하기 위해 다음과 같은 네 가지의 방법을 제시할 수 있다(Davis, 2009; Svinicki & McKeachie, 2011).

- 학습자로 하여금 예전에 학습했던 것이나 자신이 가지고 있는 암묵적 지식을 상기하도록 돕는다.
- 세심하게 배열된 순서에 의해 질문을 함으로써 학습자를 미리 정해진 답으로 이끈다.
- 처음 학습자에게 질문법을 실시할 때는 미리 준비해 놓은 질문이 아닌 부담이 없는 질문으로 시작하는 것이 좋다.
- 학습자의 기억을 돕기 위해 질문하고 답하는 형태의 시험 시간을 갖도록 한다.

질문법은 학습자들을 더욱 참여적 · 적극적으로 만드는 교육 방법으로, 학습자 집단의 크기와 상관없이 사용할 수 있다. 특히 학습자와 처음 만나는 수업에서는 다음과 같은 질문으로 시작하는 것이 효과적이다(Svinicki & McKeachie, 2011).

- 이 수업에서 어떤 문제를 다룰 것이라고 생각합니까?
- 이 수업에 대해 학습자가 가지고 있는 기대는 무엇입니까?
- 이 수업에 대해 학습자가 가지고 있는 목표는 무엇입니까?

- 이 수업에 대해서 어떤 이야기를 들은 바가 있습니까?

질문법으로 전개된 수업이 끝날 때쯤이면 학습자는 대개 서로에 대해 더 많이 알게 되고, 수업에 활발하게 참여하는 것에도 익숙해진다. 또 서로 경쟁하기보다는 서로에 대해 이해하려는 태도를 갖게 되며 학습자는 교수자가 이야기만 하는 것이 아니라 자신의 이야기를 듣기도 한다는 것을 깨닫게 된다. 질문법에서 더욱 중요한 것은 모든 질문에 대한 답이 교수로부터 나오기를 기다리는 것이 아니라 학습자들 스스로도 답을 제시할 수 있다는 사실을 알게 되는 것과, 질문에 성실히 대답해야 한다는 책임의식을 갖게 된다는 것이다.

4) 질문법의 효과적 활용 지침

질문법을 효과적으로 활용하기 위한 전략은 다음과 같다(Davis, 2009: 118).

(1) 미리 질문을 준비한다

질문법으로 진행할 수업의 준비를 하면서 가능한 질문의 범위 및 학습자의 예상 답변을 미리 생각해 놓는다. 수업에서 질문법을 실시할 때 교수자는 자신이 준비한 질문보다 학습자가 알고 싶고 관심을 갖는 질문을 중심으로 진행한다. 또한 처음에는 학습자가 묻고 싶은 질문을 하도록 함으로써 질문하기에 어려움을 갖지 않고 질문 기술을 습득하도록 촉진한다.

(2) 질문을 순서대로 나열한다

질문의 순서는 대개 일반적인 것에서 구체적인 것으로, 단순한 것에서 복잡한 것으로, 한 가지 답이 기대되는 것에서 여러 개의 답이 가능한 것으로 나열하는 것이 좋다. 맨 처음 질문으로는 학습자가 성공적으로 답할 수 있는 것을 고른다.

(3) 질문법의 실시에 적절하도록 학습자들의 배치를 구성한다

전체 학습자 집단에 질문을 할 것인지, 두 사람씩 짝을 짓도록 하여 질문을 할 것인지, 소집단을 구성하도록 한 후 질문을 할 것인지, 브레인스토밍을 할 수 있는 질문을 할 것인지, 합의에 도달하도록 할 것인지, 디베이트를 할 것인지 등을 미리 정하여 이에 따른 배치를 준비하는 것이 좋다.

(4) 학습자가 질문에 답하도록 호명할 방식을 정한다

질문에 대한 답을 하도록 하기 위해 학습자가 손을 들어 답하게 할 수도 있고, 교수자가 직접 지명할 수도 있다. 또는 순서대로 답을 하게 하기도 하는데, 이 경우에 학습자는 자기 차례가 올 때까지 초조해한다. 만약 완전히 무작위로 학습자를 지명하여 답을 듣기를 원한다면 이를 위한 분위기를 미리 조성해 놓는다. 즉, 옆 사람에게 물어서 답하는 것도 허용됨을 알려 주거나 질문하기 전에 생각할 시간을 미리 갖도록 시간을 조금 지체한 다음에 호명할 수도 있다. 또는 미리 칠판 위에 질문을 적어 놓아 학습자가 자신의 생각을 검토하고 정리하도록 하거나, 답을 생각해 볼 시간을 주는 것들이다.

(5) 진심 어린 질문을 한다

표정이나 목소리, 제스처 등에서 교수자가 학습자에게 심문을 하는 것이 아니라 그 질문에 대한 답이 정말로 궁금해서 묻는 것이라는 진심을 전달해야 한다.

(6) 질문법 수업 후 학습자와 가졌던 상호작용에 대하여 기록해 놓는다

각 수업에서의 질문과 답변 시간이 끝난 후, 어떤 질문을 했을 때 가장 활발한 생각의 교환이 일어났는지 등에 대해 노트 정리를 해 놓는다.

5) 효과적인 질문법 사용을 위한 지침

(1) 효과적 질문법

질문법을 사용할 때 효과적으로 질문하기 위한 지침은 다음과 같다.

- 한 번에 한 가지 질문만 한다.
- "다른 대답은 없나요?"와 같은 질문을 하지 않는다.
- "예." 또는 "아니요."로 답할 질문은 하지 않는다.
- 여러 가지의 답변이 나올 수 있는 질문을 한다.
- 초점이 있는 질문을 한다.
- 질문한 다음에는 조용히 답을 기다린다.
- 공통점을 찾는다.
- 학습자의 이해도를 파악할 수 있는 질문을 한다.
- 학습자 간의 상호작용을 격려할 수 있도록 질문을 구성한다.
- 너무 내성적이거나 대답하기를 내키지 않아 하는 학습자는 제외시킨다.
- 토의의 속도나 방향을 전환시킬 수 있는 질문을 한다.
- 후속 질문들을 미리 준비한다.

(2) 학습자의 대답에 효과적으로 반응하기

교수자의 질문에 대한 학습자의 대답에 효과적으로 반응하기 위한 지침은 다음과 같다.

- 학습자의 대답을 주의 깊게 듣는다.
- 열심히 집중하고 있다는 비언어적 신호를 보여 준다.
- 학습자들의 대답에 따라 다양한 반응을 보여 준다.
- 정확한 대답에 대해서는 구체적으로 칭찬한다.

• 잘못된 대답에 대해서는 상대방이 불편해하지 않도록 하면서 교정해
  준다.

6) 질문법 사용 시 발생 가능한 문제 상황

수업에서 질문법을 사용할 때 가끔씩 어려운 상황이 닥칠 수 있으며 이
러한 상황에 교수자가 효과적으로 대처하기 위한 방안은 다음과 같다.

(1) 아무도 대답을 하지 않을 때

학습자가 대답하지 않고 침묵할 때 교수자는 당황하지 말아야 한다. 만
약에 교수자가 당황한 것같이 보이면 어떤 학습자는 일부러 질문에 대답
하지 않음으로써 더욱 상황을 어렵게 만든다. 이럴 때를 대비하여 교수자
는 침묵에 대처하는 법을 터득해야 한다. 즉, 의자를 찾아 앉은 후 여유 있
게 대답을 기다리는 모습을 보여 주는 등 질문법을 진행하기 위한 시간이
충분하다는 태도를 보여 준다.

(2) 교수자로서 개입하거나 답을 얻기 위해 학습자에게 질문을 유도하게
    될 때

때로는 교수자가 질문에 대한 학습자의 답을 기다리며 침묵하는 것을
극복하기 위해 직접 개입해 학습자에게 질문을 한 후 답을 이끌어 내려 하
기도 한다. 이것은 학습자를 돕는 것이 아니며, 윤리적인 문제가 개입될
수 있으므로 유의해야 한다. 왜냐하면 이것은 교수자의 권위를 남용하는
것이며, 학습자를 희생시켜 교수자의 불안과 초조함을 상쇄하려는 것이기
때문이다.

(3) 수업 분위기를 지배하는 학습자가 있을 때

수업에서 한 명 또는 몇 명의 학습자가 질문에 대한 거의 모든 답변을

지배한다면 교수자는 강의실의 다른 위치에 앉은 학습자들에게도 질문을 할 필요가 있다. 이때 혹시나 이들을 당황하게 하는 것은 아닌지 잘 파악해야 한다. 만약 이 방법이 효과가 없다면, 수업 분위기를 지배하며 질문에 답하는 학습자를 잠시 따로 불러서 적극적으로 수업에 참여해 주는 것에 감사하지만 다른 학습자들도 수업에 참여할 수 있는 기회를 주기 위해 잠시 자제해 줄 수 있는지 물으며 협조를 청한다.

(4) 질문에 대답하지 않는 학습자를 재촉함으로써 그를 당황하게 했을 때

반대로 교수자가 질문을 해도 대답을 하지 않는 학습자가 있다. 이러한 학습자는 대답을 하지 않아도 질문에 대해 성찰하는 과정을 통해서 배울 수 있다고 생각하는 것이 좋다. 또한 너무 수줍어서 질문에 답을 안 하는 학습자도 있다. 따라서 교수자는 이러한 소극적인 학습자들이 편안하게 느끼면서 질문에 답할 수 있도록 수업 분위기를 형성할 필요가 있다.

7) 수업 종료 시의 퀴즈 및 질의응답

대부분의 수업에서는 발표가 끝날 때쯤 질문 시간을 갖는다. 이 시간에 학습자는 발표 내용에 대한 명료화나 의견 제시를 위해, 또는 더 많은 정보를 얻기 위해 질문을 하게 된다. 교수자 역시 순수한 목적으로 학습자에게 배운 지식을 시험해 보는 질문을 하고 싶은 유혹을 느낀다. 질문하는 것 자체는 매우 좋은 교수 방법이 될 수 있다. 질문을 통해 학습자가 잘 이해했는지 그리고 발표자가 내용에 대하여 설명을 잘했는지를 가늠할 수 있기 때문이다. 학습자 역시 질문에 답을 함으로써 그 주제에 대해 더 깊이 이해하게 된다.

가끔씩 퀴즈를 사용해서 학습자의 지식 수준을 시험해 보고 틀린 것을 바로잡는 시간을 가질 수도 있다. 그러나 대부분의 학습자는 자신이 지목당하는 것을 원치 않으므로, 안전하고 효과적인 방법은 질문을 한 후 이들

을 소집단으로 나누어 함께 토의하게 한 다음, 답변들을 적어서 발표하게 하는 것이다. 이때 적절한 질문으로는 '어떤 직업이 가장 자살률이 높은가?' '어떤 차의 탄산가스 배출량이 가장 높은가?' 등 추측하지 않고는 답할 수 없는 질문들이 좋다.

　대부분의 학습자는 이런 종류의 유쾌한 경쟁을 좋아한다. 학습자가 어떻게 생각하는지를 발표하도록 하는 이러한 질문법은 비교적 부담 없고 즐거운 학습 활동이다. 때로는 퀴즈를 이용한 질문법도 흥미 유발에 효과적이다. 교수자가 퀴즈를 실시할 때 보여 주는 태도에 따라 학습자의 태도가 영향을 받는다. 교수자가 소집단 퀴즈를 재미있는 학습 활동이라고 생각하고 진행하면 학습자 역시 퀴즈를 푸는 과정을 즐기게 된다. 퀴즈 맞히기와 같은 질문법은 지식 수준이 높지만 수줍은 학습자가 대집단 앞에서 발표는 하지 않으면서도 자신을 나타낼 수 있는 좋은 방법이다. 질문법은 또한 교수자가 신참일 경우 그 강의의 주도권을 가지면서도 학습자에게 대부분의 활동 참여를 기대할 수 있으므로 더욱 효과적이다. 이처럼 질문법은 유익한 교수법인 동시에 시험 방법으로도 사용될 수 있는 매우 강력한 교육 방법이다.

8) 개방형 질문과 폐쇄형 질문의 효과적 사용 지침

　일반적으로 질문에는 두 가지 유형이 있다. 하나는 개방형 질문(open questions)이고, 다른 하나는 폐쇄형 질문(closed questions)이다. 폐쇄형 질문은 보통 '예/아니요'의 답이나 직선적인 사실을 요구한다. 예를 들어, '교황의 종교는 무엇인가?' '한산대첩이 일어난 연도는 언제인가?'와 같은 질문이다. 폐쇄형 질문은 원하는 결과를 얻기 위해서 특정한 공식을 따라야 하는 외국어 강좌나 공예 강좌에서 학습자의 기초적 이해도를 측정하기에 유용하다. 폐쇄형 질문을 효과적으로 하기 위한 예를 들어 보면, 요가 강좌의 교수자는 수강생에게 직접적으로 질문하는 대신에 '윗몸 일으키기를 할 때 사용하는 근육에 대해 아는 사람은?'이라고 묻는 것이다.

반대로 '우리가 FTA를 체결해야 하는가?'와 같은 질문은 개방형 질문이다. 개방형 질문은 주로 학습자의 관점이나 의견 또는 설명에 대해 묻는다. 이러한 개방형 질문법은 학습자가 관련 주제에 관하여 자신 고유의 의견이나 생각을 갖도록 촉진하는 데 특히 효과적이다. 인문학이나 사회과학 및 창의적 주제들은 개방형 질문에 적합하다. 개방형 질문을 할 때는 지나치게 일반적인 질문은 피하는 것이 좋다. 예를 들면, 학습자에게 영화를 감상하게 한 후 그 영화에 대해 어떻게 생각하는지를 묻는 것은 너무 광범위한 질문이기 때문에 좋은 대답을 듣기가 쉽지 않다. 학습자가 그 질문에 어떻게 답을 해야 좋을지 몰라 난감할 수도 있기 때문이다. 따라서 '그 영화의 마지막은 어땠는가?' 또는 '그 영화에서 제일 마음에 든 부분은 무엇인가?'와 같은 질문을 한 후, 그 대답에 이어 '왜 그렇다고 생각하는가?'와 같이 질문하는 것이 효과적인 개방형 질문법이다.

한편, 질의응답(Question and Answer: Q & A)은 토의법과는 다른 교육 방법으로 좀 더 교수자 중심적인 방법이다. 따라서 일반적으로 Q & A와 학습자 간 상호작용을 촉진하는 토의를 함께하면서 강의를 마치게 되는 경우가 많다.

4. 프레젠테이션

1) 프레젠테이션의 정의와 특성

최근의 교육 현장 및 기업 현장에서는 자신이 발표를 위해 준비한 내용을 주어진 시간 내에 가장 효과적으로 전달하는 프레젠테이션(presentations) 기법이 중요한 교육 방법으로 대두되고 있다. 프레젠테이션은 평생교육을 비롯한 모든 교육 영역에서 가장 많이 활용하는 교수자 중심 교육 방법의 하나로 그 중요성이 더욱 강조되고 있다. 여기서는 효과적 프레젠테이션을 실시하기 위한 지침을 중심으로 알아보기로 한다.

(1) 철저히 준비한다

발표하려는 주제에 대해서 교수자가 잘 알고 있다고 해도, 어떻게 발표할 것인가에 대한 계획을 반드시 미리 세워야 한다. 특히 학습자가 알고 싶어 하는 것을 정확하게 전달해 줄 수 있어야 한다.

(2) 핵심 포인트를 강조한다

중요한 포인트가 분명히 드러나도록 발표를 진행한다. 주요 장이나 절마다 핵심 포인트를 강조하고 추후 간략히 다시 요약해 주는 것도 좋다.

(3) 목소리가 잘 들리도록 크게 말한다

발표할 때 교수자의 목소리를 학습자가 잘 들을 수 있도록 한다. 목소리가 입속에서 우물우물하는 것같이 들리지 않도록 발음을 정확하게 하고, 발성은 크고 뚜렷하게 하여 강의한다. 남성이나 여성 모두 너무 작은 소리로 조용히 말하는 것은 발표 내용의 전달을 방해한다.

(4) 청중이 지루하지 않도록 한다

지루한 발표는 발표자나 청취자 모두에게 괴로운 시간이다. 가장 바람직한 것은 발표할 때 적절한 유머를 사용하는 것이다. 특히 실생활에서 경험한 재미있는 일화나 이야기는 청중에게 긴장을 풀고 다시 발표에 집중하게 만든다. 그러나 발표자가 코미디언처럼 웃기려고 노력하게 되면 학습자는 발표 내용보다는 재미있는 조크에 더 큰 기대를 하게 하므로 바람직하지 않다. 또한 재미있게 발표를 진행하려다 보면 기대했던 반응이 나오지 않을 때 오히려 초조해질 수 있으므로 적당하게 분위기를 환기시킬 수 있는 수준의 유머가 바람직하다.

⑸ 청중 또는 학습자 집단의 특성을 파악한다

발표자가 처음 만난 청중의 성격을 금세 파악하기는 쉽지 않다. 발표를 하면서 청중이 발표 주제와 관련된 기술적 용어들에 익숙하다고 생각되면 발표 내용이 청중의 수준에 적절할 것이므로 이러한 용어들을 사용하는 것이 좋다. 그러나 일반적인 청중 집단에게 전문 용어를 사용해서 발표를 한다면 그들은 발표 내용에 점차 관심을 잃게 되기 쉽다.

⑹ 학습자가 편안함을 느끼도록 한다

학습자가 발표를 편하게 들을 수 있도록 배려하는 것이 중요하지만, 너무 편안하면 학습자가 지루해하거나 졸게 될 수 있으므로 가끔씩 분위기를 환기시켜 학습자가 지나치게 안이한 태도로 발표를 듣는 상황을 피할 수 있게 한다.

⑺ 시간을 정확하게 지킨다

발표를 준비할 때 발표 시간을 효과적으로 배분하도록 계획해야 한다. 또한 발표 종료 후에 Q & A 시간이 충분히 주어질 수 있도록 시간적 여유를 가지고 발표의 진행을 미리 조절한다.

2) 파워포인트 프레젠테이션

⑴ 파워포인트의 특징

근래 시장을 지배하는 용어인 마이크로소프트사의 파워포인트(Power Point)는 상표명이 아닌 일반 명사로 사용되고 있다. 대부분의 발표 현장에서 파워포인트의 사용이 급증함에 따라 그 사용에 대한 찬반 의견이 함께 제시된다. 파워포인트 사용을 찬성하는 사람들은 파워포인트 프로그램이 시간을 절약해 주는 빠르고 효과적인 교수 도구로서 프레젠테이션을 쉽게 수정할 수 있고 주석을 달거나 문서로 보관하기도 쉽다고 주장한다. 또 파위포인트 슬라이드의 하드 카피를 얻을 수 있으므로 학습자에게는 노트를 적는 부담을 줄여 준다는 장점을 강조한다(Doumant, 2005).

반면에 파워포인트 프로그램 사용의 반대론자들은 'Power Pointless'라는 용어를 사용하면서 파워포인트는 지적·교육학적으로 바람직하지 않다고 주장한다. 즉, 위계적인 개요(outline)의 형태로 이루어진 프레젠테이션의 구조는 모든 아이디어를 짤막짤막한 절의 단락으로 다시 요약하고, 클릭을 함으로써 다음으로 넘어가도록 한다. 이러한 구성 방식은 내용을 희석시키고, 또 복잡한 내용을 지나치게 단순화시켜 자발성을 잃게 하며, 진지한 분석을 방해하여 학습자를 수동적이고 무비판적인 사고가로 만든다고 비난한다(Klemm, 2007).

강의에서 파워포인트를 사용하는 것이 학습에 어떤 영향을 미치는지에 대해서는 아직 일관된 견해가 없다. 최근에는 파워포인트가 학습자의 학습을 강화하지도, 저해하지도 않는 것으로 보고되기도 하였다(Clark, 2008). Davis(2009)나 Svinicki와 McKeachie(2011)가 제시한 다음의 제안들은 파워포인트 사용 시 흔히 발생하는 문제들을 완화시키는 데 도움이 될 수 있다.

(2) 파워포인트 사용을 위한 일반적 전략
- 파워포인트의 사용을 필수적이 아닌 선택적 사항으로 한다.
- 강의를 할 때 파워포인트의 슬라이드를 줄곧 읽기만 하면서 진행하지 않는다.
- 유연한 방식으로 프레젠테이션을 진행한다.
- 슬라이드의 내용과 교수자의 강의 내용이 일치하도록 한다.
- 학습자를 계속 모니터하면서 참여를 독려한다.
- 파워포인트 슬라이드를 PDF 파일로 미리 게시하되, 교수자와 함께하는 수업에서만 보고 배울 수 있는 자료도 함께 준비한다.
- 미리 화면에 그날 강의의 이미지를 게시한다.

• 기술적 문제의 발생 등 돌발 상황에 대비한다.

(3) 파워포인트 프레젠테이션 준비하기

최근 거의 모든 교육 현장과 기업, 기관과 조직에서 사용되는 파워포인트 프레젠테이션을 효과적으로 진행하기 위해서는 다음과 같은 구체적인 준비가 필요하다(Davis, 2009: 454).

① 멀티미디어 자료 개발의 원칙을 따른다

• 글씨만으로 구성하기보다는 글과 그림 또는 이미지를 함께 포함한다.
• 형식적인 스타일보다는 대화체의 스타일을 사용한다.
• 명확한 개요와 제목을 제시한다.
• 글과 그림을 동시에 또는 바로 연결해서 보여 준다.
• 인쇄된 형태가 아닌 이야기와 만화를 함께 보여 준다.

② 슬라이드를 만들 때 시간과 분량을 고려한다

대개 1시간 강의에서 파워포인트 프레젠테이션은 약 15분 정도로 진행하는 것이 바람직한 것으로 알려져 있다. 파워포인트 프레젠테이션을 더 오랫동안 하고 싶은 교수자도 45분 이상에 걸쳐 30장 이상의 슬라이드를 보여 주는 것은 피하도록 한다. 또 수업의 마지막 15분 정도는 질의응답 시간으로 남겨 두는 것이 좋다.

③ 슬라이드의 문맥은 되도록 간결하게 만든다

학습자는 파워포인트 슬라이드를 읽을 때 교수자의 강의를 듣지 않는다. 따라서 한 슬라이드당 한 가지 아이디어를 제시하는 원칙을 따르는 것이 좋다. 또 본문의 제목은 한 문장 이상이면 좋지 않으며, 보통 18~30포인트 정도의 크기로 평범하고 단순한 글씨체를 사용하는 것이 효과적이다(Yaffe, 2008).

④ 슬라이드의 내용으로는 정확한 요약을 사용한다

보통 한 슬라이드당 몇 단어로 강의 내용을 축약해 넣어야 하므로, 너무 간략하게 요약된 자료는 복잡한 아이디어를 설명하기에 충분한 정보가 제공되지 않아 학습 효과가 낮아질 수 있다. 따라서 중요한 정보가 지나치게 짧게 축약되어 불완전한 내용이 전달되지 않도록 정확하게 요약해야 한다.

⑤ 일반적인 표 대신에 그래프나 도표를 사용한다

일반적인 표보다 그래프는 읽고 이해하기 쉽다. 만약 표가 필요하면 미리 수업 전에 유인물로 배부하는 것도 좋다. 그래프를 사용할 때는 반드시 변수들을 정의하고, 각 축과 단위를 정확하게 기재한다.

⑥ 슬라이드에 사용되는 색상을 신중하게 선택한다

슬라이드를 제작할 때 글씨를 읽기가 어려운 색상의 조합은 피하고, 잘 읽히는 색상의 조합이 이루어지도록 한다. 명도도 차이가 나게 색상을 조합하는 것이 좋으며, 보통 슬라이드당 2~3개 정도의 색깔을 사용하는 것이 효과적이다.

⑦ 눈요깃감을 강조하는 슬라이드를 만들지 않는다

슬라이드가 화려하고 볼거리가 많으면 학습 효과가 높을 것이라고 생각하지만, 학습 효과는 오히려 낮아진다고 한다. 무엇보다 내용이 중요하므로 재미없는 내용에 많은 치장을 하려고 노력하는 대신에 재미있는 내용을 개발하는 것이 효과적이다.

⑧ 기술적인 점검을 위한 리허설을 미리 해 본다

파워포인트의 글씨와 그림이 모두 알아보기 쉽고 전달이 잘 되는지를 파악하기 위해서 강의실과 유사한 환경에서 미리 슬라이드를 가지고 프레젠테이션을 해 본 후 필요시 수정한다.

제9장

학습자 중심 평생교육 방법

1. 멘토링

1) 멘토링의 정의와 개념

그리스 신화 『오디세이』에서 젊은 텔레마코스에게 지혜와 지도를 베풀어 주는 사람으로 멘토가 처음 등장한 이후, 멘토는 평생에 걸쳐 지혜와 신뢰로 멘티를 이끌어 주는 인도자로 인식되어 왔다. 멘토는 친구인 오디세우스가 전쟁에서 돌아올 때까지 그의 아들 텔레마코스에게 좋은 친구이자 교사, 상담자, 지도자 그리고 아버지가 되어 그를 지도하고 돌보아 주었다. 이처럼 오랜 역사를 가지고 있는 멘토의 이미지는 근래 더욱 대중적이 되었다. 기업에서 젊고 야심찬 후배들을 이끄는 멘토의 역할이 많이 알려져 있을 뿐 아니라, 학문, 교육, 스포츠 및 예술 분야에서도 제자들에게 교육, 훈련 및 지원을 제공하는 멘토링이 많이 제공되고 있다. 최근 우리 사회에서도 여성의 성취를 이끄는 여성 멘토링, 소외 계층 아동·청소년 대상 멘토링 등 그 활용 영역이 더욱 확대되는 추세다.

멘토링(mentoring)은 일반적으로 더 지위가 높고 영향력이 있으며 뛰어난 전문 지식과 경험을 갖춘 조직 내의 고참인 멘토(mentor)가 후배, 멘티(mentee) 또는 프로테제(protéger)라고 불리는 피후원자의 전문 경력 개발을 위한 지도와 지원을 제공하는 것을 말한다. 멘토는 가르치고, 후원하고, 격려하며, 상담하고, 친구가 되어 주고, 설득하고 권고하며, 자문을 제공하거나 안내자의 역할을 수행한다.

2) 멘토링의 특성

멘토링은 멘토와 멘티의 상호 존경과 신뢰에 기초해 충분한 접촉과 상호작용을 전제로 이루어지는 1:1의 상호작용 과정이다. 멘토링은 보통 멘토와 멘티 양자에게 모두 유익하다는 믿음을 토대로 상호 합의하에 이루어진다. 멘티는 직업과 관련된 기술이나 노하우를 전수받고 심리정서적 지지를 얻음으로써 효과적 조직 정착과 함께 잠재력을 개발할 수 있다. 한편, 멘토는 멘티로부터 존경과 인정을 받는 것과 동시에 멘티의 경력 개발을 성공적으로 이끈다는 성취감을 얻게 된다. 멘토는 멘토링을 통해 멘티에게 유익한 정보와 비전을 제시하고 어려움과 직면하는 방법에 대해 조언하는 동시에 경력 개발을 이끄는 역할 모델이 된다. 멘티는 멘토가 자신을 지켜보는 관찰자이자 상황 및 전략의 해설자, 또 자신을 옹호해 주는 변호사의 역할로 지원해 줌에 따라 현재 자신이 조직에서 당면하고 있는 문제해결에 대한 직접적 피드백을 얻게 된다(신용주, 2004).

실천적 의미에서 멘토링은 현장 훈련을 통한 인재 육성 활동이라 할 수 있다. 즉, 조직이나 업무에 대한 풍부한 경험과 전문 지식을 가지고 있는 사람이 후배 또는 같은 조직의 구성원인 멘티를 지도하고 조언하면서 실력과 잠재력을 개발하는 활동이다. 최근에 많은 기업이 도입하고 있는 후견인 제도가 바로 멘토링의 전형적인 사례라 할 수 있다. 멘토링은 멘토와 멘티 간의 협력이므로 양자 간에는 권리와 의무가 존재한다. 또한 멘토링 관계의 목표가 바로 멘토와 멘티 모두의 성장과 발전을 통한 성공이라는 사실이 처음부터 이해되어야 한다. 멘토링 관계의 구축을 위해 두 당사자가 최선을 다한다는 필수 조건이 전제되어야 하기 때문이다.

멘토링 관계에서는 멘토와 멘티의 역할이 가장 중요하다(〈표 9-1〉 참조). 그러나 조직 내에서 멘토링 관계를 활성화하고, 중간 및 최종 평가를 통해 우수 사례를 소개하는 모니터 역할의 정립도 필요하다.

┃ 표 9-1 ┃ 멘토링 관계에서 멘토와 멘티의 역할

멘토의 역할	멘티의 역할
• 역할 모델	• 칭찬
• 수용적 확신	• 공개적 존경
• 후원 및 보호	• 공개적 인정
• 상담 및 조언	• 정보 제공
• 교육 및 지원	• 아이디어의 개발
• 정보 제공	• 업무 분담
• 관찰 및 논의	
• 비판과 지도	

3) 멘토링에 관한 쟁점들: 멘토링에 관한 잘못된 인식들

⑴ 멘토링 관계에서 가장 큰 이익을 얻는 사람은 멘티다

멘토링 관계는 조직의 발전뿐 아니라 멘토의 성장과 개발에도 커다란 도움을 준다. 멘토는 잠재력을 가진 후배에게 경험과 가치관을 전달하여 성공적인 조직 생활을 하도록 이끈다는 사실에 긍지를 느끼며 자신의 관리 능력을 인정받을 수 있다. 멘티 또한 경력 개발을 위한 지원을 받게 되어 혜택을 얻으므로 멘토링 관계는 멘토와 멘티 모두에게 긍정적인 결과를 가져다준다.

(2) 멘토링 관계는 환경 맥락과 관계없이 모두 유사하다

멘토링 관계는 기능, 프로그램, 디자인 및 몰입 수준에 따라 다양하게 전개된다. 중요한 것은 멘토링 관계가 형성되고 발전하는 데 영향을 미치는 상황적·환경적 맥락이다.

(3) 멘토링 관계를 원하는 사람이라면 누구에게나 멘토링 관계 형성의 기회가 쉽게 제공된다

멘토링 관계를 갖기 희망하는 누구에게나 그 기회가 주어지는 것은 아니다. 대부분의 신입 직원은 안정된 조직 정착을 위해 멘토링 기회를 얻기 원하지만 모든 신입 직원에게 그 기회가 제공되지는 않는다.

(4) 멘토를 갖는 것은 개인적 성장과 직업적 승진에 중요한 열쇠다

멘토의 존재는 멘티의 성장과 발전에 매우 중요한 요소가 된다. 그러나 멘티의 성공적인 경력 개발이 멘토에게만 달려 있는 것은 아니며, 동료 관계 등 다른 요소들에도 영향을 미친다.

4) 멘토링의 기능

Kram(1983)은 멘토가 멘티에게 제공하는 멘토링의 기능을 경력 기능 (career functions)과 심리사회적 기능(psycho-social functions)의 두 가지로 나누었다. 경력 기능에는 후원, 보호, 도전적 업무 부여가 포함되며, 심리사회적 기능에는 상담, 우정, 역할 모델의 기능이 포함된다.

한편, Anderson과 Shannon(1995)은 역할 모델, 양육자 및 보호자의 세 가지 관계의 차원으로 분류한 멘토링 모델을 개발하였다(Jarvis, 2006 재인용). 이들은 멘토링 기능을 가르치고, 후원하고, 격려하고, 상담하고, 친구가 되는 다섯 가지 영역으로 나누고 각 영역별 하위 기능들을 구체적으로 [그림 9-1]과 같이 제시하였다.

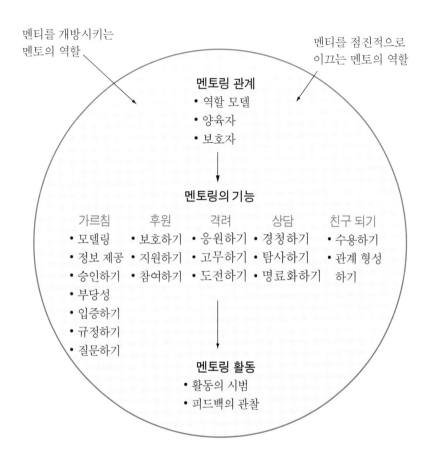

멘티를 개방시키는
멘토의 역할

멘티를 점진적으로
이끄는 멘토의 역할

멘토링 관계
• 역할 모델
• 양육자
• 보호자

멘토링의 기능

가르침   후원   격려   상담   친구 되기
• 모델링 • 보호하기 • 응원하기 • 경청하기 • 수용하기
• 정보 제공 • 지원하기 • 고무하기 • 탐사하기 • 관계 형성
• 승인하기 • 참여하기 • 도전하기 • 명료화하기   하기
• 부당성
• 입증하기
• 규정하기
• 질문하기

멘토링 활동
• 활동의 시범
• 피드백의 관찰

┃ 그림 9-1 ┃ Anderson과 Shannon의 멘토링 모델

출처: Jarvis (2006). p. 161.

성인 멘토링 능력 척도의 여섯 가지 요소

한편, Cohen과 Galbraith(1995)는 성인 멘토링 능력 척도를 개발하고 여섯 가지의 구성 요소를 제시하였다. 〈표 9-2〉는 멘토링 역할의 다양한 차원을 이해하고 멘토링이 전개되는 과정을 파악하는 데 도움이 되는 여섯 가지 요소를 보여 주고 있다.

┃ 표 9-2 ┃ 멘토 역할 척도 구성의 여섯 가지 요소

1. 관계 형성하기

- 반응적으로 경청하기
- 개방적 질문을 통해 현재 상황에 대한 즉각적 관심을 표현할 수 있도록 지원하기
- 동기에 대한 추정이 아닌 관찰을 통한 상황 기술적 피드백 제공하기
- 지각을 넓히기 위한 질문하기
- 정서 상태 및 반응의 명료화를 위해 비판단적이고 섬세한 반응 제공하기

2. 정보와 조언 제공하기

- 교육 및 진로를 객관적으로 이해하기 위한 질문하기
- 멘티 스스로 자신의 미래상을 그려 보도록 돕기
- 구체적인 대답을 유도하는 질문하기
- 당면 문제 및 대안에 대하여 직접적으로 논평하기
- 경청한 내용의 요약을 통해 사실을 정확하게 이해하고 해석하기 위한 대화 이끌기

3. 촉진 및 격려하기

- 관점을 확대시키기 위한 질문하기
- 암묵적 전제나 고정관념에 대한 명시적 인식 유도하기
- 대안의 심층 분석으로 의사결정을 유도하기 위한 다양한 시각과 관점 제시하기
- 목표 달성을 위한 성실성 점검하기
- 현재 무엇에 몰두하는 이유를 깨닫도록 돕기
- 취미와 직업 선호도를 인식하도록 돕기

4. 도전하기

- 다른 관점을 반영함으로써 얻게 되는 혜택을 고려하도록 돕기
- 건설적 · 비판적 피드백이 관계에 부정적 영향을 가져올 수 있다는 점을 알려 주기
- 내적 모순을 스스로 파악할 수 있도록 도전적인 질문하기
- 의미 있는 변화를 위하여 가장 필요한 행동의 선택을 요구하기
- 최소한의 효과적인 피드백 제시하기
- 현 상황의 극복으로 얻을 수 있는 성장 가능성에 대한 신념 강화하기

5. 자신의 경험 나누기

- 실패나 역경으로부터 배운 가치 있는 경험과 그에 대한 느낌 말해 주기
- 자신의 경험으로부터 적절한 사례 선택하기
- 멘티의 목표 추구 능력에 대한 신뢰감 표현하기
- 개인적 · 교육적 · 직업적 발전 및 능력 개발을 위한 도전 격려하기
- 목표 성취에 필요한 행동을 명료화하기

6. 비전 제시

- 현재 및 미래의 교육적 능력 개발 및 직업적 성취에 대한 성찰 요구하기
- 변화와 성취 능력에 대한 확신 제공하기
- 합리적 의사결정을 위한 피드백 제공하기
- 문제해결 방법 및 과정에 대해 조언하기
- 신중한 의사결정에 대한 신뢰감 표현하기
- 능력 개발 및 목표 실현을 위한 노력 격려하기

출처: 신용주(2004). p. 257에서 재인용함; Galbraith & Cohen (Eds.). (1995). pp. 29-31.

5) 멘토링의 실천 방법

(1) 멘토링의 실천 지침

효과적인 멘토가 되기 위해서는 멘토가 멘토링의 체계를 구축하고 멘티를 지도하는 구체적인 행동 지침이 필요하다. Galbraith(2004)는 멘티를 지원하기 위한 멘토링의 실천 지침을 다음과 같이 제시하였다.

- 진심으로 멘티의 이야기를 경청한다.
- 체계적인 멘토링 관계를 설계한다.
- 멘토링에 대한 긍정적인 기대를 표현한다.
- 멘티를 지지하고 옹호한다.

(2) 효과적인 멘토링의 실시 방법

① 과제를 부여한다

효과적인 멘토는 멘티에게 필요한 숙제나 현장 조사 등의 과제를 세심하게 고려하여 부여한다. 과제는 지식 습득을 위한 것뿐 아니라 멘티의 새로운 성찰과 성장을 촉진하는 것이 좋다.

② 비판적 성찰의 기회를 제공한다

멘토는 멘티가 그동안 인습적으로 믿어 왔던 것에 대한 새로운 시각을 제공한다. 진리는 오직 하나이며, 권위자만이 그 진리를 알고 있다고 믿어 온 멘티에게 이러한 시도는 혼란을 줄 수 있으나, 멘토링을 통해 자신이 가져왔던 신념과 진리가 사실은 다양한 관점 중의 하나라는 것을 깨닫게 된다.

③ 가상적 사고를 격려한다

'만약에'로 시작되는 가상적 질문을 통해 현실의 제약을 벗어나서 생각하는 훈련을 시도한다. 이처럼 추상적인 사고 능력은 매우 소중한 학습 도구로서, 실제적 차원을 넘어서는 새로운 세계를 상상할 수 있는 능력을 키워 준다.

④ 구체적이고 긍정적인 피드백을 제공한다

많은 멘토가 알면서도 자주 사용하지 않는 방법이 바로 구체적인 피드백을 제공하는 것이다. 대부분의 경우 멘티가 무엇인가를 잘했을 때, 멘토는 구체적으로 무엇을 잘했다고 칭찬하지는 않는다. 그러나 멘티와 이야기할 때는 어떤 아이디어가 좋았으며, 또는 어떤 아이디어가 더 통찰적이었다고 말해 주는 것이 좋다. 즉, 멘티에게 긍정적인 피드백을 줄 때는 무엇을 어떻게 잘했는지를 정확히 알려 주도록 한다.

⑤ 이성 간 멘토링에서는 특히 문제가 발생하지 않도록 주의한다

이성 간에 형성된 멘토링 관계에서는 멘토가 전문가다운 행동을 보여 주는 것이 특히 중요하다. Davis(2009)는 이성 간 멘토링에서 멘토가 유의해야 할 행동 지침을 다음과 같이 제시하였다.

• 적절한 예절을 유지한다.
  아무리 비형식적인 상황이라도 암시적인 행동들을 피한다. 예를 들어, 학습자의 옷차림에 대한 언급이나 비평, 성적인 행동, 상스러운 이야기나 농담, 불필요한 신체 접촉 등은 하지 않는다.

- 성희롱 및 멘티의 불만 처리 정책에 대해 숙지한다.

  근래 성희롱 관련 쟁점에 대한 관심이 증가하였다. 멘토링 관계에서도 적용될 수 있는 조직의 성희롱 관련 규칙이나 법규에 대해 미리 알고 이에 저촉되지 않도록 한다. 대개 상대방이 원치 않는 성적인 친밀함의 표현, 성적 의미를 내포한 언어적·신체적 행동은 모두 성희롱에 해당되므로 이러한 문제가 발생하지 않도록 특히 유의한다.

- 전문적인 관계와 로맨틱한 관계를 혼돈하지 않는다.

  교수자와 학습자 간, 또는 멘토와 멘티 간의 로맨틱하거나 성적인 관계는 공식적으로 금지되어 있다. 따라서 전문적인 관계와 개인적인 로맨스는 분리하는 것이 원칙이다.

- 오해의 소지를 미리 방지한다.

  멘토의 지나치게 열정적인 태도는 멘티에게 성희롱으로 받아들여질 수 있으며, 멘티에 대한 전문적인 관심이 아닌 개인적인 관심으로 인식되기도 한다. 그러므로 멘토링이 진행되는 시간에는 사무실 문을 열어 놓는 것이 좋고, 외부에서의 멘토링은 1:1로 하지 말고 소집단으로 만나서 하도록 하며, 신체 접촉은 피한다.

6) 멘토링의 기대 효과

조직에서의 멘토링은 신입 직원의 조직 정착과 인재 육성을 돕는다. 멘토링 제도는 조직은 물론 멘토나 멘티에게 많은 유익함과 혜택을 제공한다. 멘토링의 기대 효과를 조직적 차원과 개인적 차원으로 나누어 구체적으로 정리하면 〈표 9-3〉과 같다.

| 표 9-3 | 조직 및 개인 차원에서의 멘토링 기대 효과

조직 차원		• 조직의 비전, 가치관 및 조직 결속력의 강화 • 성장 잠재력이 높은 핵심 인재의 개발 • 구성원의 학습과 자기 개발 촉진 • 지식과 노하우의 이전을 통한 경쟁력 향상 • 신입 직원의 정착과 조직 몰입 유도 • 조직에 새로운 활기와 유대 형성
개인 차원	멘토	• 새로운 관점, 지식, 기술, 추세의 이해 및 수용 가능 • 자신이 축적해 온 지식 및 관점에 대한 비판적 성찰 가능 • 리더십 역량의 개발과 발휘 • 멘토링 기회가 멘토 자신의 삶의 새로운 활력소가 될 수 있음 • 멘티의 성공적 경력 개발에 대한 자부심 향상 • 조직으로부터의 인정과 보상
	멘티	• 특정 분야에 대한 전문 지식, 노하우 및 조직의 관례를 습득함 • 중요한 정보 원천에 대한 접근성이 향상됨 • 업무 수행의 완성도가 향상됨 • 조직 내에서 인정받기가 상대적으로 용이함 • 안정된 조직 정착으로 자신감과 리더십이 향상됨 • 의사결정 능력이 향상됨 • 멘토와의 분리를 통해 새로운 멘토로서의 역할 수행이 가능함

출처: 신용주(2004). p. 258; 최병권(2003. 2. 26.). p. 26를 수정함.

멘토링은 성인학습자에게 개인적 · 학문적 · 경력적 개발의 차원에서 가
치 있는 기회를 제공한다. 멘토링을 통하여 멘토와 멘티는 각기 독특하고
유익한 학습 경험을 얻는다. 멘티는 멘토와의 관계를 통해 보다 효율적으
로 자신의 능력을 탐색하고 확장시켜 나갈 수 있기 때문이다. 한편, 멘토
는 멘티와의 상호작용을 통해 새로운 관점을 수용할 수 있게 되며, 자신의
리더십 역량을 발휘할 수 있다. 멘토링은 처음 조직에 입문한 멘티가 실패
하거나 좌절하지 않고 순조롭게 적응하여 성공적으로 발전하도록 돕는 실

용적 개별 교수 방식이다. 특히 1:1 멘토링은 개별 학습자의 발전을 이끄는 평생교육의 이념을 실현하기 위한 효과적인 개별 교육 방법이다.

7) 멘토링 프로그램의 실시 과정

(1) 지도자 선발

멘토링 프로그램에 대한 조직의 지지를 확보한 후 프로그램을 행정적으로 담당할 멘토링 지도자를 선발한다.

(2) 멘토 선발

조직 차원에서 멘토링 프로그램의 실시가 결정되면 조직의 전 구성원을 대상으로 추천을 의뢰하는 등 다양한 방법을 통해 유능한 멘토를 선발한다.

(3) 멘티 선발

멘토 선발 시와 마찬가지로 조직의 전체 구성원에게 멘토링 프로그램에 참여할 멘티 선발에 대해 알린 후, 멘티 역할의 성공적 수행에 대한 자신감과 동기를 유발한다.

(4) 오리엔테이션 실시

멘토와 멘티 등 프로그램의 참여자들이 결정되면 오리엔테이션을 실시한다. 오리엔테이션에서 다루어야 할 주요 내용은 바람직한 멘토 및 멘티의 역할, 모니터링의 절차 및 최종 보고서 제출에 관한 사항 등이다.

(5) 멘토와 멘티의 연결

조직 내에서 다양한 배경과 직위를 가진 유능한 멘토를 멘티의 요구 및 특성을 고려하여 연결시킨 후, 명단 및 상대방에 대한 프로필을 공지한다.

(6) 추후 활동

멘토링 프로그램과 함께 관련된 추후 활동을 전개한다.

(7) 멘토링 프로그램의 평가

멘토링 프로그램의 평가는 다음 사항을 고려하여 실시한다.

- 통계 자료에 의한 평가
- 멘티의 목표 성취 정도에 대한 평가
- 질문지에 대한 멘토와 멘티의 응답 내용의 평가
- 멘토링 프로그램이 조직에 끼친 영향 및 프로그램의 비용 효과성에 대한 평가
- 멘토링 프로그램의 반복, 변경, 폐지, 확대 여부를 결정하기 위한 토대가 되는 평가
- 멘토링 프로그램의 효율성을 높이기 위하여 어떠한 변화가 필요한지에 대한 분석

2. 코칭

1) 코칭의 정의와 개념

(1) 코칭의 정의

코칭(coaching)은 운동이나 악기 연주, 미술과 같은 예체능 분야 또는 수학 및 언어 학습 등 특별 교과목에서 도움이 필요한 학습자가 받는 교육 훈련으로 인식되어 왔다. 근래 코칭은 그 범위가 더욱 확장되어 조직에서 부하 직원의 직무 능력 향상을 위해서나 가정에서 부모-자녀 관계 향상을 위해서도 활용되고 있다. 최근에는 코칭을 조직의 관리자가 부하 직원

들의 자아실현을 촉진하는 동시에 조직 생산성의 확대를 지원하는 면대면 (face-to-face) 리더십으로 보는 경향이 증가하고 있다.

조직에서의 코칭은 구성원으로 하여금 능력을 최대한 발휘하도록 지원함으로써 개인적 성취뿐 아니라 조직의 발전을 도모하기 위해 관리자가 활용하는 과정이다. 즉, 코치가 책임감을 갖고 다양한 배경과 재능, 경험, 흥미를 가진 사람들과 함께 이들의 지속적인 성취를 격려하는 과정이다. 또한 코칭은 부하 직원들이 더 많은 능력을 갖추고 장해물을 극복하여 직무 수행 능력을 증진하도록 돕는 계속적인 과정이다.

코칭은 특히 부하 직원이 업무를 성공적으로 수행하는 데 필요한 능력이나 지식을 지니고 있음에도 불구하고 수행 수준이 기대에 못 미치는 경우에 사용하면 효과적이다. 코칭의 목적은 부하 직원의 행동 변화를 창출해 냄으로써 이들의 역량을 현 수준에서 조직이 원하는 수준으로 끌어올리는 데 있다. 코칭은 코칭 대상자로 하여금 자기가 할 수 있다고 생각했던 것보다 더 많은 것을 성취할 수 있도록 격려한다.

코칭에는 두 가지 형태가 있다. 하나는 자발적·즉각적 코칭이고, 다른 하나는 계획적·형식적 코칭이다. 적절히 수행된다면 이 두 가지의 코칭은 모두 효과적이다. 그러나 계획적 코칭과는 달리 대부분의 즉각적 코칭은 관리자 자신이 부하 직원의 업무를 대신 떠맡아 버리게 되면서 실패하게 된다. 실패한 코칭의 사례로는, 판매가 제대로 이루어지지 않은 경우에 코치가 부하 직원에게 그 상황을 개선할 기회를 준 다음에 코칭을 하는 것이 아니라 스스로 그 상황에 개입하여 해결하려는 경우다. 다른 사례는, 부하 직원의 컴퓨터 작업 능력이 수준에 못 미친다고 생각한 관리자가 그를 컴퓨터에서 밀쳐 낸 후 직접 일을 처리한 다음에 자신은 시범을 보이는 코칭을 실시했다고 믿는 경우다. 그러나 이러한 직접적인 개입은 코칭이 아니며, 부하 직원에 대한 신뢰가 부족함을 보여 주게 되어 오히려 코칭의 효과를 훼손시킨다. 훌륭한 코칭은 관리자에게 잘 보이기 위한 것이 아니라 부하 직원의 발전을 우선적으로 고려하는 것이다.

(2) 코칭과 훈련 및 상담의 비교

코칭과 많이 비교되는 개념인 훈련은 주로 고용주가 직원에게 업무 수행에 필요한 지식과 기술을 제공하는 구조화된 과정이다. 한편, 상담은 개인에게 영향을 미치는 개인적인 이슈를 중심으로 다루므로 코칭과는 차이가 있다. 상담에는 주로 결혼 및 가족 갈등, 약물 남용 등 개인적 문제 및 정서적 · 심리적 장해 요인과 관련된 내용이 포함된다. 훈련은 새로운 부서로 이동했거나 새로운 업무를 맡게 될 때 주로 실시되며, 상담은 대개 이상 행동이나 문제 행동이 나타날 때 또는 감정 조절이 되지 않을 때 활용된다. 반면에 코칭은 실수가 많거나 최소한의 수준만을 유지하고 있어서 수행 능력의 향상이 요구될 때 적용된다는 점에서 차이가 있다. 〈표 9-4〉는 코칭, 훈련, 상담이 요구되는 각각의 상황들을 요약한 것이다.

| 표 9-4 | 코칭 · 훈련 · 상담이 요구되는 상황의 비교

훈련	• 과정에 변화가 일어났을 때 • 새로운 도구나 장비를 사용할 때 • 새로운 책임을 맡았을 때 • 부서를 옮겼을 때
코칭	• 오류나 실수가 증가할 때 • 최종 기한을 지키지 못하는 경우가 증가할 때 • 최소한의 수준만을 유지할 때 • 더 잘할 수 있는 능력이 있다고 인식될 때 • 잠재력이 발휘되지 못할 때 • 기술을 가다듬을 필요가 있을 때
상담	• 만성적으로 일이 더디거나 장기 결석을 할 때 • 감정이 폭발했을 때 • 이상한 행동을 할 때 • 약물 남용이 의심될 때

출처: 신용주(2004). p. 270; Lawson (1996). p. 13의 내용을 표로 재구성함.

(3) 코칭의 목표 설정 시 고려할 요소

조직에서 코칭 활동을 설계할 때 목표 설정 단계에서 여러 가지 요소를 고려해야 한다. 코칭의 목표는 조직의 목표를 비롯하여 조직의 문화, 리더의 목표, 리더의 행동, 팀의 목표, 팀의 행동 등의 요소를 모두 파악한 후 결정하는 것이 좋다([그림 9-2] 참조).

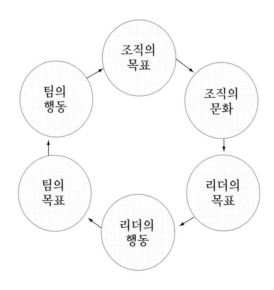

| 그림 9-2 | **코칭의 목표 설정 시 고려할 요소**

출처: Rogers (2004). p. 129.

2) 효과적인 코치의 특성

훌륭한 코치들에게는 대개 몇 가지 공통적인 특성이 나타난다. 이들의 말투는 부드럽고 명료하다. 또한 태도가 겸손하고, 매력적이며, 위트가 있고, 팀 구성원들을 존중하며, 솔직하다. 수행 중인 프로젝트나 운동 경기, 자신의 업무에 열심인 것은 물론이고, 부하 직원이나 팀원들에게도 최선을 다한다. 훌륭한 코치들은 과업 지향적이며, 과거의 실패보다는 다음 승부에서 최선의 결과를 얻는 데 초점을 둔다. 특히 중요한 점은 훌륭한 코치는 비록 최선을 기대한 팀원이 실수했을 때라도 이에 대한 처벌을 하지 않는다는 것이다(American Society for Training and Development, 1990).

(1) 효과적 코치의 특성

훌륭한 코치는 공정함, 일관성, 융통성, 풍부한 자원, 공감 능력, 참을성, 열정, 정직과 성실, 친절함, 진정한 배려 및 자신감 등의 긍정적 특성을 지니는 것으로 알려져 있다(Lawson, 1996: 17-18). 효과적인 코치가 보여 주는 구체적인 특성은 다음과 같다.

- 공정함: 사람들을 공정하게 대할 수 있는 능력으로, 사람들로부터 충성과 신뢰를 이끌어 낼 수 있는 자질이다. 사람들은 엄격하지만 공정한 코치로부터 가장 많이 배운다.
- 일관성: 훌륭한 코치는 변덕스럽거나 경박하게 행동하지 않는다. 사람들은 코치가 부하 직원뿐 아니라 자기 자신에 대해서도 항상 행동의 일관성을 보여 주기를 원한다.
- 융통성: 관리자는 옳은 방식으로 일을 하고, 리더는 옳은 일을 한다는 말이 있다. 옳은 방식으로 일한다는 것은 개인과 상황에 적절한 코칭 방법을 선택하는 융통성을 가지고 있다는 것이다.
- 풍부한 자원: 훌륭한 코치는 일을 효과적으로 처리하는 방법을 알고 있다. 그는 코칭에 도움이 되는 다양한 자원을 동원할 수 있으며, 어디서 누구로부터 도움을 얻을 수 있는지를 잘 안다.
- 공감 능력: 훌륭한 코치는 타인의 입장이 되어 보는 능력이 있다. 그는 자신이 새로운 과제에 직면했을 때 어떤 느낌이었는지를 기억하고 상대방에게 공감한다.
- 참을성: 사람의 행동 변화는 시간이 걸리며 직무 수행 능력도 점진적으로 향상된다. 훌륭한 코치는 참을성과 이해심을 갖고 기다린다.
- 열정: 훌륭한 코치는 야구나 농구 경기의 코치들처럼 매우 열정적이

다. 이 열정은 코칭 대상자에게 그대로 전염된다.

- 정직과 성실: 효과적인 코치는 솔직하며, 수행 수준 향상에 대한 기대를 갖는다. 따라서 코치가 정직하며 옳은 행동을 보여 준다면 사람들은 그를 믿고 따른다.
- 친절함: 성공적인 코치는 친절하며, 사람을 끌어당기는 매력이 있다. 사람들은 태도가 불친절한 코치의 도움이나 코칭을 원치 않는다.
- 진정한 배려: 성공적인 코치는 코칭 대상자에게 진심으로 관심을 가지며, 실제로 말과 행동을 통해 그 관심을 보여 준다.
- 자신감: 코칭을 성공적으로 수행하기 위해서는 스스로에 대한 신뢰가 있어야 한다. 즉, 자신이 하는 일을 잘 알고, 그것이 다른 사람들에게 건전한 코칭이 된다는 확신이 있어야 한다.

(2) 코치가 갖추어야 할 기술

Orth, Wilkinson과 Benfari(1987)는 관리자가 코치 및 멘토로서 갖추어야 할 네 가지 기술을 제시하였다. 첫째, 자신의 직무 능력 향상 기회를 얻기 위한 관찰 기술, 둘째, 부하 직원의 수행 능력 향상에 적절한 코칭 시점을 파악하기 위한 분석 기술, 셋째, 질문 능력과 관련된 인터뷰 기술, 끝으로, 다양한 질문에 개방적으로 반응하는 피드백 기술이다(〈표 9-5〉 참조).

┃표 9-5 ┃ 코치가 갖추어야 할 기술

1. 관찰 기술

코치는 자기 자신의 능력과 직무 수행 수준을 향상시킬 기회의 포착을 위해 관찰 기술이 필요하다. 또한 관찰한 내용을 부하 직원들에게 전달할 책임이 있다.

2. 분석 기술

코치에게는 두 가지의 분석 기술이 필요하다. 하나는 부하 직원의 능력을 향상시키기 위한 기술이며, 다른 하나는 부하 직원에게 언제 코칭이 필요한지를 결정하는 기술이다.

3. 인터뷰 기술

코치에게는 답변을 유도하기에 적절한 질문 능력이 요구된다. 유능한 코치는 다음의 세 가지 질문 유형과 관련된 인터뷰 기술을 갖추어야 한다.
• 개방형 질문: 부하 직원이 미처 생각해 보지 않았던 문제에 대하여 생각하고, 통찰력을 얻은 후 결론을 내리기 위한 질문
• 폐쇄형 질문: 구체적인 주제나 영역에 대하여 토의를 유도하거나 특별한 정보를 얻기 위한 질문
• 반성적 질문: 부하 직원이 말한 내용 중에서 몇 가지를 작문의 형태로 다시 진술하도록 하기 위한 질문

4. 피드백 기술

코치는 자신의 관찰에 대한 부하 직원의 반응, 태도 및 질문에 개방적으로 대하는 피드백 기술이 필요하다.

출처: American society for Training and Development (1990). p. 3을 표로 재구성함.

(3) 효과적인 코칭을 위한 지침

Stowell(1985)은 바람직한 코칭을 실시하기 위해서 다음과 같은 여섯 가지의 지침을 제시하였다.

• 코칭의 한 회기는 보통 35~45분 정도가 적당하며, 한 회기 동안에는 보통 한두 가지 주제에만 집중한다.
• 보통 한 회기 시간의 60% 정도를 코칭에 사용할 수 있으며, 코칭을 실

시할 때 부하 직원을 억압하거나 과잉통제하지 않는다.

- 코치는 각 코칭 회기에 대해 미리 계획한 후 이에 대한 준비와 연습을 충분히 한다.
- 코치가 코칭을 통해 대신 업무를 처리하는 것은 부하 직원의 수행 능력 향상에 도움이 되지 않는다는 것을 기억한다.
- 부하 직원이 더욱 자발적으로 코칭에 참여하도록 격려한다.
- 코칭을 진행할 때 직원들의 직무 및 관심과 관련된 주제를 중심으로 한다.

3) 코칭의 과정

⑴ Holiday의 스태프 코칭 모델

효과적인 코칭 과정을 조직 내의 5단계 스태프 코칭 모델(Staff Coaching Model)로 개발한 Holiday(2001: 40-41)는 스태프의 수행 수준을 측정한 다음 그 수행 수준에 따라 코칭이나 멘토링 또는 상담을 거쳐 팀 활동에 적극 참여하도록 하는 과정을 제시하였다([그림 9-3] 참조). 스태프 또는 부하 직원의 수행 수준이 평균 이하인 경우에 코칭의 사용을 권장하는 Holiday의 모델은 각 단계별로 다음과 같이 진행된다.

- 1단계: 부하 직원의 현재 수행 수준을 평가한다.
- 2단계: 부하 직원이 보통 또는 평균의 수행 수준을 보이면 코칭을 실시한다.
- 3단계: 부하 직원이 평균 이상의 수행 수준을 보이면 멘토링을 실시한다.
- 4단계: 부하 직원이 평균 이하의 수행 수준을 보이면 상담을 실시한다.

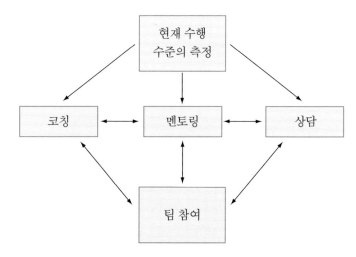

■ 그림 9-3 ■ 스태프 코칭의 과정

출처: Holiday (2001). p. 40.

- 5단계: 각 팀원이 어떤 수행 수준을 보이든지 그가 긍정적 · 생산적인 역할로 팀에 통합되도록 하고, 팀 안에서 이들의 능력을 최대한 활용하도록 한다. 팀 활동의 결과는 협력 또는 컬래버레이션(collaboration)으로 받아들인다.

통상적인 관리자에서 성공적인 코치로 거듭나기 위해서는 적지 않은 시간과 노력, 에너지가 요구된다. 즉, 효과적 코칭에 필요한 새로운 자질과 기술을 익혀서 행동 패턴을 변화시키는 동시에 원활한 의사소통 방식을 습득해야 한다. 그리고 훌륭한 코칭의 결과, 직원들의 작업 능률과 사기가 진작되고 생산성이 향상될 때 이러한 노력이 가치 있음을 깨닫게 된다.

(2) Lawson의 코칭 과정

성공적인 코칭을 위해서는 코치에게 필요한 자질과 기술을 익히고 부하 직원에게 동기를 부여하는 방법을 익히는 것도 중요하다. 코칭 과정은 대개 코칭 계획을 세우고 준비하는 기간, 코칭을 실시하는 기간 그리고 평가와 추후 코칭 기간 등 모두 3단계에 걸친 과정으로 이루어진다. Lawson(1996: 49-85)은 코칭을 실시할 때의 일반적인 진행 절차를 다음과 같이 제시하였다.

① 편안한 코칭 환경을 준비한다

코칭을 제공하기에 적절한 시간과 장소를 선택하고, 코칭 대상자와의 라포를 형성하기에 적절한 환경을 마련한다.

② 그동안 파악된 직무 수행의 문제점을 기술한다

코치는 코칭 대상자의 업무 처리의 양과 속도, 정확도, 철저함, 시간 정확성 등을 관찰하고 분석한 후 문제점에 대하여 기술한다.

③ 코칭 대상자의 자기평가를 격려한다

코치는 코칭을 실시하는 동안 코칭 대상자가 자신에 대해 솔직하게 평가하도록 돕기 위해 적극적 경청 기술을 동원하여 그가 하는 말을 열심히 듣는다.

④ 코칭 대상자와 함께 문제의 본질을 파악한다

코치는 코칭 대상자와 함께 그의 직무 수행 패턴 및 그가 잘못하고 있는 점을 찾아본다.

⑤ 대안이 되는 해결 방법을 탐색한다

코치는 코칭 회기 동안 코칭 대상자의 적극적인 참여를 권장한다. 그의 감정을 수용하려 노력하며, 칭찬과 격려로 그의 사고 발달을 돕는다. 또한 주로 개방형 질문을 한 다음, 답변에 대한 부정적인 반응을 보이지 않으면서 구체적인 피드백을 제공한다.

⑥ 문제해결 방법을 선택한다

코치는 코칭을 통해 발견한 코칭 대상자의 직무 수행과 관련된 문제에 대하여 여러 가지의 해결 방안을 준비한 후 그중 하나를 선택하도록 한다.

⑦ 구체적 시행 계획을 세운다

선택된 해결 방안을 중심으로 적절하고 구체적인 시행 계획을 개발한다.

⑧ 코칭 종결 후 개선 상황을 모니터링한 후 필요시 추후 코칭을 제공한다

코칭을 실시한 후에 나타나는 코칭 대상자의 직무 수행 능력 향상 상황을 지속적으로 모니터한 후, 필요시에는 추후 코칭을 실시한다.

[그림 9-4]는 Lawson의 코칭 과정을 구체적으로 보여 주고 있다.

4) 경청의 중요성

코칭을 실시할 때 상대방의 이야기를 듣는 것은 매우 중요하다. 좋은 코치는 훌륭한 경청자여야 한다. 즉, 상대방의 설명이나 이야기를 신중하게 경청하는 태도를 가져야 한다. 코치는 코칭이 진행되는 동안 상대방에게 집중해서 들으려 노력해야 하며, 그가 말하고 있는 것은 물론, 말하지 않는 것까지도 알아들을 수 있어야 한다.

코치에게는 비록 상대방이 말로 표현하지는 않아도 머릿속에 떠올리고 있는 생각을 읽어 내는 직감이 필요하다. 말로 이야기하지 않은 내용도 때로는 말한 것 이상으로 중요할 수 있기 때문이다. 그러므로 부하 직원들이 실제로 전달하고자 하는 메시지를 파악해 내는 능력을 갖추어야 한다.

이러한 태도들은 부하 직원에게 코치가 자신의 이야기에 관심을 가지고 주의를 집중하고 있으며, 더 많은 이야기를 듣고 싶어 한다는 인상을 주는 데 도움이 된다.

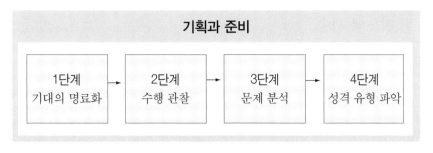

기획과 준비

| 1단계
기대의 명료화 | 2단계
수행 관찰 | 3단계
문제 분석 | 4단계
성격 유형 파악 |

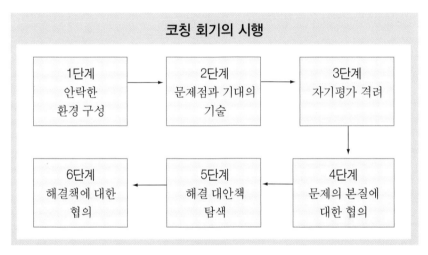

코칭 회기의 시행

1단계
안락한
환경 구성 → 2단계
문제점과 기대의
기술 → 3단계
자기평가 격려

6단계
해결책에 대한
협의 ← 5단계
해결 대안책
탐색 ← 4단계
문제의 본질에
대한 협의

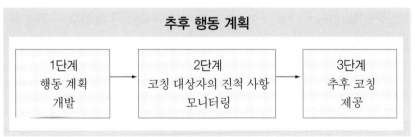

추후 행동 계획

| 1단계
행동 계획
개발 | 2단계
코칭 대상자의 진척 사항
모니터링 | 3단계
추후 코칭
제공 |

┃ 그림 9-4 ┃ 코칭의 과정

출처: 신용주(2004), p. 276; Lawson (1996), p. 35.

5) 피드백 기술

(1) 효과적인 피드백 전달 기술

효과적인 코치는 코칭이 진행되는 동안 상대방에게 적절한 피드백을 제공하기 위한 기술을 갖추어야 한다. Stewart(1985)는 『The Power of People Skills』에서 조직에서 관리자의 피드백 기술을 향상시키기 위한 제안 내용을 다음과 같이 기술하였다(American Society for Training and Development, 1990: 9 재인용).

- 직접 전달한다.
- 즉각적으로 전달한다.
- 구체적으로 전달한다.
- 솔직하게 전달한다.
- 공평하게 제공한다.

(2) 피드백의 10계명

훌륭한 피드백은 개개인의 성실성과 존엄성을 인정해 주고, 수행 능력 향상에 도움을 준다. Wood와 Andrew(1989)는 피드백 기술에 대한 그들의 논문 「The Gentle Art of Feedback」에서 피드백을 제공할 때 적용해야 할 10계명을 다음과 같이 제시하였다.

- 눈치로 파악하지 말고 반드시 실제로 보인 행동에 대하여 피드백을 제공한다.
- 판단하지 말고 자신이 보고 느낀 점에 대하여 서술한다.
- 변화 가능한 행동에 초점을 맞춘다.
- 작업의 핵심이 되는 요소를 선택한 후, 그것에 국한하여 평가한다.
- 단정하기 전에 먼저 질문을 해 본다.

- 피드백을 하기 전에 우선 기본 규칙을 정한다.
- 부하 직원이 잘한 부분 및 앞으로 개선이 필요한 부분에 대하여 피드백을 제공한다.
- 모든 피드백은 특정 행동에만 집중하여 제공하고 일반적인 감정이나 인상에 대한 언급은 자제한다.
- 한꺼번에 너무 많은 피드백을 제공하는 것은 개인적 수용 능력의 한계를 벗어날 수 있으므로 피한다.
- 피드백을 하기 전에 그것이 부하 직원에게 과연 어떤 의미가 있을지에 대해 생각해 본다.

6) 코칭의 장해 요인

이처럼 코칭이 조직 구성원의 역량 강화와 조직의 생산성 향상에 매우 효과적인 방법임에도 아직 많은 조직에서 코칭을 실시하지 않고 있는 이유에 대해 생각해 볼 필요가 있다. 여기서는 코칭의 장해 요인에 대해 코치의 문제와 코칭 대상자의 문제를 중심으로 알아보기로 한다.

(1) 코치의 문제

코칭에는 적지 않은 시간의 투자와 함께 인내심이 요구된다. 효과적인 코칭을 실시하는 데 첫 번째 장해물은 관리자 및 부하 직원들 자신에게서 찾아볼 수 있다. 바람직하지 않은 코치들이 보여 주는 특징은 주로 다음의 네 가지로 나타난다(Lawson, 1996). 첫째, 코칭을 어떻게 실시할지를 잘 모르고 있고, 둘째, 코칭에 자기의 시간을 할애하는 것을 원치 않으며, 셋째, 인내심이 부족하고, 넷째, 부하 직원 스스로 자신의 직무 능력을 향상해야 할 책임이 있다고 생각한다.

(2) 코칭 대상자의 문제

코칭의 장해 요인이 코치에게만 있는 것은 아니다. 코칭 대상자가 문제를 지니고 있는 경우도 있다. 코치가 아무리 능력과 기술을 가지고 헌신적으로 코칭에 임하더라도 코칭 대상자에게 코칭을 실시하기가 어렵다면 결코 성공할 수 없다. 코칭의 진행에 어려움을 초래하는 코칭 대상자들은 대개 다음의 두 가지 특징을 갖는다. 우선, 코칭이 가져올 변화에 대해 저항적이다. 또한 스스로 모든 것을 다 알기 때문에 코칭이 필요 없다고 생각한다. 이들은 변화를 거부하면서 코칭을 위협적으로 느끼고, 또 코칭을 통해 자신의 행동을 변화시키려는 것에 대해 거부감을 갖고 저항한다. 따라서 변화를 두려워하는 사람에게는 특히 세심한 배려를 통해 두려움을 줄이는 노력이 필요하다.

3. 학습계약

1) 학습계약의 정의와 특성

학습계약(learning contract)은 학습자에 의해 작성된 공식적인 문서상의 협정(formal written agreement)이다. 이 문서에는 무엇을 배울 것인지, 언제 어떻게 학습을 달성할 것인지, 학습 결과에 대해서 어떤 기준으로 평가할 것인지에 대한 내용이 담겨 있다. 즉, 학습계약은 개별 학습자가 자신이 수강할 강좌, 시간표, 학습 방법 및 평가 방법을 결정하여 승인하고 학습계획을 수립하여 학습을 수행하는 데 책임을 갖는 것이다. 다시 말하면, 학습자, 교수자, 때로는 교육기관이 함께 학습 동의서(learning agreement) 또는 학습계약을 체결하는 것이다(Tight, 1996).

학습계약은 학습자의 적극적인 참여와 상호작용을 이끌어 내기 위해 사용되는 학습 전략이다. 또한 학습계약은 학습자-교수자, 학습자-학습자 간의 상호 이해를 바탕으로 학습 경험을 전개해 나갈 계획을 세우는 기법이다. 즉, 학습계약은 학습자가 학습에 대한 요구 분석을 통해 구체적인 학습 목표를 설정하고, 학습 자원과 학습 전략을 파악하며, 학습 결과 및 성취를 평가하는 일련의 과정에 주도적으로 참여하는 것에 대한 개인적인 서면 계획이다(Brookfield, 1995; Knowles, 1980).

평생교육에서 학습계약은 성인학습자의 자기주도성을 강화하는 교육 방법으로 인식된다. 성인교육 및 훈련, 고등교육, 종교교육의 영역에서 학습계약은 학습자가 스스로 욕구를 진단하여 학습 활동을 계획하고, 적절한 자원을 선정한 후 자기평가 기술을 갖추도록 촉진하는 가장 효과적인 기법으로 활용되어 왔다. 학습계약서를 효과적으로 작성하기 위해서는 교수자와 학습자 모두에게 특정 기술이 요구된다. 따라서 과거에 학습계약에 참여한 경험이 없는 학습자에게는 학습계약 작성에 대한 준비가 필요하다.

2) 학습계약의 체결

(1) 학습계약의 체결

Knowles(1986)는 학습계약서에 명시된 협정은 정당해야 하며, 또 모든 관련자들에게 공평해야 한다고 주장하였다. 그는 학습계약이 법적인 의미는 없지만 교수자나 멘토, 슈퍼바이저 또는 교육기관과의 계약이며, 또한 자기주도학습 프로젝트를 위한 자신과의 계약이기도 하다고 하였다. 형식적인 교육 현장에서 학습계약은 교수자와 학습자 간에 작성된 양자의 기대와 목표에 도달하기 위한 타협의 결과다. 따라서 학습계약은 학습 계획(learning plans), 계약과 협정, 개인적 발달을 위한 행동 계획(action plan), 학습자 프로파일(learner profiles) 등의 용어로 불리기도 한다. 학습계약은 유연하고 개별화된 학습 프로그램의 개발에 매우 효과적으로 사용될 수 있다.

평생교육에서 학습계약의 체결에는 프로그램을 제공하는 기관, 교수자 그리고 잠재적 학습자들이 관여하게 된다. [그림 9-5]는 이에 관련된 기관 및 사람들을 구체적으로 보여 주고 있다.

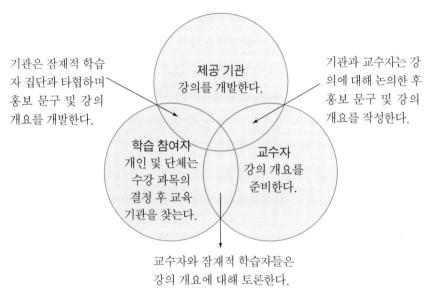

기관은 잠재적 학습자 집단과 타협하며 홍보 문구 및 강의 개요를 개발한다.

제공 기관
강의를 개발한다.

기관과 교수자는 강의에 대해 논의한 후 홍보 문구 및 강의 개요를 작성한다.

학습 참여자
개인 및 단체는 수강 과목의 결정 후 교육 기관을 찾는다.

교수자
강의 개요를 준비한다.

교수자와 잠재적 학습자들은 강의 개요에 대해 토론한다.

┃ 그림 9-5 ┃ **학습계약의 체결**

출처: 신용주(2004), p. 96; Rogers (1998), p. 15.

(2) 학습계약의 구성

학습계약은 목적과 대상에 따라 다양한 형태로 진행 가능하다. 학습계약을 작성하기 위해 성인학습자는 자신의 학습 노력을 측정하기 위한 매개 변수들을 개발할 책임이 있다. 학습자가 혼자서 모든 학습계약을 구상하거나 계약 내용의 많은 부분을 작성할 수도 있다. 학습자 혼자서 학습계약의 내용을 모두 개발하는 경우에 교수자는 특별히 기본 목표를 설정하지 않으며, 학습자가 원하는 방식으로 작성한다. 예를 들어, 초등학교 교사를 위한 건강관리 프로그램을 개발하는 프로젝트를 실시한다면 이들에게 어떤 주제와 내용으로 진행할 것인지를 맡기는 것이며, 보통 교수자는 이들이 학습계약을 개발하고 실시하는 데 도움을 주는 역할만 수행한다.

한편, 학습계약의 주요 부분을 학습자가 작성하는 경우에도 역시 학습자가 목표, 주요 기준 및 필수 사항에 대해 계획할 수 있다. 이러한 학습계약에서는 각 개별 학습자가 학습 내용보다는 학습 방법에 대한 계획에서 더 자유롭게 진행할 수 있다. 따라서 학습자는 학습의 과정 및 학습의 결과와 관련된 결정을 내리는 데 적극 참여할 수 있다. 학습계약을 체결하게 되면 성인학습자는 적극적으로 학습에 참여하기 위해 노력하게 된다.

(3) 학습계약의 핵심 요소

- 학습 목표
- 학습 자원과 전략
- 학습 성취에 대한 측정 근거
- 평가 지표 및 이에 대한 공인
- 시간 예정표

(4) 성인학습자의 학습계약 체결을 위한 전제

평생교육의 핵심적인 요소는 성인학습자의 특성을 이해하고 반영하는 것이다. Knowles(1986: 41)는 학습계약은 그가 제시한 안드라고지적 가정에 기초한 학습의 전제에 가장 적합한 교육적 접근이라고 하였다. Knowles의 성인학습자에 대한 가정 중에서 학습계약의 사용과 관련 있는 가정들은 다음과 같다.

- 성인학습자는 고유의 개인적 목적과 목표를 가지고 학습 상황에 접근한다.
- 성인학습자는 지식의 수동적 수혜자가 아니라 적극적 참여자가 되는 것을 선호한다.
- 성인학습자가 무엇을, 어떻게, 어디에서 학습하는가는 성인이 수행하

는 많은 역할(예: 근로자, 부모, 자녀, 친구, 배우자 등) 및 학습자로서 그
들이 속해 있는 개인적 맥락(예: 성, 인종, 사회적 계층, 장애 여부 등)에
의해 영향을 받는다.
• 성인학습자는 복잡한 내적 · 외적 영향의 결합에 의해 학습 동기가 유
발된다.

3) 학습계약의 장점과 단점

(1) 학습계약의 장점

학습계약은 다음과 같은 장점을 갖는다.

• 유연한 접근 방식으로 다양한 학습 경험을 제공하는 데 적절하다.
• 학습 과정의 전부는 아닐지라도 일정 부분에 대해서는 학습자가 스스
로 통제하며 책임을 진다.
• 학습자로 하여금 교수법 설계 기술이나 자기주도학습의 기술을 개발
하도록 한다.
• 학습자가 학습계약을 맺을 때 학습에 대한 동기가 더욱 유발된다.
• 특정 웹 기반 교수법을 향상시킬 수 있다.

(2) 학습계약의 단점

학습계약의 성공 여부는 계약에 합의한 당사자의 자질과 마음가짐에 달
려 있다. 따라서 학습계약이 가진 장점에도 불구하고 그 한계점도 제시되
며, 주요 단점은 다음과 같다.

① 학습계약의 개념에 익숙지 않아 불편함을 느끼게 된다

학습계약이라는 개념이나 방법 자체가 생소하므로 계약 체결 및 진행
과정에서 학습자는 불안감과 불편함을 느낄 수 있다.

② 학습의 질이 낮아질 수 있다

교수자는 학습계약의 결과로 나타나는 학문적인 성취 수준에 대해 다른 교육 방법으로 접근했을 때와 비교해 어느 정도의 범위와 깊이로 학습이 이루어졌는지 파악하기가 어렵다. 또한 학습자가 반드시 배워야 할 것들을 배우지 못했을 수도 있다는 지적과 함께 학습의 성과, 과정, 기능 등에서 전반적인 학습의 질에 대한 우려가 있을 수 있다(Smith, 1982).

③ 시간 제약이 존재한다

학습계약을 활용할 때 교수자는 학습자의 상황을 검토하는 데 많은 시간을 할애하게 되며, 다른 교육 방법을 사용할 때에 비해 시간 투자에 대비한 보수가 낮을 수 있다. 마찬가지로 직장과 가정을 가지고 학업을 병행하는 대부분의 성인학습자도 학습계약을 실행하는 데 소요되는 시간이 예상보다 길어져 당혹해할 수 있다.

④ 학습계약이 적합지 않은 상황도 있다

Knowles(1986)는 학습계약이 정신운동 기술(psychomotor skill)이나 대인관계 기술을 학습할 때 또는 학습자가 새로운 주제를 배울 때는 유용하지 않다고 설명하였다. 또한 학습자가 의존적이거나 동기 유발이 되지 않았을 경우에도 학습계약은 적절한 교육 방법이 되지 않는 것으로 인식된다.

4) 학습계약 사용 시 교수자 및 학습자의 책임

⑴ 학습계약 사용 시 교수자의 책임

학습계약을 사용하는 교수자에게는 다음과 같은 책임이 부과된다.

• 학습자 스스로 학습계약을 개발하는 것을 격려한다.
• 학습자의 학습 프로젝트의 진행에 유용한 학습 자료를 제시한다.

- 학습자가 원하는 시간에 학습자와 만나 진행 상황을 함께 검토하면서 아이디어를 보완해 주고 필요시에는 학습계약을 수정한다.
- 학습자의 최종 결과물을 평가할 때는 학습자와 교수자가 함께 개발한 준거에 따른다.
- 학습자의 학습에 대한 피드백을 제공한다.
- 지지적인 환경을 마련하고 학습자의 자신감을 북돋아 준다.

(2) 학습계약 참여 시 학습자의 책임

학습계약에 참여하기로 결정한 학습자에게는 다음과 같은 책임이 부과된다.

- 학습 목표를 진술한다.
- 학습 자원과 전략을 구체적으로 명시한다.
- 학습 계약의 종료 희망 날짜를 명시한다.
- 학습 성과의 증거를 구체적으로 명시한다.
- 학습 평가 방법을 구체적으로 명시한다.
- 학습계약을 교수자와 검토한다.
- 학습계약을 수행한다.
- 학습 평가의 실시 및 결과의 반영 방안을 교수자와 논의한다.

5) 학습계약의 평가

학습계약에 따른 학습이 종결되었을 때, 많은 학습자는 긍정적인 반응을 보이는 것으로 보고되었다(Caffarella, 1983; Chickering, 1975; Lemieux, 2001; Williams & Williams, 1999). 그러나 교수자에게는 학습계약의 결과물이 성공적인지를 평가하기에 적절한 척도를 개발해야 하는 과제가 남아 있다. 신뢰도와 타당도를 갖춘 측정 도구의 개발이 이루어지면 학습계약은 앞으로 효과적인 교육 방법으로 더 많이 활용될 수 있을 것이다.

학습계약의 평가를 위한 척도로서 다음의 요소들을 고려할 수 있다.

학습계약의 평가 요소들

- 교수자는 학습계약을 유연하게 실시하였는가?
- 학습자에게 학습계약을 진행하는 것이 가능했는가?
- 학습자는 학습 목표를 성취했는가?
- 학습계약의 내용이 상황이나 시간, 장소 및 학습 주제에 적합했는가?
- 최종 평가에서 무엇을 보여 주었는가?

제10장

체험 중심 평생교육 방법

1. 디베이트

1) 디베이트의 정의와 특성

논쟁이라고도 불리는 디베이트(debates)는 역사적으로 매우 오래된 교육방법으로 인식되고 있으나, 새로운 세대의 학습자들에게도 쉽게 적용될 수 있는 바람직한 교육 방법이다. 디베이트는 특히 찬성과 반대 의견으로 쉽게 나눌 수 있는 주제에 대하여 강의실에서 진행할 수 있는 수업에서 매우 효과적이다. 매 수업 시간마다 디베이트를 사용하기는 적절치 않지만, 한 학기에 한 번 정도 실시하면 학습자의 흥미를 유발하는 데 매우 유용한 방법이다. 디베이트를 통해 학습자는 자신이 선택한 입장에 대한 주장을 끝까지 설파할 수 있으며, 동시에 자신이 예전에는 전혀 고려하지 못할 수도 있었던 다른 생각이나 시각을 경험할 수 있는 좋은 기회가 된다. 또한 디베이트는 어떤 주제에 관한 학습자의 논점이나 관점을 표현하는 능력의 개발을 목표로 하는 수업에서 특히 효과적인 교육 방법이다(Davis, 2009).

디베이트는 처음에 "우리는 사형제도가 비효과적인 제도라고 생각합니다."와 같은 방식으로 한 팀의 대표가 자신의 주장을 선언하면서 시작하며, 대개 의장에 의해 인도된다. 보통 대표 두 사람으로 하여금 양쪽의 입장에 대해 논쟁을 하도록 하고, 찬성-반대, 찬성-반대의 순으로 차례대로 진행하며, 이들이 자신의 논점을 모두 피력한 다음에는 청중이 이들에게 질문할 수 있다. Q & A가 모두 끝난 후 청중은 더 설득력이 있다고 생각하는 논쟁을 전개한 쪽을 우승 팀으로 뽑게 된다.

2) 디베이트의 유형

디베이트는 크게 형식적 디베이트와 비형식적 디베이트로 분류된다. 각각의 특성을 구체적으로 살펴보면 다음과 같다. 우선, 형식적 디베이트에서는 학습자들이 팀을 배정받고 상대방 팀이 제시하는 논점을 반박하는 동시에 자신이 방어할 입장을 옹호하기 위한 논쟁에 대비해 준비하게 된다. 형식적 디베이트에서 참여자에게 할당된 임무는 애매하지 않고 명료하게 긍정적 입장을 진술하는 것이다. 이를 위해 연사들은 보통 5분 이하로 배분된 각자의 시간 규정 및 맡은 바 책임에 대하여 구체적인 설명을 듣는다.

전통적인 디베이트에서는 찬성하는 입장을 대표하는 팀의 첫 번째 연사가 주요 용어를 정의한 후 찬성하는 사례의 개요를 소개한다. 반대하는 입장을 대표하는 팀의 첫 번째 연사는 제대로 정의되지 않은 용어들에 대해 비판하면서 반대하는 취지의 개요를 제시한다. 찬성하는 팀과 반대하는 팀의 두 번째 연사는 각각 증거를 제시하면서 자신이 속한 입장에서 그 사례를 완성시킨다. 다음 연사들은 상대방 팀의 연사가 제시한 가장 중요한 논점 중에 나타난 약점에 초점을 맞추어 서로 반박한다.

디베이트에 참여하지 않는 사람들은 재판관 역할을 수행하거나 논쟁의 기록자 역할을 수행한다. 후속 조치로 학습자는 찬성하는 입장의 팀이나 반대하는 입장의 팀이 제시한 논점, 이에 대한 근거 및 증거를 포함하는 논쟁의 요약본을 작성한다.

한편, 비형식적 디베이트에서는 어떤 입장이 제시된 다음, 이에 찬성하는 사람들과 반대하는 사람들을 두 편으로 나누어 앉게 한 후 시작한다. 또한 찬성인지 반대인지 아직 자신의 입장을 결정하지 못한 사람들에게는 제3의 영역에 앉도록 할 수 있다. 의장은 보통 처음 시작할 때 참여자들에게 혹시 생각이 바뀌었으면 다른 팀으로 가도 좋다고 말한다. 또 다른 진행 방법으로 참여자들에게 찬성과 반대의 입장을 선택하도록 할 수도 있다. 어느 정도 시간이 경과한 후에 다시 찬성 팀은 반대 팀으로, 반대 팀은 찬성 팀으로 바꾸도록 요청한 다음, 다시 원래 그들의 입장과는 다른 반대의 입장을 옹호하기 위한 논쟁을 전개할 것을 요청할 수도 있다.

3) 디베이트의 효과

디베이트는 학습자에게 옳고 그름을 뛰어넘어 자유롭게 논쟁을 전개하도록 해 준다. 또한 학습자가 특정한 쟁점에 대해 더욱 관용적인 시각을 가지도록 도우며 복잡 미묘한 관점도 이해하도록 해 준다. 따라서 학습자로 하여금 만약 그들이 디베이트에 참여하지 않았다면 생각해 보지 않았을 다양한 관점과 견해에 접할 수 있게 해 준다.

논리적 분석보다 감정이 더 중요하게 생각되던 시기에는 청중이 이긴 팀을 결정할 때 자신의 개인적 의견으로부터 벗어나기 어려웠다. 이러한 추세는 아직도 계속되고 있는 것으로 보인다. 디베이트에서 가장 역설적인 것은, 이론적으로 생각하면 청중은 가장 훌륭하게 논리적으로 논쟁을 전개한 한 팀을 뽑아야 하지만 실제로는 많은 청중이 디베이트가 시작하기 전부터 이미 누구를 뽑을지를 정해 놓은 경향이 있다는 사실이다.

디베이트를 전개하기에 적절한 질문은 참여자나 청중이 한쪽 편을 들고 이에 합당한 근거를 제시하기에 적합한 것이다. 예를 들면, '체벌은 반드

시 금해야 하는가?' '초등학교의 무상 급식이 최선인가?' 또는 '공기업의 민
영화가 미래의 대안인가?' 등이다.

2. 게임법

1) 게임법의 정의와 특성

게임법(games)은 가르치는 동시에 재미를 유발할 수 있는 교수 방법으
로 학습을 촉진하는 데 매우 유용하다. 또한 게임법은 학습자가 소극적 관
찰자가 아닌 능동적 참여자라는 점에서 매우 역동적인 방법이다(Svinicki &
McKeachie, 2011).

게임법은 다양한 상황에서 그 효과성이 입증되고 있으며, 고전적인 사
례로는 SIMSOC(Gamson, 1966)라는 사회학적 게임법을 들 수 있다. 이 게
임에 참여하는 동안 학습자는 경제적 · 사회적 역할을 가진 어떤 사회의
시민이 되기도 하고, 정치적 정당의 회원일 수도 있으며, 또한 경찰의 권
력 등 권력을 가진 사람일 수도 있다.

게임법을 진행하는 동안 학습자는 계속 의사결정을 내리면서 문제를 풀
고 자신이 선택한 결과에 대해 반응하며 대처해야 한다. 대부분의 경우 게
임법은 시뮬레이션 상황에서 발생하며, 흥미를 증가시키는 놀이의 형태로
실시된다. 예를 들면, 개혁을 추구하는 국회에서의 의안 발의와 관련된 게
임, 피난민 수용소에서 탈출하기 게임, 전쟁 지역에서 붙잡힌 포로들에게
생필품을 제공하기와 같은 게임 등도 많이 실시된다.

게임법을 처음 실시할 때 흔히 사용되는 보드 게임이나 컴퓨터 게임은 학
습자에게 다양한 주제에 대해 가르치려는 목적으로 개발되었다. 이러한 게
임은 학습 목적에 적합하도록 조금씩 변형될 수 있으며, 동기 유발에 효과적
인 것으로 알려져 있다. 컴퓨터 게임에서 동기 유발적 요소들에 대해 연구한

Lepper와 Malone(1987)은 동기 유발의 핵심 요소로 도전, 자신감, 호기심, 개인적 통제력 그리고 환상을 갖게 되는 것 등을 제시한 바 있다. 근래에는 정교하게 개발된 게임법이 많이 소개되어 있으며, 여러 가지 지시와 명령에 따라 복잡한 상호작용을 실시하는 컴퓨터의 사용으로 시뮬레이션 게임법도 증가하였다.

게임법은 학습자로 하여금 게임법에서 다루는 다양한 쟁점에 대한 여러 가지 관점 및 해결책을 함께 고려할 수 있도록 해 준다는 점에서 그 특징을 찾을 수 있다.

2) 게임법의 효과

수업 시간에 안전하게 게임법을 사용하는 방법은 학습자 집단을 소집단으로 나누어 게임의 원칙과 경쟁 방식에 대해 설명한 다음, 게임을 하도록 이끄는 것이다. 그렇게 함으로써 개인 학습자에게는 관심을 집중시키지 않으면서, 팀워크를 통해 참여한 대부분의 학습자의 흥미를 유발시키도록 게임을 실시하는 것이 좋다. 예를 들면, 기업이나 조직 또는 국제 관계에서 일상적으로 발생하는 문제 상황과 같은 장면을 모델로 삼아서 전개하는 비즈니스 게임법, 국제 관계 관련 게임법 등 다양한 게임법이 있다. 이러한 게임법은 새롭고 전문적인 지식을 습득하는 데 매우 효과적인 방법이다. 게임법은 또한 학습자가 학습을 어렵지 않은 흥미로운 활동이라고 생각하도록 해 주므로 학습자의 긴장을 풀어 주고 학습 참여도를 높이는 데 효과적이다(Corder, 2008). 또한 Scrabble(스크래블)[1]이나 Boggle(보글)[2]

---

1) Scrabble(스크래블): Alfred Mosher Butts에 의해 개발되고 오늘날 129개 나라에서 29개 언어로 모두 100만 개 이상 판매된 것으로 알려진 보드 게임이다. 2~4인의 참여자가 가로, 세로 15칸씩으로 이루어진 게임보드 안에서 알파벳이 적힌 타일을 이용해 단어를 만들어 내는 게임이다. 단어는 직선이나 사선을 이용해 만들 수 있으며, 반드시 표준어 사전에 기재된 것이어야만 점수를 얻을 수 있다(https://scrabble.hasbro.com/en-us).
2) Boggle(보글): Allan Turoff에 의해 개발된 단어 게임으로, 알파벳이 새겨진 16개의 주사위

과 같은 게임은 언어학습 강좌에서 사용하면 매우 효과적인 것으로 알려져 있다.

게임법을 실시할 때는 교수자가 전달하고자 하는 특정 개념이나 원칙의 일반화를 추구하기에 무리가 없도록 너무 단순하거나 너무 복잡한 게임은 피하는 것이 좋다. 게임법을 사용하는 데 있어서 장해 요소는 전형적인 강의실의 환경에서는 게임을 진행하기 위한 시간과 설비를 적절하게 사용하기에 어려움과 제한이 있다는 점이다. 또한 게임법이 학습자의 흥미를 유발하는 좋은 방법이지만 교수자가 게임법을 스스로 개발하는 것은 시간이 너무 많이 걸리는 작업이다. 그럼에도 잘 개발된 게임법은 매우 효과적인 교수법으로 활용될 수 있다.

따라서 수업에서 게임법의 사용을 계획하는 교수자는 무엇보다 학습자들이 호기심을 가질 만큼 흥미를 유발하는 환경을 조성하는 것에 주력해야 한다. 또한 게임을 실시할 때 교수자뿐 아니라 보조 진행자 또는 트레이너의 역할도 중요하다. 특히 보조 진행자는 게임이 효과적으로 진행되도록 지도력을 갖추고 게임의 전 과정을 이끌 수 있는 자질을 갖추어야 한다.

3) 게임법의 장점과 단점

Davis(2009: 228)는 교육 방법으로서 게임법이 갖는 장점과 단점에 대해 다음과 같이 설명하였다.

(1) 게임법의 장점
- 흥미 유발적 요소를 동원하여 학습자의 참여를 높일 수 있다.
- 인지적·사회적 지식과 기술뿐 아니라 태도의 학습도 가능하다.

가 놓인 플라스틱 격자 위에서 진행된다. 인접한 글자들을 이용해 단어를 만들어 내면 점수를 얻게 된다(Hinebaugh, 2009, p. 64).

- 순발력과 함께 개인적 경쟁심을 높여 동기 유발을 이끈다.
- 소집단에서의 학습자 간 의사소통 능력을 향상시키며, 규칙을 준수하고, 협동심을 익히는 경험을 하게 된다.

(2) 게임법의 단점

- 학습의 진지함이 결여되거나 흥미 위주의 진행으로 학습 목표의 달성도가 낮아질 수 있다.
- 학습 시간이 지연되거나 학습 내용의 효과적 전달에 어려움이 있을 수 있다.
- 보조 진행자의 지도력에 따라 학습의 성취도에 차이가 있을 수 있다.
- 시의적절한 피드백의 제공 여부가 학습의 성패를 좌우한다.

4) 게임법의 유형

게임법의 유형은 크게 세 가지로 분류된다. 첫 번째 유형은 주로 처음 만난 집단의 서먹함을 줄이기 위한 목적의 아이스브레이킹(icebreaking) 게임이다. 두 번째 유형은 일상생활에서 경험하는 어려운 상황에 대한 문제해결 능력 및 창의력 함양을 위한 게임이다. 그리고 세 번째 유형은 인간관계, 의사소통 및 팀워크 향상을 위한 게임이다.

(1) 아이스브레이킹을 위한 게임

서로 처음 만난 학습자 집단에서 아이스브레이킹 게임은 보통 강좌가 시작하는 첫 수업에서 학습자들로 하여금 서로 인사를 나누고 알게 해 주는 것을 목적으로 하는 게임이나 짧은 활동이 주를 이룬다. 학습자들이 짝을 지어 서로 소개를 하거나 공을 던진 후 받은 사람이 자기보다 앞서서 소개받은 사람의 이름을 외워 부르는 것과 같은 간단한 게임이 여기 속한다.

(2) 문제해결 능력 및 창의력 함양을 위한 게임

일상생활에서 자주 마주치게 되는 문제가 발생하는 모의 상황을 제시한후 이 문제를 해결하기 위한 기술과 전략을 습득하기 위해 실시하는 게임이다. 문제해결을 위한 창의적 아이디어 제시하기 게임 등이 여기 속한다.

(3) 인간관계, 의사소통 및 팀워크 향상을 위한 게임

인간관계 및 의사소통과 관련된 지식과 기술 및 태도의 향상을 도모하는 게임이다. 집단 활동에 기초한 대인관계 증진 및 원활한 의사소통을 이루기 위한 것으로, 이 게임에 참여함으로써 얻게 되는 행동과 태도의 바람직한 변화를 모색한다. 그림 게임, 팀워크 게임, 카드 게임, 의사소통 게임 등이 이 유형에 포함된다.

5) 게임법의 진행 절차

게임법을 실시하기 위해서 교수자는 게임법의 목적과 규칙, 진행 방법을 학습자들에게 알려 준 다음, 게임이 전개될 상황을 소개하는 시나리오를 학습 목표와 함께 제시한다. 게임의 진행 과정을 살펴보면 학습자가 동료 학습자나 컴퓨터를 대상으로 경쟁하면서 승리하려고 노력하는 다른 학습자의 반응을 관찰한 다음, 이에 대한 피드백을 제시하며 종료된다. 게임이 끝나면 승자를 화면에 제시하고, 학습 목표 달성에 대한 평가 결과도 함께 제시한다. 게임법을 실시할 때는 학습자가 계속 흥미를 유지할 수 있도록 학습 환경을 조성하는 것이 중요하다(유승우 외, 2010). 게임법의 진행 단계는 다음과 같다.

(1) 1단계: 게임 목적 및 시나리오 제시

게임의 목적과 규칙, 관련 자료 및 집단 활동에 대해 설명한다.

(2) 2단계: 게임 실시 및 게임 과정의 관찰

경쟁 상태에서 상대방을 이기기 위해 노력하는 학습자의 모습을 관찰한다. 피드백이나 토론에 대비한 정확한 관찰이 요구된다.

(3) 3단계: 학습자 및 학습자 집단의 반응 관찰

경쟁을 통한 게임의 과정을 주의 깊게 관찰한 후 이에 대한 학습자 및 학습자 집단의 반응을 면밀하게 파악한다.

(4) 4단계: 피드백 및 종합 토론

학습자의 반응을 토대로 게임의 성과나 결론, 문제점 및 그 원인 등에 대해 적절한 피드백을 제공하면서 충분한 토의를 한다.

(5) 5단계: 종결

게임의 승자를 발표하고, 게임의 목적에 기초하여 학습자의 학습 목표 달성 정도, 전반적인 게임 진행 과정에 대한 종합적인 평가 결과를 제시한다.

3. 시범

1) 시범의 정의와 특성

시범(demonstration)은 경험학습에 기초한 평생교육 방법이다. 시범을 통해 학습자는 기술이 실생활 장면에서 수행되는 정확한 방법을 관찰할 수 있다. 이러한 방법은 학습자가 현장에 적용할 수 있는 실제적 조건하에 기술의 숙달을 위한 학습을 촉진한다. 따라서 학습자에게 시범은 이론과 기술이 결합되는 현장을 직접 관찰하는 경험을 통해 학습 효과를 높이는 교육 방법이다.

(1) 시범의 정의

시범은 과정, 기법 또는 작동의 정확한 묘사로 정의된다(Laird, 1986). 대부분의 학습은 새로운 지식과 기술이 결합되는 과정을 이해하는 것과 관련된다. 강의법이나 토의법은 주로 지식과 정보의 전달에 중점을 두는 반면, 시범은 그 방식이 어떻게 작동하며 또 후속 과정은 어떻게 진행되는지를 학습자에게 직접 보여 주는 것이다. 시범은 학습한 이론과 기술의 내용을 보완하면서 이와 관련된 서술적 자료를 현실에서의 실습으로 해석해 준다는 점에서 효과적이다. 기술의 시범을 통해 학습자는 새로운 지식과 능력, 기술, 개념 등을 충분히 이해하고 적용해 보는 기회를 얻는다.

예를 들어, 전통적인 도제관계에서 스승은 도제에게 수행할 과제에 대해 우선 말로 설명해 주고, 어떻게 하는지를 실제로 보여 주며, 직접 해 보도록 한 다음에, 도제의 수행 수준을 평가한다. 평생교육에서 실시되는 교육 방법으로서의 시범은 바로 이러한 과정을 동시에 많은 학습자에게 적용하는 것이다. 따라서 효과적인 시범이 이루어지기 위해서는 시범을 보이는 교수자의 특별한 기술과 능력이 요구된다. 즉, 시범은 교수자가 실제로 그 작동법을 보여 주면서 수행하는 교수법이다. 따라서 교수자에게는 시범을 실시하는 과정이나 전체적인 작동 과정에서 실수 없이 수준 높은 기술을 보여 줄 수 있는 고도의 숙련도가 요구된다.

시범은 두 가지 목적으로 사용된다. 우선, 특정 기술을 보여 주는 모델로서 사용된다. 또한 어떤 생각이나 이론, 신념, 개념 또는 기술에 대한 설명을 뒷받침하기 위해 사용된다. Laird(1986)는 시범을 예시적 강의나 프레젠테이션이라고 정의하였으나, 시범은 규칙의 사용이나 문제해결 기술을 보여 주기 위한 상황에서도 사용될 수 있다.

(2) 시범의 특징

교육 방법으로서의 시범은 다음과 같은 일곱 가지의 특징을 갖는다 (Galbraith, 2004).

- 학습 과정으로서 시범은 배워야 할 기술, 행동, 지식에 대한 관심을 유도하는 데 효과적이며, 동기 및 흥미 유발에도 적합하다. 또한 어떤 원칙이나 신체적 과정에 대한 언어적 설명을 도우며, 정보의 암호화를 위한 시각적 이미지를 제공한다.
- 시범은 관찰을 필요로 하는 주제나 기술을 다루는 데 적절하다. 특히 교수자가 학습자로 하여금 개인적 수행 능력이나 수행의 발전 정도를 관찰하도록 격려해야 하는 학습 상황을 계획할 때 매우 효과적이다.
- 시범은 시간과 자료, 기자재 및 장비를 경제적으로 사용하도록 해 준다. 교수자와 학습자 간의 1:1 교수법이 더 효과적이지만, 학습자의 숫자가 많은 대집단일 때나 자료나 기자재 사용 비용이 부담스러운 상황에서 매우 유용한 방법이다.
- 시범은 모든 학습자가 어떤 방식이나 기술을 수행하는 전 과정을 모두 실습해 볼 필요 없이 한번에 명확하게 예시해 주는 좋은 방법이다. 또한 오랜 시간에 걸쳐 발생한 과정들을 한번에 효과적으로 보여 주면서 동작 기술의 전 과정을 빠르게 보여 줄 수 있다.
- 시범은 현장에서 진행 중인 과정을 보여 주기에 적합하다. 예를 들어, 인터뷰 기술과 관련된 기법을 배울 때 올바른 인터뷰 방법을 관찰할 기회나 실제로 이를 실습해 볼 기회가 없다면 기술의 발전이 쉽지 않다. 따라서 학습자는 시범을 통해 인터뷰를 실제로 해 보는 것은 물론 특정 기술이나 기법을 사용하는 것이 어떤 점에서 좋은지 또는 좋지 않은지를 깨닫는 경험을 하게 된다.
- 시범은 어떤 과제를 수행하거나 기술 사용에 대한 단계별 지도를 할 필요가 있을 때 특히 적절하다. 예를 들면, 학습 프로그램을 고안한다

거나 컴퓨터 사용법 같은 것을 가르칠 때와 같은 과정에서 단계별로 기술과 방법을 익힐 수 있기 때문에 특히 효과적이다.

• 시범은 성인학습자로 하여금 실습 시간이나 훈련 연습에 대비하는 것을 돕는다. 시범에서는 특히 기술의 향상이 관건이므로 학습자는 교수자가 특정 기술을 수행하는 것을 주의 깊게 보고 그 기술을 실제로 작동해 보게 된다.

(3) 좋은 시범의 특징

좋은 시범은 다음과 같은 특징을 갖는다.

• 시범의 각 단계가 명확하게 제시되어야 된다.
• 모든 참여자가 잘 볼 수 있어야 한다.
• 세분화되고 관리 가능한 부분들로 제시되어야 한다.
• 시범 내용을 똑같이 따라 할 수 있어야 한다.
• 논의되고 있는 상황이나 주제와 관련이 있어야 한다.

2) 시범의 유형

시범에는 단순한 것에서 복잡하고 정교한 것까지의 다섯 가지 기본 유형이 있다(Scredl & Rothwell, 1988).

• 교수자가 시범 내용을 보여 주면서 모든 과제를 설명하고 수행하는 유형
• 참여를 자원한 학습자가 과제의 수행 과정을 실제로 해 보고 이에 대해 토의하는 유형
• 모든 학습자가 시범에 참여한 후 수행 경험에 대해 토의하는 유형
• 직무 교수 훈련(Job Instruction Training: JIT)으로, 다음 4단계의 과정으

로 진행되는 유형

- 교수자가 과제를 소개하고 시범을 보인다.
- 학습자들이 같은 과제를 수행하고 시범을 보인다.
- 교수자는 학습자의 과제 수행이 얼마나 잘 되었는지에 대해 피드백을 제공한 후, 다른 과제를 소개하고 시범을 보인다.
- 앞의 세 가지 단계를 관련 행동이나 과제를 배우는 동안 계속 반복해서 실시한다.

• 행동 모델링(behavior modeling)의 시범으로, 다음 5단계의 과정으로 진행되는 유형

- 교수자는 주제를 소개한 후 직접 효과적 행동과 비효과적 행동의 모델이 되어 보여 준다.
- 교수자는 직무 관련 조건에 관한 시청각 자료를 보여 준 후 직접 효과적 행동과 비효과적 행동의 모델이 되어 보여 준다.
- 학습자들은 시범으로 제시된 행동들에 대해 토론한 후 자신이 직접 시범을 보인다.
- 교수자와 학습자가 함께 그 시범에 대해 비평한다.
- 학습한 행동들이 숙련될 때까지 앞의 과정을 계속 반복해서 실시한다.

3) 시범의 장점과 단점

(1) 시범의 장점

교육 방법으로서의 시범은 다음과 같은 장점을 갖는다(Galbraith, 2004).

• 시범은 학습자로 하여금 짧은 시간 내에 복잡하거나 어려운 학습 내용을 이해하기 위한 포인트를 예시해 줄 수 있는 매우 훌륭한 방법이다. 형식적 훈련 상황에서 시간은 중요하며, 특히 기업체에서는 더욱 그렇다. 잘 준비되고 수행된 시범은 비록 단 몇 분 동안 실시되더라도

몇 시간에 걸친 강의보다 훨씬 효과적일 수 있다.

- 시범은 이론과 실제의 간격을 좁혀 준다. 평생교육의 교수자는 시범을 보여 줌으로써 현실감 있는 실제적 사례를 제공할 수 있으며, 복잡하고 어려운 이론과 과정들을 현실적으로 이해할 수 있게 돕는다. 앞서 설명한 시범의 유형은 비교적 실시하기 쉽고 설계나 제작 비용도 적게 드는 방법이다. 그러나 교수자가 실제적이고 현실적인 생활 장면들을 반영하는 시범을 개발하기 위해서는 매우 숙달된 수준의 지식과 기술을 갖추어야 한다. 또한 언어적 소통에 대한 이해와 정신운동적 기술의 수준도 높아야 한다.
- 시범은 학습을 강화하는 여러 가지 감각 능력을 동원하게 한다. 즉, 많은 경우에 시범은 시각적 · 청각적 · 촉각적 · 물리운동적(kinetic) 학습 스타일의 집중을 필요로 한다. 시범을 통해 선호하는 학습 스타일에 몰입하게 되면서 학습 상황은 더욱 개별화되어 개인적인 경험이 되며 때로는 여러 가지 학습 스타일이 함께 작용하면서 시범 내용의 이해를 돕고 기억과 전이를 개선시킨다.
- 시범의 강점은 다양한 학습 상황을 제공한다는 것이다. 시범은 학습자와 교수자 모두가 학습의 현장을 즐기면서 긴장을 완화할 수 있는 시간을 제공한다.
- 시범은 학습자에게 기술이나 행동이 수행되는 정확한 방식을 배울 수 있도록 해 준다. 교수자는 학습자의 수행 능력이 숙달될 수 있도록 충분한 실습 시간을 주어야 한다. 이는 교수자가 반드시 학습자에게 그 기술 수준에 도달한 후 이를 기억하고 실제에 적용하는 데 필요한 시간을 제공해 주어야 함을 말한다.
- 시범을 통해 학습자는 개별적 경험을 토대로 서로 다른 관점과 사고를 가질 수 있다는 사실을 이해하게 된다. 또한 시범 시간은 학습자가 복잡하고 이해하기 어려운 내용을 학습하는 상황 중에서도 잠시 쉬어 갈 수 있는 시간이 된다.

(2) 시범의 단점

시범은 다음과 같은 단점을 가지는 것으로 인식된다.

- 많은 학습자들이 시범을 본 다음, 아무리 해도 교수자의 시범처럼 잘할 자신이 없다고 느끼기 때문에 오히려 동기 유발에 부정적일 수 있다.

- 시범을 통해 습득해야 할 어려운 기술이나 행동을 연습하지 않으려는 학습자의 심리적 저항이 있을 수 있다. 그러므로 뛰어난 기술을 갖지 못했거나 기술의 숙련도가 적절한 기술이나 행동의 본을 보여 주기에 못 미치는 교수자는 시범을 보이지 않는 것이 좋다. 학습자에게 혼란을 주거나 실망시킬 수 있기 때문이다. 학습자는 교수자가 시범에서 올바른 과정을 능숙하게 보여 주지 못하면 실망하며 당황한다. 이런 경우에 학습자는 서툴고 기량이 부족한 교수자에 대한 존경심을 잃게 되고, 자신에게 기술을 숙달시키려는 교수자의 시도에 저항하게 된다.

- 시범을 보일 때 과제, 기술, 과정 및 행동을 단계별로 구분하여 보여주기가 쉽지 않은 경우가 있다. 어떤 기술이나 행동은 시범에서 분리해 보여 주기가 어렵고, 전체적인 관점에서 이해하는 것이 더 효과적이기 때문에 시범의 주제로는 적절치 않을 수도 있다.

- 시범은 몇 시간에 걸친 강의보다 더 뛰어난 성과를 거둘 수 있다는 장점이 있지만, 시범을 준비하기 위해서는 많은 연습과 검토 시간이 필요하기 때문에 훨씬 더 많은 시간이 소모된다. 대부분의 학습 상황에서는 전체적인 강의를 다루어야 하므로 연습을 위한 시간은 매우 제한되어 있다. 특히 기업체나 조직에서의 시범학습에서는 학습자에게 기술 숙달의 책임이 부과되며, 교수자는 단지 주어진 시간 내에 가장 많은 양의 관련 자료를 제공하는 내용 전문가의 역할만 수행하게 된다.

- 비용-편익 측면을 고려할 때, 시범은 소집단에서 실시하기에 가장 효과적인 방법이지만, 대규모 집단을 대상으로 하기에는 상대적으로 비효과적이다.
- 집단학습에서는 아무리 기술이 뛰어나고 재능 있는 교수자일지라도 시범 수업 시간에 각 개별 학습자에게 구체적이고 시의적절한 피드백을 주기가 쉽지 않다.

4) 시범가의 역할

시범가는 효과적인 시범을 수행하기 위해 철저히 준비해야 한다. 시범가는 전문가 수준의 자질을 가지고 있어야 하며, 학습자의 개별적 발전 계획을 세우고 자신의 시범 실시에 대한 구체적인 계획과 준비를 해야 한다.

우선, 시범은 관리가 가능한 소단위의 단계로 세분화되어 계획되어야 한다. 시범가의 수행을 재현하기 위해 학습자는 시범으로 제시되는 기술을 보여 주는 절차를 파악할 수 있어야 한다. 시범가는 실시할 시범의 매 단계가 정확한지를 확인하고 반드시 시연해 본 다음, 시범을 진행해야 한다. Laird(1986: 186)는 시범가의 역할 및 준비 작업에 대해 다음과 같이 제시하였다.

(1) 시범가의 역할
시범가는 다음과 같은 역할을 수행한다.

- 시범의 전 과정을 분석하여 세분한 후 순서에 맞게 단계를 정한다.
- 구체적인 정보와 예시가 적힌 설명서를 미리 배부하여 시범 과정의 이해를 돕고 기술과 행동의 연습에 도움이 되도록 한다.
- 모든 학습자가 시범의 모든 부분과 단계를 볼 수 있도록 한다.
- 모든 자료를 제자리에 놓는다.

- 시범 전에 모든 기자재의 작동 상황을 점검한다.
- 시범이 진행됨에 따라 시범가는 다음 단계를 설명하면서 가끔씩 질문을 하여 학습자의 이해도를 알아보거나 잠시 분위기를 이완시킬 수 있다.

(2) 시범가의 준비 사항

시범가는 다음과 같이 시범을 위한 준비 작업을 진행한다.

- 시범을 실시하기 전에 미리 프레젠테이션을 해 보고 전달하려는 정보나 기술이 정확하고 명료한지 리허설을 해 본다.
- 시작할 때 시범의 목적을 설명하면서 학습자와 서로 소통하려는 노력을 한다.
- 시범의 과정을 한 번에 한 가지씩 제시하며, 시범이 진행됨에 따라 각 단계를 설명한다.
- 시범을 보인 기술과 행동에 대해 학습자가 가능한 빨리 연습해 볼 것을 격려한다.
- 시범에서 배운 것을 학습자가 정확히 연습하도록 지도한다.

시범에서는 의사소통이 매우 중요하다. 특히 학습자로 하여금 관심 분야에 대한 질문을 할 수 있도록 해 주는 교수자와 학습자 간의 쌍방적 의사소통이 가장 바람직하다. 쌍방향의 의사소통은 협동학습(collaborative learning)을 위한 환경을 조성한다.

(3) 강의실과 설비의 배치

시범을 위한 강의실과 시설의 배치는 경우에 따라 다르다. 중요한 원칙은 학습자가 시범의 전 과정과 단계를 볼 수 있어야 하며, 특히 시범의 아주 작은 부분까지도 관찰할 수 있는 가까운 위치에 있어야 한다는 것이다.

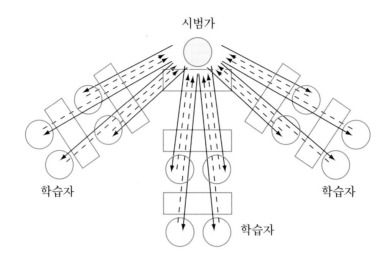

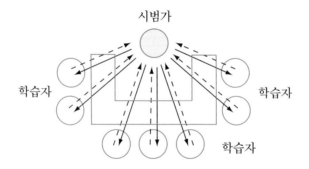

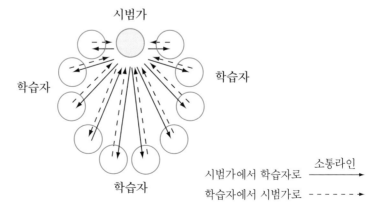

┃ 그림 10-1 ┃ 시범을 위한 환경 구성과 소통라인

출처: Galbraith (2004), p. 370.

[그림 10-1]에는 학습자와 시범가 간의 소통의 방향선이 나타나 있다. 또 모든 경우에 쌍방향의 의사소통이 가능하여 시범가는 필요한 정보를 학습자에게 전달할 수 있고, 학습자는 시범가에게 자유롭게 질문이나 논평을 할 수 있다. 이러한 배치는 학습자가 적극적으로 참여할 수 있고 효과적인 시범을 실시할 수 있는 바람직한 배치다.

(4) 시범의 평가

시범이 효과적으로 전달되었는지를 알아보기 위해 평가를 실시하는 것은 중요하다. 앞서 시범가의 역할에서 제시된 자질들이 평가 영역이 될 수 있다. 시범가는 학습자들이 기술과 행동을 연습하기에 적절하도록 시간을 계획하고 시의적절한 피드백을 제공한다.

4. 시뮬레이션

1) 시뮬레이션의 정의와 특성

(1) 시뮬레이션의 정의

시뮬레이션(simulation)은 학습자로 하여금 실제 생활이나 문제 상황과 매우 유사한 상황에 개입 또는 참여하게 함으로써 기술이나 능력, 지식 또는 행동을 습득하도록 하는 기법이다. 시뮬레이션은 특정 상황을 실제로 전개할 경우에는 관찰하기가 쉽지 않고 비용이나 위험 부담이 존재할 때 사용할 수 있는 방법이다. 시뮬레이션에 속하는 대표적 기법으로는 역할극이나 사례 분석, 결정적 사건 분석법 등이 있다. 시뮬레이션은 또한 실제 생활(real-life)에서의 문제점을 표명하거나 그 상황이 끝난 다음 이에 대해 토의하고자 할 때 사용하기도 한다. 교수자는 시뮬레이션 기법을 사용하기 전에 반드시 실생활에서의 경험을 갖출 필요가 있으며, 또한 시뮬

레이션에 참여한 다음에 학습자들에게 학습이 일어나도록 촉진하는 능력
이 있어야 한다.

(2) 시뮬레이션의 특성

교육 방법으로서 시뮬레이션이 가치 있는 이유는 학습자로 하여금 인지
적으로뿐만 아니라 감정적으로도 개입하도록 인도하는 기능을 가졌기 때
문이다. 학습자는 시뮬레이션을 통해 학습을 심화시키고 강화하는 경험을
공유하게 된다. 또한 학습자는 실제와 유사한 상황에서 관련 기술을 배우
면서 적극적으로 학습 과정에 참여함으로써 그 상황과 관련된 중요한 통
찰력을 얻게 된다.

학습자는 낯선 상황보다는 자신의 일상과 유사한 상황에서 더욱 편안하
게 느낀다. 시뮬레이션은 그들의 개인적 경험과 상반되는 생각이나 신념,
가정들을 시험하기에 안전한 학습 상황을 제공한다. 성공적인 시뮬레이션
은 정확한 학습 목표를 파악하고 이 목표를 달성하기 위한 학습 활동을 설
계하는 데서 출발한다.

2) 시뮬레이션이 효과적인 상황

시뮬레이션은 다음의 다섯 가지 학습 목표를 달성하는 데 적합한 것으
로 인식된다.

- 의사결정, 평가, 종합 등 높은 수준의 인지적 기술을 개발하고자 할 때
- 학습자의 가치관, 신념 및 태도에 긍정적인 영향을 미치고자 할 때
- 공감을 유도하고자 할 때
- 대인관계에서의 소통 능력 등 세련된 인간관계 관련 기술을 개발하고
  자 할 때
- 부정적 태도나 행동을 수정하고자 할 때

3) 시뮬레이션을 위한 활동 계획

시뮬레이션을 담당하는 교수자는 학습 목표를 달성하기 위하여 다음과 같은 활동 계획을 준비해야 한다(Thiagarjan, 1985).

- 적절한 배경 정보를 확보한다.
- 정확한 신체적 · 심리적 환경을 구축한다.
- 역할과 대사에 관한 배역을 적절하게 부여하여 참여자의 성격을 정확하게 묘사한다.
- 현실적인 문제 및 상황을 파악한다.
- 의사결정 과정을 포함한다.
- 피드백을 학습 도구로 사용한다.
- 참여자의 경험 평가를 위한 시간을 갖는다.

4) 시뮬레이션의 장점과 단점

(1) 시뮬레이션의 장점

교육 방법으로서의 시뮬레이션은 다음과 같은 장점을 갖는다.

- 시뮬레이션은 새로운 발견을 하게 되는 학습 기회를 제공한다.
- 학습자는 정보의 수동적 수용자가 아니라 학습 과정의 능동적인 참여자라는 점을 강조한다.
- 학습자는 매일의 일상적 상황에서 자신의 잘못된 선택에 의해 발생할 수 있는 결과에 대한 대가를 실제로 치르지 않으면서도 시뮬레이션에 의해 그 선택의 결과를 경험하는 학습 효과를 얻게 된다.
- 시뮬레이션에서 실시되는 토론은 현실적이며 행동에 초점을 맞추므로 학습자가 공감하기 쉽다.

- 피드백은 학습자의 적극적 참여에 대한 보상의 차원에서 즉시 제공된다.
- 실제 현실과 유사한 상황에서의 시뮬레이션에 접했을 때 학습자는 새로운 생각이나 태도를 더 잘 받아들이게 된다.
- 학습자는 새로운 정보를 공유하고, 이를 일반화시켜 적용하는 과정을 통해 더욱 폭넓은 관점을 갖게 된다.
- 시뮬레이션은 현실 세계의 실제 상황을 반영하므로 다른 기법보다 학습자의 삶과 더 긴밀하게 관련된다.

(2) 시뮬레이션의 단점
시뮬레이션은 다음과 같은 단점을 가진다.

- 시뮬레이션은 어떠한 상황에서 학습자가 어떻게 행동할 것이라고 예측하기보다는 그 상황에서는 어떻게 행동할 수 있다는 것을 보여 준다. 따라서 교수자는 시뮬레이션 시작 전에 이에 대해 미리 알려 주어야 한다.
- 교수자는 전문가로서 실제 상황과 유사한 상항에서 가장 적절한 행동을 보여 주는 데 어려움이 있을 수 있다.
- 어떤 상황에서는 한 번의 시뮬레이션 결과가 모든 행동이나 행위를 일반화하는 기준으로 사용되기도 한다. 이처럼 잘못된 시뮬레이션의 적용은 불신과 부적절한 행동으로 이어질 수 있다.
- 시뮬레이션 상황이나 환경이 학습자가 이해하기에 지나치게 복잡할 때는 혼란을 초래할 수 있다.
- 시뮬레이션을 제대로 수행하지 못하거나 실패했을 때, 학습자의 자아존중감이나 자신감의 상실을 가져올 수도 있다. 그 결과, 부정적인 학습 결과를 얻게 되어 실제 상황으로의 순조로운 이행이 어려워질 수 있다.

- 교수자는 정보의 전달자부터 학습의 촉진자까지 다양한 역할을 수행해야 하는데, 이러한 역할 전환에 필요한 기술과 자질을 갖추기는 쉽지 않다.
- 때로는 시뮬레이션의 실시에 시간과 비용이 많이 소요되기도 한다. 예를 들어, 하이테크 시뮬레이션은 매우 비용이 많이 들며, 사용이 제한되기도 한다.

5) 시뮬레이션을 위한 교수자의 역할과 책임

⑴ 시뮬레이션을 위한 교수자의 역할

시뮬레이션을 교육 방법으로 사용하기 전에 교수자는 다음의 사항들을 구체적으로 확인해야 한다.

- 교수자로서 시뮬레이션을 진행할 준비가 잘 되었는가?
- 시뮬레이션의 내용은 간단명료하고 이해할 만한가?
- 시뮬레이션의 목적이 각 참여자에게 잘 이해되었는가?
- 시뮬레이션에 참여하는 것에 대한 보상은 확실한가?
- 시뮬레이션이 모든 참여자와 관련이 있는가?
- 시뮬레이션이 실제적·현실적으로 가능한 상황인가?
- 시뮬레이션이 특별한 문제를 해결하고자 하는 학습자의 즉각적인 요구를 충족시키는가?
- 시뮬레이션이 학습자의 수준에 적절한 문제해설 능력이나 의사결정 과정을 포함하는가?
- 시뮬레이션에서 적절한 상호작용과 피드백을 제공하는가?
- 시뮬레이션에서 참여자나 관찰자가 당황스러워할 상황이 효과적으로 배제되는가?

무엇보다 교수자는 시뮬레이션의 학습 환경이 실제 상황과 유사하도록 준비해야 한다. 또한 교수자가 시뮬레이션을 시작하기 전에 그 시뮬레이션의 핵심 요소들을 명확하게 잘 전달하는 것이 중요하다. 그런 다음, 역할과 대사, 문제들에 대해 알려 주고, 분석할 행동에 대해서 설명한다. 그후 상황적 맥락을 검토한 다음, 시뮬레이션의 목적 및 필요한 자료들을 제시하고 상호작용의 순서와 체계에 대해서도 설명한다.

(2) 시뮬레이션의 준비 과정

Goodstein과 Pfeiffer(1983)는 시뮬레이션 사용 시 준비해야 할 5단계의 과정을 다음과 같이 제시하였다.

① 경험하기

실제로 연습하는 것으로, 4~5명의 소집단으로 구성된다. 참여자들로 하여금 자신의 참여 이유와 목적을 명확하게 파악하도록 하며, 마지막 종결 부분에서 다양한 결론이 나올 수 있도록 촉진한다.

② 공유하기

연습이 끝난 후 참여자들이 자신의 경험을 공유하는 단계다. 참여자는 자신이 관찰한 내용에 대해서 토론하고, 시뮬레이션 도중의 활동이나 사건에 대해 어떻게 느꼈는지에 대해서도 이야기한다. 이 단계에서 교수자는 자신의 의견을 제시하지 않으며, 참여자 간의 공유가 더 활발히 일어나도록 격려하는 역할을 한다.

③ 진행하기

앞의 '공유하기' 단계에서 수집되고 논의된 정보를 중심으로 진행하는 단계다. 하지만 이전 단계가 소집단을 중심으로 정보를 공유했던 것과는 달리, 이 단계에서는 모든 참여자가 정보를 공유하도록 한다. 이 단계의 목적은 집단 구성원 간에 공통적으로 인지되거나 인식된 경험이 무엇인지 파악하는 것이다.

④ 일반화

교수자가 시뮬레이션의 경험과 그 결과에 기초한 토의를 진행하여 광범위한 시사점을 도출하도록 인도하는 단계다. 그러므로 이 단계는 전체 시뮬레이션 과정 중에서 가장 중요한 단계이며, 만약 이 단계를 생략한다면 참여자의 시뮬레이션 경험은 매우 피상적인 것에 그치게 된다. 여기서는 주로 '무엇이 핵심 포인트였는가?'에 대해 답하는 시간을 갖게 된다. 교수자는 참여자가 그 시뮬레이션 동안에 일어났던 일들을 이해하고 그 경험을 자신의 개인적 삶에 어떻게 적용할 수 있는지를 생각해 보도록 인도한다.

⑤ 적용하기

교수자가 참여자 시뮬레이션 수업에서 배운 새로운 학습 내용을 미래의 상황에 일반화시킬 수 있도록 돕는 단계다. 교수자는 참여자들을 소집단으로 나누어 시뮬레이션에서 배운 것을 미래 상황에 어떻게 적용할지에 대한 생각을 함께 나누게 한 후, 한 사람씩 대표가 되어 각 집단의 토의 결과를 보고하도록 한다.

(3) 시뮬레이션을 위한 강의실의 배치

시뮬레이션을 위한 강의실 및 시설의 배치는 일반 상의실과는 매우 다르게 이루어져야 한다. 학습 환경은 학습자가 실제 상황에서 상호작용을 하고 있다고 믿을 정도로 현실감을 갖추는 것이 좋다. 또한 대부분의 학습자는 자신이 보호받지 못한다고 생각하는 환경에서 연습하는 것을 힘들어하므로 학습자가 안전하다고 느낄 수 있도록 환경을 조성하는 동시에 학습자의 관심을 분산시키는 환경 요소를 제거해야 한다.

(4) 시뮬레이션의 평가

시뮬레이션에 대한 평가는 다음의 범주를 충족시켰는지의 여부에 따라 이루어진다(Galbraith, 2004).

① 적극적 참여

학습자의 동기 유발을 위해 얼마나 효과적으로 환경이 구성되었으며, 학습자가 얼마나 능동적으로 시뮬레이션에 참여했는가에 관한 평가다.

② 현실성

시뮬레이션에는 반드시 전달하고자 하는 진실, 생각, 기술, 능력, 행동 및 지식과 관련된 충분한 현실성이 존재해야 한다. 현실성은 실제 상황과 얼마나 유사한지에 따라 평가된다.

③ 명확성

선택과 관련된 의사결정에 있어서 명확성은 매우 중요한 요소다. 즉, 의사결정이 명확한 원인과 결과로 인해 이루어졌는지 아니면 우발적인 이유로 이루어졌는지를 가려야 하기 때문이다.

④ 실현 가능성

시뮬레이션 환경 조성에 투입된 자료, 공간, 시간의 비용을 성취된 결과와 비교해 측정하는 평가다. 시뮬레이션 학습 프로그램에서는 주로 비용-편익 분석이 실시된다. 비용의 제약이 많고 형식적이지 않은 학습 환경에서는 주어진 시간 내에 최선의 결과를 창출할 수 있는 시뮬레이션 방법을 적용하는 것이 바람직하다.

⑤ 반복성

시뮬레이션은 여러 번 반복되면서 점점 정확해지고 현실 세계에 더 가까워질 수 있다.

⑥ 신뢰성

반복을 통해 학습의 정확도가 증가하고 시뮬레이션의 신뢰도가 높아질 때 한 학습 집단에서 다른 학습 집단으로의 시뮬레이션 학습의 일관성이 높아진다.

5. 역할극

1) 역할극의 정의와 특성

역할극(role playing)은 어떤 장면이나 시나리오 또는 여러 부분에 걸친 시리즈의 일부로 집단의 구성원이 연기를 한 다음, 그 경험을 분석하는 시뮬레이션의 한 변형이다(Davis, 2009). 특히 집단 구성원 간의 인간관계에서 발생하는 문제의 해결을 위해 어떤 상황이나 문제를 극화시킨 가상적 상황에서 다른 역할을 연기해 봄으로써 상대방을 이해하도록 하는 데 효과적이다. 때로는 역할극을 사회극(sociodrama)과 혼용하는 경우도 있는데, 사회극은 개인-개인 또는 집단-집단의 상호작용을 다루는 것이 특징이다.

역할극은 우리의 감정을 탐구할 필요가 있는 주제에 주로 사용되기 때문에 상담 강좌나 심리학을 실제로 적용하는 상의에서 자주 사용된다. 역할극은 지난 수세기 동안 주로 아동을 대상으로 활용되어 왔으며, 평생교육에서는 1900년대 초에 미국의 정신과 의사들이 환자의 정신 건강 회복을 위해서 심리극(psychodrama)을 활용한 것으로 알려져 있다. 이러한 심리극과 역할극에서 중요하게 다루어지는 것은 개인적인 문제다. 예를 들어, 파트너와 헤어진 사람을 상담하는 법을 배워도 그 사람의 감정을 이해

하지 못하면 효과적 상담을 실시할 수 없으므로, 이럴 때 역할극을 통해
클라이언트의 감정을 직접 경험해 보도록 해 준다. 이러한 상황에서 다른
학습자는 역할극을 관찰하면서 상담의 실제를 배우게 된다. 역할극에서
역할은 개인이 아닌 역할의 성격에 의해 맡겨지며, 반드시 훈련된 지도자
의 지도하에 실시되어야 한다. 각 참여자에게 각기 다른 역할을 부여할 때
는 서로 협의하여 역할을 결정하며, 다른 역할을 맡은 사람들과 원만한 타
협을 하도록 격려한다.

(1) 역할극의 특성

역할극은 보통 2명 이상의 인원이 참여하게 되는데, 이들은 대부분의 집
단 구성원이 공통적으로 가지고 있는 문제와 관련된 역할을 연기하게 된
다. 그러나 어떤 학습자는 전체 학습 집단 앞에서 역할극을 수행하는 것을
당황스럽거나 어색하게 여겨서 참여를 꺼리기도 하므로 이런 경우에는 교
수자가 미리 다른 몇 가지의 대안적 역할을 준비하여 상황에 맞게 진행함
으로써 차질 없이 역할극을 실시할 수 있다. 또한 관찰자를 두지 않고 진
행하는 역할극이나 두 사람씩 짝을 이루어 하는 역할극 등을 시도하여 역
할극에 부담을 느끼는 학습자의 참여를 격려할 수 있다.

역할극에서 참여자들은 상황 설명과 함께 등장인물의 성격에 맞는 역할
을 맡게 되며 즉석에서 대사와 연기를 하게 된다. 예를 들면, 문학 강좌에
서는 소설 속의 인물을 연기할 것을 요청받기도 하며, 언어 강좌에서는 식
당에서 주문하기나 길 묻기 등 일상생활에서 발생할 수 있는 언어 사용 장
면에서의 역할을 연기하기도 한다. 또 도시계획학 강의에서는 도시의 재
개발 담당자로서 주민과 대화를 하는 역할을 맡기도 한다.

효과적인 역할극 학습을 위해 반드시 역할극에 복잡한 상황이 포함될
필요는 없다. 보통 역할극은 상업적 목적으로 사람들을 훈련할 때 가장 효
과적이다. 예를 들면, 점원은 '화가 난 고객을 어떻게 대해야 하는가?'와 같
은 상황에서 역할극은 점원의 태도 변화를 유도하는 효과적 방법이 될 수

있다.

역할극은 흥미 유발과 함께 긍정적인 학습 효과를 기대할 수 있는 유용한 교육 방법이지만, 효과를 거두기 위해서는 반드시 심사숙고해서 개발한 시나리오가 준비되어야 한다. 또한 역할극을 이끄는 교수자는 역할극에 작용하는 매개 변수들에 대해 명확하게 안내하고 역할극에 포함될 시뮬레이션에 대해서도 정확하게 알려 준다.

(2) 역할극이 효과적인 상황

역할극은 다음과 같은 상황에서 특히 효과적인 것으로 알려져 있다(권대봉, 1999).

- 집단 구성원의 감정이나 의견의 표현이 원활하지 않을 때
- 집단 구성원이 자신의 욕구 및 장애 요인 등에 대하여 정확히 파악할 필요가 있을 때
- 역할극 참여자들의 대인관계가 원활하며 집단 앞에서 자기노출을 개의치 않을 때
- 구성원들의 감정을 완화시킬 필요가 있을 때
- 집단의 이질성으로 인해 공통적 상황을 발견하기 어려울 때

2) 역할극의 진행 과정

역할극의 진행 과정은 대개 다음과 같다. 대부분의 역할극에서는 대본을 사용하지 않지만, 주된 이야기의 내용과 진행 계획은 미리 개발할 수 있다. 역할극은 주로 2~5명의 참여자가 간단한 장면을 실생활에서 일어나는 것처럼 연출함으로써 집단이 학습하고자 하는 상황을 연출한다. 역할극에 소요되는 시간은 대개 10분 이내가 좋다.

역할극의 지도자는 극화된 문제에 대해 토의를 진행하기에 충분할 만큼

의 행동이 발생한 시점에서 장면을 중단하고 바로 토의에 들어간다. 역할극의 좀 더 상세한 진행 과정은 〈표 10-1〉에 제시되어 있다. 역할극의 지도자는 이 과정의 각 단계를 정확히 파악할 수 있어야 하며 집단 구성원들에 대하여도 잘 알고 있어야 한다.

┃ 표 10-1 ┃ **역할극의 진행 과정**

1단계: 문제 규명

문제는 역할극 참여자들이나 관찰자들에게 똑같이 중요한 것이어야 한다. 문제의 규명은 간결해야 하며, 그 초점이 역할극의 목적에서 벗어나지 않도록 한다. 사전 계획 없이 실시되는 역할극에는 개요가 필요 없지만, 계획된 역할극에서는 참여자들이 목표에 적절하도록 자기 역할을 연기한다.

2단계: 상황 설정

역할극의 상황은 참여자와 관찰자 모두에게 실감나는 내용으로 구성되어야 한다. 또한 역할극 참여자와 학습 집단에게 공통된 방향과 통찰력을 제시할 수 있어야 한다. 문제 상황의 설정은 참여자들에게 친숙한 상황이되, 각자의 경험이나 견해에 따라 상이한 생각과 행동이 나타날 수 있는 갈등 상황으로 준비한다.

3단계: 사전 준비

선정된 상황에 대해 사전에 이해할 수 있도록 흥미와 동기를 유발하고, 역할극을 위한 무대 등 물리적 환경을 준비한다.

4단계: 참여자 선정

자발적 참여를 원칙으로 하되, 참여자는 상황에 따라 돌아가면서 선정할 수도 있고, 교수자가 선정할 수도 있다. 참여자는 그 역할에 심리적으로 관련된 사람으로 두 명 이상을 선정한다. 배역 결정은 매우 중요하므로 심사숙고하여 그 역할을 가장 잘 수행할 수 있는 사람에게 맡겨야 한다. 대개 배역은 교수자가 결정하나 집단 구성원에 의해서 결정될 수도 있다.

5단계: 관찰자에 대한 오리엔테이션

참여자는 물론 관찰자가 얻는 교육 효과도 무시할 수 없으므로 관찰자도 주의를 집중하는 태도를 갖도록 미리 준비시킨다.

6단계: 역할 연기 실시

역할극은 신중하게 시간을 조절해 가면서 실시하며, 모든 참여자는 중단하라는 지시가 있을 때까지 계속해서 연기한다. 역할 연기를 할 때에는 다음의 사항을 유의한다.

- 참여자는 배우가 아니므로 기술적인 면에 치중하기보다는 자연스럽게 연기하도록 유도한다.
- 문제 상황에 초점을 맞추도록 한다.
- 연기 중에 당황스러운 상황이 발생하면 잠시 중단하고 토의로 주의를 환기한다.
- 역할극이 진행되는 동안 관찰자가 지속적으로 주의를 집중하도록 유도한다.
- 분위기가 산만해지면 잠시 중단하고 문제를 논의한다.
- 역할 연기의 초점이 모호해지면 다시 주의를 주제로 환기시킨다.

7단계: 중단

역할극이 너무 빨리 끝나거나 지나치게 길어지면 그 효과는 감소하므로 역할극을 중단하는 시기는 매우 중요하다. 역할극은 참여한 집단이 현 상황과 앞으로의 방향을 분석하기에 충분할 정도로 연기가 진행되었을 때 바로 중지하는 것이 좋다.

8단계: 평가 및 토론 또는 재실시

역할극의 최종 단계인 토론은 참여자들에 대한 평가보다는 연기를 하면서 드러난 사실이나 원칙에 초점을 맞추어 진행한다. 먼저, 참여자들 스스로 느낀 점을 이야기하도록 한 후에, 교수자가 역할극과 토론을 통해 제시된 사실과 함께 문제해결을 위한 결론을 내린다. 다시 역할극을 할 때 토론에서 제시된 의견들을 수렴하며 새로운 아이디어를 반영한다.

출처: 권이종 외(2002). pp. 198-199를 표로 재구성함; 신용주(2004). p. 305.

3) 역할극의 장점과 단점

교육 방법으로서의 역할극의 장점과 단점은 다음과 같다(권두승, 2000).

(1) 역할극의 장점

- 집단 구성원 간의 친근감을 증대시킬 수 있다.
- 역할극 연습도 가능하며, 융통성 있게 진행할 수 있고, 연습을 통한

교육적 효과도 크다.
- 역할을 연기해 봄으로써 심리적인 억압이 해소될 수 있다.
- 역할극에는 다른 토의 기법을 사용할 때보다 집단 구성원들이 더욱 활동적으로 참여할 수 있다.
- 학습자 집단에게 설명하기 어려운 인간관계에서 발생하는 문제들의 사례를 실연할 수 있다.
- 참여자나 관찰자에게 극적으로 상황을 소개할 수 있다.
- 집단 구성원이 가지고 있는 지식과 경험을 인지적인 차원에서 정서적인 차원으로 전환할 수 있다.
- 특정 문제를 명료화함으로써 이에 대한 관심을 촉발하고, 해결책을 모색하여 제시할 수 있다.

(2) 역할극의 단점
- 역할극의 기획과 연출에는 상당한 준비와 기술이 필요한 반면, 역할극의 교육 효과에 대한 정확한 예측과 평가는 쉽지 않다.
- 애초에 의도했던 교육 효과 대신에 다른 결과가 나타날 수 있다.
- 시간과 노력이 많이 소요된다.
- 역할극을 오랫동안 진행하게 되면 그 효과가 감소하므로 짧은 시간 안에 적절한 시점에서 멈추도록 한다.
- 역할극의 내용은 집단 구성원에게 구체적인 문제로 인식될 수 있는 것을 중심으로 구성한다.
- 참여자의 능력과 자질에 적합하지 않은 역할을 부여하면 효과를 기대하기 어렵다.
- 역할극을 진행하면서 참여자가 불편하게 느낀다면 역효과를 초래할 수 있다.

4) 역할극의 효과적인 실시를 위한 지침

Davis(2009: 228-231)는 역할극을 효과적으로 실시하기 위해서 다음과 같은 여덟 가지 지침을 제시하였다.

(1) 단순하고 비형식적인 방식으로 시작한다

처음에는 단순하게 시작하는 것이 좋다. 참여자 집단을 2명씩 한 조로 구성하여 똑같은 상황에 대해 5~10분간 연구하게 한다. 여기서 상황은 판매자와 고객, 상사와 부하 직원, 영웅과 악당 등으로 설정할 수 있다. 참여자들이 점차 역할극을 하는 것에 대해 편안해지면, 집단의 다른 구성원들과 서로의 역할극을 수행하는 것을 관찰하도록 한다. 여기까지의 과정이 성공적으로 진행되면 더 복잡한 역할극으로 옮겨 가도록 한다.

(2) 시나리오를 개발할 때, 억지스럽거나 강제적인 상황을 포함한다

역할극을 위한 가장 좋은 시나리오는 억지스럽고 강제적인 상황이나 문제가 결합되어 있어서 반드시 타협을 통해서만 해결될 수 있는 상황을 그린 것이다. 그 상황을 해결하기 위해서는 선택과 의사결정을 해야 하며, 인물들을 서로 갈등하게 만드는 동기나 관점도 개입된다. 흔히 법정, 입법기관, 기업체의 이사회 등이 갈등이 자주 일어나는 장소나 상황으로 설정된다.

교수자는 참여자를 문제해결을 위한 연구 팀으로 배정할 수도 있고, 상황을 구체적으로 나누어 다양한 역할을 연기하도록 할 수도 있으며, 또는 두 개의 경쟁하는 집단으로 나눈 후 아직 방향을 정하지 못한 제3의 집단으로 하여금 각각 자기 집단의 정책을 채택하도록 설득하게 할 수도 있다.

(3) 주요 역할을 확인한다

교수자가 홀로 또는 역할극 참여자들과 함께 역할극의 실시를 위한 계획서를 개발하고, 각 역할과 관련된 관심사, 능력 및 제한점을 규정한다.

경험이 적은 참여자에게는 더 구체적이고 체계적으로 알려 주며, 인물을
어떻게 표현할지에 대해서는 각 참여자에게 어느 정도 자율적으로 연기할
수 있도록 허용 범위를 준다. 역할극이 중간쯤 진행되었을 때 상대방의 역
할로 역할을 바꾸고 싶은지 물어볼 수도 있다.

(4) 참여자들에게 역할극에 대비한 준비를 시킨다

참여자에게 읽어야 할 과제, 통계 자료와 기타 다른 자료를 미리 배부하
고 역할극에 대해 준비하도록 한다. 예를 들면, 심리학 강좌의 역할극 연
습 시간에 참여자들에게 '당신이 가진 편견을 공개적으로 드러내어 보라.'
라는 과제를 미리 부여함으로써 실제로 참여자 자신이 가진 편견의 사례
를 중심으로 역할극을 준비해 올 것을 격려한다. 이러한 사례를 통해 현실
감 있고 흥미를 유발하는 역할극이 만들어진다.

(5) 기본 원칙을 정한다

참여자가 사용하는 언어, 순서 또는 동작을 어느 정도 자유롭게 할 수
있는지에 대해 미리 행동 원칙을 정해 놓는 것이 좋다.

(6) 연기가 진행되면서 일어나는 변화에 대해 개방적으로 받아들인다

일단 역할극이 시작되면 참여자는 자기 자신의 결정에 의해 역할 연기
를 진행하게 되고, 또 그 결과를 감내해야 한다. 역할극 중의 장면들은 이
러한 결정 사항과 선택들을 반영한다. 교수자는 참여자들이 그들 자신의
연기에 대해 선택하고 결정하는 과정이 잘 진행될 수 있도록 계속 세심하
게 모니터링하면서 필요할 때 코칭을 하거나 개입한다.

(7) 최고의 정점에서 역할극을 끝낸다

만약 역할극의 상황 중 해결이나 합의 도출이 어려운 시점이 온다면 참
여자들이 계속 진행하기를 원하더라도 그 역할극의 집중력이 점점 떨어

지기 전에 멈추는 것이 좋다. 이처럼 역할극의 정점에서 끝내는 것은 이에 대한 참여자들의 더 활발한 토론으로 이어지도록 할 수 있으므로 효과적이다. 간단한 역할극은 보통 5~10분 정도 지속된다.

(8) 토의하고 요약한다

토론은 역할극의 장면이 끝난 직후 참여자가 역할극을 통해 경험하고 습득하게 된 감정과 통찰력이 아직 신선할 때 바로 시작한다. 교수자는 참여자에게 역할극에서 무엇을 느끼고 배웠으며 왜 그렇게 생각하는지에 대한 개방형 질문을 던지거나, 또는 연기를 했던 사람들에게 그들이 역할극을 시작할 때의 목표는 무엇이었으며, 실제로는 연기가 어떻게 진행되었는지에 대해서 질문할 수 있다. 마지막으로 여기서 나온 답변들을 중심으로 토론하고 요약한다.

6. 사례 연구

1) 사례 연구의 정의와 특성

사례 연구(case study)는 어떤 사건, 교과 과정, 문제 또는 사람에 대해 심층 분석하는 방법이다. 집단은 가능한 해결책을 구하기 위해 사례 연구를 하게 되며, 사례 연구를 체계적으로 수행하면 학습자의 분석 능력이나 의사결정 능력이 증가하고 직무 수행 능력도 향상된다. 예를 들어, 비즈니스 수업에서 외국으로 수출하는 중소기업에 대한 사례 연구를 한다면, 매우 성공적인 기업과 그렇지 않은 기업 등 두 개의 서로 다른 기업에 대해 분석할 수 있다. 교수자는 학습자에게 왜 각 기업이 성공했는지 또는 실패했는지에 대해 분석하라는 과제를 부여할 수 있다. 이때 참여자는 사례 연구를 통해 자기 고유의 가설을 세우고, 이를 검증한 후, 해결책을 찾게 된다.

 이처럼 사례 연구는 실용적 주제로 진행하는 것이 핵심이며, 그렇지 않으면 모든 수업 내용이 사례가 아닌 이론처럼 들릴 수도 있는 위험이 존재한다. [그림 10-2]는 사례 연구를 진행하기 위한 강의실의 배치 및 환경 구성을 보여 주고 있다.

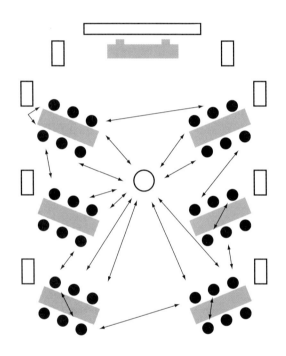

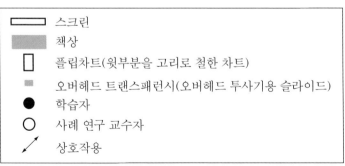

▭	스크린
▬	책상
▯	플립차트(윗부분을 고리로 철한 차트)
▪	오버헤드 트랜스패런시(오버헤드 투사기용 슬라이드)
●	학습자
○	사례 연구 교수자
↗	상호작용

┃ 그림 10-2 ┃ 사례 연구를 실시하기 위한 강의실의 배치

출처: Galbraith (2004), p. 393.

2) 사례 연구의 진행 과정

(1) 토론으로 유도될 수 있는 사례를 준비하는 것이 좋다

좋은 사례 연구는 도전적인 문제로 이어진다. 사례는 10~20장이 넘고 많은 근거 자료에 기초한 자세한 묘사로 구성된 것도 있으며, 어떤 문제에 대한 간단한 한두 문단의 설명이 전부인 것도 있다. 이러한 사례는 신문이나 잡지 기사, 학술지 논문, 교수자, 전문가나 실무자들의 경험 등 다양한 자료에서 도출할 수 있다. 긴 사례는 토론 수업 전에 미리 나눠 주고 준비해 오도록 하는 것이 좋으며, 짧은 사례는 수업이 시작하는 도입부에 나누어 준 후 몇 분 동안 읽고 준비하도록 하는 것이 효과적이다.

(2) 다른 사례 연구들을 참고한다

사례를 준비하는 것은 시간을 많이 요구하는 작업이다. 따라서 다른 사람들이 이미 개발해 놓은 사례 연구들을 미리 검토하여 적절한 것을 선정할 수도 있다.

(3) 참여를 유도할 수 있는 사례들을 선택한다

Boehrer와 Linsky(1990)에 따르면, 좋은 사례 연구는 다음과 같은 특징을 갖는다.

- 비교적 간결하다.
- 진실된 이야기를 바탕으로 한다.
- 생각을 유도하는 쟁점을 창출한다.
- 갈등의 요소가 포함되어 있다.
- 주인공에게 공감이 간다.
- 명료하거나 딱 떨어지는 정답이 없다.
- 참여자가 어느 한쪽의 입장을 취할 수 있다.

- 의사결정을 필요로 한다.

  사실과 실화에 기초한 사례들은 흥미를 유발하고 상황의 종료를 가능케 한다. 또한 가정법에 의해 만들어진 가상적 사례들은 참여자의 상상력과 관심을 자극한다. 따라서 교수자는 수업에서 다루게 될 사례를 개발할 때 참여자의 의견도 반영하는 것이 좋다.

(4) 참여자에게 어떻게 사례 연구를 읽고 토론을 준비할 것인지에 대해 지도한다

교수자는 참여자가 사례 연구의 내용을 파악한 후 토론을 통해 핵심 요점을 확인하는 질문을 하도록 권장하는 것이 좋다. 사례 연구의 숙달된 교수자는 토론을 이끌어 내기 위해 다음과 같은 절차로 사례 연구를 진행한다.

- 사례에 대해 미리 예고하지 않았다면 수업 시간에 사례를 나누어 주고 참여자들에게 읽게 한다.
- 교수자가 직접 혹은 참여자 중 한 사람이 사례를 요약해 발표하게 하고, 주인공의 딜레마에 대해 다시 상기시킨다. 이 시점에서는 사례를 분석하거나 제시된 사실 이상을 유추하지 않는다.
- 참여자들에게 "이 사례에서 제시된 주요 이슈에 대해 말해 볼 사람이 있습니까?"라고 질문한 다음, 참여자들이 의견을 말하기 시작하면 다른 참여자들로 하여금 이에 대해 피드백을 해 줄 것을 요청한다. 이때 제시된 이슈들을 모두 칠판에 적어 놓아 추후 심층 토론에서 이용할 수 있도록 한다.
- 토론이 소극적일 때에는 "이 상황에서 취할 수 있는 행동에는 어떤 것이 있습니까?" "각 사례의 결과는 어떻습니까?" "철수는 첫 의사결정 단계에서 무엇을 할 수 있나요?" "철수는 어쩌다 이러한 곤경에 처하

게 된 것인가요?" "당신이 철수의 친구라면 어떤 조언을 해 줄 건가
요?" "철수는 어떤 행동을 취해야 할까요?" "이러한 분석에는 어떠한
개념, 원리, 이론이 관련되어 있나요?"와 같은 질문을 계속한다.

• 참여자들을 여러 집단으로 나누어 각 집단이 서로 다른 입장을 대변
  해 보도록 한다.
• 참여자가 사례 연구 대상인 다양한 인물 중 하나를 맡아 역할 놀이를
  해 보게 한다.
• 토론이 진행되는 동안 제시된 주요 내용을 칠판에 기록해 놓는다.
• 사례 연구에서 결론에 도달했을 때는 참여자들에게 알려 주고 이에
  대해 토론하도록 한다. 그 사례 연구의 원자료가 있을 경우에는 참여
  자들에게 제공하여 어떤 결론이 도출되었는지를 알아보게 한다. 그다
  음에 그 사례의 실제적 결론과 수업 중 토론에서 얻게 된 결론을 비교
  해 본다.
• 토론의 결론과 함께 주요 사항들을 요약하고, 이 사례 연구 수업이 해
  당 교과목과 어떻게 관련되는지에 대해 참여자들이 토론하도록 한다.

(5) 토론 촉진자의 역할을 수행하되, 지시하지 않는다

교수자는 토론 시 참여자에게 질문을 하거나 토론을 핵심 요점으로 이
끌 수도 있으나, 참여자에게 강의를 하거나 '옳은' 답을 제시해 주는 것은
피한다. 참여자가 조사를 한 후, 질문과 도전을 통해 각자의 방식으로 사
례를 분석하도록 도와주는 것이 좋다. 사례 연구 수업에서도 일반적인 토
론에서와 마찬가지로 참여자가 자유롭게 의견을 나눌 수 있도록 편안한
분위기를 조성한다.

제11장

이러닝 및 모바일 테크놀로지를 이용한 평생교육 방법

1. 이러닝

21세기는 정보통신 기술과 인터넷의 급속한 발전으로 특징지어지는 지식정보화 사회다. 개인은 물론 조직이나 국가의 경쟁력은 전문적인 정보와 지식의 습득 및 활용 능력에 의해 결정된다. 인터넷의 확산은 21세기 지식 기반 사회의 기초를 계속 변동시켜 왔으며, 이러닝은 정규교육을 대체하는 새로운 학습의 패러다임으로 작동하고 있다.

1) 이러닝의 개념과 관련 용어

(1) 이러닝의 개념

이러닝(e-learning)에서 'e'는 electronic을 의미하며 PC · 휴대전화기 · PDA(Personal Digital Assistance) 등의 정보기기를 사용하여 인터넷 · 이동통신망 등 네트워크를 통해 실시하는 원격교육을 의미한다. 이러닝은 사이버 교육, 원격교육, 온라인 교육, 인터넷 교육이라고도 불린다.

Rosenberg(2000)는 이러닝을 지식과 성과를 향상시키는 다양한 해결책을 전달할 목적으로 인터넷 기술을 이용하는 것이라고 정의하였다. 사이버 교육(cyber education), 온라인 교육(online education), 웹기반 교육(web-based education) 등의 용어들을 각각 명확하게 구분하기는 어려우나, 이러닝은 이러한 교육 유형이나 방법을 통해서 일어나는 학습이라 할 수 있다. 즉, 물리적 공간이 아닌 가상공간에서, 같은 시간대에 또는 시간을 초월하여 교육이 이루어진다는 것이 그 핵심이다. 근래 원격교육, 이러닝, 사이버 교육 등 다양한 교육 유형은 모두 인터넷을 통해 제공되는 교육이라는 점에서 점차 이러닝이라는 용어로 통합되는 추세다.

(2) 이러닝의 정의 및 용어

이러닝은 정보통신 기술을 활용하여 언제, 어디서나, 누구나 수준별 맞춤형 학습을 할 수 있는 체제를 말한다. 〈표 11-1〉은 이러닝의 개념과 관련하여 자주 사용되는 관련 용어 중 이러닝, 동시적 의사소통, 비동시적 의사소통, 원격교육(distance education), 인트라넷(intranet), 사이버 교육(cyber education)에 대한 정의를 제시하고 있다.

(3) 이러닝의 변화 추세

이러닝은 교수자와 학습자가 이메일로 과제를 주고받는 단순한 형태에서 동영상 등 멀티미디어를 활용한 다양한 형태로 점차 변화하고 있다. 또한 학습자들의 수준과 능력에 따라, 또 학습의 진행 정도에 따라 자동적으로 교육 내용이 제공되는 지능 시스템을 갖추어 오프라인 교육과 차별화되고 있다. 국내는 물론 국제적으로도 이러닝은 지식정보화 사회의 요구 및 정보통신 기술의 진보와 맞물려 큰 성장을 이루고 있다. 따라서 이러닝은 과거의 교수-학습 양태를 변화시켜 기존의 오프라인 교육을 능가하는 새로운 교육 패러다임으로 기능하고 있다. 근래에는 양적 확대에서 벗어나 수월성 높은 프로그램으로 교육 훈련의 성과를 높이는 데 주력하는 추

| 표 11-1 | 이러닝 관련 용어

이러닝	정보통신 기술을 활용하여 언제나(anytime), 어디서나(anywhere), 누구나(anyone) 원하는 수준별 맞춤형 학습을 할 수 있는 체제
동시적 의사소통	송신자와 수신자 사이의 상호작용이 동시에 일어나는 의사소통(전화나 텔레콘퍼런스 등)
비동시적 의사소통	송신자와 수신자 사이의 상호작용이 동시에 일어나지 않는 의사소통(전자우편이나 팩스 등)
원격교육	교수자와 학습자가 지리적으로 떨어져 있지만 교수 매체를 사용하여 전통적인 수업에서 제공하는 것과 같이 교수자-학습자, 학습자-학습자 간에 상호작용이 이루어지는 교수-학습 형태
인트라넷	인터넷 프로토콜을 쓰는 폐쇄적 근거리 통신망인 LAN을 기반으로 데이터 저장 장치인 서버를 연결하고 PC에 설치된 인터넷 검색 프로그램을 통해 업무를 처리할 수 있게 하는 것
사이버 교육	사이버 공간에서 이루어지는 교육으로 학습자가 시간과 장소의 제약에서 벗어나 언제, 어디서나 각종 교수-학습 활동을 수행하는 정보통신 기술 기반의 교육 형태

출처: 조은숙, 염명숙, 김현진(2012). p. 14.

세다.

이러닝의 형태는 매우 다양해서 원격교육, 즉 네트워크에 연결되지 않은 독립적 컴퓨터를 대상으로 교육이 제공되는 컴퓨터 기반 교육은 물론 인터넷, 인트라넷, 엑스트라넷 등 웹을 통해 제공되는 웹 기반 교육이 모두 포함된다. 이러닝은 시간과 공간의 제약에서 벗어나 자유롭게 학습자 중심의 교육과 개별화된 교육을 실시할 수 있다는 장점을 갖고 있다. 특히 편리함과 비용 절감이라는 특성으로 인해 그 영역이 더욱 확대되고 있다.

2) 이러닝의 요소

이러닝은 학습에 인터넷을 이용하는 것이므로 이를 지원하는 교육 내용인 콘텐츠, 학습 서비스 및 제공 솔루션으로 형성된다(정민승, 2001). 콘텐츠란 강좌의 구조, 멀티미디어와 시뮬레이션 그리고 테스트 및 평가를 포함하는 개념이다. 학습 서비스란 학습 요구의 평가, 학습 전략의 개발, 콘텐츠의 설계 및 개발, 시스템의 통합, 사이트 관리 및 호스팅 그리고 유지 보수 및 온라인 교육 등을 포함한다. 제공 솔루션이란 훈련 제작 도구, 강좌 관리 시스템(LMS), 협동 소프트웨어, 가상 교실 등 이러닝을 분배하는 기술을 지칭하며, 여기에는 하드웨어나 네트워크 장비 등은 포함되지 않는다.

기존의 원격교육의 개념과 이러닝의 개념을 비교해 보면, 이러닝은 기존의 원격교육에 비해 상호작용을 중시한다는 점에서 차이가 있다. 또한 경험학습이나 기회 확대, 지속적인 학습 등을 강조하고, 새로운 교육적 패러다임을 제시한다는 점에서 혁명적인 교육 모형으로 보인다. 그러나 이러닝에서 말하는 학습의 정의는 여전히 "성과 개선을 위해 기술이나 지식을 습득하는 과정"(Rosenberg, 2000)에 머물러 있어 과연 이러닝이 진정한 교육의 새로운 패러다임이 될 수 있는가에 대해서는 앞으로 많은 논의가 필요하다.

그 밖에도 언제나, 어디에서나, 누구에게나 가능한, 디지털화되고 스마트한 교육 환경을 구현하기 위해서 이러닝에는 연결성이 확보되어야 한다. 연결성은 네트워크와 하드웨어를 갖추는 것을 기본 전제로 한다. 또한 콘텐츠의 내실화를 위한 집중적인 연구와 개발이 요구된다. 콘텐츠에 대한 투자를 통해 이러닝의 콘텐츠가 다양하고 풍부해질 수 있기 때문이다.

3) 이러닝의 특성

인터넷은 우리 삶의 방식을 빠르게 변화시켜 왔다. 학습자 개인과 그 개인의 관심 영역을 신속하게 연결시키는 인터넷의 특성이 교육에 시사하는 바는 매우 크다. 인터넷은 교육 환경에도 비약적인 변화를 가져왔으며, 특히 개별화된 학습 환경을 신속하게 제공한다는 점에서 그 의의가 있다. 이러닝의 특성 중 하나는 원격교육의 형태라는 점이다. 원격교육의 개념이 물론 단순한 원거리 교육의 개념에서 진화되고 있기는 하지만, Keegan(1986)이 제시한 원격교육의 특성은 이러닝의 개념에 대한 기본적 이해에 시사하는 바가 크다.

Keegan은 원격교육의 특성을 다음의 다섯 가지로 분류하였다.

- 학습이 일어나는 과정 동안 교수자와 학습자는 반영구적으로 분리되며, 이 점에서 원격교육은 면대면(face-to-face) 교육과는 구분된다.
- 교수 자료의 개발 및 제공이나 학습자 지원 서비스의 제공 시 기관 또는 조직의 영향을 받는다. 따라서 학습자의 사적인 연구나 자기학습 프로그램과는 차이가 있다.
- 기술적 미디어를 이용한다. 교수자와 학습자를 연결시키고 교육 내용을 전달하기 위해서 인쇄 매체, 오디오, 비디오 및 컴퓨터를 사용한다.
- 학습자가 처음 학습을 시작할 때 도움을 받을 수 있도록 쌍방향적 의사소통을 제공한다.
- 집단이 아닌 개인으로 학습에 참여할 수 있으므로 학습 집단의 구성이 의미가 없어진다.

교수-학습 환경이 하루가 다르게 변하고 있는 오늘날의 교육 현장에서 Keegan의 원격교육에 대한 설명은 교육을 제공하는 기관이나 조직의 역할을 강조하였으나, 사적·독립적 학습을 포함하지 않는다는 점에서 시대에 맞지 않는다는 지적도 있다. 여기서는 이러닝의 주요 특징 중 섬세하고 다원적인 상호작용성, 자기주도학습 및 커뮤니티 형성에 대해 살펴본다.

(1) 섬세하고 다원적인 상호작용성

인터넷을 기반으로 하는 이러닝은 온라인상에서 가장 새롭고 실용적인 정보에 대한 접근성을 확대시킨다. 이러한 정보 접근성에 기초하여 지식의 창출자와 지식의 이용자 또는 소비자 간의 상호작용이 활발하게 쌍방향적으로 전개됨에 따라 섬세하고 다원적인 상호작용이 확대될 수 있다. 즉, 다양하게 개발된 교육콘텐츠를 중심으로 교수자-학습자, 학습자-학습자 간 쌍방향 의사소통과 함께 상호 평가도 이루어지게 되었다. 지식의 일방향적인 전달이 아니라 지식의 교류를 통해 새로운 지식이 만들어지게 된 것이다. 또한 이렇게 창출된 지식은 다시 새로운 교육 콘텐츠로 개발 · 활용될 수 있다.

(2) 자기주도학습

현대는 자발적 · 능동적 학습이 더욱 강조되는 시대다. 엄청난 속도로 변화하고 있는 교육 환경과 요구에 효과적으로 대응하기 위해서는 자기주도적 학습자의 자질이 요청된다. 변화에 대한 적응력을 함양함은 물론, 학습자 스스로 문제를 발견하고, 목표를 설정한 후, 목표 달성을 위해 정보를 취사 선택하고 문제를 해결할 수 있어야 한다. 이때 이러닝은 그러한 자기주도학습을 촉진하는 기제가 될 수 있다. 이러닝은 학습자 스스로 학습 목표와 학습 방법을 결정하며, 학습 결과의 평가 역시 자기주도적으로 수행하기 때문이다. 또한 종래의 수동적인 교육이 아니라 적극적이고 능동적인 교육 방식인 이러닝을 통해 자신만의 지식 창출도 가능하다. 이 모든 과정에서 자기주도성이 중시된다는 것이 이러닝의 특징이다.

(3) 커뮤니티 형성

학습은 타인과의 상호작용을 통해서 극대화될 수 있다. 이러닝의 과정에서는 이러한 학습의 사회적 특성이 최대한 활성화된다. 공통의 관심사나 흥미를 가지고 특정 분야의 지식과 정보를 공유하는 사람들 간에 새로운 학습 커뮤니티가 형성되기 때문이다. 이 학습 커뮤니티는 온라인상에서 활발한 네트워킹에 기초한 상호작용을 통해 방대한 양의 지식을 생성해 낸다. 즉, 기존의 오프라인 교육이 일어나는 공간이 아닌 사이버 공간 속의 커뮤니티를 기반으로 하여 협동적으로 창출해 내는 정보와 지식인 것이다. 이미 구축되어 있는 커뮤니티에 가입하거나 등록하여 계정을 만들고 카페에 가입할 수도 있으며, 직접 웹페이지를 개발함으로써 새로운 공동체를 적극 활용할 수 있다.

4) 이러닝의 장점

디지털 시대의 가능성을 실현하는 이러닝은 개방적이며, 유연하게 융통성을 제공하는 쌍방향 학습 환경을 구축해 왔다. 따라서 이러닝의 장점을 잘 살린다면 기존의 교육이 지닌 단점을 보완하여 교육의 한계를 극복하고 경쟁력을 갖춘 새로운 수준별 교육 환경을 구현하는 데 기여할 수 있을 것이다. 누구나, 언제나, 어디에서나, 원하는 시기에 그리고 원하는 정보에 접근하여 자기주도적으로 학습할 수 있다는 것이 이러닝이 가진 유익함이며 또한 경쟁력이라 할 수 있다. 이러닝이 학습자 및 교수자에게 제공하는 장점은 다음과 같다(신용주, 2004; 유지연, 2001).

(1) 학습자에게 유용한 이러닝의 특성
- 시간적 · 공간적 유연성
- 교육 비용 절감
- 자기주도적 학습 방식
- 개별화 및 맞춤 서비스(customizing)
- 전 세계적 접근 가능성
- 지식에 대한 무제한적 접근성
- 수준 높은 교육 콘텐츠

- 학습자에 대한 트래킹(tracking)이 가능한 네트워크
- 커뮤니티를 통한 상호 학습
- 지식 재사용 및 공유
- 학습자 요구에 적합한 최소 단위 프로그램 제공이 가능함
- 웹에서 학습 모듈의 활용이 용이함
- 교육 훈련 콘텐츠의 전자 상거래 확산

(2) 교수자에게 유용한 이러닝의 특성
- 최신 온라인 및 사이버 교육의 추세와 관련 이론의 발전을 신속하게 반영할 수 있음
- 커뮤니티 서비스, 동영상을 통한 쌍방향 교육 등 다양한 교육 방법의 적용이 가능함
- 유연성과 편의성
- 교수-학습 과정의 개발과 유지가 용이함
- 학습자의 학습 정보 관리가 용이함

5) 이러닝의 현황과 문제점

(1) 이러닝의 현황

정보통신 기술의 발달과 함께 이러닝은 교육 시장에서 가장 역동적인 영역 중의 하나로 부각되고 있다.[1] 외국에서는 이러닝이 21세기의 주목받는 고부가가치 산업 중의 하나로 인식되고 있으며, 이에 대한 투자도 빠르

---

1) 이러닝은 학교와는 다른 방식으로 소통한다는 점에서 평생교육적으로 중요한 의미를 갖는다. 즉, 익명적이고 다방향적인 소통(multiway communication)으로 인해 자신의 경험 세계를 무한히 넓혀 갈 수도 있고, 비가시적이기 때문에 내면의 세계를 더욱 솔직하게 털어놓을 수 있다는 가능성을 갖고 있다. 이러한 가능성으로 인해 이러닝은 학교교육의 일방향적이고 권위적이며 피상적인 의사소통에서 벗어나 새로운 교육 모델을 창출할 수 있는 잠재력을 가진 것으로 인식된다(유지연, 2001 재인용).

게 증가하고 있다. 전 세계적으로 이러닝의 확산은 매우 빠르게 진행되고 있으며, 우리나라에서도 이러닝 산업은 급성장하고 있다. 우리나라의 정보통신 기술의 발전에 따른 인터넷 활용 인구의 증가와 인프라의 구축 성과를 볼 때, 가상 공간에서의 원격교육인 이러닝은 잠재력이 매우 큰 영역이다.

2004년부터는 '이러닝 지원체제 구축을 위한 사이버가정학습지원체제 구축계획'으로 우리나라에서 이러닝에 대한 정책적인 지원이 시작되었다. 또한 2004년 대학 입학 관련 사교육비 경감 차원에서 시작된 EBS 수능 강의가 인터넷으로 제공되면서부터 학교교육에 이러닝이 본격적으로 도입되었다. 우리 정부는 2005년을 이러닝 원년으로 선언했으며, 교육 시장 규모의 성장과 함께 IT를 활용한 이러닝 산업의 세계 시장 규모도 크게 증가하고 있다. 최근에는 직업교육, 어학교육, 교양교육, 기술교육은 물론 입시에 대비한 수능 준비 교육 등에서도 활용되고 있다.

사이버 대학도 급속하게 확대되는 추세다. 1972년에 한국방송통신대학이 개교함과 동시에 우리나라의 원격 고등교육이 시작되었으며, 1990년대에는 지식정보화 사회로의 진입과 함께 교육비가 저렴하고 시간 제한이 적은 고등교육을 제공하는 사이버 대학이 설립되기 시작하였다. 대학들은 컨소시엄을 형성하여 사이버 강좌를 운영하고 있으며, 대부분의 경우 학점을 인정한다. 국내의 사이버·원격 대학은 2001년 9개교에서 2019년 기준 총 18개교에 120,382명이 재학하고 있을 정도로 성장하였다(교육부, 한국교육개발원, 2019). 사이버 대학은 IT 기술의 혁신과 함께 높은 접근성과 수요 중심성에 기초한 고등교육을 실현하는 데 기여하는 것으로 인식된다.

(2) 이러닝의 문제점

이러닝의 전망에 대한 부정적인 견해도 적지 않다. 그 이유는 이러닝이 근본적으로 학습자의 자발성에 기초하여 이루어지기 때문에 강제성이 없으며, 또 현실성이 낮은 가상학습이라는 특성 때문이다. 또한 인터넷을 통한 학습에 비용을 지불해야 한다는 사실에 대한 이용자 측의 인식이 낮아 운영에 어려움도 있다. 이러닝의 실천 현황을 분석해 보면, 빈약한 콘텐츠로 인한 문제 외에도 온라인의 장점을 충분히 살리지 못하고 기존의 오프라인 교육의 이론이나 방법론을 그대로 따르는 경우가 많다는 문제점이 드러난다. 또한 많은 학습자가 온라인 교육을 오프라인 교육에 비해 일시적·비체계적인 교육으로 인식하고 있어 그 효과에 대한 신뢰도가 높지 않다는 문제도 있다. 이러닝의 문제점을 좀 더 구체적으로 살펴보면 다음과 같다(신용주, 2004).

① 이러닝을 통한 자기주도학습의 실천 미흡

대부분의 학습자에게는 이러닝을 통한 자기주도학습에 대한 동기 유발이나 수행 의지가 부족한 편이다. 따라서 자격증 취득 등 제한된 학습 목적 외에는 동기 유발이 적극적으로 이루어지지 않는 경향을 보인다. 즉, 이러닝에 기초한 자기주도학습의 실천이 평생교육의 잠재력으로 아직 구현되지 못하고 있다는 것이 가장 기본적인 문제라 하겠다.

② 인식의 문제

대부분의 학습자에게는 이러닝이 저렴한 교육 기회로 인식되어 오히려 오프라인 교육보다 낮은 수준의 교육으로 평가되는 경향이 있다. 이러한 인식 때문에 이러닝은 지식 창출을 위한 새로운 패러다임으로서 그 가치를 인정받지 못하고 있는 상황이다.

③ 콘텐츠 개발에 대한 지원 부족의 문제

이러닝의 콘텐츠 개발 방식은 기존의 콘텐츠를 디지털화하는 방식과 완전히 새로운 콘텐츠를 개발하는 방식으로 분류된다. 새로운 콘텐츠 개발에는 많은 시간과 노력 및 비용이 요구되며, 학습자의 다양한 욕구를 충족시켜야 하는 과제를 갖는다. 기존의 콘텐츠를 디지털화하는 방식은 오프라인에서 개발한 콘텐츠를 개선하지 못한 채 그대로 사용하게 되므로 새롭게 개발된 혁신적인 콘텐츠의 수월성을 따라가기 어려우며, 학습자는 낡은 콘텐츠에 불만을 갖게 된다.

④ 표준화의 문제

이러닝이 효과적으로 전달되기 위해서는 시스템 제공자, 콘텐츠 제공자 등에 각각 독립적인 플랫폼과 콘텐츠가 존재해야 한다. 그러나 아직은 이들이 미분화되어 정보의 상호 교환이 이루어지지 못하고 있으며, 학습 효과의 판단 기준 역시 명확하지 않으므로 이들을 객관적으로 판단할 수 있는 표준화 작업이 요구된다.

⑤ 네트워크 상호 연결의 문제

이러닝 콘텐츠를 제공하는 대학이나 연구소 및 기업들은 고유의 하부 네트워크를 갖고 있다. 그러나 이러한 환경은 학습자가 교육을 받는 네트워크 밖에서는 정보를 공유할 수 없다는 문제가 있다.

그 밖에도 이러닝은 개인의 소외와 고립을 증가시킨다는 비판이 있어 왔으며, 교수-학습 과정에서 면대면 교육과 같은 즉각적인 피드백을 주고 받기가 어렵다는 문제점도 지적되어 왔다. 또한 교수자가 수준 높은 이러닝 강좌를 진행하기에 준비 시간이 부족하다는 단점도 있으며, 이러닝의 서비스 품질 관리의 어려움도 지적되고 있다. 또한 양적으로 큰 팽창이 있었음에도 질적 수준과 전문성의 확보, 콘텐츠의 독창성과 다양성은 크게 발전하지 못한 것으로 나타났다.

이러닝에서의 학습자 중심의 교수-학습이 효과적으로 이루어지기 위해서는 상호 소통이 촉진되어야 할 것이다. 또한 이러닝의 수월성 향상을 위해 장기적 차원의 전문 인력의 양성 및 질 관리 체계의 구축이 이루어져야 할 것이다.

2. 모바일 테크놀로지를 이용한 평생교육 방법

1) 모바일 교수-학습의 확대

지식정보화 사회에서 비약적 발전을 이룬 컴퓨터와 네트워킹 기술은 학습자가 원하는 휴대 가능하고, 개별화되며, 더욱 유연하게 사용할 수 있는 수요 중심적 교육을 지원하고 있다. 이러한 모바일 테크놀로지(mobile technology)는 강의실의 안팎에서 역동적이며 인터액티브한 학습 환경을 형성하고 있다. 무선 컴퓨터와 이동식 커뮤니케이션 장치들에는 랩톱컴퓨터, 태블릿 PC, PDA, 모바일 전화, 디지털 카메라, MP3 플레이어, 스마트폰(smart phone), 전자책 리더(reader) 등이 있다. 이러한 모바일 기자재는 신속한 피드백이나 강화를 촉진하고, 인터액티브한 시범이나 퀴즈를 전달하며, 현장에서의 자료 수집과 같은 강의실 밖에서의 학습을 충실하게 할 수 있도록 해 주고, 강의 계획서나 과제에 관한 정보를 공유하게 해 준다. 특히 웹 2.0 기술의 도래와 함께 SNS(Social Networking Service)와 새롭게 개발된 다양한 모바일 소프트웨어는 이미 고등교육 현장에서 온캠퍼스, 온라인, 원격교육에 엄청난 변화를 가져왔다. 웹 2.0 기술을 비롯하여 더 새롭게 등장하는 테크놀로지 도구들은 이러한 테크놀로지를 교육 방법에 어떻게 활용할지에 대해서 교수자를 고민하게 한다. 새로운 테크놀로지를 수업 현장에 적용하기 원하는 교수자들은 학습 목표와 학습자의 능력 및 배경을 감안해 이를 학습자의 학습을 강화하는 데 사용할 수 있다(Svinicki & McKeachie, 2011).

2) 테크놀로지를 효과적으로 활용하기 위한 지침

(1) 테크놀로지 사용에 대한 관점들

교수-학습 현장인 강의실에 새로운 테크놀로지를 도입하는 것에 대하여 각기 다른 두 가지 관점이 제시되어 왔다. 하나는 정보를 제공하기 위한 테크놀로지의 사용이 학습자의 학습 결과에 별다른 차이를 가져오지 않는다는 Russell(1999)의 주장이다. 그리고 다른 하나는 아직까지 교수-학습을 효과적으로 촉진하기 위한 각 테크놀로지의 기능과 수준이 완전히 파악되지 않았다는 Kozma(1994)의 주장이다. 따라서 성공적인 테크놀로지의 도입을 위해서는 강좌의 내용, 테크놀로지의 사용에 대한 학습자들의 접근성이나 편안함, 교수-학습 과정에서 교수자의 역할 등을 면밀하게 검토한 후 적용해야 한다. 새로운 테크놀로지를 최대한 활용하여 교수자가 세심하게 준비한 강의 내용을 전달할 때 강의의 효과를 높이고 학습자의 학습 성취를 증진할 수 있다.

(2) 테크놀로지를 효과적으로 사용하기 위한 점검 사항

교육 현장에서 테크놀로지를 사용하는 교수자는 다음과 같은 사항을 확인해 보는 것이 좋다(Svinicki & Mckeachie, 2011: 261).

- 테크놀로지 사용이 학습자의 학습 목표 달성에 얼마나 도움을 주었는가?
  - 테크놀로지 사용 후에 학습자의 지식, 기술 및 태도가 변화를 보였는가?
- 테크놀로지 사용으로 강의실 안팎에서 학습자의 학습 참여 유형이 어떻게 변화했는가?
  - 테크놀로지 사용 이후 강의 시간에 질문을 하거나, 강의 시간 외에 인터넷 커뮤니티에 글을 올리거나 또는 프로젝트를 제출할 때 학습

자의 참여도에 변화가 일어났는가?

- 테크놀로지 사용이 교수자의 교수 행위에 영향을 미쳤는가?
  - 교수자와 학습자 간의 상호작용이나 피드백이 증가했는가? 교수자 의 강의 스타일에는 변화가 일어났는가?
- 테크놀로지 사용 이후 교수 활동의 효과성 · 효율성이 증가했는가?
  - 강의 시간의 활용, 강의 준비를 위한 교수자의 시간 관리, 학습자의 지도에 있어서 더 효과적 · 효율적이 되었는가?

3) 테크놀로지 활용 교수법의 구성 요소

테크놀로지를 활용한 교수법의 체계를 구성하는 네 가지 구성 요소는 학습자, 교수자, 강의 내용 그리고 테크놀로지 도구다([그림 11-1] 참조). 각

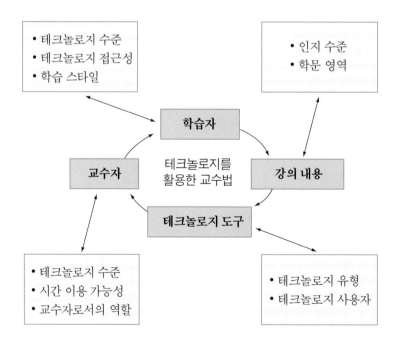

┃ 그림 11-1 ┃ **테크놀로지를 활용한 교수법의 구성 요소**

출처: Svinicki & McKeachie (2011), p. 238.

각의 요소는 테크놀로지를 성공적으로 통합하는 데 핵심적이다.

첫째, 학습자 요소에는 테크놀로지 기술 수준, 테크놀로지 접근성 및 학습 스타일 등의 하위 요소들이 포함된다. 둘째, 교수자 요소는 테크놀로지 수준, 시간의 이용 가능성 및 교수자로서의 역할 등의 하위 요소로 구성된다. 셋째, 강의 내용 요소는 인지 수준과 학문 영역 등의 하위 요소로 이루어진다. 넷째, 테크놀로지 도구 요소에는 테크놀로지 유형과 테크놀로지 사용자와 같은 하위 요소가 포함된다. 이 모형에서 강조하는 점은 이 요소들이 상호 관련되어 있으며, 한 부분에서 효과적인 내용은 나머지 3개의 부분에서도 고려할 필요가 있다는 점이다.

4) 효과적인 모바일 교수-학습을 위한 지침

모바일 테크놀로지를 사용하는 수업에서 학습이 효과적으로 일어나도록 하기 위해서는 다음과 같은 사항들을 고려하여야 한다.

(1) 수업 중 모바일 기기 사용에 관한 지침을 정한다

교수자는 전통적 강의실에서와 달리 자신의 수업에서 학습자가 랩톱컴퓨터를 이용해서 온라인 쇼핑을 하거나, 모바일 폰으로 문자를 보내거나, 다른 전자 게임에 몰두하는 것을 보면 혼란스러울 수 있다. 어떤 교수자는 강의실에서 학생들의 랩톱컴퓨터 사용을 금지하면 학습자의 수업 참여도가 더욱 높아질 것이라고 생각한다. 다른 교수자는 학습자가 자신의 수업시간에 랩톱컴퓨터로 어떤 프로그램을 사용 중인지를 알 수 있는 소프트웨어를 사용하기도 하며, 또 다른 교수자는 학습자가 수업 중에 특정 프로그램을 사용하지 못하게 하기도 한다.

그러나 수업에서 모바일 장비들을 사용하지 못하게 하는 것은 최선의 해결책이 아니다. 아무리 학습자에게 강의에 집중하라고 요청해도 집중하지 않을 수 있기 때문이다. 또 만약 교수자가 모든 전자 기기를 사용하지 못하게 하더라도 학습자는 여전히 몽상에 잠기거나, 소곤거리거나, 쪽지를 주고받으며 수업에 집중하지 않을 수 있다. 따라서 수업 중에 어떤 모바일 기기들을 어느 정도까지 사용하게 할 것인지에 대한 원칙을 정해 알려 주는 것이 좋다.

(2) 모바일 기기 사용 시에 지켜야 할 예절과 규칙을 알려 준다

처음 수업에서 교수자는 학습자들에게 수업 분위기를 존중하는 태도를 유지하는 조건으로 모바일 기기를 사용할 수 있게 하는 규칙을 제안한다. 학습자들과의 합의가 이루어지면 교수자는 그 내용을 규칙으로 정리해서 강의계획서에 포함시킨 후, 다음 수업에서 이를 배부하고 설명한다.

다음의 지침은 Bloom(2007)이 제안한 것이다.

- 학습자의 수업과 관련 없는 전자 기기 사용은 절대적으로 최소화한다.
- 모바일 폰은 진동 모드로 해 놓도록 한다.
- 수업 중에 멀티태스킹을 하는 학습자는 수업에만 집중하는 학습자보다 학습 정도가 낮아지고 시험 성적도 낮다는 연구 결과를 알려 준다.
- 장애학생을 제외한 학습자는 모니터 스크린과 기기를 책상 아래로 내려놓을 것을 요청한다.
- 랩톱컴퓨터의 사용으로 가까이 앉은 다른 학습자들의 수업이 방해받을 수 있다는 점을 알려 준다.
- 랩톱컴퓨터의 사용은 교수자와의 시선 교환을 방해하므로 랩톱컴퓨터를 치울 것을 요청한다.
- 수업 중 모바일 기기의 부적절한 사용이 있었을 경우에는 학습자 스스로 그 결과를 수용하기로 미리 원칙을 세운다.
- 수업 중의 활동을 위해 랩톱컴퓨터를 사용할 때는 두 사람씩 또는 소집단으로 작업하도록 하여 학습자가 혼자 부적절하게 랩톱컴퓨터를

사용하는 것을 막는다.

- 교수자는 수업 중에 가끔씩 강단에서 벗어나 강의실 안을 걸어 다니면서 학습자들의 기기 사용 내용을 파악하거나 강의실의 뒤쪽에 서서 수업을 진행한다.

(3) 모바일 테크놀로지의 효과적 사용을 위해 모든 기기가 완벽하게 작동하도록 미리 준비한다

수업에서 모바일 테크놀로지를 사용할 계획이면 교내의 테크놀로지 기술 담당 직원의 도움을 받아 안전하지 않은 무선 접속이나 학습자의 모바일 기기 간에 발생하는 문제들, 프로그램, 자료나 백업 파일의 보호에 대한 대비책을 마련해 놓는다.

5) 교재 유형에 따른 프레젠테이션 도구 및 활용

Svinicki와 McKeachie(2011: 251)는 교재 유형을 분류하고 이에 적절한 테크놀로지 및 교수법을 제시하였다(〈표 11-2〉 참조).

▌표 11-2 ▌ 프레젠테이션 테크놀로지의 유형과 활용

유형	사례	교수법에서의 활용
본문	• 프레젠테이션 소프트웨어 (예: 파워포인트와 핵심 요지)	정보의 조직화와 프레젠테이션
본문/그래픽/	• 웹페이지 에디터	학습 모듈 개발
본문/그래픽/ 사운드/ 애니메이션	• 애니메이션과 비디오 소프트웨어 (예: 플래시와 아이무비) • 강의 캡처 도구	

6) 온라인 수업의 효과적인 실천을 위한 지침

근래 인터넷에 기반을 둔 온라인 교수-학습이 증가하고 있다. 효과적인 온라인 교수-학습을 위한 지침은 다음과 같다(Svinicki & McKeachie, 2011: 248).

- 온라인 강의 및 토론의 목적과 목표를 정확하게 명시한다.
- 온라인 토론의 체계를 명료하게 조직화한다.
- 온라인 토론을 강좌에서 반드시 필요한 부분으로 부각시킨다. 대면 수업에서 발생하는 상호작용이나 온라인상에서 전개되는 교수자-학습자 또는 학습자-학습자 간의 토론 및 회의를 동등하게 중시한다.
- 매 회의 토론 주제와 함께 온라인 토론을 시작하는 시간과 끝내는 시간을 분명히 제시한다.
- 온라인 토론에서의 학습자의 역할과 책임 등에 대하여 구체적인 지시를 전달한다.
- 온라인 토론 시작 전에 학습자의 적절한 행동과 부적절한 행동에 대한 원칙을 명시한다.
- 온라인 토론에서의 학습자 참여에 대한 점수 산정 방식에 대해 미리 명시한다.
- 온라인 토론에 참여한 학습자의 수행 수준에 대한 교수자의 기대 및 평가 기준을 명시한다.
- 온라인 토론에서 학습자의 활발한 참여를 촉진하기 위해 필요한 경우, 기술 훈련 교육이나 온라인 튜토리얼 등 다양한 지원 내용에 대한 정보를 미리 알려 준다.

제12장

융합형 웹 기반 평생교육 방법

1. 블렌디드 러닝

테크놀로지의 혁신은 교육이 전달되는 방식에도 커다란 변화를 가져왔다. 기존의 전통적인 교실에서 오프라인으로 실시되어 온 교육은 변화에 유연하게 대응하지 못하는 한계를 나타내고 있다. 오프라인 학습과 온라인 학습이 서로 연계되는 블렌디드 러닝은 각각의 한계를 보완하고 시너지를 창출하기 위한 통합적인 교육의 대안으로 제시된다.

1) 블렌디드 러닝의 정의와 개념

블렌디드 러닝(blended learning)은 교실에서 진행되는 전통적인 대면 수업과 인터넷 기반의 이러닝 교육 방법을 접목하여 이루어지는 혼합 형태의 학습이다. 하이브리드 학습으로도 불리는 블렌디드 러닝은 면대면 오프라인 수업과 비대면 온라인 수업의 장점을 결합하여 상호 보완적 효과를 추구하는 교수-학습 방식이다. 블렌디드 러닝은 온라인과 오프라인 학습 환경의 결합이라는 차원뿐 아니라 다양한 학습 방법과 매체의 결합으로 최상의 학습 효과를 도출하기 위한 전략으로 그 영역이 확장되고 있다.

블렌디드 러닝의 정의는 크게 넓은 의미와 좁은 의미로 분류된다. 가장 보편적으로는 온라인 수업과 오프라인 수업의 결합이라는 좁은 의미로 본 Singh(2003)이나 Graham(2006)의 정의가 있다. 넓은 의미로 정의한 학자들로는 Mantyla(2001), Valiathan(2002) 및 Singh과 Reed(2001) 등이 있다. 두 가지 이상의 학습 방법의 결합에 초점을 둔 Mantyla(2001)나 학습자가 온라인으로 조절하여 오프라인 수업과 연계하는 형태로 본 Staker와 Horn(2012)도 있다.

다양한 학자의 블렌디드 러닝에 대한 정의는 〈표 12-1〉과 같이 제시된다.

┃ 표 12-1 ┃ 블렌디드 러닝의 정의

학자	정의
Mantyla (2001)	• 학습 내용과 경험을 강화하기 위해 두 가지 이상의 학습 방법을 선택하여 결합하는 것
Singh와 Reed (2001)	• 학습자 개개의 학습 스타일에 맞는 학습 기술을 사용하여 학습자에게 필요한 학습 내용을 적시에 제공하는 것
Valiathan (2002)	• 전통적인 면대면 교실, 실시간 이러닝(e-learning), 자기주도 학습 등 다양한 이벤트 기반(event-based) 활동들의 결합 • 웹 기반 코스, EPSS(Electric Performance Support System), 지식 관리 방법 등의 여러 가지 전달 방식을 결합한 혼합체(solution)
Singh (2003)	• 온라인 수업과 오프라인 수업을 결합한 것을 특별히 '블렌디드 이러닝(Blended e-Learning)'이라는 용어로 표현
Graham (2006)	• 협의의 블렌디드 러닝으로 온라인 컴퓨터 매개 수업과 면대면 수업의 결합
Staker와 Horn (2012)	• 공식적 교육 프로그램으로서 학습자가 최소한 한 부분 이상은 온라인으로 배워서 시간, 장소, 속도를 조절. 여기에 전통적인 오프라인 수업을 결합

출처: 정수연(2018). p. 19.

2) 블렌디드 러닝의 영역과 유형

⑴ 블렌디드 러닝의 영역

서대원과 임정훈(2003: 이보람, 2019, p. 54 재인용)은 다음 [그림 12-1]과 같이 블렌디드 러닝을 구성하는 주요 영역과 요소들을 제시하였다. 주요 영역에는 학습의 환경, 목표, 내용, 시간, 장소, 매체, 형태 및 상호작용 유형이 포함되며, 각 영역별 하위 요소들도 정리되어 있다.

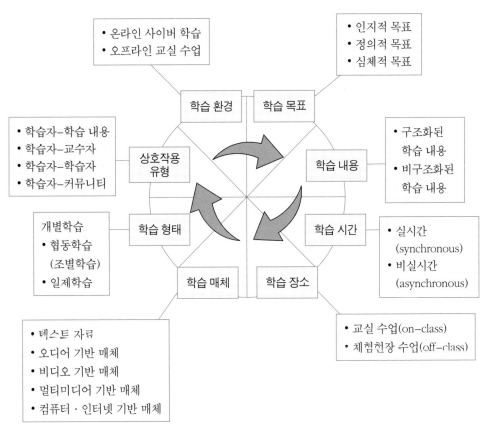

┃ 그림 12-1 ┃ **블렌디드 러닝의 주요 영역과 요소**

출처: 서대원, 임정훈(2003). p. 17: 이보람(2019). p. 54에서 재인용함.

(2) 블렌디드 러닝의 유형

블렌디드 러닝은 학습 내용, 학습자 특성, 상황적 요소에 따라 적절한 유형을 선택하여 활용할 수 있으며, 온 · 오프라인 학습의 비중이나 시간 배분도 선택할 수 있다. 블렌디드 러닝의 유형에 관해서는 단순하게 두 가지로 나누어 제시한 Thorne(2003)의 이론이 많이 알려져 있다. 하나는 오프라인 수업 중 일부를 온라인 수업으로 대체하는 방식이다. 다른 하나는 주로 온라인 수업을 전개하면서 오프라인 수업은 온라인 수업을 위한 기초로 진행되는 방식이다. 가장 대표적인 것은 학교 현장에서는 오프라인으로, 수업 전과 수업 후에는 온라인으로 학습하는 것이다.

Singh과 Reed(2001)는 블렌디드 러닝의 분류 기준을 〈표 12-2〉에 제시된 바와 같이 학습 공간(오프라인 대 온라인), 학습 형태(자기주도적 학습 대 협력학습), 학습 유형(형식적 학습 대 비형식적 학습), 학습 내용(규격화된 내용 대 자신만의 학습 내용), 일(학습 내용 대 업무 과제)의 다섯 가지 기준으로 분류하였다.

▌표 12-2▐ **블렌디드 러닝의 분류 기준**

분류 기준	내용
학습 공간의 통합	오프라인(전통적 교실 수업)과 온라인 학습 공간(인터넷)의 결합
학습 형태의 통합	자기 주도적 학습과 협력학습의 결합
학습 유형의 통합	사전에 계획된 형식적이고 구조화된 학습 프로그램과 비형식적인 학습 형태의 결합
학습 내용의 통합	이미 규격화된 학습 내용과 학습자 스스로 구성하는 자신만의 학습 내용의 결합
학습과 일의 통합	기존의 학습 경험과 업무 과제와의 결합

출처: 정수연(2018). p. 21.

한편, Horn과 Staker(2011)는 온라인과 오프라인 학습의 결합 정도에 따라 온라인 학습 비율이 가장 낮은 '면대면 중심 수업'에서부터 온라인 학습 비율이 가장 높은 '온라인 중심 수업'에 이르는 6단계의 유형으로 분류하였다.

3) 블렌디드 러닝의 모형

블렌디드 러닝의 모형은 분류 기준에 따라 다양하게 실시될 수 있다. 블렌디드 러닝은 대개 온라인과 오프라인의 비중을 각 50% 정도씩 하거나 또는 3시간 수업 중 2시간은 오프라인으로, 1시간은 온라인으로 하기도 한다. 여기서는 오프라인 교실 수업이 중심이 되고 온라인 수업은 이를 보조하는 블렌디드 러닝의 모형으로, '고맥락 문화 수업'의 사례를 알아본다 (이보람, 2019). 이 모형은 수업 전 학습(온·오프라인)과 본시 학습(오프라인) 그리고 수업 후 학습(온라인)의 3단계로 구성된 모형으로, [그림 12-2]에 제시되어 있다. 수업 전 학습과 수업 후 학습은 온라인으로, 본시 학습은 오프라인으로 진행하는 수업 방안이다.

이 모형의 각 단계별 진행 내용은 다음과 같다.

- 수업 전 학습(온·오프라인): 학습자가 오프라인 수업 참여 전에 미리 집에서 혼자 학습하는 단계다. 배울 내용을 미리 학습하고 생각해 본 후 오프라인 수업에서 설명할 수 있도록 한다.
- 본시 학습(오프라인): 교실에서 4단계 수업으로 진행된다. 영상 및 학습 목표를 제시하는 도입 단계, 교재 수업 중심의 설명 단계, 역할극·토론 등 상호작용을 통한 활용 단계 그리고 학습 내용을 정리하고 집에서 할 온라인 과제를 부여하는 마무리 단계다.
- 수업 후 학습(온라인): 집에 가서 온라인으로 진행한다. 영상을 통한 추가학습과 학습자들의 대화문을 커뮤니티 과제 방에 '공개'로 올리고, 교수자는 댓글로 피드백을 올린다. 서로의 게시물에 대한 질문이나

댓글 등 학습자 간의 상호작용이 가능하게 한다. 교수자가 미리 과제
나 질문을 게시하기 편리한 커뮤니티 사이트를 개발하여 활용토록
한다.

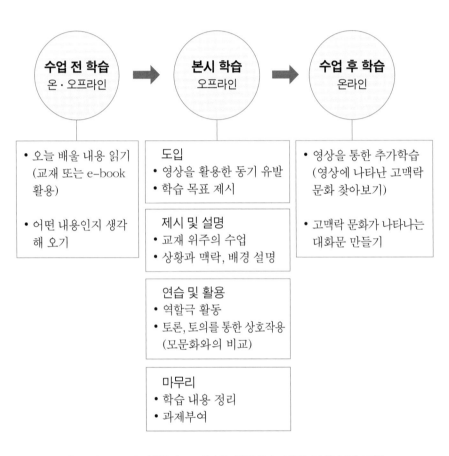

| 그림 12-2 | 블렌디드 러닝을 활용한 '고맥락 문화수업' 모형

출처: 이보람(2019). p. 58.

이 모형의 실시 결과, 학습자들은 흥미, 참여도, 효과가 향상되었다고
보고한 한편, 수업 후 학습에 대한 부담감도 드러냈다.

4) 블렌디드 러닝의 특성과 장단점

(1) 블렌디드 러닝의 특성

블렌디드 러닝은 온라인 또는 오프라인만의 교육이 갖는 한계를 극복하는 대안으로서 등장하였다. 오프라인의 면대면 교실 수업은 익숙한 형태의 수업으로 안정감을 주며 형식과 순서를 예측할 수 있고 직접적 상호작용과 피드백을 얻을 수 있다는 장점이 있다. 현장학습, 실험 실습, 토론이나 시뮬레이션 등의 수업에는 대면교육이 효과적이며, 교수자가 학습자의 학습 수준이나 수업 참여도를 파악하기가 용이하다. 한편, 온라인 학습은 스마트폰이나 태블릿 PC 등 스마트 기기를 통해서도 이용 가능하므로 시공간적으로 접근성이 뛰어나서 편리하며 경제적이다. 학습자는 온라인 수업에서 대면 수업에서보다 심리적 부담감이 적고, 자기주도적으로 자신의 학습 관련 사항을 선택할 수 있으며, 보충학습이나 심화학습도 가능하다. 또한 다양한 매체나 자료도 활용할 수 있다. 그러나 비대면의 온라인 교육은 학습의 질을 보장하기 어렵고 학습자의 수업 태도나 수행 수준을 파악하기 어려우며 중도탈락률이 높다는 비판이 있다.

(2) 블렌디드 러닝의 장점과 단점

① 블렌디드 러닝의 장점

Singh(2003)은 블렌디드 러닝의 장점을 다음과 같이 네 가지로 설명하였다.

- 학습 효과가 향상된다. 학습 프로그램이 학습자가 원하는 교수 방법으로 제공될 때, 학습 효과가 향상된다.
- 전달 범위가 확장된다. 오프라인 수업은 물리적으로 특정 시간과 장소에서 실시되는 교실수업에 참여 가능한 학습자에게만 가능하지만, 온라인 수업은 저장된 자료를 재생하여 이용할 수 있으므로 시공간의

제약이 있는 사람들에게까지 전달 범위가 확장된다.

- 개발 비용과 개발 시간이 크게 줄어든다. 학습 프로그램 개발 시간과 비용을 온·오프라인 수업에 균형 있게 효율적으로 연계할 수 있다.
- 경영성이 최적화된다. 전통적인 수업에 비해 수업 시간이 적으므로 경영에 유리하다.

특히 실시간으로 소그룹 쌍방향 온라인 수업과 오프라인 수업을 병행할 때 실제 수업과 비슷한 학습 효과가 나타난다고 보고된다(소셜포커스, 2020. 7. 27.).

② 블렌디드 러닝의 단점

블렌디드 러닝은 최근의 급속한 확대에도 불구하고 다음과 같은 단점을 갖는 것으로 인식된다.

- 온라인 수업의 질 관리가 어려우며, 중도탈락률이 높다.
- 아직 블렌디드 러닝의 도입 단계로 온·오프라인 수업시간의 배분이나 학생 지도에 대한 구체적 정보 등 가이드라인이 부족하다.
- 학습자의 현재 수업 참여도나 이해도 등 학습 상황에 관한 정보를 즉시 파악하기 어렵다.
- 오프라인 면대면 수업에서는 내성적인 학습자의 활발한 참여가 이루어지기 어렵다.

5) 블렌디드 러닝의 실시

블렌디드 러닝을 실시할 때는 다음과 같은 네 가지 사항을 고려하는 것이 좋다(Stein & Graham, 2014).

- 동시적 및 비동시적 상호작용의 차이를 잘 알고 활용한다. 면대면 수업, 실시간 채팅 등 동시적 상호작용과 메일, 게시판 등 비동시적 상호작용의 특징을 고려하여 수업을 진행한다.
- 학습 시간은 대개 온·오프라인 수업 시간을 모두 포함하여 총 수업 시간으로 본다.
- 온라인 수업에서는 블로그나 커뮤니티 형성 등 학습자들의 상호작용을 촉진한다.
- 온라인 수업의 내용은 다양한 미디어 자료로 오프라인과 차별화되게 하는 것이 좋다.

6) 블렌디드 러닝에서 교수자의 역할

온라인 교육에서는 교수자가 학습자의 학습 이해도나 몰입도 등을 파악하기 쉽지 않아 학습자 지도에 어려움이 있다. 또한 교수자와 같은 공간에서 함께 수업을 하지 않으므로 학습자의 학습 참여도가 낮아질 수 있다. '교수실재감(presence)'은 학습 환경에서 교수자가 학습자와 함께 존재함으로써 교육적 취약함을 보완해 주고 유의미한 학습을 촉진하는 역할을 한다(김승옥, 2018). 따라서 교수자가 함께하고 있다는 인식인 교수실재감을 높이기 위한 노력이 필요하다.

블렌디드 러닝을 효율적으로 진행하기 위한 보다 구체적인 교수자의 역할은 다음과 같다.

- 컴퓨터 및 온라인 플랫폼 활용 역량을 갖추고 웹 기반 교수-학습 과정에 숙달되어야 한다.
- 다양한 디지털 미디어를 활용해서 참신한 교육 콘텐츠를 제공한다.
- 학습자 관리 및 모니터링 시스템을 개발하여 적용한다.
- 자기주도적 학습을 촉진한다.

• 학습자가 교수실재감을 느낄 수 있도록 학습 환경을 조성한다.

2. 플립드 러닝

1) 플립드 러닝의 정의와 개념

플립드 러닝(flipped learning)이라는 용어는 Bergmann과 Sams(2012)에 의하여 알려지게 되었으며, 학습자의 주도적 지식 형성을 돕는 데 효과적인 교육 방법으로 알려져 있다. 플립드 러닝은 '역전학습' '적시수업' 등으로도 알려져 있으며, 온라인과 오프라인을 혼합한 블렌디드 러닝의 한 유형으로 인식된다. 블렌디드 러닝의 목적이 온라인 학습의 장점과 오프라인 학습의 장점을 결합하여 최대한의 학습 효과를 추구하는 것이라면, 플립드 러닝은 학습자들이 미리 학습해 올 내용과 교실 수업에서 진행할 내용을 명확하게 분류하여 설계하는 것에 중점을 둔다. 플립드 러닝은 온라인과 오프라인의 두 가지 학습 환경을 혼합한다는 점에서 블렌디드 러닝과 공통점이 있다. 그러나 두 학습법의 차이점은 블렌디드 러닝은 오프라인 수업이 주가 되고 온라인 학습은 보충적 성격을 가진 반면, 플립드 러닝은 온라인상에서는 미리 수업 자료를 선행학습하고 오프라인 대면 수업은 선행학습한 내용에 대한 토론 및 관련 활동으로 이루어진다는 데 있다. 또한 블렌디드 러닝에서는 온라인 교육과 오프라인 교육의 내용이 서로 다르게 구성될 수 있다는 점에서, 플립드 러닝을 블렌디드 러닝의 특화된 형태로 분류하기도 한다.

플립드 러닝은 일반적으로 학습자들이 과제를 교실 이외의 장소에서 수행하는 방식을 거꾸로 뒤집었다는 의미로 '거꾸로 학습'이라고도 한다. 인터넷 기반의 온라인 수업을 통해 교실 수업과 가정학습 과제의 순서를 뒤집은 교수-학습 유형인 것이다. 학습자는 미리 영상으로 강의를 시청하여 학습 내용을 파악하고, 교실 수업에서는 교수자 및 다른 학습자들과의 상호작용으로 토론, 문제해결학습, 협력학습 등 여러 활동에 참여한다 (Bergmann & Sams, 2012).

〈표 12-3〉에는 플립드 러닝에 대한 개념적 정의가 제시되어 있다. 대부분의 정의는 학습자가 집에서 동영상 강의를 듣고 교실 수업에서는 관련 학습 활동에 참여하는 것을 포함하고 있다.

| 표 12-3 | **플립드 러닝의 정의**

연구자(연도)	정의
Jeff(2011)	집에서 자신의 학습 속도를 조절하며 학습 과제와 관련된 동영상 강의를 듣고, 교실 수업에서는 관련 지식을 활용하는 학습 활동에 참여하는 것
Ash(2012)	학습자들에게 동영상 강의를 과제로 시청하게 하고 교실 수업에서는 학습 내용을 적용한 협동학습 바탕의 학습과 심화학습 그리고 응용학습을 제공하는 것
Bull ferster 외 (2012)	학습자들이 교실 밖에서 교실 수업을 대체하는 온라인 동영상 강의를 시청하고, 교실 수업에서는 협동 기반 학습에 참여하는 것
Milman (2012)	학습자들이 수업 전에 온라인 비디오캐스트로 학습 개념을 먼저 학습하고, 교실 수업에서 적극직인 참여활동학습, 협력학습을 할 수 있도록 촉진하는 것
Bergmann 외 (2012)	교육 테크놀로지의 도움을 받아 전통적인 수업 방식의 변화를 통하여 학습자들의 학습을 촉진시키고자 하는 것
Hamdan 외 (2013)	학습자들이 수업 전 교수자가 제공하는 강의를 온라인으로 자신의 학습 속도에 맞춰 시청하고, 교실 수업에서는 토의, 토론, 프로젝트 학습, 문제해결 등 미리 습득한 지식을 적용하는 활동에 참여하는 것
이동엽 (2013)	교실 수업 이전에 학습자는 스스로 교수자가 제공한 비디오 시청 자료 및 다양한 자료를 시청하고, 교실 수업에서는 선행학습을 기준으로 보충학습과 심화학습을 하는 것

출처: 엄재연(2019). p. 10.

좀 더 구체적으로 플립드 러닝은 '교수자와 학습자의 상호작용 증진과 학습자의 능동적 학습을 위하여, 정규 수업 시간 이전에 온라인에서 교수자에 의해 제공된 자료와 함께 사전 활동을 하고, 면대면 수업 시간에는 더욱 심층적인 이해를 돕기 위한 다양한 참여적 활동으로 구성된 수업'으로 정의되기도 한다(김은영, 이영주, 2015).

2) 플립드 러닝의 모형

(1) F-L-I-P 모형

Bergmann과 Sams(2014)는 F-L-I-P 모형을 제시하며, 플립드 러닝이 가지는 특성을 크게 유연한 환경(flexible environment), 학습 문화(learning culture), 의도된 학습 내용(intentional content), 전문적인 교수자(professional educators)의 네 가지 유형으로 설명하였다. 각 유형의 특징을 간략히 알아보면 다음과 같다(김시원, 2016).

- 유연한 환경: 학습은 시간, 장소, 내용 등에 따라 다양한 형태로 유연하게 일어날 수 있다.
- 학습문화: 학습자의 깊은 사고력이 요구되는 학습 환경을 제공하여 수업 패러다임을 학습자 중심으로 전환한다.
- 의도된 학습 내용: 교수자가 학습 내용과 방법을 명확하게 하여 학습자 중심의 활발한 학습이 전개되도록 수업을 설계한다.
- 전문적인 교수자: 교수자에게는 지속적·즉각적 피드백과 평가를 제공하는 촉진자의 역할과 동시에 테크놀로지 관련 역량 등 더 많은 전문성이 요구된다.

(2) 문제중심 플립드 러닝 모형

한편, 조영환(2016)은 온·오프라인의 연계성 부족 등 플립드 러닝의 문제 극복을 위해 문제중심 플립드 러닝 모형을 제안하였다. 이 모형은 협력적 문제해결력 향상을 위한 실제적 문제 제공, 온·오프라인 연계 강화, 학습자의 자기조절 지원, 면대면 환경에서 협력적 지식 생성 지원 등을 추구한다. 구체적 내용은 [그림 12-3]에 제시되어 있다.

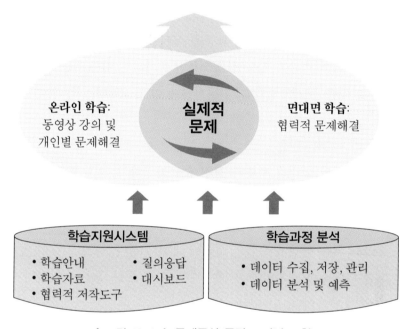

┃ 그림 12-3 ┃ 문제중심 플립드 러닝 모형

출처: https://learning.snu.ac.kr/?q=board/news/view/48

3) 플립드 러닝의 장점과 단점

⑴ 플립드 러닝의 장점

플립드 러닝은 다음과 같은 장점을 갖는다.

• 학습 동기가 유발되어 수업 참여도를 향상시킬 수 있다. 미리 동영상 강의를 시청하여 학습 내용을 파악하고 수업에 참여하므로 보충학습

이나 심화학습을 원하는 학습자들도 교수자의 지원으로 학습 효과가
향상될 수 있다.
- 학업 성과를 향상시킬 수 있다. 전통적인 강의 중심 수업과 달리 학습
자의 수준 차가 고려되어 개별화된 수업이 가능하기 때문이다.
- 시공간의 제약 없이 더 용이하게 학습에 접근 가능하고, 영상 자료의
반복 재생이 가능하여 학습 내용을 숙지할 수 있다.
- 교실 수업에서 더욱 다양한 활동을 실시할 수 있다. 학습자와 학습자
간, 교수자와 학습자 간의 상호작용이 증가하여 이를 활용한 토론, 프
로젝트학습, 문제해결학습, 협동학습 등이 가능하다.

(2) 플립드 러닝의 단점

플립드 러닝의 긍정적 측면과 장점에도 불구하고, 실행상의 어려움 등
단점에 대한 다음과 같은 지적도 있다(김은영, 이영주, 2015).

- 흥미의 지속 여부가 수업의 성공에 관건이 된다. 새로운 수업 방식에
대한 학습자의 호기심과 관심이 수업 기간 동안 줄곧 유지되기가 쉽
지 않기 때문이다.
- 일부 학습자, 특히 대학 수준의 학습자들에게는 강의 동영상을 통해
미리 학습하는 것의 유용성에 대한 부정적 시각도 있다.
- 교수자의 업무 부담과 테크놀로지 역량에 관한 것이다. 플립드 러닝
에서 교수자는 학습 자료 및 관련 영상의 제작에 투입되는 시간과 노
력, 학습자에 대한 피드백과 상호작용 등으로 기존의 교실 수업 중심
업무에 비해 과도한 업무 부담이 발생한다.

4) 플립드 러닝에서 교수자의 역할

플립드 러닝에서 교수자는 교실에서 가르칠 내용을 영상으로 제작하여

학습자에게 미리 전달하고, 학습자는 이를 학습해 온 후 본 수업 시간에는 다양한 관련 활동을 실시한다. 학습자가 수업 전에 학습할 내용에 대해 미리 준비를 하고, 교실에서의 대면 수업에서는 미리 학습한 내용과 관련해 적극적으로 수업에 참여하는 학습자 중심 교육을 실시하는 것이다. 따라서 온라인 강의 학습이나 동영상 개발도 중요하나, 오프라인 수업에서 학습자들이 능동적으로 참여할 수 있는 수업을 진행하는 것이 가장 중요하다.

플립드 러닝에서는 다음과 같은 교수자의 역할이 기대된다.

- 선행학습 차원에서 미리 학습할 개념이나 내용 등에 대해 알기 쉽게 동영상으로 제작하는 것과 함께, 오프라인 대면학습에서 이를 활용한 심화학습을 진행한다.
- 플립드 러닝을 처음 계획할 때는 우선 특정 주제나 세션 단위로 수업에서의 적용, 파일럿 수업을 통한 문제점 보완, 테크놀로지의 적절한 활용 등을 고려한다.
- 디지털 역량을 갖춘 촉진자로서 학습자의 학습에 대한 책임감과 능동적 참여를 격려한다.

3. 소셜 러닝

소셜 러닝이란 보통 소셜 미디어나 소셜 네트워크 서비스(Social Network Service: SNS)를 활용하는 학습 방법으로 인식된다. 근래 SNS의 비약적 발달로 소셜 러닝이 확산되고 있다. 소셜 러닝에서 가장 중요한 요소는 학습의 사회적 측면에 초점을 맞추는 것이다. 즉, 학습자가 다양한 학습 자원을 활용하여 상호작용하면서 적극적으로 학습하는 것을 말한다. 소셜 러닝을 통해 학습자들은 스스로 새로운 지식을 창출하거나, 지식을 여러 사람이 공유하거나, 또는 함께 문제해결을 하는 것도 가능해졌다. 따라서 학습자는 사회적 맥락 속에서 다양한 커뮤니케이션 미디어를 통해 타인과 연결되어 학습을 수행하는 것이다.

1) 소셜 러닝의 정의

근래 IT 기술의 혁신적 발전과 스마트 기기의 보급 확대로 소셜 네트워크 서비스로 불리는 SNS가 확산되고 소셜 러닝(social learning)이 크게 증가하고 있다. 타인과 함께 학습을 수행한다는 의미를 가진 소셜 러닝은 소셜 미디어를 기반으로 학습자들이 광범위하게 참여하는 학습으로 볼 수 있다. 소셜 러닝은 간략하게 SNS를 기반으로 정보, 지식의 공유 및 상호작용이 일어나는 학습으로 정의할 수 있다. 특히 전통적인 형식적 학습에서 벗어나 사회적 맥락에 기초한 네트워크의 특성을 도입하여 학습 성과를 모색하는 새로운 영역의 학습이다. 소셜 러닝의 정의를 살펴보면, 학습자 상호 간의 지식 공유 활동, 비공식적 학습, 또는 SNS를 통한 사회적 관계망에 기반한 협업학습 등으로 규정된다. 또한 학습자들 간의 주도적 참여와 활발한 상호작용을 토대로 하는 새로운 온라인 교육 방식으로 공간성, 이동성, 상호 연결성 등을 특징으로 한다. 즉, 네트워킹과 상호작용을 통해 학습자가 자기주도적으로 지식을 창출하고 이를 공유하는 학습이라 할 수 있다.

2) 소셜 러닝의 특성

근래 소셜 네트워크 서비스(SNS)를 학습 플랫폼으로 활용하는 소셜 러닝이 빠르게 확대되어 왔다. 그 이유는 SNS가 새롭고 다양한 학습 방법을 지원할 뿐 아니라 학습자들 간의 소통과 상호작용, 관계 형성 및 협업을 증진하기 때문이다. 소셜 러닝은 시간과 장소의 제약에서 자유로우며 네트워크에 기반한 협력학습을 촉진한다. 전통적으로 학습 콘텐츠의 개발은 주로 사전에 교수자에 의해 이루어진 후 학습자에게 전달되는 것이었다면, 소셜 러닝에서는 누구나 콘텐츠의 창출은 물론 이를 공유할 수 있으므로 대중의 다양한 학습 요구를 충족시킬 수 있다. 소셜 미디어를 사용하는 대중이 상호작용하며 서로 가르치고 배우게 되므로, 경쟁 위주의 교육에서 벗어나 함께 탐구하는 교육으로서의 의미도 크다. 따라서 소셜 러닝은 소셜 미디어 기반의 네트워킹에 기초한 정보와 지식의 공유, 의견 교환, 새로운 콘텐츠 창출, 협업을 통한 의사결정이나 문제해결도 가능한 새로운 학습의 차원이라 할 수 있다. 소셜 미디어를 통한 소셜 러닝은 타인과의 상호작용을 통해 공동체 활동에 지속적으로 참여하며 자신의 정체성을 형성해 나가는 것이다(김도헌, 2020).

소셜 러닝을 설명하기 위해서는 세 가지 핵심 요소인 맥락, 네트워킹 및 협업을 이해할 필요가 있다(한국정보화진흥원, 2011). 첫 번째는 맥락으로, 소셜 러닝이 발생하는 전반적인 환경이나 사회문화적 상황을 포함하며, 학습 내용을 다양한 미디어를 통하여 맥락에 적절하게 파악하는 것을 의미한다. 두 번째는 네트워킹으로, 학습자의 다양한 의견, 정보 및 콘텐츠가 서로 공유될 수 있도록 네트워킹 기반의 연계망을 확장하고 참여를 격려하는 것이다. 세 번째는 협업으로, 학습자들이 서로 상호작용하면서 새로운 지식을 창출하고, 재구성하며, 더 나아가 공유하고 확산하는 것을 말한다.

〈표 12-4〉에는 참여, 개방, 대화, 커뮤니티, 연결 등 소셜 러닝의 주요 특징이 제시되어 있다.

표 12-4 소셜 러닝의 특징

소셜 미디어의 특성	소셜 러닝의 특성
참여(Participation)	교수자와 학습자의 경계 소멸
개방(Openness)	학습 콘텐츠에 대한 자유로운 접근과 사용
대화(Conversation)	참여자 간의 활발한 상호작용
커뮤니티(Community)	공통의 학습 욕구를 지닌 참여자들 간의 커뮤니티 구성
연결(Connectedness)	참여자의 수 및 참여자가 소유한 지식, 정보의 무한한 확장

출처: 한국정보화진흥원(2011). p. 7.

3) 소셜 러닝의 이론적 배경

소셜 러닝의 주요 이론적 배경으로는 여러 가지가 있으나, 여기서는 Bandura의 소셜 러닝 이론과 Vygotsky의 사회적 구성주의 학습이론 그리고 Siemens의 연결주의 학습이론에 대하여 살펴보기로 한다.

(1) 소셜 러닝 이론

소셜 러닝(social learning)이라는 용어는 Bandura(1977)가 『Social Learning Theory』를 출간하면서 널리 알려지기 시작하였다. 소셜 러닝은 사회적 학습이라고도 하며, 주로 다른 사람과의 관계를 통해서 지식을 습득하고 학습하게 되는 것을 의미한다. 주어진 상황에서 타인의 행동을 관찰한 후 모방을 통한 학습을 거쳐 행동으로 이어지는 것으로 본다. 즉, 학습의 사회성 측면에 초점을 맞추며, 이는 보상이나 처벌이 인간 행동에 영향을 미치는 것으로 간주해 온 종전의 이론과는 상이한 주장이다. Bandura는 그의 소셜 러닝 이론에서 인간의 행동이나 성격 형성에 영향을 미치는 결정적인 요인은 사회적 요인임을 강조한다.

Bandura(1977)는 인간의 학습은 환경과의 끊임없는 상호작용을 통해 이루어진다고 하였으며, 개인의 학습 결과에 영향을 주는 세 가지 요인으로 학습자, 동료 및 행동과 관련된 보상 결과를 제시하였다. Bandura(1977)는 소셜 러닝을 단계적 몰입과 활동적 참여, 학습에서의 풍부한 문화적 맥락 유지, 자기주도적 학습 능력, 커뮤니케이션 도구의 통합의 네 가지로 개념화하였다(임상훈, 강수민, 천보미, 유영만, 2017).

(2) 사회적 구성주의 학습이론

구성주의(constructivism) 학습이론은 기존의 주입식·암기식 교육에서 학습자 중심의 교육으로 바뀌는 데 기여한 패러다임이다. 구성주의 교육관은 모든 지식은 학습자 개인에 의해 주관적으로 구성된다고 보았다. 구성주의는 행동주의나 인지주의 등 기존의 학습이론이 검증된 학습 내용의 성취도를 평가해 온 것과는 달리, 인간은 자신의 개인적 경험과 이전에 학습한 지식에 의해 능동적으로 지식을 구성한다고 믿었다. Vygotsky(1980)가 그의 저서 『Mind in Society: The Development of Higher Psychological Processes』에서 주창한 사회적 구성주의 학습이론에서 학습자는 사회적 맥락 속에서 타인과의 상호작용 및 협동학습을 통해 지식을 형성한다고 강조하였다. 지식정보화 사회에서는 개인에게 정보 활용, 소통 및 의사결정 능력이 요구되며, 특히 사회 속의 존재로서 학습자들이 협동학습을 통해 상호작용을 증진하는 소셜 러닝이 더욱 주목받고 있다. 사회적 구성주의 관점에서 볼 때, 비판적 사고, 체험학습, 협동학습, 문제해결학습 등은 시대적 요구에 부응하는 고차원적인 학습 활동으로 인식된다. 이는 자신의 경험을 토대로 사회적 맥락 속에서 상호작용으로 지식을 구성하는 소셜 러닝과 연계되기 때문이다.

(3) 연결주의 학습이론

사물인터넷(IoT)이 모든 사물과 사람을 연결하는 초연결 사회(hyper-connected society)로 변모시키고 있다. 지식에 있어서도 소유보다는 연결의 개념이 중시되면서, 연결은 디지털 사회의 중요한 화두가 되었다. 연결주의(connectivism) 학습이론은 Siemens(2005, 2008)와 Downes(2010) 등에 의해 주창된 이론으로, 인터넷을 학습 맥락의 하나로 보고 그 안에서 발생하는 개인 간의 연결 과정을 학습으로 설명한다. 연결주의는 학습의 기본 단위인 노드(nodes) 사이의 연결(connections)을 의미하는 네트워크의 개념을 토대로 사람들 간의 그리고 학습 환경과의 상호작용을 다룬다. 노드는 학습하는 개인뿐만 아니라 데이터, 정보, 지식 등을 포함한다. 연결주의는 학습을 지식 간의 연결이자 그것을 사용하는 개인 간의 연결, 즉 네트워크 형성 과정으로 설명한다. 한편, 인터넷 활용의 급증과 웹 3.0 시대를 맞아 사람들도 각각 정보를 구성하는 기본 단위가 되기 시작하였다. 인터넷을 기반으로 서로 연결되어 있는 개인도 정보로 전환되고 그 정보가 다시 개인으로 전환되는 것이다(백욱인, 2013). 연결주의는 우리의 지식을 최신 (current)의 상태로 유지하기 위해서는 개인적 생산의 한정된 틀에서 벗어나 연결의 힘에 주목해야 한다고 주장한다. 오늘날 무한정에 가까운 지식이 학습으로 이어지기 위해서는 적절한 맥락에서 적절한 사용자에 의하여 서로 '연결'되어야 한다고 믿는 것이다(박로사, 2018).

4. 소셜 미디어

이 절에서는 앞서 제시한 소셜 러닝이 발생하는 주요 기반이 되는 소셜 미디어의 특성 및 페이스북과 트위터를 중심으로 한 SNS의 교육적 활용에 대하여 알아본다.

1) 소셜 미디어의 정의

웹 2.0 시대의 특징은 개방, 참여, 공유로 요약되며, 소셜 미디어(social media)는 이를 기반으로 사람 간의 관계를 지향하는 서비스라 할 수 있다. 정보통신 기술의 급속한 발전과 함께 등장한 소셜 미디어와 네트워킹의 확대로 대중의 표현 욕구가 더욱 분출되고 참여와 공유가 이루어지는 쌍방향적 소통이 가능하게 되었다. 소셜 미디어는 일반적으로 사람들을 연결해 주는 네트워킹 서비스를 토대로 정보, 의견, 경험 등의 공유를 위해 사용하는 온라인 플랫폼이라 할 수 있다. 보다 구체적으로는, 일반이 주도하는 개방적이며 소통 가능한 매체로, 자신의 생각, 경험, 정보 등을 생산·확대시키기 위해 사용하는 개방된 플랫폼(블로그, 유튜브 등)과 관계를 형성하는 SNS(페이스북, 트위터 등)를 의미한다(삼성경제연구소, 2010). 이 밖에 위키(Wiki)나 UCC(User Created Content)도 포함된다.

2) 소셜 미디어의 특성

소셜 미디어의 가치는 소통, 콘텐츠 공유, 협업의 3C로 요약된다(이지원, 김규정, 2019).

- 소통(Communication): 시간과 장소의 제약이 없는 온라인 공간을 통해 다수의 사람과 의사소통한다.
- 콘텐츠 공유(Contents Sharing): 다수의 이용자가 각자의 콘텐츠를 공유함으로써 혼자일 때보다 더 많은 자료에 대한 접근성을 확보한다.
- 협업(Collaboration): 다수의 이용자와 함께 하나의 과업을 동시에 진행하므로 시간 대비 완성도 높은 결과물 도출이 가능하다.

3) 소셜 네트워크 서비스

(1) SNS

근래 스마트 기기의 사용이 크게 증가함에 따라 문자나 그림, 동영상 등을 쉽게 전달할 수 있는 SNS가 새로운 정보 공유 수단으로 자리 잡고 있다. SNS는 소셜 네트워크 서비스 또는 사회 관계망 서비스로 온라인상에서 불특정 타인과의 관계망을 형성하도록 해 주는 웹 기반 서비스를 말한다. 또한 사용자들 간의 자유로운 의사소통과 정보 공유 및 인맥 확대를 통해 사회적 관계를 생성 · 강화시키는 온라인 플랫폼을 의미한다(신용주, 2017). SNS는 유사한 관심사를 가진 사람들이 물리적 공간의 한계를 넘어 다수와 의사소통하는 초연결 사회를 이끌고 있으며, 정보를 신속하게 공유하는 집단 내 상호작용이 특징이다. 집단에 가입한 개인은 친근함과 사회적 공감대 속에서 소속감과 정체성도 가질 수 있으며, 공통의 목표를 추구하기도 한다. SNS는 실시간 정보 교환이 가능하므로 모바일 기기들과 접목하면서 더욱 개별화, 지능화되는 추세다. 대표적 SNS인 트위터나 페이스북은 정치, 경제, 사회, 문화 등 많은 분야에서 큰 영향력을 미치고 있으며, 교육의 영역에서도 소셜 네트워크의 미디어를 통해 전개되는 소셜 러닝이 증가하고 있다.

(2) 우리나라의 SNS 이용 실태

과학기술정보통신부와 한국정보화진흥원(2019)에서 실시한 '2019 인터넷이용실태조사'에 의하면, 2019년 7월 기준 만 6세 이상 인터넷 이용자 중 최근 1년 이내 SNS를 이용한 사람의 비율은 63.8%였으며, PC보다 모바일 기기를 통한 이용률(62.9%)이 3배 이상 높았다. SNS를 이용하는 이유에 대해서는 '친교나 교제를 위해서'가 80%로 가장 많았고, 다음으로는 '타인이 게시한 콘텐츠를 살펴보기 위해서'가 61% 순이었다. 따라서 주된 SNS 이용 목적은 인간적 교류나 관계 형성 그리고 다른 사람이 올린 콘텐츠 확인 등임을 알 수 있다.

(3) 주요 SNS 및 그 특징

이제 모바일 시대를 맞아 사람들은 페이스북, 트위터, 인스타그램 등의 SNS를 통해 정보를 습득한다. 자신의 의견을 표명하고, 일상을 알리며, 서로 정보를 교류하기를 원한다. 스마트폰으로 미디어 환경에 쉽게 접근하게 되면서 SNS는 쌍방향적 소통의 중요한 커뮤니케이션 플랫폼이 되었고, 이제 많은 사람의 일상의 삶에서 빼놓을 수 없는 부분이 되었다.

SNS도 빠르게 진화하고 있다. 트위터와 같은 100% 개방형 SNS, 공동체적 성격을 갖되 개방성도 갖춘 페이스북 그리고 관리자의 인증이 필요한 네이버 밴드와 같은 폐쇄형 SNS도 있다. 최근 들어 15초에서 1분 이내의 짧은 영상을 업로드할 수 있는 동영상 공유 SNS인 TikTok이나 페이스북의 인스턴트 메신저인 WhatsApp 등도 인기를 얻고 있다. 이 중에서 세계적으로 널리 이용되는 대표적 SNS인 페이스북과 트위터를 중심으로 그 특징 및 교육적 활용 가능성에 대해 알아보고자 한다.

① 페이스북

2004년에 처음 개설된 페이스북(Facebook)은 세계에서 가장 큰 영향력을 가지고 있는 SNS다. 지인에게만 공개되는 폐쇄성이 특징이며, 자신이 작성한 글은 지인들에게만 보인다. 사교에 비중을 두는 서비스이므로 친목이나 인맥 관리에 많이 사용되며, 특히 관계 유지 및 자신을 보여 주는 데 관심이 있는 젊은이들에게 매우 인기 있는 쌍방향적 네트워크 연결이 가능한 플랫폼이다. [그림 12-4]는 단순히 많은 친구가 가입해서가 아니라, 어떤 유형의 사람들이 가입하는가에 따라 페이스북 가입에 대한 압력을 느껴, 마치 전염되듯이 페이스북에 가입하는 사람들의 모습을 그림으로 표현한 것이다.

[그림 12-5]에 제시되었듯이 2020년 기준 월 실사용자(Monthly Active Users)의 수가 무려 24.1억 명에 달해 전 세계에서 가장 많이 방문한 사이

┃ 그림 12-4 ┃ 어떻게 페이스북에 전염되듯 가입해 가는가
출처: Wired (2012. 4. 3.).

TOP 10
Facebook Stats for 2020

Facebook has
2.41 billion
monthly active users

**Facebook is the world's
third-most visited website**

71%

of American adults
use Facebook

Age range:	18-24	76%
	25-29	84%
	30-49	79%
	50-64	68%
	65+	46%

**Facebook users spend 38 minutes
per day using the platform**

74% LOG IN

of Facebook users
log in daily

52%

of American adults get
news from Facebook

┃ 그림 12-5 ┃ 2020년 페이스북 주요 지표

출처: 오픈애즈(2020. 2. 12.).

트 3위이고, 미국인 성인 이용자 71%가 페이스북을 이용하는 것으로 나타났다(오픈애즈, 2020. 2. 12.). 페이스북은 친구의 숫자를 5,000명으로 제한하며, 글을 보려면 서로 친구로 승인해야 한다. 친구들이 담벼락에 글을 남길 수 있으며, 긴 글이나 사진, 동영상, 게임, 채팅, 사이트 링크 등 다양한 콘텐츠를 업로드하고 공유할 수 있다. 자유로운 정보와 의견 교환이 가능하나, 폐쇄성으로 인해 미디어로서의 영향력은 적으며 1:1 커뮤니케이션으로 정보의 흐름은 빠르지 않은 편이다.

② 트위터

2006년 처음 시작된 트위터(Twitter)는 개방된 공간에 자신의 의견을 공유하며 팔로워들과 교류할 수 있는 100% 개방형 SNS다. '새가 지저귀다.'라는 뜻의 트윗(Tweet)이라고 하는 메시지는 140자까지 작성이 가능하며, 상대방의 동의 없이도 '팔로우' 버튼을 클릭하면 팔로워가 되어 상대방의 글을 볼 수 있다. 팔로워의 숫자는 제한이 없고, 팔로워가 되면 그가 작성하는 모든 트윗을 자동으로 자신의 타임라인에서 확인할 수 있으며, 커뮤니티를 형성하여 아이디어와 의견을 나눌 수 있다.

| 그림 12-6 | **트위터 로고**

트윗의 간결함과 개방성으로 인해 다른 사람의 관점을 접하기 용이하며, 친목 유지보다는 정보 전달에 관심을 갖는 사람들의 이용률이 높다. 트위터는 2018년에 일일 활성 사용자 수를 1억2,600만 명이라고 밝혔으

며, 이는 페이스북의 일일 사용자 수의 10분의 1 수준이다(중앙일보, 2019. 2. 8.). 트위터는 플랫폼의 안정성 확보나 동영상 업로드 기능을 추가했으며, 실시간(real time), 관심사 기반, 오픈형 SNS라는 세 가지 특징을 강점으로 인기를 회복하고 있다(조선비즈, 2020. 3. 9.).

트위터는 실시간으로 지금 발생하는 일을 알 수 있고, 관련 정보량이 많으며, 허락 없이 팔로우하고, 트윗이나 다이렉트 메시지(DM)를 보낼 수 있는 오픈형 SNS다. 모바일에 적합한 짧은 메시지의 빠른 전파가 특징인 트위터는 문자 기반 서비스로 정보의 흐름이 빠르고 일 대 다수와의 커뮤니케이션이 가능하므로 정보 교류에 많이 활용된다. 하나의 트윗은 팔로우한 모든 사람에게 전달되고, 또 그들의 리트윗을 통해 다시 수많은 사람에게 전달되므로 미디어적 영향력은 매우 큰 편이다.

(4) 트위터와 페이스북의 교육적 활용

① 페이스북의 교육적 활용

페이스북을 통해 학습자들은 학습에 필요한 정보와 자료를 공유하고 활용할 수 있으며, 친구로 승인받은 사람들과 자유롭게 아이디어와 의견을 함께 나누고 토론할 수 있다. 시간을 정해 놓고 페이스북에 접속하여 발표나 토의를 진행하거나, 관련 수업의 담벼락에 댓글을 남기거나, 다른 사람의 글을 읽고 대화도 가능하며, 학습 내용 관련 경험 또는 사진이나 동영상을 업로드할 수 있다. 실시간 및 비실시간 채팅으로 의견 개진이 가능하며, 블로그 운영이나 '노트'를 이용한 요약과 편집도 가능하다. 또한 구글 닥스(googledocs)를 활용하여 공동 문서 작업 내용을 공유하거나, 학습자가 자기주도적으로 온라인 토론 및 발표 수업을 진행할 수 있으며, 여기에 '댓글'이나 '좋아요' 등으로 피드백을 제시할 수 있다. 실제로 많은 교육 현장에서 뉴스피드를 통한 정보 공유, 커뮤니티 형성, 의견 파악 등에 페이스북을 활용하는 것으로 나타난다(김월선, 2012). 교수자는 페이스북을 활용할 때, 정확한 정보제공자의 역할뿐 아니라 학습자들이 서로 친밀감을 유지하도록 긍정적 피드백과 함께 학습활동을 전개하는 것이 중요하다.

② 트위터의 교육적 활용

트위터도 수업에서 다양하게 활용할 수 있다. 교수자는 트위터를 통해 학습자의 성향 파악이 가능하고, 또 즉각적인 피드백을 해 줄 수 있다. 학습자들은 '트윗'에서 필요한 자료를 얻고 공유할 수 있으며, 커뮤니티를 형성하여 대화를 계속할 수 있다. 교수자와 학습자 간 또는 학습자들 간의 상호작용을 긍정적으로 유지하는 데 트위터가 도움이 될 수 있다. 또한 전문가나 멘토를 팔로우하여 실시간으로 그의 글을 확인할 수 있다. 과제나 전달 사항을 고지하고 질문과 답변, 코멘트 등을 바로 올릴 수 있어 효과적이다. 트위터를 교육적으로 활용하기 위한 방법은 채팅, 커뮤니티 형성, 현실 인식, 트랙 기능, 즉각적인 피드백, 전문가 팔로잉, 학습의 극대화, 공공의 메모장 활용 등으로 요약할 수 있다(조윤경, 2011).

5. 집단지성

1) 집단지성의 정의와 대두 배경

(1) 집단지성의 정의와 유형

집단지성(collective intelligence)은 중지(衆智), 집단지능 또는 협업지능이라고도 하며, 다수의 개체가 서로 협력이나 경쟁하는 과정을 통해 얻게 된 집단의 지적 능력을 의미한다(Lévy, 1997). 즉, 개인들이 상호작용과 커뮤니케이션을 통해 참여함으로써 지식과 정보 공유를 통해 구축되는 집단의 문제해결 능력으로 볼 수 있다. 집단지성은 미국의 곤충학자 Wheeler(1910)가 그의 저서『Ants: Their Structure, Development, and Behaviour』를 통해 한 개체로는 미미한 흰개미들이 협업을 통해 거대한 규모의 뛰어난 개미집을 만드는 과정을 관찰하면서 주창한 개념이다. 집단지성은 다수의 참여, 공유, 경쟁, 협력, 통합의 과정을 통한 상호작용의 결과로 각 개체의 지적 수준을 뛰어넘는 새로운 형태의 지성이 출현한 것으로 본다. 점점 복잡하고 다원화되는 사회에서 직면하는 수많은 문제의 해결을 위해서는 하나의 정답만이 존재하는 것이 아니라 여러 경로의 해결책이 도출될 수 있기 때문이다. 이제 더 이상 대중은 소수의 전문가가 제시하는 해결책을 무조건 수용하지 않으며, 스스로의 방식으로 이를 해결하고 또 공유하려는 요구가 확산되고 있다.

Dutton(2008)은 집단지성의 유형을 집단의 구성원 간 상호작용의 방식과 협업의 수준에 따라 공유형, 기여형, 공동 참여형의 세 가지로 분류하였다. 공유형은 분산된 네트워크 내에 정보 생산과 공유가 가능한 네트워크 1.0 협업 유형이며, 다음으로 기여형은 소셜 네트워킹으로 집단 간 의사소통을 촉진하여 집단에 대한 정보 제공 방식을 변화시키는 네트워크 2.0 공유형, 끝으로 공동 참여형은 공공 목표를 위해 네트워크를 통해 협업하는 네트워크 3.0을 의미한다.

(2) 집단지성의 대두 배경

집단지성이 출현하게 된 배경에 대해 인터넷의 발달 및 소통의 두 가지 차원에서 분석해 볼 수 있다(안준환, 2015).

① 인터넷의 발달과 대중화

지난 10여 년간의 혁신적 정보통신 기술의 발전과 인터넷의 대중화로 인해 집단지성이 출현하게 되었다. 웹 2.0 환경 및 스마트폰 보급의 확대로 누구나 자신의 생각과 경험 및 정보를 글이나 영상으로 자유롭게 표현하는 세상이 되었다. 특히 쌍방향성과 개방성을 특징으로 하는 소셜 미디어가 급격히 확산되면서 집단지성의 플랫폼으로 기능하게 되었다. 이제 누구나 어떤 정보를 원하면 언제든지 무료로 구글이나 네이버 등 검색 플랫폼을 통해 무제한으로 얻을 수 있다. 과거에 일방적으로 정보를 제공받던 사용자들은 이제 커뮤니케이션을 지원하는 다양한 서비스를 토대로 쌍방향적 교류와 공유를 통해 적극적인 참여자가 되었다. 특정 집단이나 매체에 소속되지 않은 다수의 일반 대중이 정보를 생산하고 제공하는 힘을 갖게 되면서 사용자가 직접 콘텐츠를 창작해 공유하는 UCC나 하위 80%의 정보가 중요해진 롱테일(long tail) 등 새로운 정보 공유 방식들이 출현하고 있다.

② 현대 사회와 소통

매일 다르게 변화하는 혼란스러운 현대 사회에서, 사람들은 리더보다는 팔로워가 되어 다수의 의견에 동조하며 집단의 구성원이 되는 것을 더 선호한다. 모험을 무릅쓰기보다는 안정적 삶을 지향하기 때문이다. 그러면서도 어떤 집단에 속해서 자신의 경험이나 지식을 타인과 소통하고 나누며 이 사회에서 스스로 도태되지 않고 생존하고 있음을 계속 확인하기를 원한다. 미래를 가늠하기 어려운 현대 사회를 살아가는 사람들은 빠른 변화 속에서도 자신의 지식과 경험을 타인과 공유하면서 스스로 살아남으려는 욕구를 갖고 있다. 특히 집단지성을 통해 여럿이 함께 지식과 정보를 공유하고 서로 미흡한 부분을 채우면서 사회의 문제해결에 참여하고 공익을 위해 함께하는 것에 성취감과 보람을 느낀다. 집단지성을 현대인의 새로운 생존 방식으로 보는 견해도 있다. 현대인들은 집단지성을 통해 이 사회의 구성원으로서 자존감을 고취시키는 동시에 개개인의 존재 의미와 가치를 실현하기를 원하기 때문이다.

2) 집단지성의 성공적 발현을 위한 구체적 조건

⑴ 집단지성의 구체적 조건

Surowiecki(2004)는 집단지성의 구체적 조건으로 다양성, 독립성, 통합

메커니즘의 세 가지를 제시하였다. 여기서 다양성(diversity)이란 참여하는 사람들의 성별, 연령, 직업, 취미, 가치관의 다양성이 전문가 집단보다 나은 해결책으로 이끈다는 것이다. 독립성(independence)은 다른 사람의 의견에 동조하지 않고 자신이 독립적으로 판단할 수 있음을 말한다. 통합 메커니즘(integration mechanism)은 문제해결 방식 등 전문 지식을 확산시키는 동시에 흩어져 있는 지식과 의견을 통합하는 시스템을 구축하는 것이다.

(2) 집단지성의 다섯 가지 성공 원칙

Leadbeater(2008: 안준환, 2015, p. 77 재인용)는 〈표 12-5〉에 제시된 것과 같이 집단지성이 원활하게 작동하기 위한 다섯 가지 원칙으로 핵심의 원칙, 기여의 원칙, 관계 맺기의 원칙, 협업의 원칙, 창의성의 원칙 등을 들었다. 즉, 리더 역할을 수행할 유능한 개발자 등 선구자 그룹을 포함하는 핵

┃ 표 12-5 ┃ 집단지성의 다섯 가지 성공 원칙

구분	내용
핵심의 원칙	원활한 집단지성을 위한 본궤도에 오르기 전까지 견인차 역할을 해 줄 유능한 기여자 및 개발자 등의 선구자 그룹
기여의 원칙	독특한 아이디어와 통찰력, 기여가 가능한 도구 활용 능력을 가진 사람들의 적절한 배합, 흡족한 기여를 할 수 있는 도구(소프트웨어 등의 툴)의 제공
관계 맺기의 원칙	다양한 아이디어를 보유한 사람들이 서로 관계를 맺고 의사소통을 할 수 있는 방법, 자유롭게 아이디어를 교류하고 창의적인 대화를 나눌 수 있는 종합적인 공간의 필요
협업의 원칙	서로의 차이점을 인정하고 다양한 지식을 최대한 활용하려는 집단지성 공동체의 자율규제
창의성의 원칙	공통의 관심사와 공통의 목적을 가지고 참여하고, 서로 간의 아이디어를 공개하고 공유하여 성취감을 느낄 수 있도록 유도

출처: Leadbeater (2008): 안준환(2015), p. 77에서 재인용함.

심의 원칙, 아이디어나 통찰력, 도구 활용 능력을 가진 사람들 및 소프트웨어 등 도구를 제공하는 기여의 원칙, 다양한 아이디어를 가진 사람들이 서로 관계를 맺고 자유롭게 의사소통을 할 수 있는 관계 맺기의 원칙, 서로 다름을 인정하고 다양한 지식과 경험을 최대한 활용하려는 협업의 원칙 그리고 참여자 간의 아이디어를 공유하여 성취감을 고취시키는 창의성의 원칙 등이다.

3) 집단지성의 효과와 역기능

(1) 집단지성의 효과

개인이 만들어 내는 지식은 그의 개인적 경험에서 비롯되므로 실증적 사실로 수용하기는 어려울 수 있다. 그러나 디지털화된 초연결 사회에서는 누구나 지식의 생산과 공유가 가능하므로 그동안 고학력, 상위계층에게 주로 국한되었던 지식의 평등한 공유가 이루어지고 있음을 보여 준다. 예를 들어, 큰 사회 문제에 봉착했을 때, 집단지성을 통해 새로운 관점과 외부의 균형 잡힌 시각을 도입함으로써 창의적인 의사결정으로 효과적 대응 방안을 도출할 수 있다. 또한 토론과 합의의 과정을 통해 편향성을 극복하고 오류를 바로잡을 수도 있다.

(2) 집단지성의 역기능: 집단사고

그러나 집단지성 역기능과 관련된 문제점도 제기된다. 대중은 소셜 미디어를 대할 때 자기가 원하는 것만을 보기 때문에, 정보 왜곡 및 집단의 동조에 의한 집단사고(group think)가 나타날 수 있다는 것이다. 다수의 지지를 받게 되면 검증되지 않은 정보라도 정답으로 인정받는 집단지성의 취약점을 악의적으로 이용하려는 시도도 늘고 있다. Janis(1972)는 그의 저서 『Victims of Groupthink』에서 집단사고는 응집력이 강한 집단의 구성원들이 현실적인 판단을 내릴 때 만장일치를 이루려 하는 사고의 경향이라고 하였다(김태원, 2013). 대부분의 사람은 비록 자신의 생각과 판단이 옳다고 믿더라도 사회적 규범이나 대다수의 의견에 동조하는 경향이 있다. [그림 12-7]과 같이 자신의 의견과는 상관없이 따돌림을 피하기 위해 집단의 결정에 따르게 되는 집단사고는 잘못된 의사결정으로 이어지게 된다. 더 나아가 과연 집단지성을 통해 생산된 정보와 지식을 신뢰할 수 있는가에 대한 질문도 제기된다. 따라서 집단지성의 신뢰성 확보 및 정보의 진위를 판별하는 필터링 체제 도입이 필요한 것으로 보인다.

┃ 그림 12-7 ┃ 집단사고

출처: Authentic & Trusted News 홈페이지(https://atnewsonline.com/groupthink-a-phenomenon-hampering-good-decision-making-and-needs-address/).

제3부

평생교육 방법의 선정과 평가

제13장

교육 방법 및 교수 매체의 선정

1. 교육 방법의 선정

1) 학습 목표의 설정

⑴ 학습 목표 설정의 의의

평생교육 방법의 설정은 제시된 학습 목표를 가장 잘 달성할 수 있는 방법을 선택하는 것이다. 따라서 학습 목표의 설정은 매우 중요한 과제다. Boyle(1981)은 학습 목표 설정의 중요성을 다음과 같이 기술하였다.

• 교육 프로그램을 통한 학습의 방향을 제시한다. 따라서 교수자나 학습자 모두 분명한 학습 목표를 가지고 시작해야 한다.
• 학습 목표는 학습 경험을 계획하는 기준을 제시한다. 교육 프로그램의 성공을 위해서 교수자는 학습자의 발달을 촉진하는 가치 있고 유용한 학습 경험을 제공할 책임이 있다. 목표가 분명하게 설정되지 않

은 학습은 방향을 잃게 된다. 따라서 목표는 프로그램의 모든 참여자가 분명히 파악할 수 있도록 명료하게 정립되어야 한다. 특히 평생교육 프로그램에 참여하는 학습자들이 스스로 지각한 학습 목표와 프로그램의 목표가 부합된다고 인지할 때 학습 효과가 향상된다.

- 학습 목표는 프로그램의 평가 기준을 제공한다. 즉, 학습 목표는 프로그램의 가치 및 성과를 판단하는 기초 자료다. 이때 프로그램의 평가는 반드시 수업 목표를 근거로 하여 수행되어야 한다.

(2) 학습 목표 설정의 기초

실제로 평생교육 프로그램을 계획하며 구체적 학습 목표를 설정할 때 반드시 고려되어야 할 요소들이 있다. Tyler(1974)를 비롯한 학자들은 지역사회 및 잠재적 학습자 관련 상황을 분석하고, 욕구 및 문제를 파악하여, 학습 목표를 구체화시키기 위한 원천으로 다음의 세 가지를 제시하였다(차갑부, 2002).

- 학습자: 프로그램 개발자는 학습자의 욕구와 흥미를 측정해야 하며, 학습 목표는 상황 분석과 학습자의 욕구에 기초하여 설정해야 한다. 잠재적 학습자가 가지고 있는 교육 욕구를 어떤 방법을 통해서 충족시킬 수 있는지를 파악한 후에 수업 목표가 설정된다. 따라서 학습자는 수업 목표 설정의 중요한 원천이다.
- 사회 변화: 사회 변화를 읽음으로써 잠재적 학습자의 학습 욕구에 대한 직접적인 사정 없이도 그들의 흥미와 욕구를 파악할 수 있다. 이러한 사회 추세 분석을 통해 파악된 욕구는 실용적 · 현실적인 평생교육의 학습 목표로 연결될 수 있다.
- 교과 영역: 구체적인 학습 목표는 특정 학문 영역의 내용이나 교수자 자신으로부터도 설정될 수 있다. 많이 연구되고 있는 주제를 수업 목표로 설정했다면 그 원천은 교과 영역이 된다.

2) 학습 목표의 영역

학습에는 실로 다양한 영역이 존재한다. 단순 반복적인 기계적 학습부터 복잡한 문제해결에 이르기까지 각기 다른 교수 방법과 평가 기법을 필요로 한다. 따라서 학습 영역 및 수준을 파악하고 분류하는 것은 학습 효과를 향상시키기 위한 중요한 과제다.

Bloom(1956)은 학습 영역을 크게 인지적 영역(cognitive domain), 정의적 영역(affective domain) 그리고 신체운동 영역(psychomotor domain)의 세 가지로 분류하였다. 우선, 인지적 영역에는 모든 지적 과정이 포함된다. 정의, 용어, 명칭, 날짜, 회상, 개념의 이해·문제해결을 위한 원리나 공식의 적용, 다른 사람에 의해 제시된 아이디어의 분석 등이 이에 해당된다(차갑부, 2002). 정의적 영역은 가치, 태도, 신념, 정서, 흥미와 관련된 영역이며 신체적 동작과 관련된 신체운동 영역은 수영 선수가 일련의 신체적 기술에 숙달되어야 하듯이 기술이나 의학, 육아 등 여러 영역을 포함한다. 또한 신체운동 영역의 학습에는 감정이나 섬세한 운동까지도 포함된다. 〈표 13-1〉은 Bloom의 분류학(Taxonomy)의 각 학습 영역 단계별 학습 목표를 보여 주고 있다.

┃ 표 13-1 ┃ **Bloom의 분류학에 따른 학습 영역 단계별 학습 목표**

학습 영역	학습 목표	내용
인지적 영역	지식	• 이미 배운 내용의 기억
	이해력	• 내용의 의미를 이해, 추론 및 해석하는 능력
	적용력	• 학습 내용을 새롭고 구체적인 과정 및 장면에 활용하는 능력
	분석	• 부분들 간의 관계 및 조직의 구조를 이해하기 위해서 내용을 세분하는 능력
	종합	• 새로운 형태나 구조를 구성하기 위해 자료의 내용 및 요소를 정리·조직하는 능력 • 부분과 전체를 형성하는 요소를 종합하는 능력

	평가	• 기준에 맞추어 사실을 판단하는 능력 • 어떤 목적과 의도를 위해서 주어진 내용의 가치를 판단하는 능력
정의적 영역	수용	• 단순 지식의 습득이나 신념 · 가치 · 태도의 수용 등 특별한 자극이나 현상에 대한 학습자의 인식과 수용
	반응	• 제시된 정보에 대한 긍정적 · 부정적 반응 • 특정 자극 또는 활동 부분에 대한 능동적 참여 행동
	가치화	• 특정 대상, 활동 현상, 행동에 대한 주관적 가치 부여
	조직화	• 가치 · 신념 · 태도 간의 상관관계 결정 • 서로 다른 가치를 비교 · 연계 · 종합화하는 것
	인격화	• 개인적 가치 체계, 일반적 적응 기제의 선택으로 내면화된 행동 • 개인적 철학이나 세계관
신체운동 영역	반사운동 또는 지각	• 감각을 통한 사물의 인식 • 개인 의지와 무관함 • 학습 목표로 설정될 수 없지만 보다 높은 수준의 운동 기능의 기초가 됨
	초보적 기초 운동 또는 준비도	• 반사 운동과 반사 운동의 통합(잡기, 서기, 걷기와 같은 조작, 위상, 이동 동작) • 특정 운동에 대한 준비도
	반응 유도	• 감각기관을 통해 지각 · 해석하고, 환경에 대처 · 적응하는 기능 • 복잡한 과업의 요소인 구체적 기술 행동 수행
	기계화	• 모델링한 행동이 학습자에게 숙달됨 • 연속적인 숙달에 필요한 기초 기능(예: 장거리 경주, 역도, 레슬링)
	숙련된 운동 기능	• 복잡한 과업에 참여하여 주저 없이 행동함 • 동작에 능률성, 숙달성 및 통합성이 포함된 기능
	동작적 의사소통 또는 적용	• 신체적 동작을 통해 감정 · 흥미 · 의사 · 욕구를 표현(예: 창작 운동 기능, 표현, 해석 동작 등) • 예기치 않은 상황에 대한 반응이나 학습 내용의 응용

출처: 김진화(2001). p. 281을 수정하여 제시함; 신용주(2004). p. 207.

3) 수업지도안

교수자는 강좌를 맡아서 수업을 시작하기 전에 강의의 진행 방안을 계획하며, 강의 전반에 대한 계획은 물론 매 강좌에 대한 계획도 함께 세운다. 이때 학습자가 무엇을 배우고 싶은지 파악하는 것이 중요하다. 또한 강의 주제에 적절하고 학습 성과를 얻을 수 있는 교육 방법을 고안하는 한편, 수업의 효과적 진행에 필요한 기자재 및 장비도 준비한다. 특히 교수자가 미리 주의 깊게 학습자의 특성 및 요구 수준에 적합한 구체적인 계획을 세우고 수업을 진행하는 것이 중요하다. 그럼으로써 성인학습자에게 학습의 진행 내용을 파악하고 궁극적으로는 어떤 학습 목표를 달성하게 될 것이라는 포부를 갖게 해 주기 때문이다.

효과적인 수업을 위해 교수자는 수업 목표, 교재, 교수법, 과제 및 평가 방식을 기술한 수업지도안(lesson plan)을 개발해야 한다. 이처럼 전반적인 수업의 수행 계획을 문서화함으로써 교수자 자신은 물론 학습자의 수업 준비도와 수업 효과를 높여 학습 목표의 효과적 달성을 돕는다.

(1) 수업지도안의 필요성

수업지도안을 수업 시작 전에 학습자에게 미리 배부하는 것은 여러 가지로 유익하다.

- 수업 목표를 명확히 이해할 수 있으며, 매 수업 단위의 주제 및 과제를 파악하여 수업의 진행에 보조를 맞추기가 쉽다.
- 학습자는 매 수업에 대하여 미리 필요한 준비를 할 수 있으므로 시간과 노력을 절약할 수 있다.
- 매 수업 단위가 수업 목표 달성을 위한 단계를 구성하므로 정해진 시간 안에 각 단위 수업에 충실함으로써 계획대로 원활하게 수업 목표를 달성할 수 있다.

(2) 주요 내용

교수자는 수업지도안에 매 수업 단위에 대한 구체적인 사항들을 제시해야 한다. 여기에는 매 수업 단위별 주제, 내용, 수업 목표, 시청각 기자재 및 수업 자료, 수업 방법 및 교수 기법, 평가 방법 및 절차 등이 포함되어야 한다. 또한 학습자-교수자, 학습자-학습자 간의 상호작용을 위한 활동이나 과제도 기술한다. 수업지도안에 포함되는 활동이나 과제의 내용은 특히 구체적인 행동 용어로 기술하는 것이 바람직하다.

수업의 내용은 학습 목표를 토대로 개발된다. Curzon(2004)은 수업 목표를 중심으로 수업 내용을 제목과 함께 개략적으로 요약한 일반적 수업지도안과 큰 제목과 소제목 및 기타 내용들을 모두 기록한 구체적인 수업지도안을 함께 개발하는 것이 바람직하다고 하였다. 내용의 우선순위는 중요도와 관련도에 의해 결정한다. 따라서 평생교육의 수업지도안에는 학습 목표·대상·시간·내용, 학습 경험의 계획, 교수 기법 및 매체, 수업 자료 및 평가 계획 등이 반드시 포함되어야 한다(Boyle, 1981).

4) 교수 방법

학습 목표와 수업 내용이 정해진 후에는 이에 적절한 교수 방법(instructional methods)을 선정한다. 교수 방법 또는 기법은 교수하고자 하는 내용을 제시하는 형태로서 학습자의 이해를 돕고 학습 목표 달성을 지원할 수 있는 것이어야 한다. 교수 방법은 수립된 교수 목표에 따라 그 목표 달성에 가장 효과적인 전달 방법을 찾아 선택한다. 다양한 교수 방법을 체계적으로 분류하는 기준이 존재하지는 않지만, 학습자 집단의 규모, 수업 목표, 교육 여건 등을 고려하여 가장 적절한 방법을 찾는 것이 좋다.

[그림 13-1]은 적절한 교수 방법을 통해 학습자의 초기 행동에서 바람직한 종결 행동에 이르도록 하는 교수-학습 과정의 핵심 요소들을 보여 주고 있다.

┃ 그림 13-1 ┃ 교수-학습 과정의 핵심 요소
출처: 신용주(2004), p. 215; Curzon (2004), p. 199.

2. 교수 매체의 선정

1) 교수 매체의 개념과 특성

평생교육에서는 교수-학습을 촉진하기 위한 교수 매체(instructional media)의 효과적인 활용이 중시된다. 교수 매체란 교수-학습의 전달 과정에서 학습 내용을 전달하는 매개체, 즉 교재나 자료에 한정된 것이 아니라 전달 방법과 같은 방법론적인 측면도 포괄하는 개념이다.

(1) 교수 매체의 개념

교수 매체의 개념은 광의의 개념과 협의의 개념으로 구분하여 설명할 수 있다(권이종 외, 2002).

우선, 협의의 개념으로는 학습하는 데 사용되는 모든 기계나 자료를 지칭하며, 특히 시청각적 · 언어적 정보를 전달하는 데 사용되는 시청각 기재를 의미한다. 여기에는 주로 TV, 영사기, 라디오, VTR, 컴퓨터, 녹음기, 컴퓨터 프로그램의 하드웨어나 소프트웨어 등이 포함된다.

광의의 개념으로서의 교수 매체는 학습 내용의 전달을 돕는 도구의 보조 차원을 넘어서 교수–학습 과정에서 교수자와 학습자 사이에 사용되는 모든 수단을 의미한다. 예를 들어, 인적 자원, 학습 내용, 학습 환경, 시설 및 시청각 기자재 등을 모두 포함하는 종합적인 개념이다. 따라서 교수 매체의 개념에는 수업 목표 달성을 위한 모든 자원 및 방법론에 관한 내용이 내포되어 있다고 할 수 있다.

(2) 교수 매체의 특성 및 장점

교수 매체의 특성은 수업적 특성과 기능적 특성으로 나눌 수 있다(권이 종 외, 2002).

① 수업적 특성

- 매체는 교수 활동의 전 과정에서 교수자의 대리자 역할을 한다.
- 매체는 수업의 보조물이다. 교수자는 학습자의 수업 활동을 총괄하고, 매체는 교수 활동을 돕는다.

② 기능적 특성

- 고정성: 어떤 사물이나 상황을 포착하여 보존하고 재구성하는 성질을 말한다(예: 비디오테이프, 녹음테이프, 사진 필름 등).
- 조작성: 어떤 사물이나 상황을 여러 가지 방법으로 시간적인 상황을 고려하여 변형하는 성질을 말한다(예: 식물이 자라는 모습을 저속 촬영하여 고속으로 재생하는 방법 등).
- 확충성: 공간적인 확대로 하나의 사건에 대해 유사한 경험을 다수에게 제공하는 성질을 말한다(예: TV, 라디오, 인터넷을 통해 동시에 다수의 학습자에게 교수하는 방법).

③ 교수 매체 사용의 장점

평생교육의 실천에서 교수 매체를 활용할 때는 반드시 필요한 유형으로 신중히 선정하여 사용해야 한다. 학습 목표의 달성을 위해 학습 내용과 관련된 자료를 소개할 때 적절한 교수 매체를 적극적으로 활용하면 다음과 같은 교수 활동의 효과를 얻게 된다.

- 수업 기능을 강화한다.
- 직접 학습 및 즉시 학습을 가능하게 한다.
- 수업 시간을 더욱 효과적으로 사용할 수 있게 해 준다.
- 학습 경험을 더욱 흥미롭고 풍부하게 만들어 준다.
- 교수-학습 과정을 더욱 재미있게 해 준다.
- 상호작용을 통한 학습이 더욱 활발히 일어나게 해 준다.
- 학습의 질을 높여 준다.
- 학습자로 하여금 학습에 대하여 더욱 긍정적인 태도를 갖게 한다.

2) 교수 매체의 선정 기준

교수 매체를 선정하기 위해서는 여러 가지 변인을 고려할 수 있지만, 크게 학습 목표, 학습자 특성, 학습 환경 및 상황 요인 등 세 가지 기준으로 접근할 수 있다(차갑부, 2002).

(1) 학습 목표 요인

교수 매체를 활용할 때는 학습 목표에 적합한 매체를 선택하여 사용하는 것이 중요하며, 학습 영역이나 수준도 고려하여야 한다. 예를 들어, 인지적 영역의 가상 낮은 수준인 '지식 및 이해력'과 정의적 영역의 가장 낮은 수준인 '수용'에서는 학습자가 정보나 가치를 습득하도록 하는 것이 학습 목표가 된다. 따라서 교수자 중심의 강의법이나 구두에 의한 프레젠테이션, 영화 등 학습자와의 많은 상호작용을 필요로 하지 않는 방법이 효과적이다.

반면에 인지적 영역의 중간 단계인 '적용력·분석력'의 수준이나 정의적 영역의 중간 단계인 '반응의 가치화' 수준에서는 학습자들의 적극적 수업 참여와 상호작용을 유도하는 것이 좋으므로 토론, 컴퓨터 보조 수업, 게임 등이 효과적이다. 한편, 가장 높은 수준의 인지적·정의적 영역에서 '종합력·평가력·조직력' 등을 배양하고 '가치의 내재화'를 추구하기 위해서는 더욱 차원 높은 목표 달성을 위한 프로젝트 수행 등을 기대할 수 있다. 이 단계에서는 현장 경험이나 역할극, 튜토리얼 등을 사용할 수 있다.

(2) 학습자 특성 요인

교수 매체 선정 시 학습자의 수준, 경험 및 선행 지식, 욕구 등을 포함한 학습자의 특성을 고려해야 한다. 즉, 초보적인 수준의 학습자에게는 구체적인 자료와 함께 교수자 중심의 교수 기법으로, 높은 수준의 학습자에게는 추상적 자료와 함께 학습자 중심의 기법으로 이동하는 것이 좋다. 구체적인 학습 자료로부터 추상적인 학습 자료로 이동할 때 학습자는 구체적인 학습 경험을 지나 추상적인 경험을 하게 된다(Davis, 2009).

그 밖에 학습자가 장애 등 특수한 신체적 특성을 가지고 있을 때는 이러한 조건을 고려하여 특수한 교수 매체 및 교수 자료를 개발하여 사용하면 효과적이다.

(3) 학습 환경 및 상황 요인

학습 목표, 학습자 특성 외에도 교수 전략을 선택하고 교수 매체를 결정할 때는 학습 집단의 규모, 물리적 시설, 자원, 수업 시간, 교수자의 성향이나 전문 지식 등 수업과 관련된 상황적 특성도 함께 고려되어야 한다. 이 중에서도 특히 집단의 규모는 교육 방법을 선정하는 데 직접적인 영향을 미친다. 또한 교수자는 물리적인 학습 환경을 쾌적하게 조성하기 위해 노력해야 하며, 새로운 교수 매체나 수업 자료의 자유로운 사용에 숙달되어야 한다. 수업 시간, 교실의 형태와 기자재 및 시설도 미리 점검할 필요가 있다.

3) 교수 매체의 분류 및 특성

교수 매체는 보통 교재와 교구로 구성되며, 교재는 교육 자료라고 하는 교수-학습을 위한 자료로 교구와는 상대적인 개념이라고 할 수 있다. 교수 매체는 크게 비투시 매체(non-projected media)와 투시 매체(projected media), 멀티미디어(multi media)의 세 가지로 분류할 수 있다(권이종 외, 2002).

(1) 비투시 매체

- 실물, 표본, 모형: 학습자에게 직접적인 경험에 가까운 기회를 준다.
- 교과서: 교과서는 높은 이용도를 지닌 것에 비해 가격이 저렴하며, 메시지의 전달이 명확하다는 이점이 있다.
- 그래프: 선, 단어, 기호 등을 통해 정보나 아이디어를 효과적으로 제시한다.
- 도표: 각종 도표를 통해 정보를 간략하게 요약해 보여 준다.
- 사진: 사실성과 상징성이 높으며, 시각적 경험을 장기간 유지할 수 있다.
- 괘도: 학습 내용을 연속적으로 제시함으로써 학습자의 이해를 촉진한다.
- 융판(자석 칠판, 오선 칠판): 시간 및 비용 효과적이며, 만들고 사용하기가 용이하고 주의집중 효과가 높다.

(2) 투시 매체

- 컴퓨터: 교육의 정보처리 및 연산 수행의 기능이 혁신적으로 향상되고 있는 컴퓨터는 컴퓨터 보조 수업(CAI)의 보충 및 심화 자료와 상호작용을 가능하게 해 주는 매체다. 인터넷을 통한 이러닝의 매체가 된다.
- 슬라이드: 학습 주제나 대상에 대하여 사진보다 더욱 생동감이 있는 여

러 모습을 보여 줌으로써 견학이나 답사에 가까운 경험을 제공할 수
있다.

- 필름 스트립: 연결된 사진을 통해 연속적인 학습 내용의 제시가 가능
하다.
- OHP: 학습 내용을 요약하여 전달하기 용이하다.
- 투시화(TP): OHP의 투영판 위에 놓아서 화면에 투영하여 활용하는 아
세테이트 자료를 지칭한다.
- 영화: 시청각적 재생으로 학습 효과를 높일 수 있다.
- VTR: 녹화와 재생의 기능을 갖추고 있으므로 영상과 음성의 반복이나
복사가 가능하다.

(3) 멀티미디어

- 교육 텔레비전: 다양한 주제에 대한 완성적인 프로그램을 많이 반영하
기도 하며, 때로는 단편적인 분야별 학습 활동노 포함한다.
- 컴퓨터 보조 수업: 컴퓨터 보조 수업에는 기본적으로 멀티미디어의 사
용이 포함되며, 혁신적 IT 기술의 발달로 그 영역과 효과성이 증대되
고 있다.
- 컴퓨터 기반 교육: 학습자가 개인용 컴퓨터와 다양한 소프트웨어를 활
용해 학습 성과를 제고하는 방법이다.
- 인터넷: 전 세계의 컴퓨터들이 광통신망으로 연결되어 다양한 정보
에 접근하고 그것을 활용하며, 또 상호 교류가 가능한 통신망을 지칭
한다.

제14장

평가

　근래 많은 교육 프로그램이 공식적인 자격증 취득과 연계하여 개설됨에 따라 평가의 역할은 더 중요해졌다. 교육 평가는 교육 활동의 투자 대비 효과성 및 결과에 대한 가치를 미리 정해 놓은 기준에 의하여 판단한후 결정하는 과정이다. 그러나 평생교육의 평가는 다른 교육 부문보다 더욱 다양한 잣대와 가치 기준이 적용되므로 결코 단순하지 않다. 이는 평생교육 프로그램의 유형이 다양하고 참여자의 특성도 다원적이기 때문이다. 이 장에서는 평생교육 프로그램 평가의 개념과 목적, 평가자의 자질과 역할, 평가의 절차, 평가의 유형 및 방법, 평가의 모형에 대하여 살펴본다.

1. 평가의 개념과 목적

1) 평가의 개념과 특성

평가(evaluation)란 교육 활동에 대하여 가치를 부여하여 판단하는 것이다. Waldron과 Moore(1991)는 평가를 경험의 가치를 결정하는 하나의 과정이라 하였다. 물론 평가는 어떤 프로그램을 계속할 것인지 또는 종료할 것인지를 판단하기 위한 작업이다. 그렇기 때문에 평가는 가장 높은 지적 능력이 요구되는 일이며, 특히 평생교육의 평가는 자기주도적인 검증과 가치 부여 작업이 요구되는 복합적인 영역이다. 즉, 평가란 교육 목표 설정, 교육 과정 실천 및 교육 결과에 이르는 전 과정 그리고 평가 절차 및 결과의 모든 과정을 검증하는 일련의 의사결정 과정이다.

이러한 평가의 의미는 Boyle(1981)이 제시한 평가의 정의에서 구체적으로 나타난다. 그는 우선 평가를 위한 기준을 설정한 후, 이 기준을 정당화할 수 있는 평가의 목표 및 자료를 제시하고, 수집된 자료와 기준에 맞춰 평가 대상을 판단하게 된다고 하였다.

요약하면, 평가는 계획된 교육 프로그램을 실행한 다음, 평가 기준에 따라 프로그램의 기획과 실천이 얼마나 효과적으로 진행되었으며, 학습 목표를 얼마나 달성했는지의 전 과정을 검증하여 그 가치를 파악하는 것이다.

효과적인 평가는 다음과 같은 특징을 갖는다(Corder, 2008).

- 주제에 적합하다.
- 실제 상황에 적용 가능하다.
- 학습 목표나 학습 결과와 직접 관련된다.
- 학습자에게 성취감을 준다.

- 학습자에게 계속 학업을 수행할 동기를 부여한다.
- 학습자에게 다음 할 일을 파악하게 해 준다.

2) 평가의 목적

평가의 목적은 어떤 교육 프로그램의 학습 목표가 성취되었는지, 또 어느 정도 성취되었는지 그 정도를 측정하기 위한 것이다. 학습자가 무엇을 배웠고 무엇을 배우지 못했는지를 파악하는 것은 중요하며, 평가 결과를 담당 교수자나 기관이 숙지할 필요가 있다. 평가는 어떤 교육 현장에서나 반드시 필요한 부분이며, 교육이 끝나고 학습자가 보여 준 변화에 대한 판단을 하기 위한 것이므로 학습자나 교수자 모두에게 매우 중요하다.

평가의 주요 목적이 선발과 배치에 있는 학교교육과는 달리, 평생교육 프로그램의 평가는 프로그램의 개선과 학습자의 진단에 그 목적을 둔다. 또한 평생교육의 평가는 학습자에 대한 진단과 이해를 돕고, 교육 수행 관련 요인들을 개선할 수 있으며, 교육 프로그램 관련 의사결정을 위한 가치 있는 자료를 제공한다. 특히 평가를 통해 기획부터 실행에 이르는 프로그램 개발의 전 과정에 대한 피드백을 제공함으로써 프로그램에 대한 최선의 결정을 내릴 수 있도록 하는 데 평가의 목적이 있다.

이 밖에도 평가는 교수자, 학습자, 멘토, 고용주, 교육기관 등이 다양한 목적으로 실시하며, 특히 교육의 질 향상을 추구하는 과정에서는 절대적으로 중요하다.

일반적으로 평가는 다음과 같은 이유로 실시된다.

- 학습자의 동기를 유발하기 위해서
- 학습 욕구의 진단을 위해서
- 성인학습자가 학습의 다음 단계를 선택하는 데 도움을 주기 위해서
- 피드백을 제공하기 위해서

- 실수를 만회하기 위해서
- 옵션 선택을 위해서
- 초기 진단의 실패를 보완하기 위해서
- 학습자의 수행 지표를 제공하기 위해서
- 최종 성적을 산정하기 위해서
- 학습 결과와 프로그램 목표가 일치하도록 하기 위해서
- 교수자 및 기관에 강좌 개설과 관련한 수행 지표를 제공하기 위해서

3) 평가의 의의

효과적으로 평가를 실시하는 것은 쉽지 않다. 왜냐하면 누구나 평가에 대한 적지 않은 거부감을 가지고 있으며, 또한 객관적 잣대에 의한 타당성을 갖춘 평가 도구의 개발이 매우 어렵기 때문이다. 그러나 평가가 갖는 가치는 매우 크다. Caffarella(1994: 120)는 프로그램 평가의 가치에 대해 다음과 같이 설명하였다.

- 프로그램 목표에 충실하도록 해 준다.
- 프로그램 개발의 모든 영역에 대해 의사결정을 위한 정보를 제공해 준다.
- 학습의 설계 및 실천 시 개선할 사항을 파악하도록 해 준다.
- 학습자의 학습에 대한 응용력을 증대시킨다.
- 프로그램에 책무성을 부여한다.
- 프로그램의 주요 업적에 대한 자료를 제공해 준다.
- 미래 프로그램을 위한 개선 방향의 설정을 돕는다.

한편, Phillips(1991)는 좀 더 구체적으로 프로그램 평가의 의의를 다음과 같이 기술하였다.

- 프로그램 목표의 달성 여부를 측정한다.
- 평가는 교육 환경, 프로그램 내용, 교육 자료, 프레젠테이션 기술, 계획, 교수자 등 프로그램을 구성하는 요소들에 대한 효과성 측정을 돕는다.
- 프로그램의 소요 비용과 효과성 및 가치를 비교 · 분석한다.
- 미래 프로그램의 참여자를 예측하게 하며, 잠재적 학습 고객에게 프로그램의 유용성을 홍보하고 이들의 프로그램에 대한 참여 결정에 영향을 미친다.
- 프로그램 실행 과정에 대한 질문 등으로 교육 활동의 명확성과 타당성을 검증한다.
- 추후 평가를 통해 프로그램에 참여하여 가장 혜택을 많이 얻은 학습자 집단과 가장 적게 얻은 학습자 집단을 각각 파악한다.
- 학습자가 프로그램을 통해 성취한 결과를 강화시키는 역할을 한다.
- 최종 평가에서 미래 프로그램의 잠재적 참여자들의 참여 이유 · 목적 등 마케팅 전략 수립에 도움이 되는 정보를 수집할 수 있다.
- 프로그램이 학습자의 욕구 충족 또는 문제해결에 얼마나 적절했는지를 판단할 수 있다.
- 의사결정 과정에서 프로그램 개발자는 경영자 측에 도움을 줄 수 있는 중요한 기초 자료를 제공한다. 대부분의 평가의 핵심은 프로그램의 수정, 존속 여부 등 미래를 결정하는 것이다. 이러한 정보는 교육 프로그램의 교수자, 기관의 교육 부서 책임자, 미래의 프로그램 기획에 자원을 배정하는 행정 책임자의 의사결정을 돕는다.

4) 평가자의 자질과 역할

평가는 주로 교수자, 외부 전문가, 학습자 및 프로그램 관련자들에 의해 실시된다. 평가자에게는 평가 요구의 측정부터 평가 결과의 보고서 작성에 이르는 전문적·포괄적인 업무 수행 능력이 요구된다. 평가자는 우선 평가모형을 선정한 후, 계획을 세우고 평가 도구를 선정한다. 그리고 나서 평가자료를 수집하고 이를 분석하여 프로그램의 성과를 판단한 다음, 결과 보고서를 작성하고, 프로그램의 미래에 대한 의사결정에 필요한 정보를 제공한다.

따라서 평가자에게는 평가 업무 전반에 관한 지식과 기술을 갖추는 것은 물론이고, 전문성과 대인관계 능력 및 행정 능력 등을 구비할 것이 요구된다. 또한 평가가 실시되는 상황적 맥락을 이해하고 적응하는 자질도 필요하다.

무엇보다도 평생교육의 평가에서는 평가자가 학습자에게 객관적이며 공평하다는 믿음을 주는 것이 중요하다. 그렇지 않으면 학습자는 불공평한 근거에 의해 성적이 부여되었다고 느끼게 되어 반감을 갖게 될 수 있다. 그러므로 교육 프로그램의 시작과 함께 학습자에게 강의계획서를 배부하고 이 프로그램의 목표 달성을 측정하기 위한 시험과 성적이 어떻게 매겨질 것인가에 대해 알려 주고 학습자의 이해를 구하는 것이 좋다.

5) 효과적인 평가를 위한 지침

Svinicki와 McKeachie(2011)는 평가를 효과적으로 실시하기 위해 다음의 사항을 고려할 것을 제시하였다.

- 평가는 학습자가 배우기 원하는 것을 배웠는가를 측정하는 것이다.
- 시험은 단순히 성적을 매기기 위한 것이 아니며, 교수자와 학습자 모두에게 학습을 촉진하는 것임을 인식한다.
- 점수를 매기지 않는 과제의 수행도 교수자나 학습자에게 모두 유익한 피드백을 제공한다는 사실을 인지한다.
- 측정 방법이 평가 목적에 적합한지 다시 한 번 검토한다.

- 학습자의 가치관, 동기 유발 정도, 태도, 특별한 기술 등은 전통적인 시험에 의해서는 측정되기 어려우므로, 이에 적절한 평가 방법을 고안한다.
- 평가는 시험과 동의어가 아니므로, 한두 가지의 시험을 통해서만 평가하지 않도록 한다. 학습자의 강의실 안에서의 학습은 물론 강의실 밖에서의 활동 및 학습에 대해서도 함께 고려하여 평가한다.
- 평생교육에서는 교수자가 주도하는 평가와 함께 학습자도 자신의 학습을 평가할 수 있어야 하며, 학습자 간의 평가도 포함할 수 있다.
- 평가는 단순하게 학습자의 성적을 산출하기 위해 강의 종료 시에 실시되는 절차는 아니다. 학습자에게도 평가는 좋은 학습 경험이 된다. 종료 시뿐 아니라 강의 기간 동안 지속적으로 이루어지는 평가는 효과적인 학습을 지원한다. 좋은 평가는 학습자가 잘못 이해한 것들을 깨닫게 해 주며, 교수자에게는 학습자의 수준에 맞추어 강의 진도를 조정할 수 있게 해 준다.

2. 평가의 절차

평가를 계획할 때는 우선 무엇을 언제 어떻게 평가할 것인지를 정한 후, 학습자의 피드백을 격려하는 다양한 기법을 활용하는 것이 좋다. 바람직한 평가를 수행하기 위하여 다음과 같은 절차를 밟는 것이 효과적이다.

- 학습 목표와 관련된 지식 및 기술 습득에 대한 학습 결과의 평가 계획은 교육 프로그램의 개발 계획서에 명확하게 정의되어야 한다.
- 평가 방법도 교육 프로그램 개발 계획서에 명시되어야 한다.
- 측정 결과의 활용 계획도 미리 제시되어야 한다. 예를 들어, 교육 프로그램의 피드백을 얻기 위한 형성평가와 성적을 산정하기 위한 총괄

평가는 그 기능이 다르므로 미리 시행 계획이 명시되어야 한다.

- 학습 평가의 기준도 미리 명시되어야 한다. 단순한 기억을 평가하는 것부터 더 나아가 팀워크에 대한 기여도나 특정 기술의 숙련 등 학습의 다양한 차원을 고려한 평가가 실시되어야 한다.
- 학습자에게도 평가 과정에 대해 미리 이해를 구한다. 교수자는 학습자에게 평가의 목적과 과정에 대해 설명하고 채점과 성적 산출의 기준에 대해서도 명확하고 알기 쉽게 미리 알려 주어야 한다.

더 구체적으로 각 단계별 평가의 절차를 알아보면 다음과 같다(신용주, 2004).

1) 평가의 목표 설정

평생교육에서 평가는 궁극적으로 특정 교육 프로그램의 목표 달성 여부를 측정하기 위한 것이다. 평가의 목표는 평가의 상황이나 제공 기관 또는 프로그램에 따라 다르게 수립될 수 있다. 따라서 평가를 실시하기 위해서는 평가 대상·내용 및 방법에 대한 전반적인 틀을 짠 후에 구체적인 목표의 성취도를 검토하게 된다.

2) 평가 내용과 방법의 결정

수립된 평가 목표를 달성하기 위하여 구체적인 평가 내용과 평가 방법을 결정한다. 평가 내용에는 프로그램에서 다루었던 학습 내용은 물론 학습자가 습득해야 할 지식, 이해, 태도 등도 포함되어야 한다. 또한 평가 내용에 따른 적절한 평가 방법이 선정되어야 한다. 평가 내용이 지식의 습득이면 지필검사가, 기능의 습득이면 실습이나 직무 시뮬레이션이 평가 방법으로 사용될 수 있다. 예를 들어, 많은 평생교육 프로그램이 목표로 하는 학습자의 태도 및 의식 변화가 평가 내용이라면, 관찰조사나 태도조사, 의견조사가 적절할 것이다.

(1) 평가의 방법

평생교육의 평가는 평가의 목적과 내용에 적절하도록 측정 도구를 선택하여 시행함으로써 이루진다. 전통적으로 학습에 대한 평가 방법으로는 구두시험이나 사지 선다형, 에세이 작성, 프로젝트 제출, 수행평가 등이 활용되어 왔으나 최근에는 평가의 방법이 더욱 다양해졌다. Galbraith(2004)는 학습자의 학습을 촉진하고 동기 유발을 이끌기 위한 목적으로 시행되는 다양한 평가 방법에 대하여 다음과 같이 제시하였다. 이러한 평가 방법들은 측정하고자 하는 내용과 목적에 따라 평가자가 선택하여 사용할 수 있다.

① 시험

시험은 단순한 기억을 평가하는 것일 수도 있으나, 더 복잡한 사고 능력의 측정을 위해서도 실시된다. 단순한 기억력이 아닌 개념의 이해도를 평가하는 질문이나 추론을 평가하는 방법은 다르다. 기본적인 지식 수준을 측정하기 위한 방법으로는 강의실 안에서 치르는 퀴즈나 시험이 적합하다. 하지만 좀 더 깊이 있는 학습을 측정하기 위해서는 일정 기간 동안 주제 또는 문제에 대한 심층적 분석을 요구하는 테이크 홈 시험(take-home exam)도 고려할 수 있다.

② 수행평가

수행평가는 고등교육기관에서 사용하는 가장 대표적인 평가 모형이다. 교수자는 학습자의 수행 내용을 관찰할 수 있는 학습 상황을 구성한 후 성취가 기대되는 수행 능력의 수준을 정해 놓고 측정 기준에 따라 학습자의 수행 내용을 평가한다. 이러한 평가는 컴퓨터 시뮬레이션이나 역할극, 실험실 활동, 연구 프로젝트 그리고 예술 분야의 심사를 받는 프레젠테이션의 평가에서 활용된다.

③ 그래픽 표현 능력

개념적 관계를 그래픽으로 표현하도록 하는 과제는 매우 유용한 측정 방법이다. 교수자는 몇 개의 개념을 선정해서 위계에 맞게 배치한 후, 학습자에게 누락되어 있는 개념을 채워 넣도록 하는 등 그림이나 도표를 사용해 학습을 평가한다.

④ 저널 쓰기, 연구 논문 쓰기, 주석을 단 서지학 작성하기

연구 논문을 저술하도록 하는 것과 같은 평가 방식은 전통적인 시험보다 더 진정한 의미의 평가 기능을 갖는다. 특히 저널 쓰기는 학습자가 비판적 성찰과 자기 인식을 개발하도록 돕는 유용한 방법이다. 주석을 단 서지학(annotated bibliography) 작성하기는 글쓰기를 추구하는 학습자에게 훌륭한 준비가 되는 평가 방법이다.

⑤ 동료 평가

아무리 최선의 방법으로 평가를 해도 어떤 학습자는 자신의 성적에 실망하거나 좌절하기도 한다. 이러한 상황을 예방하기 위해 교수자는 학습자의 자기평가 및 동료 평가의 기법을 함께 사용하는 것이 좋다. 자기평가에서 학습자는 자신의 학습을 평가할 준거에 대해 파악한 후 과제물을 제출하기 전에 자신의 작업을 직접 평가할 수 있다. 또한 동료 평가에서는 한 학습자에게 함께 수강한 다른 학습자의 과제에 대해 지필이나 온라인 평가를 하고 도움이 되는 비평도 써 줄 것을 요청한다. 이를 각 학습자에게 전달하여 검토하도록 한 후 최종적으로 교수자에게 제출하여 미리 규정한 기준에 의해 반영할 수 있다.

⑥ 집단 활동에 대한 평가

근래 많은 교수자는 팀 프로젝트 과제를 자주 부여하며 협동학습을 격려한다. 집단 과제를 부여할 때는 미리 첫 시간에 바람직한 집단 작업에 대한 기대치와 평가 준거에 대해 설명하여 학습자들이 집단 과제에 대한 명료한 생각을 갖도록 한다. 집단 과제에 대한 평가는 내용의 학습보다는 학습자들이 집단에서 어떤 방식으로 함께 작업했는지를 그 집단의 발전 과정과 팀워크에 초점을 맞추어 평가한다. 각 집단에서 개별 구성원의 기여도를 평가하고자 할 때는 각 구성원이 자신이 그 집단 점수의 합계인 100점 중에서 차지하는 점수가 몇 점인지를 적어 내도록 하고, 구두로 각 구성원의 기여도에 대해 어떻게 생각하는지를 이야기하도록 한다. 이러한 학습자들의 평가에 더하여, 교수자는 자신이 그동안 관찰해 온 각 집단의 갈등이나 발전 과정, 과업 수행 정도 등을 모두 종합하여 평가한다.

⑦ 수업 참여에 대한 평가

평가의 주목적은 학습자와 교수자에게 피드백을 제공함으로써 학습이 촉진될 수 있도록 하는 것이다. 강의실에서의 학습자의 수업 참여에 대한 평가도 중요하다. 수업 참여에 대한 평가는 강의 도중에 학습자에게 질문을 하여 답변을 유도하거나 토의를 촉진함으로써 피드백을 확대하고 학습을 증진할 수 있는 것이 특징으로, 학습자가 수업에 임하는 태도를 변화시킬 수 있다.

평생교육의 평가에서 가장 중요한 것은 학습자에게 학습이 일어나도록 하는 것이 그가 받는 성적보다 더 중요하다는 것이다. 따라서 시험이나 평가 자체가 학습자에게 학습 경험이 되도록 고안하는 것이 좋다. 또한 교수자가 학습자에게 적절한 피드백을 제공하는 것이 성적을 산정하는 것보다 더 중요할 수도 있다. 그리고 교수자는 학습자가 목표를 달성했는지를 평가할 때, 학습자의 동기 유발 수준의 향상 등 점수로 산정하기 어려운 부분까지도 포함시키는 것이 바람직하다. 끝으로, 평생교육에서는 학습자의 개별적인 성장을 중시하므로 학습자에게 불안감이나 지나친 경쟁심을 부추기는 평가 방법은 사용하지 않는 것이 좋다.

그 밖에 실제로 수업의 전달 과정에서 교수자가 학습자의 언어적 · 비언어적 신호를 파악하고 해석한 후 이에 반응하는 것도 중요하다. 교수자는 평가를 계획할 때, 다음의 두 가지 질문을 자신에게 할 필요가 있다. 학습자가 무엇을 배웠는가 그리고 자신은 교수자로서 얼마나 잘 가르쳤는가다. 즉, 학습자의 학습에 대한 책임뿐 아니라 교수자로서 자신의 가르침에 대한 평가도 포함되어야 하기 때문이다.

(2) 시험의 기능과 유형

이와 같은 다양한 평가 방법 중에서도 시험(quiz, test, exam)은 전통적으로 모든 교육 현장에서 가장 많이 사용되는 방법으로 다양한 기능을 수행한다. 많은 교수자가 시험을 준비하고 채점하는 것을 즐기지 않는 것처럼, 학습자들도 시험 보는 것을 좋아하지 않는다. 그러나 시험은 중요한 기능을 하는 강력한 교육적인 도구다. 시험의 기능 및 유형에 대해 알아보면 다음과 같다.

① 시험의 기능

일반적으로 시험은 다음의 네 가지 기능을 수행한다.

- 시험은 학습자를 평가하고, 교수자로 하여금 학습자가 학습 목표를 달성했는지 측정할 수 있게 한다.
- 효과적인 시험은 학습자의 학문적 노력을 조직화하는 데 도움을 준다. Crooks(1988), Svinicki와 McKeachie(2011)에 따르면, 학습자는 자신이 예상하는 시험 문제의 성격에 따라 그에 적절한 공부를 하게 된다고 한다. 만일 시험이 사실에 대한 것이면 세부 사항을 모두 암기하

려고 할 것이며, 문제해결이나 지식을 통합하는 것이면 정보를 이해
하고 적용하는 것에 집중할 것이다.
- 시험은 교수자가 얼마나 효과적으로 수업 자료를 제시하고 있는지를
파악하게 해 준다.
- 시험은 학습자로 하여금 수업 시간에 배운 내용 중 어떤 부분이 취약
하여 보완해야 할지를 알려 준다.

② 시험의 유형
보통 많이 실시되는 시험의 유형으로는 다음의 아홉 가지가 있다.

- 객관식 문제
  간단한 지식뿐 아니라 복잡한 개념의 평가에 모두 사용될 수 있다. 시
  험은 대개 1시간 정도에 걸쳐 실시되며, 교수자는 다양한 주제에 대한
  학습자들의 정통함의 정도를 평가할 수 있다. 또한 명료한 채점이 가
  능하다. 그러나 좋은 객관식 시험 문제를 출제하기는 쉽지 않다.
- 진실/거짓 문제
  무작위로 추측하더라도 50%는 정답을 맞힐 수 있다는 사실 때문에 진
  실/거짓(True/False) 문제는 다른 시험 유형에 비해 신뢰도가 낮은 것
  으로 인식되기도 한다. 따라서 가끔은 교수자가 문제의 답에 대해 추
  가로 부연 설명을 할 것을 요구하기도 한다.
- 연결하기 문제
  단어와 뜻의 관계, 어떠한 날짜와 달의 관계, 항목과 예시의 관계 등을
  연계시키도록 함으로써 평가한다.
- 서술형 문제
  교수자가 학습자의 수업 자료를 정리·통합·해석하고 그 내용을 자
  신의 언어로 표현하는 능력을 평가할 수 있다. 일반적으로 학습자는
  객관식보다 서술형 시험에 대한 준비를 더 효과적으로 하는 경향이

있는 것으로 알려져 있다. 서술형 시험을 준비하는 학습자는 특정 세부 사항보다는 광범위한 주제와 일반적 주제 간의 상호 관계에 집중해 공부를 하기 때문에 어떤 형식의 시험을 보든 간에 더 좋은 성적을 나타낸다(Svinicki & McKeachie, 2011).

서술형 시험은 교수자로 하여금 학습자의 사고 수준, 수업 내용의 이해도, 취약점 등에 대해 파악할 수 있도록 해 준다. 그러나 서술형 시험은 문제의 수가 적기 때문에 내용 타당도가 높지 않을 수도 있으며, 또한 서술형 시험의 신뢰도는 교수자의 주관에 의해 영향을 받을 수 있다는 단점이 있다.

• 단답형 시험

교수자는 학습자에게 단답형 문제에 대해 1~2줄의 간단한 답 또는 긴 문단이 포함되는 답안의 작성을 요구할 수 있다. 단답형 시험은 서술형 문제보다는 쉽지만 객관식 문제보다는 어려우며, 또 긴 서술형 시험만큼은 아니지만 학습자가 자신의 생각을 얼마나 잘 표현할 수 있는지를 파악할 수 있으므로 유용하다.

• 퀴즈

수학이나 과학과 같은 교과목에서는 문제 집합 형식의 퀴즈가 많이 실시된다. 퀴즈는 보통 교수자가 2분 내에 풀 수 있는 문제를 학습자에게 10분 동안 풀게 하는 것이 적당하다.

• 구두시험

대학원 수준에서는 흔히 쓰이는 시험 방식이지만 학부 수준에서는 외국어 강의를 제외하고는 거의 쓰이지 않는 형식의 시험이다. 그 외의 다른 수준에서 실시하기에는 시간 소비가 크고, 학습자에게 부담스러울 뿐만 아니라 시험 내용을 녹음하지 않는 이상 평가하기가 어렵기 때문이다.

• 수행평가

정해진 시간 안에 학습자들이 어떠한 실험의 정해진 지침과 절차를 직접 수행하거나, 그림을 그리거나, 악기를 연주하거나, 운동 기능을 보여 주거나, 기구를 조작하는 것을 교수자가 평가하는 것이다.

수행평가는 개별 혹은 집단별로 진행할 수 있으나 대학교에서는 잘 쓰이지 않는다. 여건상 실행하기가 어렵고 모든 과목에 적합하지는 않기 때문이다. 그러나 수행평가는 과학이나 교육, 예체능, 의료와 관련된 분야처럼 학습자가 자신의 기술을 보여 주어야 하는 경우에는 매우 유용하다.

• 게임을 이용한 시험

교수자는 이따금씩 학습자로 하여금 수업 내용과 관련된 내용으로 보드 게임, 낱말 게임, 시뮬레이션 게임 등을 이용한 시험을 치르게 할 수 있다.

③ 그 밖의 시험 유형

• 테이크 홈 시험

주로 길이가 길고 심도 있는 답안이 요구되는 시험 문제들로 구성되며, 수업 시간에 시험을 치르는 시간을 절약하고 학습자가 집에서 원하는 시간에 책이나 다른 자료들을 이용해 시험을 볼 수 있게 해 준다. 테이크 홈 시험 문제로는 퀴즈나 서술형 문제가 적합하다. 그러나 시험 문제가 너무 어렵거나 시험 시간이 지나치게 길어지면 테이크 홈 시험의 효과가 낮아진다. 따라서 시험 문제의 난이도 및 시험 시간의 조정이 필요하다.

• 오픈 북 시험

현대 사회의 전문직 종사자들은 매일 다양한 자료를 이용해 문제를 해결하고 보고서를 만들고 메모를 작성한다. 이러한 특성을 반영하는 오픈 북 시험은 기초 지식과 기술을 배우는 입문 강좌에는 적합하지 않은 시험 유형이다. 오픈 북 시험은 학습자에게 시험 스트레스를 덜어 주는 반면, 특별히 좋은 시험 결과를 기대하기는 어려운 것으로 알려져 있다.

- 그룹 시험

  학습자들이 2명씩 짝을 이루거나 3~5명씩의 그룹으로 나누어 시험을 보는 유형으로, 개인적으로 시험을 치를 때보다 성적이 더 높게 나올 수 있다.

- 포트폴리오

  전통적으로 예술이나 건축 강좌에서 사용되어 온 평가 방식인데, 근래에는 모든 수준의 교육 상황에서 다양한 주제로 활용된다. 포트폴리오는 시험이라고 할 수 없지만, 학습자가 이뤄 온 성과의 누적된 모음을 보여 준다. 포트폴리오는 기본적으로 학습자가 일정 기간에 걸쳐 성취한 작업을 보여 주는 데 사용된다. 따라서 포트폴리오에서는 학습자의 최고의 작품을 제시하는 것보다 초기의 작품과 최근의 작품을 함께 보여 줌으로써 학습자의 발전 내용을 알 수 있도록 해 주는 것이 바람직하다. 포트폴리오를 통해 교수자는 학기가 진행되는 동안 학습자가 어떻게 발전하였으며 어떠한 성과를 얻었는지를 알 수 있다.

3) 평가 도구의 제작

평가의 정확도는 어떠한 평가 도구를 선정하여 사용하는가에 달려 있다. 따라서 평가 목표를 달성하기 위한 평가 모형 및 평가 방법의 결정은 매우 중요하다. 특히 평가 내용을 측정할 척도(scale)나 도구(instrument)의 개발·제작·선정은 매우 중요하다. 좋은 평가 도구란 그 도구가 평가하고자 하는 내용과 일치되는 타당성, 각 문항에서 평가 목표에 부합하는 응답을 정확히 얻어 낼 수 있는 신뢰성, 또 누가 평가하더라도 항상 일관되게 점수를 측정할 수 있는 일관성과 객관성이 확보된 도구를 말한다.

4) 평가의 실시

평가 목표를 달성하기 위한 평가 내용이 결정되고 평가 도구가 개발되면 미리 정해진 방법에 따라 평가가 실시된다. 평가의 방법으로는 일반적으로 필답고사나 서술형 시험, 질문지법, 관찰 등이 많이 사용되며, 평생교육에서는 설문조사나 집단 토의 방법이 함께 사용되기도 한다.

교육 평가 방법 중 가장 대표적으로 사용되는 시험을 효과적으로 실시하기 위한 지침을 알아보면 다음과 같다.

효과적인 시험 시행 지침

① 충분한 시간을 투자하여 시험 문항을 개발한다

교수자는 시험을 계획할 때 어떠한 학습 목표를, 어떠한 정도의 난이도와 어떠한 유형으로, 어느 정도의 시간 내에 측정할 것인지를 신중히 결정한다.

② 가르치는 내용과 시험의 내용을 일치시킨다

시험은 교수자가 특정 강의에서 학습자가 원하는 학습 목표를 성취했는지를 평가하는 용도로 실시된다. 때문에 시험 문제는 학습자에게 가장 중요하다고 생각되는 지식과 기술을 측정하는 내용을 중심으로 개발하는 것이 좋다.

③ 타당도와 신뢰도가 높은 시험이 되도록 준비한다

타당도가 높은 시험은 학습자의 성취도를 평가하는 데 적합하고 유용한 시험이며, 신뢰도가 높은 시험이란 일관성 있고 정확하게 학습자의 성취도를 평가할 수 있는 시험을 의미한다. 따라서 균형 잡힌 시험이 되기 위해서는 타당도와 신뢰도가 보장되어야 한다.

④ 다양한 평가 방식을 이용한다

학습자가 선호하는 시험의 유형은 각기 다르다. 객관식이나 단답형 시험은 세부 사항이나 특정 지식을 평가하는 데 효과적인 반면, 주관식의 서술형 시험은 학습자의 이해도나 지식을 통합·적용할 수 있는 능력을 평가하는 데 적합하다. 따라서 객관식·주관식 시험을 비롯한 다양한 시험 방식을 활용하는 것은 학습자가 최선을 다해 시험에 임하도록 하는 데 도움을 준다.

⑤ 지식의 기억보다는 지식의 적용을 측정할 수 있는 시험을 고안한다

교수자들은 학습자가 수업 시간에 배운 내용을 단순히 기억해서 풀 수 있는 문제보다는 그 내용을 적용하는 더 높은 수준의 학습이 일어났는지를 측정하는 시험 문제를 개발할 필요가 있다.

5) 평가 결과의 처리 및 분석

평가를 실시한 후 평가 자료가 수집되면 수집된 이 자료를 정확하고 객관적으로 분석해야 한다. 자료 분석 절차는 지금까지의 모든 평가 과정의 귀결 단계이므로 특히 많은 주의를 기울여야 한다. 수집된 자료가 아무리 중요한 내용이라도 이에 대해 충분한 분석 및 결과의 해석이 이루어지지 못하면 평가의 효과를 거둘 수 없으며, 평가의 결과가 그릇되게 활용될 수도 있다.

6) 평가 결과의 활용

평가를 실시하는 데 소요된 인적·물적 자원을 고려할 때, 평가 결과가 적절하게 활용되지 않으면 커다란 자원의 손실을 입게 된다. 따라서 평가 결과를 최대한 활용하여 프로그램의 개선이나 홍보에 기여하도록 해야 한

다. 또한 프로그램이 성공을 거두지 못하고 실패한 경우에도 실패 원인에 대한 면밀한 분석이 필요하다.

3. 평가의 유형

1) 형성평가와 총괄평가

프로그램 평가는 크게 형성평가(formative evaluation)와 총괄평가(summative evaluation)로 분류할 수 있다. 실행 중에 있는 프로그램을 개선하거나 변화시키기 위해 행해지는 평가를 형성평가라 하고, 프로그램의 결과에 초점을 맞춰 시행되는 평가를 총괄평가라 한다.

형성평가는 어떤 활동을 개선하거나 그 강점을 유지하고 약점을 보완하기 위한 증거를 수집하고 이를 평가하는 과정이다(Waldron & Moore, 1991: 164). 이는 지속적인 대안 탐색 과정이라 할 수 있으며, 학습 목표의 달성이나 수업 과정에서 문제점이나 개선해야 할 점을 파악하여 이를 보완하기 위한 것이다. 특히 프로그램의 개선을 주목적으로 평생교육 프로그램에서 많이 활용된다. 이때 형성평가의 주 평가자는 교수자나 프로그램 조직자다.

반면에 총괄평가는 프로그램의 최종 단계에서 그 프로그램을 미래에도 계속할 것인가 또는 종료할 것인가에 대한 의사결정을 내릴 수 있도록 돕는다. 즉, 프로그램에 대한 종합적 결정을 하는 것이다.

이 두 가지 유형의 평가에서 평가자는 각기 다른 역할을 수행하게 된다. 형성평가에서는 교수자 또는 조직자가 평가자가 되며 프로그램을 개선하는 것이 목적이므로 발전적인 활동에 관심이 있는 평가자가 형성평가 과정에 적극적으로 참여하는 것이 권장된다. 반면에 총괄평가를 수행하는 평가자에게는 특히 공명정대함과 객관성이 더욱 강조된다. 따라서 객관적인 제3자가 평가자가 되는 것이 바람직하다.

〈표 14-1〉은 형성평가와 총괄평가에 대해 실시 시점, 의미, 목적 및 평가자를 중심으로 비교한 것을 보여 준다.

┃ 표 14-1 ┃ 형성평가와 총괄평가

구분	형성평가	총괄평가
실시 시점	프로그램 실행 중 실시	프로그램 최종 단계에 실시
의미	실행 중인 프로그램의 개선 및 변화에 초점을 둘 때	프로그램의 결과에 초점을 둘 때
목적	학습 활동의 개선	프로그램의 향후 지속 여부에 대한 의사결정
평가자	교수자나 프로그램의 조직자	객관적이고 공정한 제3자

출처: 신용주(2004). p. 225.

2) 프로그램 평가의 영역 및 준거

(1) 프로그램 평가의 영역

프로그램 평가의 핵심 영역은 프로그램의 목적, 프로그램의 내용, 프로그램 참여자 반응 그리고 프로그램 운영 등 네 가지 영역으로 분류할 수 있다.

- 프로그램의 목적 평가: 목표 지향적 평가의 원리에 따라 프로그램의 목표가 달성되었는지를 평가한다.
- 프로그램의 내용 평가: 프로그램의 질적인 측면에 초점을 맞추어 프로그램 내용의 적용성 및 요구의 반영성을 판단한다.
- 참여자 반응에 대한 평가: 프로그램 참여자의 프로그램에 대한 느낌이나 만족도를 파악한다.
- 프로그램 운영에 대한 평가: 프로그램의 전반적인 운영 내용을 평가한

다. 시설, 수강료, 강사의 자질 등을 비롯한 프로그램 운영과 관련된 요인들을 종합적으로 점검한다. 프로그램 운영 평가는 의사결정 중심 평가의 원리와 절차에 따라 수행된다.

(2) 프로그램 평가의 준거

프로그램의 평가를 성공적으로 수행하기 위해서는 먼저 평가를 위한 준거를 개발해야 한다. 이러한 평가의 준거로는 보통 효과성, 효율성, 적정성, 형평성, 대응성 및 적절성이 포함된다(〈표 14-2〉 참조).

| 표 14-2 | 프로그램 평가의 준거

평가 준거	평가 문항	평가 영역
효과성	목표 달성에 가치 있는 프로그램의 결과가 도출되었는가?	프로그램 효과의 평가
효율성	얼마큼의 노력과 비용이 프로그램에 투입되었는가?	프로그램 비용 대 수익률의 평가
적정성	프로그램이 문제해결에 얼마큼 기여했는가?	문제해결에 대한 적정성의 평가
형평성	프로그램의 비용과 프로그램으로 인한 혜택과 효율이 집단 간에 공평히 배분되었는가?	프로그램 참여 기회 및 자원 배분의 근거에 대한 평가
대응성	프로그램이 기관 및 참여자의 욕구 충족 및 목표 달성에 얼마나 대응적이었는가?	프로그램의 기관 및 참여자 욕구에 대한 대응성의 평가
적절성	도출된 프로그램의 결과가 적절하고 가지 있는가?	모든 준거에 대한 김중

출처: 김진화(2001). p. 423을 수정함.

4. 평가의 모형

평생교육 프로그램의 평가 모형은 크게 두 가지 유형으로 분류된다. 첫 번째는 교육의 결과를 평가하는 것으로 Kirkpatrick 모형이 대표적이며, 다음은 교육의 모든 과정을 평가하는 것으로, Stufflebeam의 CIPP 모형이 널리 알려져 있다. 이 절에서는 각 유형 중에서 일반적으로 사용되는 Kirkpatrick 모형, CIPP 모형에 관하여 살펴본 후 Caffarella의 평가 수준 모형에 대해 알아보고자 한다.

1) Kirkpatrick 모형

Kirkpatrick 모형은 반응평가, 학습평가, 행동평가 및 결과평가의 네 가지 차원으로 이루어져 있다.

(1) 반응평가

프로그램 참여자의 만족도를 측정하는 것으로, 참여자의 반응에 따라 프로그램의 지속 여부를 결정하게 된다. 반응평가에서 평가의 기준은 프로그램 참여자의 프로그램에 대한 전반적인 반응이 된다. 여기에는 시설, 시간, 강사, 교재, 내용, 방법론 및 학습 분위기가 포함되며, 참여자가 프로그램 진행 도중 나타내는 반응이나 반응 평가지 등을 통해 측정한다.

(2) 학습평가

학습평가는 프로그램 참여자가 무엇을 배웠는지를 측정하는 것이다. 즉, 프로그램 참여자가 프로그램에 참여한 결과로 획득하게 된 지식이나 기술의 증진 및 태도의 변화를 파악한다. 참여자를 대상으로 지필검사, 문답시험 및 직무 시뮬레이션 등의 방법에 의해 평가하며, 평가 시기는 프로그램의 전후, 진행 중 또는 일정 시간이 지난 후에도 가능하다.

(3) 행동평가

행동평가는 참여자가 프로그램에 참여한 결과로 나타내는 행동, 특히 직무 수행과 관련된 행동 변화를 측정하는 것이다. 즉, 프로그램을 통해 습득한 지식과 기술이 참여자의 행동을 얼마나 변화시켰는지를 파악한다. 주로 평가 전후의 비교나 통계적 비교, 장기 추적 등의 방법을 사용한다. 행동평가는 특히 실시하기가 쉽지 않은데, 그 이유는 학습된 내용이 실제 행동으로 언제, 어떻게 변화되어 나타날지를 예측하기가 힘들기 때문이다.

(4) 결과평가

결과평가는 참여자가 프로그램에 참여한 결과, 조직에 얼마나 긍정적인 영향을 미쳤는가를 측정한다. 특히 기관의 유지 및 비용 절약, 근무 결과의 개선, 수월성 향상의 정도 등을 파악함으로써 기관의 발전에 기여한 정도를 판단한다. 이때 프로그램 실시 전후의 자료 수집을 통해 미리 기관의 개선 사항들을 분석해 놓는 것이 중요하다.

┃ 표 14-3 ┃ Kirkpatrick 모형

평가 차원	측정 내용	측정 방법
반응 (만족도)	프로그램에 대한 참여자의 반응을 보고 평가	반응평가지
학습 (성취도)	무엇을 배웠는가를 측정	지필 검사, 기술 실습, 직무 시뮬레이션 등
행동 (적용도)	직무 수행과 관련된 행동의 변화를 측정	프로그램 전후 비교, 관찰, 통계적 비교, 장기적 추적 등
결과 (기여도)	조직에 긍정적인 영향을 미쳤는가를 측정	비용 절약, 학습 결과 개선, 수월성 향상 등

출처: 신용주(2004). p. 229.

〈표 14-3〉은 Kirkpatrick 모형의 평가 차원별 측정 내용과 방법을 요약하여 보여 주고 있다.

2) Stufflebeam의 CIPP 모형

CIPP 모형은 경영자 교육의 평가에 특히 효과적인 모형으로 상황평가(context evaluation: C), 투입평가(input evaluation: I), 과정평가(process evaluation: P) 및 산출평가(product evaluation: P)로 이루어져 있다(〈표 14-4〉

▌표 14-4 ▌ CIPP 모형의 차원

상황평가(C)

배경평가라고도 하며, 가장 기본적인 평가 유형이다. 바람직한 환경, 충족되지 못한 욕구를 파악하고 문제를 진단한다. 욕구 분석을 통해 해결되어야 할 문제나 성취되어야 힐 목표 등을 결정하게 된다.

투입평가(I)

목표를 가장 성공적으로 달성하기 위하여 자원을 어떻게 활용해야 할 것인지를 결정하는 데 필요한 정보를 제공하기 위하여 실시한다. 또한 프로그램의 목표 달성 전략, 전략 수행 방안 등을 검토하고, 프로그램의 운영에 부정적인 영향을 미치는 장애 요인들을 파악한다.

과정평가(P)

프로그램을 실제로 시행하는 책임을 가진 담당자에게 주기적인 피드백을 제공하기 위한 것이다. 프로그램의 실시 중에 나타날 수 있는 문제점이나 실패의 소지가 있는 사항들을 미리 예측하고 실천 계획을 구체화할 수 있도록 계속 피드백을 제공한다.

산출평가(P)

프로그램의 종료 단계에서 프로그램의 목표 달성에 대하여 그 결과를 측정하고 해석하려는 목적으로 실시된다. 참여자의 욕구 충족 여부, 문제해결 여부, 투입 비용(시간, 비용, 노력)에 대비한 산출 결과의 가치 등을 측정한다. 프로그램의 수정, 지속 및 종결 여부를 결정한다.

출처: 신용주(2004). p. 230.

참조). 이 모형은 프로그램과 관련된 의사결정자들에게 새로운 정보를 지속적으로 제공함으로써 의사결정에 대한 정보를 제공한다. 요약하면, 상황평가는 목표 설정에, 투입평가는 프로그램 설계에 도움이 되고, 과정평가는 실행을 안내하며, 산출평가는 프로그램의 재순환 여부를 결정하는 데 도움을 준다.

3) Caffarella의 평가 수준 모형

Caffarella의 평가 수준 모형은 보편적으로 사용되는 평가 모형의 하나로, 평가 방법과 자료 수집 방법의 예를 구체적으로 제시하고 있다. 이 모형에서는 대개 프로그램 종료 후에 참여자들의 반응을 파악하게 된다. 참여자들은 프로그램의 수업 내용, 교수 기법, 시설이나 프로그램의 장단점 등에 관한 자신의 견해를 제시함으로써 프로그램에 대한 피드백을 제공한다. Caffarella의 평가 수준 모형의 과정은 다음과 같다(신용주, 2004; Caffarella, 1994).

- 목표 점검: 프로그램 진술 목표의 충족 여부 결정
- 체제 평가: 프로그램 결과와 관련 자원 활용의 효율성, 교육 기능의 구조, 기획 및 실행 과정의 효과성에 대한 피드백 제공
- 사례 연구법: 참여자 · 교수자 · 후원자의 관점에서 프로그램의 장점 기술
- 준 법적 평가: 자문가의 의견 청취를 통해 프로그램의 질 평가
- 전문가 평가: 미리 결정된 일련의 범주와 전문가로 구성된 패널에 의한 평가로, 대규모 교육 프로그램의 지원 · 과정 · 평가에 초점
- 평가 수준 점검: 참여자 반응, 학습, 행동 변화, 결과에 대한 수준 측정

참고문헌

강인애(1998). 성인학습에 대한 구성주의적 처방전과 진단. 한준상(편), 앤드라고지: 현실과 가능성. 서울: 학지사.

공학저널(2020. 5. 27.). 온라인 교육 혁신… 세계 경쟁력 갖춘 사이버대학교.

과학기술정보통신부, 한국정보화진흥원(2019). 인터넷이용실태조사 2019.

곽삼근, 김재인, 이해주, 남승희, 정민승, 박성정, 신용주, 정찬남, 이지혜, 장성자, 전숙희, 장이정수, 주성민, 정봉순, 한미라, 서혜경, 정금주, 여순호, 김지자(2005). 한국여성평생교육회 편저, 여성평생교육의 이론과 실제. 경기: 교육과학사.

교육부 보도자료(2020. 2. 19.). 2020년 한국형 온라인 공개강좌(K-MOOC) 기본계획 발표.

교육부, 한국교육개발원(2019). 교육통계연보.

국가정보화전략위원회, 교육과학기술부(2011). 스마트교육 추진 전략: 인재대국으로 가는 길.

권대봉(1999). 성인교육방법론. 서울: 학지사.

권두승(2000). 성인학습 지도방법의 이론과 실제. 서울: 교육과학사.

권두승, 조아미(2002). 성인학습 및 상담. 서울: 교육과학사.

권이종, 김승호, 소창영, 심의보, 안승열, 양병찬, 이관춘, 임상록, 조용하(2002). 평생교육 방법론. 서울: 교육과학사.

권이종, 이상오(2001). 평생교육: 이론편. 서울: 교육과학사.

김도헌(2020). 사물인터넷과 인공지능시대의 미래 학습, 어떻게 바라볼 것인가?: 연결, 확장, 정서의 개념을 중심으로. 평생학습 사회, 6(1), 1-25.

김성길, 양유정, 임의수, 편은진 공역(2005). 블렌디드 러닝: 온라인과 오프라인을 통합한 혼합교육. Thorne, K. 저(2003). 서울: 학지사.

김승옥(2018). 플립드러닝 환경에서 교수실재감, 감성적 실재감, 사회적 실재감, 인지적 실재감과 학습몰입 간의 고조적 관계 분석. 건국대학교 대학원 박사학위 청구논문.

김시원(2016). 플립러닝 환경에서 자기조절, 교수실재감, 인지된 상호작용, 학습성과 간의 관계. 이화여자대학교 대학원 석사학위논문.

김여옥(1992). 집단경험학습의 실제. 서울: 한국청소년개발원.

김월선(2012). 소셜 러닝을 활용한 웹프로그래밍 수업 운영 방법의 설계 및 평가. 이화여자대학교 교육대학원 석사학위 청구논문.

김은영, 이영주(2015). 해외 대학의 플립드 수업사례 분석 연구. 평생학습 사회, 11(1), 115-137.

김자미, 이원규, 김용(2014). 한국형 MOOC 연계를 위한 온라인강의 활성화 방안. 세종: 교육부.

김종서(1987). 현로 김종서 박사 논문선집. 서울: 현로 김종서 교수 정년기념논문집간행위원회.

김종서, 김승한, 황종건, 정지웅, 김신일(1987). 평생교육원론. 서울: 교육과학사.

김종서, 황종건, 김신일, 한숭희(2002). 평생교육개론. 서울: 교육과학사.

김진화(2001). 평생교육 프로그램개발론. 서울: 교육과학사.

김태원(2013). 집단지성 플랫폼으로서의 소셜미디어. 충북대학교 대학원 박사학위 청구논문.

대학저널(2020. 8. 26.). K-MOOC, 이수율 50% 미만 강좌 93%에 달해.

림영철, 림광명(2001). 평생교육개론. 서울: 형설출판사.

박로사(2018). 연결주의 학습이론에 기반한 학습의 새로운 관점 탐색: 팟캐스트를 중심으로. 숙명여자대학교 대학원 석사학위 청구논문.

백욱인(2013). 정보자본주의. 서울: 커뮤니케이션북스.

삼성경제연구소(2010). 확산되는 소셜 미디어와 기업의 신소통 전략. CEO Information, 제764호.

서울신문(2011. 2. 16.). 당신의 SNS 인맥 지도로 보여드려요.

소셜포커스(2020. 7. 27.). [지금 학교에서는…] 블렌디드 러닝(Blended learning),

최선의 방안일까?

신용주(1996a). 성인교육적 관점에서 본 비판적 사고의 이해. 교육학 연구, 34(1), 169-187.

신용주(1996b). 비판적 사고: 포스트모던시대의 성인교육전략. 한준상 저, 앤드라고지: 현실과 가능성. 서울: 학지사.

신용주(2004). 평생교육의 이론과 방법. 서울: 형설출판사.

신용주(2017). 평생교육 프로그램 개발론. 서울: 학지사.

안준환(2015). 집단지성 기반 융합형 미래 가치 창조 플랫폼 연구: 중소기업의 디자인 R&D 역량 증진을 위한 집단지성 방법론 적용을 중심으로. 서울대학교 대학원 박사학위 청구논문.

엄재연(2019). 플립드 러닝의 온라인과 오프라인 환경에서 교수실재감과 자기결정성 동기가 학습만족도에 미치는 영향. 건국대학교 대학원 석사학위 청구논문.

오픈애즈(2020. 2. 12.). 2020년 페이스북 & 인스타그램 주요 10가지 지표(http://www.openads.co.kr/content/contentDetail?contsId=3766).

유승우, 임형택, 권충훈, 이성주, 이순덕(2010). 교육방법 및 교육공학. 경기: 양서원.

유영만(2001). 학습객체 개념에 비추어 본 지식경력과 e-learning의 통합가능성과 한계. 교육공학연구, 17(2), 53-89.

유지연(2001). 지식기반 사회에서의 e-learning 현황 및 전망. 정보통신정책, 13(16), 통권 285호, 28-50.

윤영민(1996). 전자정보공간론. 서울: 전예원.

이보람(2019). 블렌디드 러닝을 활용한 한국어의 고맥락 문화 교육 방안 연구. 경희대학교 대학원 석사학위 청구논문.

이연숙(1998). 성인을 위한 가족생활교육론. 서울: 학지사.

이인수(1999). 현대노인복지론. 서울: 양서원.

이장호(1993). 상담심리학 입문(2판). 서울: 박영사.

이지원, 김규정(2019). 소셜미디어(Social Media)에서 집단지성에 의한 사이버불링 현싱에 관한 다학세적 연구. 한국과학예술융합학회, 37(4), 269-283.

임상훈, 강수민, 천보미, 유영만(2017). MOOC에서 소셜 러닝촉진을 위한 튜터링 가이드라인 개발: FutureLearn 사례를 중심으로. 학습자 중심 교과교육 연구, 17(16), 299-327.

정민승(2001). 학습지원 시스템으로서의 온라인 원격교육 재구성 전략. 김신일, 한숭희 공저, 평생교육학: 동향과 과제. 서울: 교육과학사.

정수연(2018). 블렌디드 러닝 기반 음운인식 지도가 초등영어 읽기 능력에 미치는 효과. 서울교육대학교 교육전문대학원 석사학위 청구논문.

정지웅, 김지자(1987). 사회교육학 개론. 서울: 서울대학교 출판부.

조선비즈(2020. 3. 9.). [인터뷰] 트위터 질주 비결?… "코로나 소식도 가장 빨리 알죠".

조영환(2016. 8. 11.). 문제중심 플립러닝 모형 개발. https://learning.snu.ac.kr/?q=board/news/view/48

조윤경(2011). 페이스북 기반 소셜러닝(social learning) 학습환경 설계. 이화여자대학교 교육대학원 석사학위 청구논문.

조은숙, 염명숙, 김현진(2012). 원격교육론. 경기: 양서원.

주영주, 김동심(2017). K-MOOC의 만족도와 사용의도 영향변인 규명 연구. 평생학습 사회, 13(1), 185-207.

중앙일보(2019. 2. 8.). '트위터' 일일 사용자 수 처음 공개, 페이스북과 비교해 보니.

중앙일보(2020. 7. 7.). "AI 활용한 개인 맞춤학습까지…사이버대가 K에듀 이끌 것".

차갑부(2002). 사회교육방법의 탐구-성인교육방법의 새로운 지평. 서울: 양서원.

최병권(2003. 2. 26.). 멘토링 제도 어떻게 운영해야 하나. LG주간경제, 25-29.

캐드앤그래픽스(2019. 7. 12.). 4차 산업혁명 시대 스마트제조 산업을 위한 인재육성의 필요성.

한국교육학술정보원(2019). 2019년 국가수준 초·중학생 디지털 리터러시 수준 측정 연구(연구보고 KR 2019-6).

한국교육학술정보원(2020). COVID-19에 따른 초중등학교 원격교육 경험 및 인식 분석(출판번호 RM 2020-20).

한국정보화진흥원(2011). IT & FUTURE STRATEGY, 제4권.

한상길(2001). 성인평생교육. 경기: 양서원.

한준상(2001). 학습학. 서울: 학지사.

헤럴드경제(2016. 3. 21.). [트위터 10년] 위기의 트위터 부활할까?

American Society for Training and Development (1990). *Coaching and feedback.*

Apps, J. (1981). *The adult learner on campus: A guide for instructors and administrators.* Chicago, IL: Follett Pub. Co.

Argyris, C., & Schön, D. A. (1976). *Theory in practice: Increasing professional effectiveness.* San Francisco, CA: Jossey-Bass.

Atchley, R. C. (1980). *The social forces in later life: An introduction to social gerontology* (3rd. ed.). Belmont, CA: Wadsworth Pub. Co.

Ausubel, D. P. (1967). *Learning theory and classroom practice*. Toronto: Ontario Institute for Studies in Education.

Bandura, A. (1977). *Social learning theory*. NY: General Learning Press.

BBC News (2012. 3. 6.). Has the internet sparked an educational revolution? (http://www.bbc.co.uk/news/magazine-17264945)

BBC News (2020. 10. 5.). Covid-19 updates: One in 10 worldwide may have had virus, WHO says.

Bejot, D. D. (1981). *The degree of self-directedness and the choices of learning methods as related to a cooperative extension program*. doctorial dissertation. Amis, IA: Iowa State University.

Bergmann, J., & Sams, A. (2012). *Flip your classroom: Reach every student in every class every day*. Eugene, OR: International Society for Technology in Education.

Bergmann, J., & Sams, A. (2014). *Flipped learning: Gateway to student engagement*. OR: International Society for Technology in Education.

Bloom, A. (2007). Making cell phones in the class a community builder. *Teaching Professor*, 4.

Bloom, B. S. (1956). *Taxonomy of educational objectives, Handbook I: The Cognitive Domain*. NY: Longmans Green.

Boehrer, J., & Linsky, M. (1990). Teaching with cases: Learning to questions. In M. D. Svinicki (Ed.), *The changing face of college teaching*. San Francisco, CA: Jossey-Bass.

Boone, E. J. (1985). *Developing programs in adult education*. Englewood Cliffs, NJ: Prentice Hall.

Borich, G. D. (Ed.). (2005). *Effective teaching methods* (5th ed.). NJ: Prentice Hall.

Borich, S. J. (1997). *Effective teaching method*. Columbus, OH: Prentice Hall.

Boshier, R., et al. (1980). *Towards a learning society: New Zealand adult education in transition*. Vancouver, BC: learning press.

Boyle, P. G. (1981). *Planning better programs*. NY: McGraw-Hill.

Brockett, R. C., & Hiemstra, R. (1991). *Self-direction in adult learning*. London & NY: Routledge.

Brookfield, S. (1985). Self-directed learning: A critical review of research. In S. Brookfield (Ed.), *Self-directed learning, from theory to practice*. San Francisco, CA: Jossey-Bass.

Brookfield, S. (1986). *Understanding and facilitating adult learning*. San Francisco, CA: Jossey-Bass.

Brookfield, S. (1995). *Becoming a critically reflective reacher*. San Francisco, CA: Jossey-Bass.

Brookfield, S. (2006). *The skillful teacher*. San Francisco, CA: Jossey-Bass.

Bruner, J. (1966). *Toward a theory of instruction*. Cambridge, MA: Harvard Press.

Butler, B. S. (1995). *Using the world wide web to support classroom based education: Challenges and opportunities for IS educators*. PA: Association of Information Systems in Pittsburgh.

Butler, K. A. (1987). *Learning and teaching style: In theory and practice* (2nd ed.). Columbia, CT: Learner's Dimension.

Caffarella, R. S. (1983). Fostering self-directed learning in post-secondary education: The use of learning contracts. *Lifelong Learning*, 7(3), 7-10, 25-26.

Caffarella, R. S. (1994). *Planning programs for adult learners*. San Francisco, CA: Jossey-Bass.

Calson, R. A. (1980). The time of andragogy. *Adult Education*, 30(1), 53-56.

Candy, P. C. (1987a). Evolution, revolution or devolution: Increasing learner-control in the instruction setting. In D. Bond & V. Griffin (Eds.), *Appreciating adults learning from the learner's perspective* (pp. 159-178). London: Kogan Page.

Candy, P. C. (1987b). *Refreshing research into 'self-direction' in adult education: A constructivist perspective*. doctorial dissertation. Development of adult and higher education. Vancouver, BC: University of British Columbia.

Candy, P. C. (1991). *Self-direction for lifelong learning*. San Francisco, CA:

Jossey-Bass.

Carnegie Commission on Higher Education. (1973). *Towards a learning society: Alternative channels to life, work and service.* NY: McGraw-Hill.

Cattell, R. B. (1963). Theory of fluid and crystallized intelligence: A critical experiment. *Journal of Educational Psychology, 54*, 1-22.

Cavalier, R. (1992). Course processing and the electronic AGORA: Redesigning the classroom. *EDUCOM Review, 27*(2), 32-37.

Chene, A. (1983). The concept of autonomy: A philosophical discussion. *Adult Education Quarterly, 34*, 38-47.

Chickering, A. (1975). Developing intellectual competence at Empire State. In N. R. Berte (Ed.), *Individualizing education through contract learning* (pp. 62-76). Birmingham: The University of Alabama Press.

Clark, J. (2008). Power Point and pedagogy: Maintaining students interest in university lectures. *College Teaching, 56*(1), 39-45.

Clark, L. H., & Starr, I. S. (1986). *Secondary and middle school teaching methods* (5th ed.). NY: MacMillan.

Clark, M. C. (1993). Transformational learning. In S. B. Merriam (Ed.), *An update on adult learning theory. New directions for adult and continuing education, 57.* San Francisco, CA: Jossey-Bass.

Coffield, F. (2000). Lifelong learning as a lever on structural change? *Journal of Education Policy, 15*, 237-246.

Cohen, N. H., & Galbraith, M. W. (Eds.). (1995). *Mentoring: New strategies and challenges.* San Francisco, CA: Jossey-Bass.

Confessor, G. J., & Confessor, S. J. (1992). *Guideposts to self-directed learning: expert commentary on essential concepts.* 정지웅, 김지자 공역(1996). 자기주도 학습의 길잡이. 서울: 교육과학사.

Corder, N. (2008). *Learning to teach adults: An introduction* (2nd ed.). NY: Routledge.

Coutney, B., & Stevenson, R. (1983). Avoiding the treat of gogymania. *Lifelong Learning, 6*(7), 25-37.

Cranton, P., & Weston, C. B. (1998). Considering the adultness. In P. Cranton (Eds.), *Planning instruction for adult learners.* Toronto: Wall &

Thamson.

Crooks, T. J. (1988). The impact of classroom evaluation practices on students. *Review of Educational Research, 58*(4), 438–481.

Cross, P. (1981). *Adults as learners.* San Francisco, CA: Jossey-Bass.

Cruickshank, D. R., Bainer, D. L., & Metcalf, K. K. (1995). *The act of teaching.* NY: McGraw-Hill.

Curzon, L. B. (2004). *Teaching in further education: An outline of principles and practice* (6th ed.). NY: Continuum Publishing.

Daloz, L. A. (1986). *Effective teaching and mentoring: Realizing the transformational power of adult learning experiences.* San Francisco, CA: Jossey-Bass.

Danis, C., & Tremblay, N. A. (1988). Autodidact learning experiences: Questioning established adult learning principles. In H. B. Long, et al. (Eds.), *Self-directed learning: Application and theory.* Athens, GA: Adult education department, University of Georgia.

Darkenwald, G. G., & Merriam, S. B. (1982). *Adult education: Foundations of practice.* NY: Harper Collins.

Dave, R. H. (Ed.). (1976). *Foundation of lifelong education.* Oxford, NY: UNESCO Institute for education by Pergamon Press.

Davis, B. G. (2009). *Tools for teaching* (2nd ed.). San Francisco, CA: Jossey-Bass.

Deegan, A. (1979). *Coaching: A management skill for improving individual performance.* MA: Addison-Wesley.

Dennis, W. (1966). Creative between the ages of 20 and 80 years. *Journal of Gerontology, 21*, 1–8.

Dewey, J. (1938). *Experience and education.* NY: MacMillan.

Dewey, J. (1968). *Democracy and education: An introduction to the philosophy of education.* NY: Free Press Paperbacks.

Doumant, J. L. (2005). The Cognitive style of Power Point: Slides are not all evil. *Technical Communication, 52*(1), 64–70.

Downes, S. (2010). New technology supporting informal learning. *Journal of Emerging Technologies in Web Intelligence, 2*(1), 27–33.

Dutton, W. H. (2008). The wisdom of collaborative network organizations: Capturing the value of networked individuals. *Working Paper May 2008*. UK: Oxford Internet Institute, University of Oxford.

Elias, D. (1997). It's time to change our mind: An introduction to transformative learning. *Revision, 20*(1), 26.

Elias, J. L., & Merriam, S. (1980). *Philosophical foundations of adult education*. NY: Krieger Publishing Company.

Entwistle, N. (1988). Motivational factors in students approaches to learning. In R. R. Schmeck (Ed.), *Learning strategies and learning styles* (pp. 21-49). NY: Plenum Press.

Faure, E., et al. (1972). *Learning to be: The world of education today and tomorrow*. Paris: UNESCO press.

Fleming, N. D. (2001). *Teaching and learning styles: VARK strategies*. Christchurch: N. D. Fleming.

Fleming, N. D., & Mills, C. (1992). Not another inventory, rather a catalyst for reflection. *To Improve Acad, 11*, 137-144.

Flew, A. (1979). *A dictionary of philosophy*. London: MacMillan.

Fournies, F. F. (1987). *Coaching for improved work performance*. NY: Liberty Hall Press.

Freire, P. (1970). *Pedagogy of the oppressed*. NY: Seabury.

Fry, H., Ketteridge, S., & Marshall, S. (2003). *A handbook for teaching and learning in higher education*. London: Kogan Page.

Gagné, R. M. (1972). *Teacher effectiveness and teacher education*. Palo Alto, CA: Pacific Books.

Gagné, R. M., & Briggs, L. J. (1979). *Principles of instructional design* (2nd ed.). NY: Holt, Rinehart & Winston.

Galbraith, M. W. (Ed.) (2004). *Adult learning methods: A guide for effective instruction* (3rd ed.). Malabar, FL: Krieger publishing company.

Galbraith, M. W., & Cohen, N. H. (1997). Principles of the adult mentoring scale: Design and implications. *Michigan Community College Journal, 3*, 29-50.

Gamson, W. A. (1966). *SIMSOC: A manual for participation*. Ann Arbor, MI:

Campus Publishers.

Garrison, D. R. (1991). Critical thinking and adult education: A conceptual model for developing critical thinking in adult learners. *International Journal of Lifelong Learning, 10*(4), 287-303.

Garrison, D. R. (1997). Self-directed learning: Toward a comprehensive model. *Adult Education Quarterly, 48*(1), 18-33.

Gibbons, M., et al. (1980). Towards a theory of self-directed learning: A study of experts without formal training. *Journal of Humanistic Psychology, 20*(2), 41-56.

Gilster, P. (1997). *Digital literacy.* NY: John Wiley & Sons.

Golian, L. M., & Galbraith, M. W. (1996). Effective mentoring programs for professional library development. In D. Williams & E. Garten (Eds.), *Advances in library administration and organization* (pp. 95-124). Greenwhich, CT: JAI Press.

Goodstein, L. D., & Pfeiffer, J. W. (1983). *The 1983 annual for facilitators, trainers, and consultants.* San Diego, CA: University Associates.

Grabowski, S. M. (1976). *Training teachers of adults: Models and innovative programs.* Syracuse, NY: Syracuse University, Publications in Continuing Education.

Griffiths, S., & Partington, P. (1992). Enabling active learning in small groups. *Effective learning and teaching in higher education.* Sheffield: CVCP Universities' Staff Development and Training Unit.

Grow, G. O. (1991). Teaching learners to be self-directed. *Adult Education Quarterly, 41*(3), 125-149.

Guglielmino, L. M. (1977). Development of the self-directed learning readiness scale (Doctorial dissertation, university of Georgia, 1977). *Dissertation Abstracts International, 38*, 6467A.

Guglielmino, L. M., & Guglielmino, P. J. (1988). Self-directed learning in business and industry: An information age imperative. In H. B. Long, et al. (Eds.), *Self-directed learning application and theory.* GA: University of Georgia, adult education department.

Guilford, J. P. (1985). The structure-of-intellect model. In B. B. Wolman (Ed.),

Handbook of intelligence: Theories, measurements, and applications (pp. 225–266). NY: Wiley.

Heimlich, J. E., & Norland, E. N. (1994). *Developing teaching style in adult education*. San Francisco, CA: Jossey–Bass.

Hew, K. F., & Cheung, W. S. (2014). Students' and instructors' use of massive open online courses (MOOC): Motivations and challenges. *Educational Research Review*, *12*, 45–58.

Hinebaugh, J. P. (2009). A board game education. *Rowman & Littlefield Education* (p. 64). Lanham: MD.

Holiday, M. (2001). *Coaching, mentoring, and managing: A coach guidebook* (2nd ed.). Frankling Lakes, NJ: The Career Press.

Horn, J. L. (1965). Fluid and crystallized intelligence: A factor analytic study of the structure among primary mental abilities. *Ph.D. Thesis*. Chicago, IL: University of Illinois.

Horn, J. L. (1966). Integration of structural and developmental concepts in the theory of fluid and crystalled intelligence. In R. B. Cattell (Ed.), *Handbook of multivariate experimental psychology*. Chicago, IL: Rand McNalley.

Horn, J. L., & Cattell, R. B. (1967). Age differences in fluid and crystallized intelligence. *Acta Psychological*, *26*, 107–129.

Horn, M. B., & Staker, H. (2011). *The rise of K-12 blended learning*. San Mateo, CA: Innosight Institute.

Houle, C. D. (1961). *The inquiring mind*. Madison, WI: University of Wisconsin press.

Houle, C. D. (1996). *The design of education* (2nd ed.). San Francisco, CA: Jossey–Bass.

Ingalls, J. D., & Arceri, J. M. (1972). *A trainer's guide to andragogy*. Social and rehabilitation service. US Department of Health, Education, and Welfare (SRS 72–05301). Washington, D.C.: Government Printing Office.

Jacobs, R. T., & Fuhrmann, B. S. (1980). *Learning interaction inventory*. Richmond, VA: Ronne Jacobs Associates.

Janis, I. L. (1972). *Victims of groupthink: A psychological study of foreign-policy decisions and fiascoes*. Boston, MA: Houghton Mifflin.

Jarvis, P. (1990). *An international dictionary of adult and continuing education*. NY: Routledge.

Jarvis, P. (2006). *The theory & practice of teaching* (2nd ed.). Oxon: Routeledge. The Concise Oxford English Dictionary, http://oxforddictionaries.com

Johnstone, J., & Rivera, R. (1965). *Volunteers for learning: A study of the educational pursuits of American adults*. Chicago, IL: Aldine.

Jones, H. E., & Conrad, H. S. (1933). The growth and decline of intelligence: A study of a homogeneous group between the ages of 10 and 60. *Genetic Psychology Monographs, 13*, 223-298.

KBS 뉴스(2020. 8. 1.). '코로나19' 팬데믹-WHO "100년에 한 번 나올 보건 위기".

Keefe, J. W. (1979). Learning styles: An overview. *In student learning styles: Diagnosing and prescribing*. Reston, VA: NASSP.

Keegan, D. (1986). *The foundations of distance education*. Beckenham: Croom Helm.

Kidd, J. R. (1973). *How adults learn*. NY: Cambridge Books.

Klemm, W. R. (2007). Computer slide shows: A trap for bad teaching. *College Teaching, 55*(3), 121-124.

Knowles, M. S. (1970). *The modern practice of adult education: Andragogy versus pedagogy*. NY: Association press.

Knowles, M. S. (1973). *The adult learner: A neglected species*. Houston, TX: Gulf.

Knowles, M. S. (1975). *Self-directed learning: A guide for learners and teachers*. NY: Cambridge Book.

Knowles, M. S. (1978). *The adult learner: A neglected species* (2nd ed.). Houston, TX: Gulf Publishing Company, Book Division.

Knowles, M. S. (1980). *The modern practice of adult education: From pedagogy to andragogy* (2nd ed.). NY: Cambridge Books.

Knowles, M. S. (1984). *Andragogy in action*. San Francisco, CA: Jossey-Bass.

Knowles, M. S. (1986). *Using learning contracts*. San Francisco, CA: Jossey-Bass.

Knowles, M. S. (1989). *The making of an adult educator*. San Francisco, CA: Jossey-Bass.

Knox, A. B. (Ed.). (1979). *Assessing the impact of continuing education*. San

Francisco, CA: Jossey-Bass.

Knudson, R. S. (1979). Humanagogy anyone? *Adult Education Quarterly*, *29*, 261-264.

Köhler, W. (1969). *The task of Gestalt psychology*. Princeton, NJ: Princeton University Press.

Kolb, D. A. (1984a). *Experiential learning: Experience as the source of learning and development*. Englewood Cliffs, NJ: Prentice Hall.

Kolb, D. A. (1984b). *Learning style inventory: Technical manual*. Boston, MA: McBer.

Kozma, R. (1994). Will media influence learning?: Reframing the debate. *Educational Technology Research and Development*, *42*(2), 7-19.

Krajnc, A. (1985). Andragogy. *The International Encyclopedia of Education*, *1*, 266-269.

Kram, K. E. (1983). Phases of the mentor relationship. *Academy of Management Journal*, *26*, 608-625.

Laird, D. (1986). *Approaches to training and development* (2nd ed.). Reading, MA: Addison-Wesley.

Lawson, K. (1996). *Improving workplace performance through coaching*. West Des Moines, IA: American Media Publishing.

Lemieux, C. M. (2001). Learning contracts in classroom: Tools for empowerment and accountability. *Social Work Education*, *20*(2), 263-276.

Lengrand, P. (1975). *An introduction to lifelong education*. London: The UNESCO press.

Lepper, M. R., & Malone, T. W. (1987). Intrinsic motivation and instructional effectiveness in computer-based education. In R. E. Snow & M. J. Farr (Eds.), *Aptitude, learning, and instruction* (pp. 255-286). Hillsdale, NJ: Lawrence Erlbaum Associates.

LeRoux, P. (1984). Delivery skills and presentation know-how. *Selling to a group: Presentation strategies* (pp. 14-39). NY: Harper & Row.

Levinson, J. (1986). A conception of adult development. *American Psychologist*, *41*(1), 3-13.

Lévy, P. (1997). *Collective intelligence: Mankind's emerging world in cyberspace*. Cambridge, MA: Perseus Books.

Life Skills Training Modules (Final Draft). www.unesco.org/bangkok/ips/arhnews/ pdf/lifeskills.pdf.

Lindeman, E. C. (1926). *The meaning of adult education*. NY: New Republic.

Lindeman, E. C. (1945). World peace through adult education. *The Nation's Schools, 35*(3), 23.

London, J. (1973). Adult education for the 1970's. *Adult Education, 24*(1), 60-70.

Long, H. B. (1983). *Adult learning: Research and practice*. NY: Cambridge University Press.

Long, H. B. (1996). Self-directed learning: Challenge and opportunities. In C. K. Cheong & J. W. Cheong (Eds.), *Challenges of self-directed learning in Asia and the pacific*. 서울: 원미사.

Macfarlane, A. (2005). *Letters to Lilly: On how the world works*. 이근영 역(2010). 손녀딸 릴리에게 주는 편지. 서울: 랜덤하우스.

Mackenzie, L. (1977). The issue of andragogy. *Adult Education, 27*(4), 225-229.

Maslow, A. H. (1954). *Motivation and personality*. NY: Harper Collins.

Maslow, A. H. (1970). *Toward a psychology of being* (2nd ed.). NY: Harper Collins.

Mayer, R. E. (1982). Learning. In H. E. Mitzel, J. H. Best, W. Rabinowitz, & A. E. R. Association (Eds.), *Encyclopedia of educational research* (5th ed.). NY: Free Press.

McDonald, B. L. (1997). *A comparison of mezirow's transformation theory with the process of learning to become an ethical vegan*. unpublished doctoral dissertation. Athens, GA: University of Georgia.

Menniche, E., & Falk, G. (1957). Age and Nobel prize. *Behavioral Science, 2*, 301-307.

Merriam, S. B. (1990). *Case study research in education*. San Francisco, CA: Jossey-Bass.

Merriam, S. B. (1994). Learning and life experience: The connection in adulthood. In J. D. Sinnott (Ed.), *Interdisciplinary handbook of adult lifespan learning*. Westport, CT: Greenwood Press.

Merriam, S. B. (1996). Updating our knowledge of adult learning. *The Journal of*

Continuing Education in the Health Professions, 16, 136-143.

Merriam, S. B. (2000. 12.) Something old, something new: The changing mosaic of adult learning theory. 한국성인교육학회 국제 학술대회 발표논문. 서울: 교육문화회관.

Merriam, S. B., & Brockett, R. G. (1997). *The profession and practice of adult education: An introduction.* San Francisco, CA: Jossey-Bass.

Merriam, S. B., & Caffarella, R. (1999). *Learning in adulthood.* San Francisco, CA: Jossey-Bass.

Merriam, S. B., & Heuer, B. (1996). Meaning-making, adult learning and development: A model with implications for practice. *International Journal of Lifelong Education, 15*(4), 243-255.

Mezirow, J. (1978). *Education for perspective transformation: Women' reentry programs in community colleges.* NY: Center for Adult Education, Teachers College, Columbia University.

Mezirow, J. (1991). *Transformative dimensions of adult learning.* San Francisco, CA: Jossey-Bass.

Mezirow, J. (1995). Transformation theory of adult learning. In M. R. Welton (Ed.), *In defense of the lifeworld* (pp. 39-70). NY: State University of New York Press.

Mezirow, J. (1997). Transformative learning: Theory to practice. In P. Cranton (Ed.), *Transformative learning in action: Insights from practice.* San Francisco, CA: Jossey-Bass.

Mezirow, J. (2006). An Overview on Transformative Learning. In *Lifelong learning: Concepts and contexts* (eds. P. Sutherland and J. Crowther). London: Routledge.

Michelson, E. (1996). Usual suspects: Experience, reflection, and the (en)dangered knowledge. *International Journal of Lifelong Education, 15*(6), 438-454.

Mills, K. A. (2010). A review of the "Digital Turn" in the new literacy studies. *Review of Educational Research, 80*(2), 246-271.

Morstain, B. R., & Smart, J. C. (1974). Reasons for participation in adult education courses: A multivariate analysis of group differences. *Adult Education, 24*(2), 83-98.

New York Times (2020. 5. 26.). Remember the MOOCs? After Near-Death, They're Booming.

Oddie, G. (1986). Development and validation of an instrument to identity self-directed continuing learners. *Adult Education Quarterly, 36*, 97-107.

OECD. (1996). Lifelong learning for all. *Meeting of the education committee at ministerial level*, 16-17. Paris: Organization for economic.

Orth, C. D., Wilkinson, H. E., & Benfari, R. C. (1987). The manager's role as coach and mentor. *Organizational Dynamics, 15*(4), 66-74

Osborn, B. L., & Lewis, L. H. (1983). Home economics education for adults: Then and now. *Journal of Home Economics, 75*(3), 18-20, 60.

Penland, P. R. (1979). Self-initiated learning. *Adult Education, 29*, 170-179.

Penland, P. R. (1981). *Towards self-directed learning theory*. PA: Pennsylvania State University.

Perry, W. (1976). *Open university: A personal account by the First Vice-Chancellor*. Milton Keynes: Open University Press.

Phillips, J. J. (1991). *Handbook of training evaluation and measurement method*. Houston; London; Paris; Zurich; Tokyo: Gulf.

Piaget, J. (1960). *The psychology of intelligence*. NY: Littlefield Adams.

Piaget, J. (2001). *The psychology of intelligence*. London: Routledge.

Piskurich, G. M. (1993). *Self-directed learning: A practical guide to design, development and implementation*. San Francisco, CA: Jossey-Bass.

Ragins, B. R. (1989). Barriers to mentoring: The female manager's dilemma. *Human Relations, 42*(1), 1-2.

Resnick, L. (Ed.). (1989). *Knowing, learning, and instruction*. Hillsdale, NJ: Lawrence Erlbaum Associates.

Reynolds, M. M. (1986). The self-directedness and motivational orientation of adult part-time student at a community college (Doctorial dissertation, syracuse university, 1984). *Dissertation Abstracts International, 46*.

Rix, A., Parkinson, R., & Gaunt, R. (1994). *Investors in people: A qualitative study of employers*. Sheffield: Employment Department.

Rogers, A. (1977). *The spirit and the form: Essays in adult education by and in honour of Harold Wiltshire*. Nottingham: University of Nottingham.

Rogers, A. (1998). *Teaching adults* (2nd ed.). Buckingham: Open University Press.

Rogers, C. R. (1961). *On becoming a person: A therapist's view of psychotherapy.* Boston, MA: Houghton Mifflin.

Rogers, C. R. (1969). *Freedom to learn.* Columbus, OH: Charles E. Merrill.

Rogers, C. R. (1983). *Freedom to learn for the 80's.* Columbus, OH: Merrill.

Rogers, J. (2004). *Coaching skills: A hand book.* Berkshire: Open University Press.

Rosenberg, M. J. (2000). *E-learning: Strategies for delivering knowledge in the digital age.* 유영만 역(2001). e-Learning(e-러닝). 경기: 물푸레 출판사.

Ross-Gordon, J. M., Rose, A. D., & Kasworm, C. E. (2017). *Foundations of adult and continuing education.* San Francisco, CA: Jossey-Bass.

Rothwell, W. J. (2008). *Adult learning basics.* Virginia, VA: American Society for Training and Development Press.

Rothwell, W. J., & Cookson, P. S. (1997). *Beyond instruction: Comprehensive program planning for business and education.* San Francisco, CA: Jossey-Base.

Rothwell, W. J., & Kansas, H. C. (1993). *The complete AMA guide to management development.* NY: American Management Association.

Rotter, J. (1954). *Social learning and clinical psychology.* Englewood Cliffs, NJ: Prentice-Hall.

Rudd, J. B., & Hall, O. A. (1974). *Adult education for home and family life.* NY: John Wiley & Sons.

Russell, D. M., Klemmer, S., Fox, A., Latulipe, C., Duneier, M., & Losh, E., (2013). 'Will Massive Online Open Courses (MOOCs) Change Education?'. In *Conference Proceedings: CHI 2013: Changing Perspectives* (pp. 2394-2398). Paris: Authors.

Russell, T. L. (1999). *The no significant difference phenomenon.* Raleigh, NC: North Carolina State University.

Schaie, K. W. (1967). Age changes and age differences. *Gerontologist*, 7, 128-132.

Scheffler, I. (1965). *Conditions of knowledge: An introduction to epistemology and education*. Chicago, IL: Scott, Foresman, and Company.

Schön, D. A. (1983). *The reflective practitioner: How professionals think in action*. NY: Basic Books.

Scredl, H. J., & Rothwell, W. J. (1988). *The ASTD reference guide to professional training roles and competencies*. NY: Random House Professional Business Publications.

Seaman, D. F., & Fellenz, R. A. (1989). *Effective strategies for teaching adults*. Columbus, OH: Merrill Pub.

Siemens, G. (2005). Connectivism: A learning theory for the digital age. *International Journal of Instructional Technology and Distance Learning*, *2*(1), 3-10.

Siemens, G. (2008). *Learning and knowing in networks: Changing roles for educators, and designers*. Retrieved December 5, 2019, from http://fokt. pw/full508.pdf.

Singh, H. (2003). Building effective blended learning program. *Issue of Educational Technology*, *43*(6), 51-54.

Singh, H., & Reed, C. (2001). *A white paper: Achieving success with blended learning*. Retrieved April 5, 2011, from the World Wide Web: http://www. centra.com/download/whitepapers/blendedlearning.pdf.

Smith, P., & Kelly, M. (Eds.). (1987). *Distance education and mainstream: Convergence in education*. London: Croom Helm.

Smith, R. M. (1982). *Learning how to learn*. Chicago, IL: Follet.

Sork, T. J. (1991). Tools of planning better programs. In T. J. Sork (Ed.), *Mistakes made and lessons learned: Overcoming obstacles to successful program planning. New Directions for Adult and Continuing Education*, *49*. San Francisco, CA: Jossey-Bass.

Spear, G. E. (1988). Beyond the organizing circumstance: A search for methodology for the study of self-directed learning. In H. B. Long, et al. (Eds.), *Self-directed learning: Application and theory*. Athens, GA: Adult Education Department.

Spear, G. E., & Mocker, D. W. (1984). The organizing circumstance: Environmental development in self-directed learning. *Adult Education Quarterly*, *35*(1),

1-10.

Stein, J., & Graham, C. R. (2014). *Essentials for blended learning: A standards-based guide*. 김도훈, 최은실 공역(2016). 블렌디드 러닝: 이론과 실제. 서울: 한국문화사.

Stowell, S. J. (1985). *Coaching skills for managers: Maximizing results through effective leadership*. Alexandria, VA: American Society for Training and Development Press.

Stufflebeam, D. L., et al. (1971). *Educational evaluation and decision making*. Itasca, IL: F. E. Peacock Publishers.

Surowiecki, J. (2004). *The wisdom of crowds: Why the many are smarter than the few and how collective wisdom shapes business, economies, societies, and nations*. New York: Doubleday.

Svinicki, M., & McKeachie, W. J. (2011). *McKeachies's teaching tips: Strategies, research, and theory for college and university teachers* (13th ed.). Belmont, CA: Wadsworth Publishing.

Taylor, E. W. (1994). Intercultural competency: A transformative learning process. *Adult Education Quarterly, 44*(3), 154-174.

Tennant, M. C. (1993). Perspective transformation and adult development. *Adult Education Quarterly, 44*(1), 34-42.

The Oxford English Dictionary (2nd ed., Vol. 12). (1989). Oxford: Clarendon.

Thiagarjan, S. (1985). 25 ways to improve any lecture. *Performance & Instruction Journal, 24*(10), 22-24.

Thompson, J. L. (1980). *Adult education for a change*. London: Hutchinson.

Thorne, K. (2003). *Blended learning: How to integrate online & traditional learning*. London, UK: Kogan Page Limited.

Thorndike, E. L. (1928). *Adult learning*. NY: Macmillan.

Tight, M. (1987). Mixing distance and face-to-face higher education. *Open Learning, 2*(1), 14-18.

Tight, M. (1996). *Key concepts in adult education and training*. London: Routledge.

Tisdell, E. J. (1996). Using life experience to teach feminist theory. In D. Boud & N. Miller (Eds.), *Working with experience: Animating learning*. NY:

Routledge.

Tough, A. (1967). *Learning without a teacher: A study of tasks and assistance during adult self teaching projects*(*Educational research series, 3*). Toronto: Ontario institute for studies in education.

Tough, A. (1971). *The adult's learning project: A fresh approach to theory and practice in adult learning.* Toronto: Ontario Institute for Studies in Education.

Tough, A. (1978). Major learning efforts: Recent research and future directions. *Adult Education, 28*, 250－263.

Tyler, R. W. (1974). *Basic principles of curriculum and instruction.* Chicago, IL: The University of Chicago press.

UNESCO. (1976). *General conference, 19th session report.* Nairobi: UNESCO.

UNESCO. (1985). *The development of adult education: Aspects and trends.* Fourth international conference on adult education. Paris: UNESCO.

Vygotsky, L. S. (1980). *Mind in society: The development of higher psychological processes.* Cambridge, MA: Harvard University Press.

Waldron, M. W., & Moore, G. (1991). *Helping adults learn: Course planning for adult learners.* Toronto: Thompson educational publishing.

Wechsler, D. (1958). *The measure and appraisal of adult intelligence.* Baltimore, MD: William & Wilkins.

WEF. (2016). *The Future of Jobs Report.*

Wergin, J. F. (1988). Basic issues and principles in classroom assessment. In J. H. McMillan (Ed.), *Assessing students learning.* San Francisco, CA: Jossey-Bass.

Wheeler, W. M. (1910). *Ants: Their structure, development, and behaviour.* NY: Columbia University Press.

Williams, A., & Williams, P. J. (1999). The effects of the use of learnison student performance in technology teacher training. *Research in Science & Technological Education, 17*(2), 193-201.

Wired (2012. 4. 3.). How Facebook 'Contagion' Spreads. https://www.wired.com/2012/04/facebook-disease-friends/

Wood, B., & Andrew, S. (1989). The gentle art of feedback. *Personnel*

Management, *21*(4), 48-51.

Yaffe, P. (2008). Why visual aids need to be less visual. *Ubiquity*, *9*(12), 25-31.

〈홈페이지〉

네이버 국어사전 https://ko.dict.naver.com/

네이버 지식백과 https://terms.naver.com/

대통령직속 4차산업혁명위원회 https://www.4th-ir.go.kr/

코로나19 실시간 상황판 https://coronaboard.kr/

한국언론진흥재단 미디어 리터러시 홈페이지 https://dadoc.or.kr/2512

Authentic & Trusted News 홈페이지 https://atnewsonline.com/groupthink-a-
　　　phenomenon-hampering-good-decision-making-and-needs-address/

K-MOOC 홈페이지 http://www.kmooc.kr/

MOOC 홈페이지 https://www.mooc.org/

https://dadoc.or.kr/2512

https://en.unesco.org/

https://learning.snu.ac.kr/?q=board/news/view/48

https://psychology.jrank.org

https://scrabble.hasbro.com/en-us

https://www.elearners.com/

✂ 찾아보기

내용

■ 저자 소개

신용주(Shin Yong Joo, Ph.D.)
이화여자대학교 문학사
미국 Texas A&M University 성인 및 평생교육학 석사/박사
영국 University of Birmingham, School of Public Policy 방문교수
미국 University of Texas at Austin, School of Social Work 방문교수
동덕여자대학교 사회과학대학장, 평생교육원장
한국성인교육학회 회장, 한국지역사회교육협의회 이사
서울 송파구 지역사회복지협의체 위원장
현 동덕여자대학교 명예교수

〈주요 저서〉
평생교육의 이론과 방법(저, 형설출판사, 2004)
평생교육 프로그램 개발론(저, 학지사, 2017)
대학생을 위한 부모교육(공저, 학지사, 2011)
노인복지론(공저, 공동체, 2016)
다음 세대를 위한 부모교육(공저, 학지사, 2017) 외 다수

평생교육 방법론(2판)

Methods in Lifelong Education (2nd ed.)

2012년 9월 10일 1판 1쇄 발행
2020년 9월 25일 1판 8쇄 발행
2021년 1월 20일 2판 1쇄 발행
2021년 5월 20일 2판 2쇄 발행

지은이 • 신 용 주
펴낸이 • 김 진 환
펴낸곳 • ㈜ 학지사

04031 서울특별시 마포구 양화로 15길 20 마인드월드빌딩 5층

대표전화 • 02) 330-5114   팩스 • 02) 324-2345

등록번호 • 제313-2006-000265호

홈페이지 • http://www.hakjisa.co.kr
페이스북 • https://www.facebook.com/hakjisabook

ISBN 978-89-997-2254-7 93370

정가 20,000원

출판 · 교육 · 미디어기업 **학지사**

간호보건의학출판 **학지사메디컬** www.hakjisamd.co.kr
심리검사연구소 **인싸이트** www.inpsyt.co.kr
학술논문서비스 **뉴논문** www.newnonmun.com
원격교육연수원 **카운피아** www.counpia.com